Verlag J. H. W. Dietz Nachf.

ISBN 3-8012-0144-9

Titel der schwedischen Originalausgabe:
»Gräv där du står«

In der Raste 2, D-5300 Bonn 1
Lektorat: Martin Rethmeier
Umschlag: Manfred Waller, Reinbek
Gesamtherstellung: satz+druck gmbh, Düsseldorf

Printed in Germany 1989

Sven Lindqvist

Grabe wo du stehst

Handbuch zur Erforschung der eigenen Geschichte

Aus dem Schwedischen übersetzt
und herausgegeben
von Manfred Dammeyer

Verlag J. H. W. Dietz Nachf.

Vor zehn Jahren erschien dieses Buch in Schweden. Dort löste es eine Bewegung aus.

»Grabe wo Du stehst« ist die Aufforderung an alle historisch Interessierten, das Zustandekommen der eigenen Arbeits- und Lebensverhältnisse zu erforschen. Das Buch ist zugleich die Darstellung solcher Arbeits- und Lebensumstände am Beispiel der schwedischen Zementindustrie. Es enthält vielfältige methodische Hinweise, wo man Material finden und wie man es auswerten und beurteilen kann.

Das Buch enthält auch Literaturhinweise auf schwedische Materialien und Untersuchungen, von denen deutsche Übersetzungen weder vorliegen noch erwartet werden können. An ihnen mag man erproben, ob deutsche Entsprechungen nicht geschaffen werden können.

»Grabe wo Du stehst« ist auch die Aufforderung, die Beispiele der Arbeitswelt der Zementindustrie auf die eigenen Verhältnisse zu übertragen und Industriearbeit und das Leben der Industriearbeiter auch in anderen Sektoren zu analysieren. Bei diesem Prozeß mag es hilfreich sein, daß geographisch entfernt liegende Beispiele präsentiert werden.

Im Nachwort sind Bezüge zu deutschen und österreichischen Verhältnissen hergestellt.

Manfred Dammeyer

Inhalt

Vorwort

Dieses Handbuch ist für Leute gedacht, die ihre eigene Arbeit erforschen wollen und die nicht Wissenschaftler von Beruf sind. Es zeigt 30 verschiedene Arten, eine Arbeitstätigkeit und einen Arbeitsplatz zu untersuchen.

Als konkretes Beispiel brauchte ich eine Arbeit, die ungefähr so alt ist wie die schwedische Industriegesellschaft. Ich wählte eine Basisindustrie, die es in den meisten Ländern gibt: die Zementindustrie. Ich wollte keine Branche nehmen, deren Arbeit als heldenhaft und deren Produkte als nett angesehen werden. Deshalb wählte ich die Zementindustrie als Beispiel.

Das Buch wendet sich an jedermann und jede Frau, die ihren eigenen Arbeitsplatz untersuchen wollen. Man kann damit gleichermaßen untersuchen, auf was für einen Arbeitsplatz man sich vorbereitet oder was für einen Arbeitsplatz man schon seit längerem ausfüllt. Andererseits ist dieses Buch auch für Lehrer, Studenten, Journalisten, Schriftsteller und andere Leute gedacht, die für ihre eigene Arbeit besser über die Arbeit in der Industrie Bescheid wissen sollten. Ein einzelner Leser sollte gar nicht alles, was in diesem Buch vorgeschlagen wird, anwenden. So lang ist kein Leben. Benutze das Buch nach Deinen Bedürfnissen wie einen Katalog aus einer Gärtnerei oder vom Reisebüro: Wähle das, was Dir paßt. Am besten arbeitest Du mit anderen zusammen; so könnt Ihr gemeinsam ein Thema behandeln. Wählt dann die Kapitel aus, die Ihr auf Euer eigenes Problem anwenden könnt.

Sicherlich lassen sich leicht 30 andere Arten darstellen, wie man eine Arbeit erforschen kann, die vielleicht sogar interessanter sind. Dieses Buch ist deshalb in keiner Hinsicht erschöpfend. Aber soweit ich herausfinden konnte, sind hier die meisten Erforschungsmöglichkeiten rund um eine Arbeit zusammengetragen, die es in irgendeiner Sprache gibt.

Diese Vielseitigkeit hat ihren Preis. Auf jedem der Gebiete, die ich behandle, gibt es Spezialisten, die für das jeweilige Gebiet ein noch besseres Handbuch schreiben könnten als ich. Denen will ich sagen: Schreibt das Buch! Keiner wäre glücklicher als ich.

Zu den übrigen Lesern sage ich: Fürchte Dich nicht vor Experten. Deine Stärke liegt in Deiner Arbeit. Du beherrschst Deinen Beruf.

Deine Berufserfahrung ist Dein fester Grund, auf dem Du stehen kannst, um zu beurteilen, was andere tun und nicht tun. Die anderen mögen jeweils Experten auf ihrem Gebiet sein, aber wenn sie sich über Deine Arbeit äußern, so bist Du der Experte. Deshalb ist Deine Arbeit ein guter Ausgangspunkt für Deine Forschungen. Grabe, wo Du stehst.

Sven Lindqvist

Deine Arbeit . . .

1. ... in der Welt

Du tust Deine Arbeit. An anderen Arbeitsplätzen und in anderen Ländern stehen andere Menschen und machen die gleiche Arbeit. Wie geht es da zu? Was bewegt diese Menschen? Worüber lachen sie? Wovon träumen sie? Wie hoch sind ihre Löhne, wie sieht ihre Arbeitsumgebung aus, wie sind ihre Mitbestimmungsrechte?

Du arbeitest zum Beispiel in einer Zementfabrik. Wenn die Zementarbeiter aller Welt einander besuchen könnten und ihre Erfahrungen vergleichen würden, glaubst Du, daß da Gemeinsamkeiten überwiegen würden oder Unterschiede? Und worauf beruhen die Unterschiede?

»Alle großen Unternehmen in der Branche sind sich doch überall auf der Welt gleich.« »Das technische Niveau ist ausschlaggebend.« »Nein, das hängt von den Gewerkschaften ab. Wenn die Gewerkschaften nicht stark sind, sind es immer die anderen, die den Nutzen aus der Technik ziehen.« »Das Entscheidende sind natürlich die Eigentümer an den Produktionsmitteln, welche die Macht im ökonomisch-politischen System haben.« »Was spielt das für eine Rolle – der große und entscheidende Unterschied besteht zwischen den Industrieländern und den Entwicklungsländern. Es ist das allgemeine Entwicklungsniveau in einem Land, welches bestimmt, was man aus seinem Arbeitsplatz machen kann.«

Wer hat Recht? Das kann man nicht so leicht wissen, weil die Zementarbeiter der Welt einander noch nicht gegenseitig besucht haben. Weißt Du, was Deine Arbeitskollegen in England oder Deutschland, in Jugoslawien oder in der Sowjetunion eigentlich reden und woran sie glauben? Weißt Du, wofür die Kollegen in Mexico kämpfen, worüber sie sich in Nigeria freuen, wie sie in China ihren Arbeitsplatz und ihr Leben beurteilen?

Dein Beruf ist international. An tausenden Arbeitsplätzen über die ganze Welt verstreut stehen Deine Dir unbekannten Arbeitskollegen und verrichten die gleiche Arbeit wie Du. Aber sie wissen nichts von Dir, und Du weißt nichts von ihnen. Woran liegt das?

Das liegt unter anderem an den Reiseberichten und Auslandsreportagen. Alle möglichen Menschen sind in der Welt herumgereist und haben über ihre Erlebnisse geschrieben. Sie waren in Europa und in Asien, in Afrika und Australien, in Nord- und in Südamerika. Einige sind zwischen den Großstädten hin- und hergeflogen, andere sind auf den Landstraßen staubig geworden, einige haben Umgang mit den Spitzen der Gesellschaft gepflegt, andere haben mit den Bewohnern der Slums und der Müllhaufen geredet. Es scheint, kurz gesagt, sie sind überall gewesen und haben alles gesehen.

Aber hat irgendeiner von ihnen in irgendeinem Land eine Zementfabrik besucht und beschrieben?

Es ist allgemein bekannt, daß Reisende keine Strapazen scheuen. Unter den unglaublichsten Wetterbedingungen ziehen sie über die Polarweiten und dringen in die Regenwälder ein, um deren Besonderheiten für ihre Leser zu beschreiben. Mit Kameras und Tonbandgeräten kämpfen sie sich zu den wildesten und unzugänglichsten Indianerstämmen durch, um deren Lebensumstände zu schildern.

Und keiner von ihnen sollte zu irgendeinem Zeitpunkt in irgendeinem Land auch einmal die Gelegenheit gehabt haben, irgend etwas über Zementarbeiter zu berichten?

Seit über 25 Jahren bin ich interessierter Leser von Reiseberichten und Auslandsreportagen. Ich habe die Verwandlung von Reiseberichten verfolgt – von den exotischen zu den sozialen, von der pittoresken zu den politischen Gegenständen. Aber ich habe bis jetzt noch nicht eine einzige Reiseschilderung gelesen, in der irgend etwas über eine Zementfabrik berichtet wurde. Ich habe auch noch keine Auslandsreportage in der Zeitung oder im Fernsehen gesehen, die die Lebensumstände der Zementarbeiter behandelte.

Andere Industrien sind in der Welt der Reiseberichte und Auslandsreportagen genauso selten zu finden. Man kann vielleicht mal den Schimmer eines Arbeitsplatzes erkennen, aber selten mehr. Die Chancen dafür sind am größten, wenn die Reise in Entwicklungsländer oder in die Ostblockstaaten geführt hat, weil dort Fabrikbesuche oft zum festen Reiseprogramm gehören. Aber diese Reportagen sind so sehr von der Unkenntnis der Reisenden und von der Flüchtigkeit des Besuches geprägt, daß sie selten viel bringen.

Der schwedische Schriftsteller Ivar Lo hatte in den zwanziger Jahren den großen Plan, die Länder aller Welt dadurch zu beschreiben, daß er deren Arbeitsplätze schildern wollte. Der Plan wartet auch heute noch darauf, verwirklicht zu werden. Um kenntnisreich über die Arbeitsplätze in fremden Ländern schreiben zu können, muß man selbst Erfahrungen mit gleichartigen Arbeitsplätzen in seinem eigenen Land haben. Wer schreibt, hat diese Erfahrung selten. Wer diese Erfahrung hat, schreibt selten und ist ganz überwiegend nicht auf solchen Reisen dabei.

- Was hast Du über Deine eigene Arbeit in Reiseberichten oder in Reportagen aus fremden Ländern gelesen?

Hilfsmittel: Reiseberichte gibt es in den Stadtbibliotheken. Soweit ich weiß, hat noch niemand systematisch Reiseberichte verschiedener Zeiten so durchgearbeitet, daß man sehen kann, welches Bild von Arbeit und von Arbeitsplätzen sie enthalten. Es wäre interessant, so etwas für einige typische Länder lesen zu können.

- Schreibe an Deine Lokalzeitung, an Deine Gewerkschaftszeitung, ans Radio oder ans Fernsehen und mach den Vorschlag, darüber zu berichten, wie Deine Arbeit in verschiedenen Ländern, die Dich interessieren, aussieht. Schlage vor, daß eine solche Reportage in Zusammenarbeit mit Deinen Kollegen gemacht werden soll.

Auslandsreisen

Daß wir so wenig über die Arbeitskollegen in anderen Ländern wissen, liegt auch an unserer Art zu reisen. Nur wenige Gewohnheiten haben sich so gründlich gewandelt wie Reisegewohnheiten. Früher gehörten Auslandsreisen fast ganz und gar zum Arbeitsleben. Es war Bestandteil der Berufsausbildung der Handwerker, daß sie auf Gesellenwanderung gingen. Viele gingen über die Grenze und lernten die Arbeitsplätze und die Arbeitsverhältnisse in anderen Ländern kennen. Diese Gewohnheit überlebte das Zunftwesen – als ich noch ein Kind war, war es ganz auffällig, wie viel ältere Arbeiter Auslandserfahrungen gesammelt hatten, bevor sie sich »zur Ruhe setzten«, wie das hieß. Einige hatten ihr Glück in Amerika versucht, andere hatten ihre Wanderjahre in Finnland oder Rußland oder auf dem europäischen Kontinent verbracht.

In den sechziger Jahren war die Mobilität auf dem europäischen Arbeitsmarkt größer als je zuvor. Aber nun war es fast nur noch so, daß andere zu uns kamen. Bei uns gab es Arbeit, und hier waren die Löhne am höchsten. Und das war ja auch gut so. Aber das hielt uns vom Kontakt mit dem Arbeitsleben in anderen Ländern ab.

Auslandsreisen wurden ein Teil der Freizeit. In den fremden Ländern arbeiten wir uns nicht mehr durch – wir haben Geld in der Tasche, wir kommen im Auto und im Wohnwagen, wir landen mit Charter-Flugzeugen. Wir lernen nicht die Arbeitsplätze kennen, sondern die Badestrände und die Nachtclubs. Wir kommen nicht zum Arbeiten, sondern um bedient zu werden. Das kostet die Schweden ungefähr drei Milliarden Kronen im Jahr, das ist etwa eine Milliarde DM.

Ich begreife ebensogut wie jeder andere, daß es nach einem langen Winter in der Sonne sehr schön sein kann, wenn man sich mit den Kindern beschäftigt und wenn man die Gedanken an die Arbeit verdrängt, solange man in den Ferien ist. Aber es ist auch wahr, daß die Ferienreise oft zur Wirklichkeitsflucht wird und ein gewaltig schiefes Bild von den Ländern schafft, in die man kommt.

Vor 25 Jahren hätte es vielleicht die Möglichkeit gegeben, diese Entwicklung zu steuern. Da hätten wir vielleicht darüber nachdenken und eine bewußte Wahl zwischen verschiedenen Möglichkeiten treffen können:

1. Sollen wir eine Touristikindustrie aufbauen, welche darauf ausgerichtet ist, den schwedischen Arbeitern den Zugang zu einer Massenversion des internationalen Playboy-Lebens zu verschaffen? Dann müssen wir zusehen, daß es für die Zementarbeiter in Degerhamn leicht wird, billig in ausländische Badeorte per Charter zu fliegen und Freßgelage, Nachtclubs und zollfreien Schnaps zu erleben.
2. Oder sollen wir eine Touristikindustrie aufbauen, welche den schwedischen Arbeitern Gelegenheit gibt, Arbeitskollegen in anderen Ländern kennenzulernen und Zugang zu einer internationalen Berufsgemeinschaft zu erhalten? Dann müßten wir sehen, daß es für die Zementarbeiter in Degerhamn leicht und billig wird, per Charterflug nach Deutschland oder Indien oder Japan zu reisen, um dort Zementarbeiter zu treffen und zu erfahren, wie sie dort leben und mit ihnen über gemeinsame Probleme zu sprechen.
3. Oder sollen wir einen Tourismus aufbauen, welcher den Arbeitern der Exportindustrien Möglichkeiten schafft, zu sehen, wie die Produkte, die sie herstellen, in anderen Ländern angewandt werden? Oder daß sie die Produkte zurückverfolgen zu den Rohstoffen, um diejenigen zu treffen, welche das Material produzieren, das sie selbst verarbeiten? Dann müssen wir darauf achten, daß gerade das leicht und billig wird.
4. Oder sollen wir ein Austauschprogramm organisieren, welches den schwedischen Arbeitern die Möglichkeit gibt, für ein Jahr oder für

ein paar Jahre in irgendeinem anderen Land irgendwo in der Welt einen Arbeitsplatz zu übernehmen? Statt eine Woche an Mallorcas vollgepackten Badestränden zu liegen, könntest Du und Deine Familie in die USA oder die Sowjetunion, nach England oder Frankreich umziehen, um dort zu arbeiten. Du kämst dort in einen Kreis neuer Kollegen, lernst Menschen verstehen und das Land kennen.

5. Oder sollen wir auf verstärkten Kontakt und Verständnis zwischen Schweden und den Einwanderern an ihren Arbeitsplätzen setzen? Dann sollten wir darauf dringen, daß es für Schweden leicht und billig wird, den ausländischen Arbeitskollegen nach Griechenland, in die Türkei, nach Jugoslawien und Finnland zu folgen – um sie in ihren Heimatorten zu treffen, wo ihre Sprache und Nationalität kein Hindernis ist, sondern ein besonderer Aktivposten.

Du würdest in jedem Fall den Badestrand gewählt haben? Ich bin nicht so sicher. Ich habe mit vielen schwedischen Zementarbeitern gesprochen, die während ihrer Ferienreisen in Spanien oder Italien rund um die Zementfabriken gestrichen sind. Aber ohne Dolmetscher, ohne Hilfe in dieser Umgebung hatten sie nicht den Mut, auch hineinzugehen.

Wenn wir nur ein bißchen vorausschauend gewesen wären, so könnten die Milliarden Kronen der schwedischen Touristen auch Träume verwirklichen, andere als die, welche nun von den Reiseveranstaltern genährt und genutzt werden. Aber wir hatten keine genügend durchdachte Alternative. Wir trafen nie eine bewußte Auswahl. Wir folgten ganz einfach dem Gesetz des geringsten Widerstandes und ließen die Marktkräfte schalten und walten.

- Warst Du schon einmal in einem anderen Land an einem Arbeitsplatz, der Deinem eigenen entspricht?

- Schreib' an Deine Gewerkschaft und mach den Vorschlag, eine Charterreise für Mitglieder zu organisieren, und zwar entsprechend einem dieser Vorschläge, und zwar dem, der Dich am meisten interessiert.

Hilfsmittel: Billy Ehn beschreibt in seinem Buch »Sötebrödet« (Stockholm 1975), wie er eine Gruppe jugoslawischer Papierfabrikarbeiter in der Gemeinde Asen in Dalsland kennenlernte und dann in deren Heimat in Serbien reiste. Diese Untersuchung wurde auf Initiative der schwedischen Papierfabrikarbeiter durchgeführt, welche den Lebenshintergrund ihrer jugoslawischen Arbeitskollegen kennenlernen wollten. Am Ende des Buches gibt es ein Kapitel, in dem beschrieben wird, wie man es am besten anstellt, wenn man so eine Untersuchung durchführen will.

Ausländische Zementfabriken findet man mit Hilfe des Handbuchs »World cement directory«. Es kann über jede Stadtbibliothek bestellt werden; entsprechende Kataloge gibt es für viele andere Branchen. Über Deine Gewerkschaft kannst Du Kontakt zu der Gewerkschaft in der ausländischen Fabrik herstellen. Man kann billige Charterflüge zu üblichen Reisezielen buchen, welche dem Arbeitsplatz, den man besuchen will, am nächsten liegen. Einige Reisebüros besorgen auch Dolmetscher und stellen ein Spezialprogramm für kleinere Gruppen auf, wenn man das im voraus verabredet.

Reise in die Vergangenheit

Im »World cement directory« entdeckten wir Cliffe; auf der Karte sah das spannend aus – eine kleine, abgelegene Gemeinde auf einer hervorschießenden Landzunge, gerade da, wo die Themse sich anschickt, in das Meer überzugehen.

Wir reisten mit einer schwedischen Gesellschaftsreise nach London. Das Reisebüro vermittelte uns einen Zug von Waterloo-Station nach Gravesend. Es war so ein langsamer Vorortzug mit Plüschsofas und mit Aussicht auf tausend Hinterhöfe und Wohnzimmer. Die Busse nach Cliffe gingen jede Stunde. Aber als wir hinkamen, stellte sich heraus, daß die Fabrik stillgelegt worden war.

Nun waren wir immerhin so weit gereist, da wollten wir wenigstens die Fabrik auch sehen. Im Katalog hatte gestanden: Drei Öfen, nasse Methode, jährliche Kapazität 355.000 Tonnen. Die Schornsteine ragten immer noch einige Kilometer von der Gemeinde entfernt über das Wasser. Wir erkundigten uns in der Dorfpost. Nein, es fuhr kein Bus mehr dorthin. Aber es war ein schöner Tag mit schwachem Wind und viel Sonne; deshalb gingen wir zu Fuß. Da hielt ein kleiner gelber Morris neben uns am Straßenrand. »Ich war in der Post und hörte, was Ihr wolltet«, sagte der Fahrer, »ich muß nach Gravesend zum Einkaufen, aber ich kann Euch fahren und setze Euch an der Fabrik ab.«

Er hieß Cyrill Edwards. Als wir zu der Umzäunung kamen, fiel ihm plötzlich ein, daß er seine Thermosflasche in der Pausenunterkunft vergessen hatte, als die Fabrik 1969 stillgelegt wurde. So ging er mit hinein, um zu sehen, ob die Thermosflasche möglicherweise noch da war. Es stellte sich heraus, daß er hier 25 Jahre lang als Brenner gearbeitet hatte. Dann war er in die neue Fabrik nach Northfleet versetzt worden. Obwohl er weiter in Cliffe wohnte und ein eigenes Auto hatte, war

Der Ofen des William Aspdin in Northfleet. Hier wurde der Portlandzement erfunden.

er nie wieder in der Fabrik gewesen, seit sie geschlossen war. Wir gingen zu dem Aufenthaltsplatz an der Brennerplatte, um nach der Thermoskanne zu sehen. Alles war abgerissen.

»Denk Dir, hier stand das Waschbecken. Hier habe ich oft gestanden und über den Fluß gesehen. Im Kontrollraum in Northfleet kann ich weder Sonne noch Mond sehen. Oh, das war schön hier, besonders in den Nächten, wenn man in Ruhe gelassen wurde. Keine Chefs, bloß Kollegen. In den Sommernächten ging man hinaus und setzte sich auf die Treppe in den Wind, der vom Meer herüberwehte . . .« Jetzt kam das alles zurück. Die Fabrik war gleichsam wieder seine, seit das Unternehmen sie aufgegeben hatte. Er ging vor das Loch im Ofen, wo er gestanden und in die glühende Masse gestarrt hatte. Nun starrt man nur in ein kaltes Dunkel. Er kontrollierte wie gewöhnlich die Instrumentenwand. Sie hängt lose an der Wand, und die Zeiger pendeln im Windzug hin und her . . .

Das nimmt ihn am meisten mit. Vor diesen Zeigern hat er 25 Jahre gestanden und sie mit so großer Aufmerksamkeit und Verantwortungsgefühl beobachtet, ständig bereit, augenblicklich auf die geringste Abweichung zu reagieren. Diese Zeiger, welche alles bedeutet haben, und nun flattern sie lose im Wind und haben nicht mehr die geringste Bedeutung!

Er hat seine Thermoskanne vergessen. Er muß nicht mehr zum Einkaufen nach Gravesend. Jetzt will er weitergehen und den Klinkerkühler sehen, jetzt will er alles sehen. Den Ölvorwärmer, die Kohlemühlen, die Zementmühlen, die Kantine, alles, alles. Erinnerungen steigen auf. Die Hitze unter den Öfen, Versuche, mit Wasser rote Flecken zu kühlen, Explosionen im Kohlenbunker, die Gesichter der Kollegen, sein ganzes Leben kommt zurück: der Krieg, die dreißiger Jahre, was alte Arbeiter über diese Zeit erzählten. »Hier haben ja viele Generationen vor uns gestanden. Wartet, das müßt Ihr auch noch sehen . . .«

Und ehe wir uns versehen, sitzen wir in seinem gelben Mini-Morris und fahren denselben Weg, den er zur Arbeit fahren muß (aber da fährt er mit dem Moped, weil er nicht will, daß der Lack zerstört wird, wenn das Auto im Fabrikstaub parkt) und stehen direkt vor einem Komplex von Lagergebäuden in Northfleet.

»Irgendwo hier drin soll es sein«, sagt er, und wir gehen voran und zurück durch winklige Gänge, bis wir schließlich eine Hintertür finden und auf einen engen Hof kommen, wo sich ein alter Schachtofen aus Ziegeln erhebt, umgeben von den Plattenwänden der Magazine.

»Das ist Aspdins Ofen. Hier wurde zum allerersten Male Portland-Zement gemacht.«

Wir sind im klassischen Ursprungsland des Zements, und er fährt uns kreuz und quer zwischen Swanscombe, West Thurrock und Dartfort durch eine Gegend, die wie ein Friedhof von geschlossenen Zementfabriken wirkt. Jeder einzelne zusammengebrochene Schornstein, jeder einzelne geborstene Betonklumpen hat seine Geschichte, und hinter jedem treten Generationen von Zementarbeitern hervor. Ähnlich wie seine Erinnerungen für uns, bis der Tag vergangen ist, und er sich plötzlich erinnert . . . »Herrgott, mußte ich nicht nach Gravesend und einkaufen?«

● Die Arbeit, die Du machst, haben vor Dir andere getan. Wer waren sie, wovon träumten sie, wofür kämpften sie, was haben sie ausgerichtet, wie kann man sie kennenlernen?

Hilfsmittel: dieses Buch

2. . . . im Unternehmen

Alle schwedischen Zementfabriken gehören heute einem einzigen Unternehmen, der »Industriaktiebolaget Euroc«. Dieses Unternehmen ist aus der Skånska Cementaktiebolaget hervorgegangen, die 1871 gegründet wurde. Deren Geschichte ist wiederholt und gründlich beschrieben worden, zum ersten Male in einer Festschrift von G. A. Granström, »Svenska Cementförsäljningsaktiebolaget« (Die schwedische Zementverkaufs-Aktiengesellschaft) 1893–1922 (Stockholm 1923). Die Zementverkaufsgesellschaft mit dem Namen Cementa war ein von Skånska Cement beherrschtes Kartell, das die Preise auf dem schwedischen Zementmarkt regelte. Bergingenieur Granström war pensionierter Direktor einer der daran beteiligten Gesellschaften. Er hatte Ölands Cement AB 25 Jahre lang geleitet und 20 Jahre im Vorstand von Cementa gesessen. Er war sehr zuverlässig. Er schrieb die Geschichte des Kartells. Das Buch beschreibt relativ ausführlich die sieben Unternehmen, welche in Cementa Mitglied waren. Sie werden als eine einzige große glückliche Bruderschaft dargestellt – daß alle von Skånska Cement in die Knie gezwungen wurden, wird mit nicht einem einzigen Wort erwähnt. Der Verfasser beschäftigt sich vor allem mit den technischen Problemen der Fabriken in Lomma, Limhamn, Degerhamn, Visby, Hällekis, Maltesholm, Klagshamn und Bromölla. Das Buch ist reich illustriert mit den Fabrikfassaden und den Portraits der Unternehmensleiter und Techniker. Es ist möglich, daß diese Fabriken auch Arbeiter hatten. Allerdings werden im Text keine erwähnt, und sie erscheinen auf einigen Fotos bloß als verschwommene Figuren im Hintergrund. Es gibt darin z. B. ein Bild von einem Kalkbruch in Maltesholm aus dem Jahre 1910, da kann man vermuten, daß man darauf einen Mann sieht, der eine Schubkarre mit Steinen schiebt.

1931 wurde Skånska Cement 60 Jahre alt. Kühn bot man einer sozialdemokratischen Nationalökonomin an, das Jubiläumsbuch zu schreiben. Karin Kocks Buch »Skånska Cementaktiebolaget 1871–1931 (Uppsala 1932) folgte dem gängigen Muster. Es handelt von Wirtschaft und Technik. Die einzige Arbeit, in die wir Einblick erhalten, ist die der Unternehmensleiter und der Techniker. Sie blicken uns aus Portraits an, und wir sind eingeladen, ihr Werk in den übrigen Bildern zu bewundern. Ein einziger Arbeiter ist zu sehen. Er ist namenlos und steht in der staub- und geräuschfreien Fabrik dekorativ an eine stillstehende Zementmühle gelehnt. Das Buch mündet in eine Huldigung an die Zementgesellschaft als Gesellschaftsgestalter und Musterarbeitgeber.

Skånska Cement gründete bereits 1903 den »Arbeitgeberverband von Schonen (Skåne) innerhalb der Baustoffindustrie«. Durch ihre dominierende Stellung innerhalb dieses Verbandes übernahm die Gesellschaft 1907 die Leitung der »Allgemeinen Arbeitgebervereinigung« und führte sie in die Schwedische Arbeitgebervereinigung, in der Skånska Cement zu den tonangebenden Mitgliedern zählte. Danach führte die Gesellschaft die Baumaterial-Arbeitgeber aus der Allgemeinen Arbeitgebervereinigung heraus und in eine neue Reichsorganisation »Baustoffverband« hinein, in der Skånska Cement nun eine noch beherrschendere Rolle spielte. Das Zustandekommen dieser Organisationen und ihre Entwicklung hat Oscar Bjurling in zwei Büchern beschrieben.

Das besondere Kennzeichen einer Arbeitgebervereinigung ist, daß die Mitglieder solange Konkurrenten sind, bis sie einander fesseln oder gegenseitig schlucken können. Skånska Cement hatte bereits alle größeren Mitglieder des Baumaterialverbandes ins Kartell eingebunden,

In Karin Kocks Festschrift von 1932 kommt nur ein einziger Arbeiter vor. Er ist namenlos und lehnt sich dekorativ gegen eine saubere stillstehende Zementmühle.

noch bevor der Verband gegründet wurde. Die so gebundenen wurden hinterher gegeneinander ausgespielt und dann von Skånska übernommen. Viele kleinere Unternehmen gingen demselben Schicksal entgegen.

Wie nutzte eigentlich Skånska Cement die beherrschende Stellung in der Arbeitgeberorganisation aus, als das Unternehmen sein Imperium aufbaute? Welche Spannungen bewirkte das innerhalb der Organisation? Solche Fragen werden in den Erinnerungsschriften überhaupt nicht berührt. Der Kampf gegen den gemeinsamen Gegner, die Arbeiter, beherrscht die Schilderungen.

Drei Jahre später feierte die Zementfabrik in Degerhamn ihr 50jähriges Jubiläum und veröffentlichte eine Festschrift von Fr. Killig. Killig war selbst der Chef der Fabrik. Er war historisch interessiert und hatte über das alte Steinmetzhandwerk auf Öland gearbeitet. Er hatte auch Gefühl für »die endlosen, stillen Weiten der Wüste Alvaret und das blauschimmernde Meer auf beiden Seiten der Insel«. Aber wenn er auf Zement zu sprechen kam, sah er nichts anderes als ökonomische Aussichten und technische Probleme. Nicht ein Wort oder ein Bild deuten an, daß es in den 50 Jahren in der Fabrik auch Arbeiter gegeben hat.

Mitten im Zweiten Weltkrieg feierte die Tochtergesellschaft von Skånska Cement in Slite ihr Jubiläum. Das Buch »Slite cement och kalk AB 1917–1942« enthält einige stolze Bilder davon, wofür der Zement dieser Fabrik verwandt wurde, beispielsweise für das Südkrankenhaus und den Betonregenschirm auf dem Stureplan in Stockholm. In einigen Zeilen wird auch angedeutet, daß Menschen den Zement herstellen. Aber das einzige, was man über diese Menschen erfährt, ist, daß sie auf verschiedene Art Gegenstand der Fürsorge des Unternehmens geworden sind: »Selbstverständlich gibt es eine Sauna, und ein Gewerkschaftsbüro ist im Bau.« Im übrigen beherrschen die Eigentümer und Führer des Unternehmens die Szene.

Sind die Unternehmer diese Aufmerksamkeit wert? Kaum. Der einzige Unternehmer in der schwedischen Zementindustrie, der eine Art persönliche Ausstrahlung hatte, war R. F. Berg. Er war ein vielseitiger und weitsichtiger Mann. Es gibt auch viel Material über ihn. Er schrieb Artikel und hielt Reden, er stellte an den Rat von Malmö und in den vielen Vereinigungen, in denen er Mitglied war, Anträge. Er schrieb Vorschläge an den Unternehmensvorstand und an seine Mitarbeiter, und er pflegte einen fleißigen Briefwechsel mit seiner Familie und mit Freunden.

Wenn R. F. Berg Politiker, Künstler oder Schriftsteller gewesen wäre, hätte sich die akademische Forschung für ihn und seine hinterlassenen Papiere sicher interessiert. Das Material wäre Gegenstand einer kritischen Diskussion geworden; seine Bemühungen hätten von unterschiedlichen Ausgangspunkten aus analysiert und gewertet werden können. Aber nun ergab es sich, daß er Industrieller war, und da wird eine kritische Überprüfung irgendwie als unnötig und unzweckmäßig angesehen.

Der einzige, der dieses Material durcharbeitete, ist ein Kriminalromanschriftsteller, Folke Mellvig, der im Auftrag des Unternehmens ein Buch schrieb, das vor allen Dingen wegen seiner rückhaltlosen Bewunderung für den Gegenstand bemerkenswert ist.

1950 erschien die erste Nummer der Werkszeitung von Skånska Cement, »Kring Roterugnen« (Um den Drehrohrofen). Später wurde der Name mehrmals geändert, aber nun heißt sie wieder »Roterugnen«. In den ersten zwei Jahrzehnten enthielt diese Zeitschrift oft Artikel über die Geschichte des Unternehmens und der Tochtergesellschaften – immer aus der unveränderlich gleichen Direktoren-Perspektive gesehen.

Slite Cement wechselte 1954 den Namen und wurde auch formell ein Teil von Skånska Cement. Um »den Übergang in eine neue Epoche in Erinnerung zu behalten«, wandte sich das Unternehmen an zwei professionelle Autoren für Festschriften und veröffentlichte »De brinnande ugnarna i Slite (Die brennenden Öfen von Slite). Ein Buch über die Geschichte der gotländischen Zementindustrie« (Slite 1954). Die Zementfabriken in Visby, Valleviken und Slite passieren Revue – wieder mal in Form der Fassaden und der führenden Persönlichkeiten. Auf den allerletzten Seiten werden zum ersten Male in der Jubiläumsgeschichtsschreibung der Zementindustrie die Namen von fünf Arbeitern erwähnt. Es ist der Vorstand der Betriebsgewerkschaftsgruppe in Slite. »Das Verhältnis zwischen der Unternehmensleitung und der Gewerkschaftsorganisation in Slite ist von Vertrauen und gegenseitigem Verständnis geprägt.«

Skånska Cement hatte noch einen Konkurrenten: Gullhögens Fabrik. Deren Geschichte wurde von einem pensionierten Direktor geschrieben, aus Anlaß des 50. Jahrestags der Fabrik (Glise, Hjalmar: Gullhögens bruk 1916–1966, Skövde 1966). Die üblichen gestellten Bilder einer »Arbeitsmannschaft« sind hier um einzelne Bilder von Menschen bei der Arbeit ergänzt. Alles wird natürlich loyal aus dem Blickwinkel der Eigentümer und der Leitungen gesehen, aber Kritik von Außenstehenden, zum Beispiel wegen Umweltfragen, sind nicht ganz verdrängt. Zumindest wird sie aufgenommen und erwähnt. Vielleicht ist das der Grund dafür, daß das Buch zur internen Verbreitung im Unternehmen »für Beschäftigte mit langer Dienstzeit« reserviert wurde.

Wir nähern uns unserer eigenen Zeit. Das merkt man am hundertsten Geburtstag von Skånska Cement im Jahre 1971. Das Unternehmen nennt sich inzwischen Cementa, nach dem alten Kartell, dessen sämtliche Mitglieder mittlerweile geschluckt sind. Eine neue Konzernleitung bringt frischen Wind und wendet sich mit einem Buch, das auch Kritisches über das Unternehmen enthalten soll, an die Beschäftigten: »Cementa. Insikt – åsikt. (Einblick – Ausblick). Querschnitt eines Unternehmens. Wie es ist und wie wir's haben möchten. Fakten und Vorschläge in Artikeln und in Interviews« (Kristianstad 1971). Die Artikel sind von verschiedenen Abteilungsleitern des Unternehmens geschrieben. Die Interviews hat die Firma Marketing Konsult in Solna durchgeführt. Das Buch wurde von der Firma PR-Konsult in Malmö in Zusammenarbeit mit dem Reklame-Büro Gumaelius produziert. Es wurde in Studienzirkeln mit 3.000 Teilnehmern zur Grundlage von Diskussionen gemacht, die zusammen 8.000 Vorschläge für Verbesserungen entwickelten. Die Vorschläge wurden von »Personel Administration Service« in Malmö bearbeitet.

Viele waren enttäuscht, daß diese Jubiläumskampagne nicht zu konkreten Maßnahmen führte, aber es war in jedem Fall ein neuer Anlauf. Mit dem Vergangenen indessen, mit dem, was nicht ungeschehen gemacht werden kann, wagte man keine Experimente. Die Aufgabe wurde einem zuverlässigen konservativen Historiker anvertraut, der eine traditionelle Festschrift schrieb: Alf Åberg: »Cement i 100 år.« (Zement in hundert Jahren) Eine Chronik der Skånska Cementaktiebolaget – AB Cementa (Malmö 1972). Da war Schwedens Geschichte schon längst nicht mehr die seiner Könige. Aber wenn man Åbergs Buch liest, versteht man, daß die Geschichte der schwedischen Industrie weiterhin die ihrer Direktoren ist.

Die Zukunft hat gestern begonnen

»Was macht das schon? Laß die Unternehmen doch ihre Geschichte behalten. Wir werden die Zukunft gestalten!« Ich glaube, daß diese Auffassung falsch ist. Wenn ich irgend etwas in Lateinamerika gelernt habe, so war es die Erkenntnis, daß die Zukunft bereits gestern begonnen hat. Die Geschichte ist nicht zu Ende. Sie setzt sich morgen fort.

Auf meinen Reisen untersuchte ich dort amerikanische Unternehmen. Multinationale nordamerikanische Riesen steuerten und bestimmten in vielen lateinamerikanischen Staaten nach Gutdünken – aber es gab praktisch überhaupt nichts Geschriebenes über sie, was sie nicht selbst kontrolliert hatten. Zuerst wunderte ich mich und schrieb in meinem Buch »Lateinamerika – Der geplünderte Kontinent«: »Jeder Dichter kann nahezu sicher sein, daß man über ihn eine Biographie verfaßt. Aber wer schreibt die Biographie der Marcona Mining Company? Wer erforscht die Geschichte der Cerro de Pasco Corporation? Wer untersucht den Einfluß der Southern Peru Copper Corporation? Diese riesigen Gesellschaften, die Berge versetzen, Städte aus dem Nichts entstehen und wieder in Schutt fallen lassen; die in das Leben von Millionen Menschen eingreifen, und deren Einfluß sich über Jahrhunderte und über Kontinente erstreckt – was ist es nur, das sie so uninteressant für die Wissenschaft macht?

Auf den Höhepunkten ihrer Entwicklung wurden diese Gesellschaften Gegenstand bestellter Arbeiten – ob es sich nun um Festschriften zu Geburtstagen handelte oder um romantische Broschüren ihrer Public-Relations-Abteilungen.« (S. 249)

Die Repräsentanten der Unternehmen sprachen oft und gern über Tagesprobleme und über Zukunftsaussichten. Aber kam man auf die Geschichte zu sprechen, wurden sie merklich irritiert. »Wir versuchen, unsere Vergangenheit zu überwinden«, erklärte das Unternehmen Bookers in Guyana, das seine Bedeutung durch Sklavenhandel erreicht hat. »Wir werden immer weiter für die Sünden der Vergangenheit angeklagt«, sagt die Firma DEMBA, die all ihre Reichtümer für einen Spottpreis von armen Kleinunternehmern kaufte, die keine Ahnung davon hatten, welche Rohstoffe ihr Boden enthielt.

Die Herren der beiden Unternehmen meinten, daß es ein Unrecht sei, die Sünden der Vergangenheit weiter als Zeugen gegen sie anzuführen. Aber das Resultat der Sünden der Vergangenheit – Grund und Boden, Gebäude, Maschinen, kurz gesagt: das Kapital – wollen sie selbstverständlich nicht abgeben. Das ist heiliges Privateigentum und darf nicht angerührt werden.

Die Geschichte ist wichtig, weil ihre Resultate nach wie vor da sind. Das habe ich in Lateinamerika besonders klar erkannt. Das Vergangene schafft nach wie vor Ertrag. Das Vergangene schafft nach wie vor Macht.

Darum nehmen es die Unternehmen so genau damit, die Kontrolle über ihre Geschichte zu behalten. Darum sieht ihre Geschichtsschreibung immer gleich aus, egal ob ein alter treuer Diener schreibt, ob professionelle Schwanzwedler oder zuverlässige Wissenschaftler. In den elf verschiedenen Erinnerungsschriften der Industrieaktiebolaget Euroc sind die Grundzüge der Geschichtsschreibung gleich:

1. Die Unternehmensleitung ist weise und weitsichtig. Sie hat noch nie einen Fehler gemacht.
2. Die Unternehmensleitung ist rechtschaffen. Ihre Beschlüsse waren noch nie tadelnswert.
3. Das Unternehmen gehört den Aktieneigentümern. Deren Einsatz für die Produktion war viel bedeutungsvoller als der der Arbeiter.
4. Die Arbeiter haben zur Entwicklung der Zementindustrie vor allem zweierlei beigetragen: Sie haben unrealistische Forderungen gestellt, und sie waren Gegenstand der Fürsorge des Unternehmens.
5. In den mehr als 100 Jahren ist nie etwas passiert, was einem Zementarbeiter berechtigten Grund für Stolz oder Zorn hätte geben können.

● Gibt es irgendein Buch über das Unternehmen, in dem Du arbeitest? Welches Bild gibt dieses Beschreibung von Deinem Arbeitsplatz, von Deiner Arbeit, von dem Einsatz Deiner Vorgänger? Wessen Geschichte ist in diesem Buch beschrieben?

Hilfsmittel: Bücher über Unternehmen am Ort gibt es in der Stadtbibliothek. Die Geschichte des Unternehmens kann auch in Jubiläumsschriften der Arbeitgeberorganisation, oder verwandter Unternehmen, oder Lieferanten und Konkurrenten beschrieben sein.

Standardwerke zur Industriegeschichte geben meistens einen allgemeinen Hintergrund, aber sie sind von fast dem gleichen Direktorenstandpunkt geschrieben wie die Erinnerungsschriften der Unternehmen selbst.

Gewöhnliche Darstellungen der schwedischen Geschichte verschwenden kaum ein Wort an die Arbeit. Ich habe nur eines gefunden, in dem das Wort Zement vorkommt. Das ist Carlsson-Roséns Schwedische Geschichte II. Dort ist der Einsatz der Zementarbeiter in einem einzigen Gedanken zusammengefaßt. Er lautet: »Die schwedische Zementindustrie entstand 1871 mit Gründung der Skånska cement AB, die größte in ihrer Branche.« Die Arbeiter in den Bereichen von Metall, Holz oder Textil haben etwas größere Chancen, über ihre Vorgänger etwas herauszufinden.

3. ... bei der Gewerkschaft

»Es ist nur natürlich, daß im Zentrum geschichtlicher Darstellungen, die im Auftrag und auf Bezahlung der Unternehmen veröffentlicht werden, die Unternehmensleitungen stehen. Die Werkszeitungen sind doch auch selbstverständlich Sprachrohr der Unternehmensleitungen. Die Beschäftigten haben ihre eigenen Organisationen und ihre eigenen Zeitungen, die ihre Geschichte schreiben.«

Laßt uns diesen Einwand prüfen. Die meisten Arbeiter von Industrieaktiebolaget Euroc sind im Schwedischen Fabrikarbeiterverband organisiert. Die Zeitschrift dieses Verbandes »Fabriksarbetaren« (Fabrikarbeiter) hieß früher »Förbundskamraten« und erschien zum ersten Mal 1898 unter dem Namen »Grofarbetaren« (Schwerarbeiter). Ich ging sämtliche Jahrgänge durch, um nachzulesen, was diese Zeitung über die Unternehmen geschrieben hat, die nun im Konzern Euroc zusammengeschlossen sind. Diese Lektüre nahm eine Woche in Anspruch. Ich denke, daß man vier Perioden in der Geschichte dieser Zeit unterscheiden kann.

In den ersten Jahren enthielt die Zeitung oft konkrete und sehr kritische Schilderungen über die Agitation an verschiedenen Arbeitsplätzen:

> Degerhamn auf Öland.
>
> Am 13. Juli hielt ich einen Vortrag im Guttempler-Lokal über anderthalb Stunden, der mit gespannter Aufmerksamkeit von den etwas über 150 anwesenden Arbeitern angehört wurde. Die Arbeit in der Zementfabrik geht durchgängig Tag und Nacht und mit einer Menge ungeregelter Arbeitszeit. Aus diesem Grunde hielt man es für unmöglich, alle Arbeiter zu der Versammlung zu bekommen, wenn so etwas tagsüber stattfindet. Auf Bitten der Anwesenden mußte ich versprechen, daß ich über Sonntag am Ort bleiben würde, damit sich alle einfinden konnten, was für die Zukunft der Vereinigung als erforderlich angesehen wurde. Am Sonntag, dem 17., hielt ich im vorbenannten Lokal einen Vortrag, der mit Interesse von den Anwesenden angehört wurde.
>
> An dieser Stelle muß gesagt werden, daß die Stellung der Arbeiter sehr schlecht ist. Kinder und Frauen werden oft für überanstrengende und ungesunde Arbeiten herangezogen; die Arbeitszeit ist oft

grundlos lang, und der Lohn ist schäbig. Die Frauen arbeiten im Kalk- und im Zementbruch, beim Schachten wie auch beim Abfahren des Erdreichs und im Stampfhaus. Mit bewundernswerter Sicherheit bedienen diese Frauen ihre Rollwagen. In der Fabrik passieren oft Unfälle. Während meines Besuches auf dem Platz gerieten die Finger eines minderjährigen Mädchens unter eine Presse. Ein Arzt mußte für die Amputation hinzugezogen werden. Einige Zeit vorher wurde ein Mann lebend begraben, als Zementmehl über ihm zusammenstürzte. Ein paar weitere Arbeiter, die ihm helfen wollten, hatten gut und gerne einen Wagen Zement beiseite zu schaffen, welcher aus großer Höhe auf ihn herabgestürzt war. Für Leib und Leben der Arbeiter wäre hier ein besserer Schutz dringend nötig. Der Fabrikplatz ist ständig in dichten Rauch und Staub gehüllt, der natürlich eine schädliche Auswirkung auf die Gesundheit und Entwicklung der Kinder hat. Aber da der Verdienst der Familienernährer klein ist, sind sie, um existieren zu können, gezwungen, ihre Kinder in den Fabriken des Unternehmens schuften zu lassen. (November 1898)

Weitere Beispiele aus dieser Periode sind Artikel über »Arbeitsverhältnisse im Kalkbruch von Limhamn«, »Der Kampf um das Vereinigungsrecht in der Zementfabrik von Visby«, »Die Solidarität der Arbeiter (Hällekis)«, »Das soll vorangeprügelt werden! (Limhamn)«.

Nach 1915 begann eine neue Periode, die ungefähr ein Vierteljahrhundert umfaßt. In dieser Zeit enthielt die Zeitung kaum einen Bericht von auch nur einem Arbeitsplatz, zumindest nicht in irgendeiner Zementfabrik. Die dritte Periode umfaßt die Zeit von 1940–1968, als viele Arbeitsplatzreportagen gedruckt wurden, die auch ganz genauso in einer Arbeitgeberzeitung hätten stehen können. Beispiel:

Ein Rundgang mit den Ingenieuren in der neuen Fabrik in Köping. Einzige Kritik: daß die Arbeiter die Toiletten versauen. ›Bei solchen Unsitten sind Kosten und Mühen, die für eine perfekte Toilettenausrüstung aufgewandt werden, oft rausgeschmissenes Geld.‹ Der Kollege Gottfrid Hill klagt über das geringe Interesse an der Gewerkschaftsarbeit. (Cement. 1941, Seite 76)

Kurze Reportage über das 25-Jahresjubiläum des Unternehmens und der Gewerkschaft. (Jubiläum in Slite. 1943, Seite 60)

Erneuter Rundgang in der Fabrik von Köping, diesmal zusammen mit dem Vorsitzenden und dem Kassierer der Gewerkschaftsgruppe, die mit allem sehr zufrieden sind. »Was ihn allerdings noch nicht in allem zufriedenstellt, ist dagegen die passive Haltung zur

Gewerkschaft, wie er sie bei einem allzu großen Teil der Arbeitskollegen feststellt.« (Cementfabrikation und Wohnungsproblem. 1944, S. 156)

Ein Reporter wandert beeindruckt in der »Nebelbank aus Rauch, welche wie eine Kuppel die große Anlage insgesamt überwölbt«. Im Vorbeigehen trifft er einige Arbeiter, die betonen, daß die Zusammenarbeit im Wirtschaftsausschuß gut ist. »Lärmende Maschinen werden nach ausführlicher Beratung nicht zugelassen, und Lind kann nur berichten, daß Maschinenlärm beschwerlich ist . . .« (Limhamn-cement. 1949, Heft 1.)

Ausführlicher, stark positiver Bericht eines Zusammentreffens mit dem Wirtschaftsausschuß in Limhamn. (Wirtschaftsausschuß in Nahaufnahme. 1952, Seite 11.)

Begeisterter Lobgesang auf die neue Fabrik. (Drei Mann bedienen die halbautomatische Fabrik in Slite. 1964, Heft 11.)

Sehr positive Reportage über die Gesundheitsvorsorge des Unternehmens in Gullhögen. (Vom Mißtrauen zur Zusammenarbeit. 1967, Heft 16.)

Enthusiastische Präsentation der neuen Fabrik in Limhamn. (Zement – ein Schlüsselprodukt in der modernen Gesellschaft. 1968, Seite 22.)

Die vierte Periode wurde 1969 eingeleitet. Die Schlagzeilen enthalten nun oft direkte Zitate. Der Ton ist schärfer, die Unternehmenskritik selbstverständlicher. Arbeiter kommen auch mit Einwänden gegen die Gewerkschaftsarbeit zu Wort. Beispiele:

Reportage aus Limhamn. »Ich habe hier eigentlich nichts zu sagen«, sagt Jensen. »Eigentlich überhaupt nichts. Ich kann vielleicht den, der die Säcke packt, ein wenig anmeckern, weil das zu schnell geht, und dann macht er vielleicht den Takt ein wenig langsamer, und ich kann den Vorarbeiter anmeckern, aber der schert sich nicht um das, was ich sage. Da gibt es keine Mitbestimmungsrechte . . . Ich glaube schon, daß wir eine Gewerkschaft haben müssen, aber das müßte dann auch eine Gewerkschaft sein, die Zeit hat, darauf zu hören, was wir, die da stehen und arbeiten, zu sagen haben. Denn es geht ja um uns.« (»Ich würde nie wollen, daß mein Kind hier arbeitet.« 1970, Heft 12.)

Kritische Reportage über den Arbeitsplatz an der Zerkleinerungsmaschine von Cementa in Tegene. Staubindex: 115, Grenzwert: 1. (»Die müssen gezwungen werden, die Zerkleinerungsmaschine zu stoppen«. 1971, Heft 15.)

Reportage aus Limhamn über die Monatslöhne der Zementarbeiter. (»Was wird aus den unterschiedlichen Löhnen?«)

Der Arbeitsschutz in Stora Vika wird als vorbildlich herausgestellt. (»Hier funktioniert der Arbeitsschutz gut (aber es war schon mal besser . . .)« 1971, Heft 20.)

Kritische Reportage über die Übernahme von Gullhögen durch Cementa. (»Warum sollen wir im Vorstand sitzen, wenn wir nichts erfahren?« 1973, Heft 13.)

Diese Aufzählung kann ich nicht fortsetzen. Nach der Schließung der Zementfabrik in Hällekis und der Asbestzementfabrik in Lomma würde sie allzu lang werden. Die Beispiele reichen aus, um diese vierte Periode zu charakterisieren, in der die Zeitung des Fabrikarbeiterverbandes zum ersten Male nach 50 Jahren wieder eine kritische Haltung zu den privaten Unternehmen bezieht.

Insgesamt gibt also auch die Gewerkschaftszeitung kein Bild der Geschichte der Zementarbeiter.

Auch in Erinnerungsschriften der Gewerkschaft, die vom Redakteur der Gewerkschaftszeitung, Torwald Carlborn, verfaßt sind: »Svenska Fabrikarbetareförbundet sextio år« (60 Jahre schwedischer Fabrikarbeiterverband, Stockholm 1951) und »Svenska Grov- och Fabrikarbetareförbundets historia« (Geschichte des schwedischen Schwer- und Fabrikarbeiterverbandes, 1. und 2. Auflage, Stockholm 1941, 1944) spielt der einzelne Arbeitsplatz keine Rolle.

Etwas mehr gibt das regionale Jubiläumsbuch von Axel Uhlén: »Facklig kamp i Malmö under sju decennier.« (Gewerkschaftskampf in Malmö in sieben Jahrzehnten, Malmö 1949) her. Dieses Buch enthält ein ausführliches Register, das u. a. zu den Beschreibungen vieler Konflikte in Lomma, Limhamn und Klagshamn führt.

Dem Unternehmen kommt man in den Erinnerungsschriften der lokalen Gewerkschaftsgruppen am nächsten. Als erstes bemerkt man, daß die Schriften der Gewerkschaftsgruppen, verglichen mit den aufwendigen Publikationen des Unternehmens, dünn und dürftig sind. Die Selbstdarstellung der Unternehmensleitung wurde aus der Produktion bezahlt, das Bild aus der Sicht der Gewerkschaft dagegen aus den

Beiträgen der Mitglieder. Die Gewerkschaft hatte kein Geld, um Wissenschaftler oder professionelle Schriftsteller anzustellen. Die wenigen Abbildungen sind von schlechter Qualität.

Die lokalen Erinnerungsschriften enthalten viele wertvolle Angaben, insbesondere von Gewerkschaftsprozessen, von Streiks und Aussperrungen. Aber sie geben auch Anleitung zu kritischer Reflexion. Alle sind Jubiläumsschriften, in dem festlichen Geist geschrieben, den man braucht, um ein Jubiläum zu begehen. Die alltäglichen und konkreten Einzelheiten sucht man im allgemeinen vergebens. Alle Jubiläumsschriften wirken wie nach dem gleichen Muster geschrieben. Wenn es eine frühere Schrift der gleichen Organisation gibt, wird sie verwässert von den nachfolgenden wiederholt. So erhält man nicht den Eindruck, daß die Gewerkschaftsbewegung sich angestrengt hätte, neue Muster zu schaffen.

Die Hauptquellen sind Protokolle und Ansprachen. Nur im Ausnahmefall haben die Verfasser Briefe, Zeitungsartikel und andere Dokumente oder gar Gespräche berücksichtigt.

Man erfährt sehr wenig über die Menschen, im allgemeinen lediglich die Namen und die Positionen. Aber woher kamen sie, welchen Weg sind sie gegangen, was taten sie, wie waren sie, wie haben sie sich verändert, warum erinnert man sich ihrer?

Die Gewerkschafts- und die politische Arbeit werden nicht in Zusammenhang zueinander gebracht. Wie hat z. B. die Machtverschränkung zwischen der Gemeinde und dem Unternehmen die Stellung der Gewerkschaft beeinflußt? Auf welche Weise hat die Gewerkschaft für verschiedene Gesetze und Reformen gekämpft? Was haben die Reformen konkret für die Wirksamkeit der Gewerkschaft bedeutet?

Die Lohnverhandlungen stehen im Zentrum der Darstellung. Aber was bedeuten die Zahlen? Welchen Weg ging das Geld? Welchen Einfluß hatte der gestiegene Lebensstandard, für den die Gewerkschaften gekämpft haben, auf die Wirksamkeit der Gewerkschaft?

Erinnerungsschriften berichten sehr wenig über die Arbeit selbst, über die Arbeitsräume und die Maschinen, über die Arbeitsorganisation, die Zeitstudien, die Umgebung der Arbeitsplätze, das äußere Milieu usw. Nie wird eine Untersuchung aus dem Gesichtspunkt der Arbeiter erwähnt. Das Bild des Unternehmens wird allein von der Unternehmensleitung bestimmt.

Die Erinnerungsschriften sind deshalb so dürftig, weil innerhalb der schwedischen Gewerkschaftsbewegung lange Zeit den lokalen Organisationen nur eine sehr geringe Bedeutung zugewiesen wurde. In allen Angelegenheiten waren die zentralen Organe dominierend.

Aber nun geht die Entwicklung in die andere Richtung. Die schwedischen Arbeitsplatzgesetze und die Regelungen zur Mitbestimmung legen zum ersten Male wichtige Aufgaben in die Hände der lokalen Organisationen.

Man kann die Arbeitsplätze nur am Arbeitsplatz selbst erobern. Ein wichtiger Schritt zu dieser Eroberung ist es, ein neues Bild des Unternehmens zu schaffen, ein Bild, in dem die Arbeit und die Arbeiter im Zentrum stehen. Das erfordert eine neue Art Forschung, zu der dieses Buch versuchen will, einige Werkzeuge bereitzustellen.

- Was berichtet die Jubiläumsschrift Deiner Gewerkschaft über Deine Arbeit, über Deinen Arbeitsplatz und über alle, die dort arbeiten? Worüber würdest Du etwas wissen wollen, das aber nicht in der Schrift steht? Was von dem, das dort stehen sollte, weißt Du selbst?

- Wenn Du an diesem Punkt tiefer eindringen willst: Sieh nach, wie Dein Arbeitsplatz in der Gewerkschaftszeitung und in der Gewerkschaftsgeschichte dargestellt ist. Welche konkreten Probleme Deines Arbeitsplatzes hat Deine Gewerkschaftsgruppe auf Konferenzen zur Sprache gebracht?

Hilfsmittel: Ein Verzeichnis der lokalen Erinnerungsschriften gibt es im »Årsbok för arbetarnas kulturhistoriska sällskap« (»Jahrbuch der Kulturhistorischen Gesellschaft der Arbeiter«) 1963–1965. Das Jahrbuch ist eine Fortsetzung der »Notizen aus der Kulturhistorischen Gesellschaft der Arbeiter«, die seit 1926 erscheinen. Diese Zeitschrift enthält viel wertvolles Material über die Geschichte der Arbeiter und regelmäßige Verzeichnisse über entsprechendes Material in anderen Zeitschriften.

Das »Jahrbuch der Arbeiterbewegung« erhält man für einen Jahresbeitrag bei der Kulturhistorischen Gesellschaft der Arbeit. Es wird in Zusammenhang mit dem »Archiv der Arbeiterbewegung« (Arbetarrörelsens arkiv, Upplandsgatan 5, Stockholm) herausgegeben. Es kann Dir sowohl mit Material als auch mit methodischen Hinweisen helfen, wenn Du die Geschichte Deiner Gewerkschaft erforschen willst. Auf Anforderung verschickt das Archiv eine Liste der 50 Arbeiter- und Volksbewegungsarchive in ganz Schweden.

Alte Jahrgänge der Gewerkschaftszeitungen gibt es in den Stadtbibliotheken; sonst kann man sie dort bestellen. Die Kongreßprotokolle des Schwer- und Fabrikarbeiterverbandes gibt es seit 1897. Solche Protokolle enthalten häufig Sachregister, Antragsregister und Personenregister, mit deren Hilfe man sich leicht zurechtfindet. Im Gewerkschaftsarchiv gibt es die Briefwechsel mit den lokalen Abteilungen auf Mikrofilmen, die man sich in seine Stadtbibliothek schicken lassen kann.

Fang damit an, alte Protokolle, Briefe und andere Papiere Deiner eigenen Gewerkschaft aufzustöbern. Du kannst sie an den ausgefallensten Plätzen entdecken – in Slite entdeckte ich welche im Heizungskeller des Hauses eines ehemaligen Gewerkschaftsfunktionärs. Sie werden nun im Landesarchiv in Visby aufbewahrt.

4. . . . im Ortsverein

»Das ist keine Angelegenheit der Gewerkschaft, das ist eine politische Aufgabe. Die Frage nach dem Eigentumsrecht an den Produktionsmitteln ist sowieso seit dem ersten sozialdemokratischen Parteiprogramm von 1897 die entscheidende Trennungslinie in der schwedischen Politik. Geh in den Ortsverein der Partei! Da kannst Du eine andere Sicht auf das Unternehmen als die der Unternehmensleitung bekommen.«

Laß uns das einmal überprüfen.

Für zwei Orte, in denen Industrieaktiebolaget Euroc vorherrscht, wurde die Geschichte des sozialdemokratischen Ortsvereins geschrieben, in Lomma und in Slite. Beide Schriften sind dünn und dürftig im Vergleich zu denen des Unternehmens. Beide sind einander so sehr gleich, daß ich nur eine behandeln muß.

Slite ist eine kleine Gemeinde an der Ostküste Gotlands. Zu Beginn des 20. Jahrhunderts bildeten das Kalkbrennen und der Export von Butter und Eiern nach England die wichtigsten Einkommensquellen. Eric Jacobsson schreibt in der Ortsvereinsgeschichte: »Politisch ›regierte‹ Anfang des 20. Jahrhunderts die Firma Nyström, danach die Firma Degerman, wobei die Gemeinde von dem Geschäftsführer Olsson gesteuert wurde. Anfang des 20. Jahrhunderts galt ein Vier-Klassen-Wahlrecht. Als es abgeschafft war, gab es dennoch Möglichkeiten, zu verhindern, daß die Arbeiter an der Wahl beteiligt waren, u. a. dadurch, daß die Wahlbehörden nur zwischen zehn und zwölf Uhr am Vormittag geöffnet hatten und danach die Wählerlisten geschlossen wurden. Diejenigen, die in den Wählerlisten nicht geführt wurden, verloren ihr Wahlrecht.«

Die Zementindustrie schuf dann die Voraussetzungen für eine organisierte Arbeiterbewegung in dieser Gemeinde: »Während das Fabrikgebäude errichtet wurde, kamen eine große Zahl von Schwer- und Fabrikarbeitern, Schreinern, Zimmerleuten, Schmieden und Werkstattarbeitern und viele andere nach Slite. Am 11. August 1917 wurde der Ortsverein Slite nach einem Vortrag des Agitators der Sozialdemokratischen Partei Himdén gegründet.«

Das Programm, dem die Arbeiter von Slite sich anschlossen, begann so: »Die Sozialdemokratie unterscheidet sich von anderen politischen

Parteien dadurch, daß sie die ökonomische Organisation der bürgerlichen Gesellschaft vollständig umgestalten will und die soziale Befreiung der Arbeiterklasse bis zur Sicherung und Entwicklung der geistigen und materiellen Kultur durchführen will. Die Hauptursache für die Gebrechen, welche der Zivilisation unserer Tage anhaften, ist nämlich die privatkapitalistische Produktionsweise, welche die alten kleinbürgerlichen Gesellschaftsverhältnisse abgelöst hat, Vermögen in den Händen einer Minderheit ansammelt und den Gegensatz zwischen Arbeitern und Kapitalisten als entscheidende Eigenschaft der jetzigen Gesellschaft schuf.«

Die Arbeiter in Slite hatten es nicht schwer, sich selbst in dieser Beschreibung wiederzufinden. Aber andere Fragen – allen voran der Mangel an Lebensmitteln – waren viel brennender. Die junge Vereinigung diskutierte deshalb über eine Krankenstation, die Einrichtung eines Volksparks und eines Volkshauses, das Bedürfnis nach einer neuen Schule und Kandidaten für verschiedene Posten und Funktionen. Dagegen scheint man überhaupt nicht diskutiert zu haben, wie man in »Slite Cement und Kalk AB« die Macht übernehmen könnte.

1920 nahm die Sozialdemokratie ein neues Programm an, in dem der Ton gegenüber den Unternehmen schärfer war. Der Ausbeutungsbegriff wurde ins Zentrum gestellt: »Das private Eigentumsrecht an den Produktionsmitteln war früher ein Mittel, um dem Produzenten sein Produkt zuzusichern. Das kapitalistische Privateigentum wurde statt dessen ein Mittel für die Besitzenden, um den Arbeitenden die Früchte ihrer Arbeit vorzuenthalten. Diese kapitalistische Ausbeutung beherrscht, wenn auch in wechselnden Formen, die moderne Gesellschaft und läßt kein Gebiet davon unberührt. (. . .) Der Klassenkampf zwischen den Ausgebeuteten und den Ausbeutern erhält sein modernes Gepräge. Die Arbeiterklasse wird sich ihrer historischen Mission bewußt, Träger einer neuen Produktionsordnung, befreit vom Profitinteresse, zu sein und tritt als die führende unter den ausgebeuteten Volksklassen hervor, die der Kapitalismus in Abhängigkeit und Unsicherheit gebracht hat.«

Es ist nicht herauszukriegen, ob der Ortsverein Slite das neue Parteiprogramm diskutiert hat. Man muß sich auch fragen, ob die Arbeiterklasse in Slite sich ihrer historischen Mission wirklich bewußt war. War auch nur einem einzigen Mitglied wirklich klar, auf welche Weise den Arbeitenden gerade in Slite die Früchte ihrer Arbeit vorenthalten wurden? Ich bezweifle das.

Das beherrschende Unternehmen am Ort wird nur ein einziges Mal in den zwanziger Jahren erwähnt: »Die Volksparksfrage wurde im

Laufe des Jahres in der Weise gelöst, daß Slite Cement durch Kapitän Nyström 5.000 qm Land westlich von Solklint zur Verfügung stellte.« Die Ausbeutung blieb ein theoretisches Problem, solange die praktische Schwierigkeit in Slite war, daß so viele keinen Arbeitgeber finden konnten, der gewillt war, sie auszubeuten. 1931: »Die Arbeitslosigkeit hat sich verschlimmert.« 1932: »Im Laufe des Jahres war die Arbeitslosigkeit die brennendste Frage und zwang zu besonderen Zusammenkünften. Gemeinsam mit kommunalen Arbeiten wurden staatskommunale Arbeiten in Gang gesetzt. Für bestimmte Arbeiten wurde der Akkord eingeführt. Trotzdem waren zu Jahresende 80 Arbeitslose gemeldet.« 1933–34: »Im Laufe dieses Jahres war die Arbeitslosigkeit die dominierende Frage und verursachte einen großen Teil Bitterkeit.« Es geht aus dem Beitrag nicht hervor, gegen wen sich diese Bitterkeit wandte. Nur beiläufig wird erwähnt, daß das Eigentum an dem beherrschenden Unternehmen des Ortes überging – allerdings nicht in gesellschaftliches Eigentum, sondern in den Besitz von Skånska Cement: »Die Zementgesellschaft wechselte den Chef aus, nachdem Skånska Cement die Aktienmehrheit übernommen hatte. Da dadurch der Posten des Vorsitzenden vakant wurde, wurde Herman Engström zum Vorsitzenden gewählt.«

Inzwischen war die Zahl der sozialdemokratischen Wähler von 87 im Jahre 1922 auf 203 (1923) und 347 im Jahre 1930 angestiegen. 1934 kam der Durchbruch für die sozialdemokratische Politik in Slite: »Dank der Mehrheit, die uns die Wahl von 1934 im Rat brachte, konnten einige wünschenswerte Reformen durchgeführt werden. Jetzt hatten die Arbeiter die Majorität und stellten den Vorsitzenden im Rat, in der Kommunalbehörde, im Sozialausschuß und in anderen Behörden und Ämtern.«

Mit der Übernahme der politischen Macht in Slite wurden eine Menge neuer Aufgaben angepackt: Ärztliche Untersuchungen der Schulkinder, freie Zahnpflege, siebentes Schuljahr, Ankauf von Land für einen Badestrand, ein kommunaler Pensionszuschlag usw. Man kann begreifen, daß der Ortsverein für einige Zeit die mehr grundlegenden Fragen, über die er sowieso keine Macht hatte, beiseite tat. In der Geschichte dieser Jahre wird das Unternehmen auch nur ein paar mal erwähnt: »1939–1942. In diesen Jahren wurde der Ausbau der Kanalisation beraten, der Bau eines Altersheimes und auch der Bau eines Bürgerhauses, welches aber mittlerweile wieder zurückgestellt wurde, weil Slite Cement und Gotlands kraftverk beschlossen hatten, durch ein eigens gebildetes Unternehmen ein Kino und Lokale für Zusammenkünfte zu bauen.

Slite Cement bot der Kommune an, das Hotel aufzukaufen, woraufhin sie ein neues bauen wollten. Das Angebot wurde inzwischen zurückgezogen (. . .) Slite Cement brachte 15.000 Kronen zum 25jährigen Jubiläum des Unternehmens als Grundlage für ein Bürgerhaus ein. Das geschah vor ihrem Beschluß, ein Kino zu bauen.«

1944 nahm die Sozialdemokratische Partei ein neues Programm an, welches von Ernst Wigfors verfaßt war. Es beginnt mit den Worten: »Das Ziel der Sozialdemokratie ist, die ökonomische Organisation der bürgerlichen Gesellschaft so umzugestalten, daß die Bestimmungsrechte über die Produktion in den Händen des gesamten Volkes liegen, daß die Mehrheit von ihrer Abhängigkeit von einer Minderheit der Kapitaleigentümer befreit wird und daß die von den ökonomischen Klassen geschaffene Gesellschaftsordnung einer Gemeinschaft von Mitbürgern Platz macht, welche auf der Grundlage der Freiheit und der Gleichberechtigung zusammenarbeitet.« Anstelle der Ausbeutung wird die Machtkonzentration in der Wirtschaft betont: »Eine noch stärker hervortretende Erscheinung als die Anhäufung von Reichtümern ist die Konzentration der wirtschaftlichen Macht. Obwohl die Eigentümerrechte auf einige breitere Kreise verteilt sind, ist die Macht, über die Verwendung des Kapitals zu bestimmen, in ein paar Händen versammelt, wohingegen die Mehrzahl für ihr Auskommen von den Entscheidungen abhängig wird, die die kleine Gruppe aufgrund ihres privaten Interesses und ihres privaten Urteils darüber faßt, wie sich die Gesellschaft entwickeln soll.«

Aus der Geschichtsschreibung geht hervor, daß der Ortsverein Slite 1944 das Parteiprogramm diskutierte. Die Arbeiter von Slite hatten dazu eigentlich Anschauungsmaterial genug am Ort. Skånska Cement hatte die Zementfabriken in Maltesholm 1928, in Klagshamn 1939, in Bromölla und Visby 1940 aufgekauft und stillgelegt. Überdies war die Zementproduktion in Valleviken 1947 stillgelegt, und die Arbeiter waren nach Slite versetzt worden. Alle diese Beschlüsse hatte eine Minderheit aufgrund ihres privaten Interesses und ihres privaten Urteils darüber gefaßt, wie das Interesse der Gesamtgesellschaft sich entwickeln sollte. Slites weiteres Schicksal lag in den Händen der gleichen Minderheit.

Aber wenn man diesem Geschichtswerk des Ortsvereins Slite trauen darf, so scheint es, daß die Macht dieser Minderheit während der gesamten vierziger und fünfziger Jahre überhaupt nicht diskutiert wurde. Ganz andere Fragen standen im Vordergrund: Waschmöglichkeiten, Berufsschule, Alkoholgesetzgebung, elektrische Heizung in der Kirche. Die Teilnahme an den Kundgebungen zum 1. Mai nahm ständig ab, und Ende der fünfziger Jahre wurde der Mai-Umzug ganz eingestellt.

1960 wurde ein neues sozialdemokratisches Programm angenommen, welches feststellte: »Noch immer gibt es keine wirksame demokratische Kontrolle über die Machtpositionen in der Wirtschaft. Die große Masse der Lohnempfänger innerhalb der Privatwirtschaft ist von den Entscheidungen abhängig, die eine Minderheit faßt, die ihr eigenes Interesse als obersten Leitstern betrachtet.«

Es scheint, daß im Ortsverein Slite dieser Beschluß in den sechziger Jahren bei zwei Gelegenheiten kritisiert wurde:

- Wegen der Müllhalde von Cementa für Abraum und Asche in Vägomeviken hielt man es für erforderlich, die Gesundheitsbehörden einzuschalten.
- Es wurde beklagt, daß nur ein Teil der Kinder mit Schulbussen nach Visby fahren darf. Inzwischen wurde das von der Zementgesellschaft privat geregelt, aber die Kommunalbehörden sollten die Angelegenheit prüfen.

Damit sind wir am Ziel, dem 50jährigen Jubiläum des Ortsvereins Slite, das am 30. September 1967 im Hotel Slitebaden mit einer Rede von Innenminister Hans Gustavsson und bei Tanzmusik des Orchesters Play Boys gefeiert wurde. Für diese Festlichkeit schrieb Eric Jacobsson seine Geschichte. Als er zurückblickte, war er mit dem, was er sah, ganz zufrieden: »Seit 1935 ist die Gemeinde Slite wirklich umgestaltet worden. Das gilt sowohl auf dem Gebiet der Bildung mit einer neuen Schule und einer Turnhalle wie auf sozialem Gebiet mit einem Altersheim, Rentnerheim und Rentnerwohnungen, Heimpflegerinnen und Heimsamaritern. Ein Wasserwerk wurde gebaut, und Kanalisation und Pumpstationen wurden angelegt. In kommunaler Regie wurden von einer örtlichen Wohnungsbaustiftung eine Menge Mehrfamilienhäuser errichtet. Sogar ein beliebtes Feriendorf wurde gebaut. Ein erheblicher Zuschuß wurde für eine Kunsteisbahn, die auch weiter jährlich einiges kostet, bereitgestellt.«

Ja sicher. Der Ortsverein Slite hat vieles, auf das er stolz sein kann. Aber die Grundlage für alles war die ganze Zeit über und ist weiterhin ein einziges Unternehmen, dessen Unternehmerentscheidung Leben oder Tod für den Ort bedeutet.

Wenn man das Parteiprogramm liest, steht dieses Faktum im Vordergrund. Aber wenn man die Geschichte des Ortsvereins liest, könnte man annehmen, daß das eine Nebensächlichkeit war, eine akzeptierte Selbstverständlichkeit, die man nicht erwähnen muß.

Es ist auch möglich, daß Eric Jacobsson keine kontroversen Fragen zu einer festlichen Gelegenheit wie dieser vorbringen wollte. Wenn man noch einmal die alten Protokolle durchginge und sich mit den ältesten Mitgliedern des Ortsvereins zusammensetzen würde und mit ihnen spräche, so könnte man vielleicht mehr Material für eine neue Geschichte zusammentragen, die die Macht über die Arbeitsplätze und das Unternehmen stärker in den Vordergrund stellen würde.

Sicher ist, daß die Geschichte des Ortsvereins Slite, so wie sie hier geschrieben ist, kein alternatives Bild von der Arbeit und vom Unternehmen gegenüber den von den Unternehmensleitungen Präsentierten bietet. Das ist eine sehr ernste Angelegenheit. Um die Forderung des Parteiprogramms nach wirtschaftlicher Demokratie durchzusetzen, müßte die Unternehmenskritik des Programms gerade auch in dem *lokalen* Bewußtsein verankert sein. Jedermann müßte diese allgemeinen Sätze im Programm auf seine eigenen Verhältnisse übertragen, auf seine eigene Geschichte – auf den Arbeitsplatz, den er hat, auf den Ort, an dem er wohnt. Soweit ich sehe, wurde bisher kein einziges schwedisches Unternehmen von diesem Ausgangspunkt aus untersucht.

● Hat die Parteigliederung, der Du angehörst, ihre Geschichte geschrieben? Welches Bild gibt diese Darstellung von den Verhältnissen Deines Arbeitsplatzes, von dem Unternehmen, in dem Du arbeitest? Gibt, was in den Protokollen und in den Erinnerungen bewahrt ist, ein anderes Bild?

Hilfsmittel: Es gibt viele Bücher, welche den allgemeinen Hintergrund für die Entwicklung der Arbeiterbewegung in Deinem eigenen Ort darstellen. Die Ideen der Bewegung wurden von einem sozialdemokratischen Gesichtspunkt aus von Jan Lindhagen in »Socialdemokratins program« (Das Programm der Sozialdemokratie 1 und 2, Karlskrona 1972, 1974), von einem kommunistischen Gesichtspunkt in Knut Bäckströms »Arbetarrörelsen i Sverige 1–2« (Arbeiterbewegung in Schweden 1–2) (3. Auflage Kungälv 1977) und von einem bürgerlichen Gesichtspunkt von Herbert Tingsten in »Den Svenska socialdemokratins idéutveckling 1–2« (Die Ideengeschichte der schwedischen Sozialdemokratie 1–2) (Stockholm 1967) geschildert.

Die »Meddelanden från Arbetarrörelsens arkiv och bibliotek« (Mitteilungen des Archivs und der Bibliothek der Arbeiterbewegung), heute: Arbetarhistorien (Arbeitergeschichte) enthalten in ihrer ersten Nummer (1977: 1) ein Verzeichnis von mehr als 200 laufenden Forschungsprojekten mit Anknüpfungspunkten an die Geschichte der Arbeiterbewegung. Einige dieser Forschungen kann man in der Zeitschrift »Arkiv för studier i arbetarrörelsens historia« (Archiv für Studien der Geschichte der Arbeiterbewegung) verfolgen.

Im Nachwort findet man Hinweise auf entsprechende Materialien und Stellen in Deutschland und Österreich.

5. ... in der Heimat

»Es ist klar, daß die gewerkschaftlichen und die politischen Organisationen nicht auf Forschungen eingerichtet sind. Sie haben ja auch andere Aufgaben. Aber es gibt eine große Volksbewegung mit mehr als 300.000 Mitgliedern, die sich damit beschäftigen, das Vergangene einschließlich des örtlichen Wirtschaftslebens zu untersuchen. Bei der Heimatbewegung kannst Du ein Bild, das unabhängig von dem der Unternehmen ist, finden.«

Laßt uns das Vorstehende prüfen. Die Heimatbewegung in Schweden besteht aus 24 regionalen Heimatverbänden und über 500 lokalen Heimatvereinigungen. Die meisten sind im »Riksförbundet för hembygdsvard« (Reichsverbund für Heimatpflege) organisiert, welcher 1916 gegründet wurde. Nahezu jede Vereinigung gibt eine Publikation heraus, viele publizieren dicke Jahresschriften oder Bücher, in denen das Ergebnis der Heimatforschung veröffentlicht wird. Insgesamt wächst die Heimatliteratur in Schweden mit ungefähr 30 Buchregalmetern im Jahr. Die Heimatbewegung bewirkt also viel durch den freiwilligen Einsatz von Nichtberufsforschern auf dem Gebiet der historischen Forschung. Das ist vor allem bedeutungsvoll für die Frage, wie das Menschenbild von sich selbst und vom eigenen Wohnort geprägt wird.

Die Heimatbewegung hatte ursprünglich einen gesellschaftskritischen Ansatz, der sich auch gegen die Unternehmen richtete. Man faßte die heraufbrechende Industrialisierung als eine Invasion von außen auf. Die Eigenart der Heimat ging unter, indem schöne alte, zu Hause hergestellte Gebrauchsgegenstände durch von außen kommenden Krimskrams ersetzt wurden. Die Selbständigkeit der Heimat ging verloren, als das Volk zur Arbeitskraft für fremde Unternehmensherren wurde.

Warum wurde der ursprüngliche Wald zerstört? Weil er von Menschen aufgekauft wurde, die nicht selber in seiner Nähe wohnten und nichts von ihm sahen und von ihm nichts wußten, außer daß er Geldwert hatte. Warum wurden der Wasserfall trockengelegt und alte Gebäude abgerissen? Weil der Beschluß dazu außerhalb der kulturellen Gemeinschaft der Heimat von unverständigen Fremden gefaßt wurde.

Wie kamen die Sulfatfabriken dazu, die Gegend meilenweit zu verpesten und wieso konnte das Anreicherungswerk das Wasser in den fischreichen Seen zerstören? Ja deshalb, weil die, die den Beschluß faßten, nicht selbst die Konsequenzen zu tragen hatten. »Und das lassen wir uns gefallen, so läßt sich eine große Heimatbevölkerung selbst tyrannisieren, läßt ihre Heimat verderben, ihr Wohlbefinden aufs Spiel setzen, durch irgendwelche Industriefürsten, in der Regel weit weg wohnende Fremdlinge.«

So schrieb der Schriftsteller Karl Erik Forsslund 1914 in »Heimatpflege«, einer Streitschrift, die zum zündenden Funken für die Heimatbewegung wurde. Viele seiner Argumente tauchen heute in der aktuellen Debatte wieder auf. In der Kritik der Umweltgruppen an den Umweltverschmutzungen der Unternehmen. In den örtlichen Forderungen nach lokaler Kontrolle über die nächste Umgebung. In der Kritik der Gewerkschaften an den multinationalen Unternehmen.

Aber nicht die gesellschaftskritische Orientierung hat dann die Heimatbewegung geprägt. Man sammelte sich statt dessen rund um die bygdegårdar (Heimathöfe) – oft als direkte Gegenpole zu den Volkshäusern gebaut – und bewahrte Reliquien einer vergangenen Bauernkultur. Diese Ausrichtung prägte auch die in der Bewegung gebräuchlichen Forschungshandbücher, beispielsweise »Vi upptäcker hembygdem« (Wir entdecken die Heimat) (Hälsingborg 1971) von John Nihlén und »På jakt efter en hembygd« (Auf Jagd nach einer Heimat) (Stockholm 1976) von Jan Gustafson und anderen. Diese Bücher enthalten viele nützliche Tips, z. B. wie man in einem Archiv arbeitet und Landkarten auswertet. Aber sie machen nur den lahmen Versuch, ein im Grunde traditionelles Heimatverständnis, in dem der Bauernhof und die Kirche, der Spinnrocken und der Dreschflegel weiterhin im Zentrum stehen, zu modernisieren. Beide Bücher sind für Bauern und für die Mittelklasse geschrieben, wo vor allen Dingen die Mitglieder der Heimatbewegung herkommen. Wo ist die Industriegesellschaft? Wo ist die Gesellschaftskritik? Ebenso weit weg wie die Zeit, in der Sigurd Erixon und seine Mitarbeiter vor mehr als 40 Jahren das Monumentalwerk der Heimatbewegung »Svensk bygd och folkkultur i samling, forskning och vård 1–4« (Schwedische Heimat und Volkskultur in Sammlung, Forschung und Pflege 1–4) (Stockholm 1946–48) herausgaben.

Sogar die städtischen Heimatvereinigungen pflegen vor allem die Erinnerung an die vorindustrielle Epoche. Limhamns Museums-Verein ist ein typisches Beispiel. Was hat man ausgewählt, aufgeputzt und in einem so ausgeprägten Industrieort wie Limhamn aufbewahrt? Eine alte Soldatenkate und einen Bauernhof. Und wenn das Jahrbuch »Limhamniana«, das seit 1959 erscheint, sich doch einmal für die Zementindustrie interessiert, die immerhin den Ort erschaffen hat – wer führt da die Feder? Natürlich einer von den Cementa-Direktoren, Gunnar Laurell: »Cementfabriken i Limhamn« (Die Zementfabrik in Limhamn) (In: Limhamniana 1972). Der Aufsatz wird von großen Anzeigen für Cementa begleitet. Limhamniana wird, wie viele andere gleichartige Jahrbücher, zu einem großen Teil durch Anzeigen finanziert. Und wenn es darum geht, etwas aus der Vergangenheit zu bewahren, wird die Heimatvereinigung oft genug immer abhängiger von dem Wohlwollen des Unternehmens.

Für eine unternehmenskritische Untersuchung über sich bezahlt das Unternehmen nichts. Es bezahlt nicht dafür, daß das ursprüngliche Programm der Heimatbewegung wieder aktualisiert wird. Es bezahlt dafür, daß die Heimatbewegung den Tagesproblemen ausweicht und das Vergangene so behandelt, daß es für das Unternehmen unschädlich ist.

Der Fall Lomma

»Es ist ja auch ganz natürlich, daß eine solche Bewegung, die alle möglichen Leute, die an einem bestimmten Ort wohnen, zusammenfassen will, den politisch kontroversen Problemen ausweicht. Man wendet sich besser den gemeinsamen lokalen Interessen zu, die über der Politik stehen.« Dieser Einstellung begegnet man oft. Der Fehler daran ist bloß, daß man auch fast allem Bedeutungsvollen und Engagierten ausweicht, wenn man dem politisch Kontroversen ausweicht.

Ein Beispiel: Von den 13 Orten in Schweden, welche eine Zementfabrik als Zentrum haben oder hatten, ist nur Lomma Gegenstand einer umfassenderen lokalgeschichtlichen Untersuchung geworden: Sven Nordengren: »Lomma sockens och församlings historia« (Geschichte der Gemeinde Lomma) (Malmö 1973). Wenn man mit so einem Buch in der Hand dasitzt, hat man guten Grund, sich einige Fragen zu stellen.

1. Wer hat das Buch geschrieben? Aus dem Vorwort geht hervor, daß Nordengren Dozent für Wirtschaftsgeschichte ist. In den Katalogen der Bibliotheken kann man nachsehen, was er früher geschrieben hat und sich so einen Eindruck von diesem Mann verschaffen.
2. In wessen Auftrag wurde das Buch geschrieben? Die Lokalgeschichte wurde oft im Auftrage von irgend jemandem geschrieben. In

diesem Fall war der Rat der Kirchengemeinde Auftraggeber. Wer einen solchen Auftrag annimmt, will oft etwas abliefern, womit der Auftraggeber zufrieden sein kann. Da ist es fast unvermeidlich, daß die Erwartungen der Auftraggeber in die Arbeit eingehen. Nordengren hat die Geschichte ungefähr genauso gesucht und gefunden, wie der Rat der Kirchengemeinde erwartet hat.

3. Welche Probleme wollten die Auftraggeber beleuchtet haben? Man könnte sich zum Beispiel denken, daß der Kirchenvorstand über die Isolierung der Kirche im damaligen Lomma beunruhigt war. Wie entstand das? Hat das etwas mit dem Auftreten der Kirche in dem Durchbruchsjahr der Arbeiterbewegung zu tun? Hängt das vielleicht mit der gesellschaftlichen Kontrolle zusammen, die die Kirche früher ausübte? Oder gibt es andere Ursachen?

Man könnte sich ja auch denken, daß der Kirchenvorstand über den plötzlichen Zuzug von tausenden Leuten aus Malmö in eine früher ziemlich friedliche Gemeinde bestürzt war. Hatte es solche plötzlichen Veränderungen früher schon einmal gegeben? Ist so etwas anderswo passiert? Was bedeutet das nun für die Kirche? Welche Handlungsmöglichkeiten haben wir nun?

Der Kirchenvorstand könnte über die Klassenunterschiede in Lomma empört gewesen sein und gewünscht haben, sie historisch zu beleuchten. Der Kirchenvorstand könnte sich auch um Fragen der Asbestgefahren gekümmert haben oder um die Zukunft der Industrie am Ort. Es gibt tausendundeine Frage, die dem Kirchenvorstand als Anleitung dafür gedient haben könnten, die Geschichte Lommas erforschen zu lassen.

Was war der wirkliche Grund? Ja, der immer gleiche – ein Jubiläum. Die Kirche wurde 100 Jahre alt. Die alte Kirche, die an demselben Platz gestanden hatte, war 1871 abgerissen worden. »Wie sah diese alte Kirche aus, warum riß man sie ab? Diese Frage erweckte andere Fragen zum Leben. Wieviele Menschen wohnten und arbeiteten zu der Zeit in Lomma, wie ernährten sie sich? Ja, was erzählen die Annalen überhaupt über Lomma durch die Zeiten hindurch?«

Wie man fragt, kriegt man Antworten. Sven Nordengren ist nicht der Historiker, welcher unnötigerweise gerade diejenigen Probleme ans Licht zerrt, nach denen die Besteller ihn nicht gebeten hatten, zu wühlen. Er gleitet an ihnen so schnell und bequem wie möglich vorbei: »Was die Industrie betrifft, kommt das Kapital und die Initiative in hohem Grad aus Malmö. Die Arbeitskraft war für einen niedrigen Lohn zu bekommen und verbrauchte große Teile des Einkommens zum Leben. Die Gewinne des Unternehmens in Lomma wurden über das Land verteilt oder nach Malmö überwiesen, wo sie in neue Unternehmen eingebracht wurden, die nicht in Lomma angesiedelt wurden.«

Punkt und Schluß. Aber wie groß war der Gewinn, der über die Jahrzehnte abgeführt wurde? Was bedeutete es für den Ort, daß das beherrschende Unternehmen keine selbständige Einheit war, sondern zum Zementkonzern gehörte? Welche Handlungsmöglichkeiten hat eine kleine Gemeinde, wenn sie in die gleiche Situation wie ein Entwicklungsland im Verhältnis zu einem großen multinationalen Unternehmen gerät?

Das sind einige Hauptfragen in der modernen Geschichte von Lomma. Aber sie wurden nicht einmal gestellt.

4. Welche Quellen hat der Verfasser genutzt? Für die vorindustrielle Zeit in Lomma hat Nordengren relativ gründliche Nachforschungen betrieben. Er hat das Dialekt- und Ortsnamensarchiv und das Volkslebensarchiv in Lund benutzt, das Landesarchiv und die Landvermessungsabteilung der Provinzbehörden. Er hat in den Flurbereinigungskarten, den Dokumenten des Kronvogtes und den Haushaltsbefragungsregistern nachgesehen.

Für die industrielle Zeit hatte er Zugang zu einem Arbeitertagebuch, oder vielleicht richtiger gesagt, zu einem »Jahrbuch« des Maschinisten Jöns Nilsson (siehe Kapitel 15). Das ist ein einzigartiges Dokument, aber Nordengren nutzte es lediglich für einige vereinzelte Zitate.

Die Entwicklung der Industrie wird mit Hilfe des Direktors von Skandinaviska Eternit AB, Bertil Kylberg, beschrieben. Im übrigen ist alles bloß der Jubiläumsschrift von Cementa und den Jubiläumsschriften über R. F. Berg entnommen. Sogar die Gewerkschaft und der sozialdemokratische Ortsverein sind mit Hilfe dieser Jubiläumsschriften geschildert. Aus vier Jubiläumsschriften trägt Nordengren eine noch lahmere Geschichte als kirchliche Jubiläumsschrift zusammen.

Da sind vier Festansprachen zu einer fünften zusammengefaßt worden. Niemand will nachtragend sein. »Als Kylberg die Nachfolge von Schårengrad antrat, war Lomma eine kleine, feine, idyllische, fast schlafende Gemeinde.« Niemand will die Stimmung stören. »Das Verhältnis zwischen der Unternehmensleitung und der Belegschaft war in der ganzen Zeit persönlich und gut.« Versöhnlich legt sich ein Nebel über das Verflossene: »In den 15 Jahren nach 1925 brachen in Lomma keine größeren Konflikte aus. Die Arbeiterbewegung war gefestigt und an die Sozialdemokratie angeschlossen. Das Ziel dieser Partei, durch Reformen und Volksbildung die Gesellschaft zu verändern, wurde in hohem Grade in Lomma erfüllt. Die Bibliothek entwickelte sich und spielte eine große Rolle, was auch mit der Märchenstundenbewegung der Fall war.«

So klang das 1973. Ende gut, alles gut.

Aber wenige Jahre später, 1975, als die von den Eigentümern des Industrieunternehmens Euroc eingesetzte Unternehmensleitung mitteilte, daß der Betrieb in Lomma wegen der Arbeitsschutzgesetzgebung gegen die Asbestgefahr keinen Gewinn mehr abwarf, welcher über das Land verteilt oder nach Malmö überwiesen werden konnte, um in neue Unternehmen eingebracht zu werden, welche nicht in Lomma angesiedelt wurden und daß die Fabrik in Lomma also geschlossen werden sollte – da hatte der eine oder andere Einwohner Lommas guten Grund, sich zu fragen: Was war eigentlich die Märchenstundenbewegung? Kann man sagen, daß das das endgültige Ziel des Kampfes der Arbeiter von Lomma gewesen sein soll? Oder gab es möglicherweise andere Ziele, die im Laufe der Zeit verlorengingen?

Das Vergangene ist nicht dazu da, um nur bei festlichen Gelegenheiten vorgeführt zu werden. Das würde die Geschichte nur lahm machen. Wenn man einen großen Sprung machen will, ist es gut, vorher einige Schritte zurückzutreten. Zur Geschichte soll man mit konkreten Fragen kommen. So bricht die Lähmung auf. So wird das Vergangene viel mehr als eine Märchenstunde.

● Gibt es historische Schilderungen Deiner Heimat? Welches Bild geben sie von Deinem Arbeitsplatz und von dem Unternehmen, in dem Du arbeitest?

● Bist Du Mitglied in einem Heimatverein? Dann schlage dort vor, daß man eine Forschungsgruppe bildet, welche die Arbeitsplätze am Ort untersucht. Such die Zusammenarbeit mit den lokalen Gewerkschaftsgruppen und mit den Heimatvereinigungen anderer Orte, wo das Unternehmen Deines Ortes auch Betriebe hat.

Hilfsmittel: Das Studienmaterial von TRU: »Bygd i förvandling« (Heimat in Verwandlung, 1973) ist ein Versuch, die Heimatforschung auf Fragen der Umwelt und der Industriegesellschaft auszurichten. Das Material kann bei der Briefschule (Brevskolan, 126 12 Stockholm) bestellt werden.

Heimatliteratur gibt es in den Stadtbibliotheken. Siehe Kapitel 6.

In Norwegen hat die Heimatforschung eine noch stärkere Stellung. Die »Landesorganisation für Heimat- und Dorfgeschichte« hat eine Lokalgeschichte der Forschung und der Kulturarbeit über 200 Jahre (Lokal historie i forskning og kulturarbeid gjennom 200 år. Trondheim 1970) mit einem ausführlichen Literaturverzeichnis herausgegeben. Von den aktuellen Schriften des Norwegischen lokalgeschichtlichen Institutes in Oslo kann man die Lokalgeschichte in Schulen (Orkanger 1975) und Rolf Fladby u. a.: Lokalhistorie fra gard till tettsted, Oslo 1974, nennen.

Bemerkenswerte englische Handbücher sind W. G. Hoskins »Local history in England« (Lokalgeschichte in England, 2. Auflage, London 1972) und »Fieldwork in local history« (Feldforschung in Lokalgeschichte, 2. Auflage, London 1969). Das billigste Handbuch ist David Iredale »Discovering local history« (Lokalgeschichte entdecken, Aylesbury 1973). Versuche mit Lokalgeschichte in Schulen beschreibt u. a. H. . R. Finberg »Local history« (Lokalgeschichte). Objective and pursuit, 2. Auflage, Newton Abbot 1973.

Sowohl die norwegischen wie die englischen Handbücher sind von ausgeprägt konservativen Menschen geschrieben. Eine sozialistische Entsprechung zu diesen Handbüchern habe ich noch nirgends gefunden – aber sie sind vielleicht in Arbeit. Am Ende von Gunnar Silléns »Stiga vi mot ljuset« (Wir gehen dem Licht entgegen), Malmö 1977, welches auf Initiative des Arbeiterbildungsverbandes ABF und des Reichsverbandes für Heimatpflege herausgegeben wurde, gibt es sogar ein marxistisches Modell für lokalhistorische Forschung. (Siehe Kapitel 21).

6. ... in der Bibliothek

Um das Jahr 1970 wurde binnen weniger Jahre das Bild, das Schweden von der Welt hatte, verändert. Alte Loyalitäten brachen zusammen und neue wurden geschaffen. Während des Vietnam-Krieges wurde der mächtige Propagandaapparat der USA von Studienzirkeln, Broschüren und Flugblättern besiegt. Die Entwicklungsländer und die Befreiungsbewegungen stiegen aus dem Dunkel unserer Unkenntnis hervor. Ein neues Bild der Welt wurde geschaffen.

Wie kann das Bild der Heimat auf eine ähnliche Weise verändert werden?

Während dieser Jahre reiste ich oft im Lande umher und hielt Vorträge über Lateinamerika. Die Leute konnten stundenlang den Berichten über die Gewerkschaften in der chilenischen Kleinstadt Molina zuhören. Das war wichtig. Darum drehte sich die Welt. Aber Vorträge über die Gewerkschaften in ihrer eigenen Stadt – die konnten weder sie noch ich halten. Die Leute konnten stundenlang den Analysen über Macona Mining oder über Anaconda Copper zuhören, aber über das Großunternehmen in ihrer eigenen Gemeinde wußten sie sehr wenig und ich noch weniger.

Manchmal fanden diese Vorträge in einer Bibliothek statt. Dann pflegten wir nachzusehen, was es dort über die Leute selbst geschrieben gab. Welche Menschen hatten das geschrieben? Was für Interessen hatten sie dabei? Welche Stoffe behandelten sie? Welche Wertung herrschte vor?

Da zeigte sich, daß meist Pastoren und pensionierte Fabrikdirektoren über den Ort und über das Unternehmen geschrieben hatten. Der Lateinlehrer und der konservative Zeitungsredakteur hatten ihren Teil beigetragen. Die Stadtverwaltungen hatten mittelmäßige Auftragsarbeiten bezahlt. Die Stützen der Gesellschaft schrieben ihre eigene Geschichte.

Wie lange werden sich die Menschen, die sich doch einen kritischen Blick auf die ganze Welt geschaffen haben, mit einem veralteten Bild ihrer eigenen Verhältnisse abfinden?

Das neue Weltbild wurde nicht auf einem Tablett serviert. Es wuchs aus einem tiefen Mißtrauen gegen die etablierten Autoritäten. Das

Volk begann selbst Fragen zu stellen, Untersuchungen durchzuführen. Die Menschen lernten, die täglichen Lügen mit denen des Vortrages zu vergleichen und beide zu entlarven. Tatsachen, die über Jahrzehnte begraben waren, kamen hervor und schufen ein neues Bewußtsein.

Das neue Bild von uns selbst müßte auf die gleiche Weise hervorwachsen. Durch eigene Fragen, eigene Untersuchungen und eigene Schlußfolgerungen.

Stadtbibliothek

Wenn man mit einer Untersuchung beginnen will, ist die Stadtbibliothek der natürliche Ausgangspunkt. Einen großen Teil meiner Arbeit für dieses Buch habe ich in der Stadtbibliothek von Malmö erledigt. Ich ging systematisch durch die verschiedenen Abteilungen der Bibliothek, um zu erfahren, was sie als Angebot für einen Zementarbeiter in Limhamn, der seinen eigenen Arbeitsplatz untersuchen will, vorrätig hat.

Es war der Sommer 1974 – für mich war das ein ausgesprochen schöner Sommer. Ich pflegte im Restaurant auf der anderen Seite des Kirchplatzes zu essen, und abends ging ich oft unter den Bäumen längs des Kanals auf und ab, erhitzt von meinen neuen Entdeckungen. Denn jeden Tag bekam ich immer größeren Respekt vor der Volksbibliothek als der Forschungszentrale des Volkes. Man kann faktisch das meiste, was man braucht, dort erhalten.

Die Stadtbibliothek von Malmö ist Hauptbibliothek der Stadt Malmö und die Provinzbibliothek der Malmöhus-Provinz. Die meisten dieser Bibliotheken haben einen besonderen Raum oder eine Abteilung mit Büchern, die sich mit der eigenen Gemeinde bzw. mit der eigenen Provinz beschäftigen. Manchmal findet man auch ein Verzeichnis von Büchern und Artikeln, die den eigenen Ort betreffen. Beispiel: Literatur über Limhamn in der Stadtbibliothek Malmö. Malmö 1959 (maschinengeschrieben). Für größere Städte gibt es auch gedruckte Verzeichnisse, z. B. Ingeborg Heintze u. a.: »Litteratur om Malmö« (Literatur über Malmö), Bibliographie (Malmö 1977).

Wenn es keine solchen Literaturverzeichnisse für Deinen Wohnort gibt, kann es sie möglicherweise für eine ganze Landschaft geben. Ein Beispiel ist O. Cappelin: »Hvar finns Skåne beskrifvet?« (Welche Beschreibungen von Skåne gibt es?) (Hälsingborg 1909). Solche Literaturverzeichnisse (Bibliographien) haben die Bibliothekare manchmal für ihre Arbeit angefertigt und bewahren sie am Informationstisch auf.

Viele Bibliotheken stellen auch Buchlisten zu verschiedenen Gegenständen zusammen. Da man weiß, daß sich viele Mädchen für Pferde interessieren, macht man z. B. Listen über Pferdebücher. Es sollte eine ebenso wichtige Aufgabe für die Bibliotheken sein, Literaturlisten über alle wichtigen Arbeitsplätze innerhalb der Gemeinde zu erstellen.

Da man weiß, daß viele Menschen ein spezielles Interesse an Kriminalromanen haben, gibt es in vielen Bibliotheken eine besondere Abteilung mit Schmökern, so daß die Krimis leicht zu finden sind. Es sollte eine ebenso wichtige Aufgabe für die Bibliotheken sein, eine eigene Abteilung mit Büchern und Artikeln über die wichtigsten Arbeitsplätze der Region zusammenzustellen.

Die meisten Bibliotheksangestellten sind nach meiner Erfahrung den Entleihern gegenüber sehr freundlich und bereit, ihnen zu helfen, wofür sie ja auch bezahlt werden. Aber sie können natürlich gerade an Deinem Gegenstand mehr oder weniger interessiert sein. Wenn man in Schweden die Hilfe eines sozialistischen Bibliothekars in Anspruch nimmt, so kann man BIS kontaktieren. BIS ist eine Abkürzung für die Vereinigung »Bibliotek i samhälle« (Bibliotheken in der Gesellschaft), die eine Zeitschrift mit gleichem Namen herausgibt. Diese Zeitschrift kann man in der Stadtbibliothek erhalten.

- Gibt es ein Verzeichnis der Literatur über Deinen Heimatort? Hat die Stadtbibliothek eine Sammlung solcher Texte? Welches Bild geben diese Veröffentlichungen von Deinem Arbeitsplatz, von dem Unternehmen, in dem Du arbeitest? Wer hat diese Bilder gezeichnet?
- Hat die Stadtbibliothek eine eigene Abteilung mit Büchern und Artikeln über die Verhältnisse an Deinem Arbeitsplatz? Wenn nicht, verlange über Deine Gewerkschaftsorganisation oder über Deine politischen Vertreter, daß eine solche Abteilung eingerichtet wird.

Ausleihe aus anderen Bibliotheken

Es ist gar nicht sicher, daß alle Bücher, die Du brauchst, auch in Deiner Stadtbibliothek zu erhalten sind. Deine Bibliothek kann Dir aber diese Bücher dadurch besorgen, daß sie sie von einer anderen Bibliothek ausleiht. Das ist ein kostenloser Service der Bibliotheken. Jedes Buch, das es in irgendeiner Bibliothek gibt, kann auch zu Deiner Bibliothek bestellt werden. Wie kann man wissen, welche Bücher es in einer anderen Bibliothek gibt? Die Mitarbeiter der Bibliothek werden Dir sicher helfen. Man kann in großen Bibliographien nachschlagen. Das schwedische Bücherverzeichnis (Svensk bokförteckning) erscheint seit 1866 jährlich und enthält alle Druckschriften, welche in dem jeweiligen Jahr in Schweden veröffentlicht wurden (ausgenommen sogenannte Kleindrucke – siehe unten). Der »Anschaffungskatalog« (»Accessionskatalogen«) verzeichnet seit 1886 alle ausländischen Bücher, die in diesem Jahr von den öffentlichen schwedischen Bibliotheken angeschafft wurden. Ähnliche Verzeichnisse gibt es auch in deutschen Bibliotheken.

Wenn Du weißt, in welchem Jahr ein Buch erschienen ist, kannst Du es in dem entsprechenden Buchverzeichnis suchen. Größere Bibliotheken können z. B. direkt auch Bücher per Fernleihe aus dem Ausland bestellten. Die Hauptregel ist: Alle Bücher, welche in den Bibliographien aufgeführt sind, können von Deiner Bibliothek für Dich dorthin bestellt werden.

Forschungsbibliothek

Wenn Du einen Arbeitsplatz oder ein Unternehmen untersuchst, brauchst Du nicht bloß Bücher. Du kannst auch Interesse an einem Flugblatt haben oder an einem Theaterplakat aus dem großen Streikjahr 1909, an einem Telefonbuch oder an einer Reklamebroschüre aus den zwanzigerJahren, an den Jahresberichten des Unternehmens oder den Werkstattregeln aus dem Jahr des Kriegsausbruchs 1939. Solche Materialien, zumeist Broschüren und Kleinauflagen, gibt es in besonderen Forschungsbibliotheken, vor allen Dingen in der Königlichen Bibliothek in Stockholm und den Universitätsbibliotheken in Uppsala und Lund. Wenn Du solche »graue Literatur« brauchst oder wenn Du irgendein anderes Problem hast, das die Stadtbibliothek nicht für Dich klären kann, so solltest Du Dich nicht scheuen, zu einer Forschungsbibliothek zu gehen. Forschungsbibliotheken sind nicht bloß dafür da, Universitäten zu bedienen, sondern ganz genauso auch für Forscher wie Dich. Glaub mir – viele in diesen Bibliotheken beschäftigen sich mit Forschungen, welche viel weniger bedeutend sind als Deine.

Jede Forschungsbibliothek hat ihre Eigenheiten. Deshalb sollte man in jedem Fall die Mitarbeiter fragen. Die meisten Leute, die in eine Bibliothek kommen, brauchen Hilfe. Da ist es ganz natürlich, zu fragen. Ein üblicher Grund für den Besucher einer Forschungsbibliothek ist, einen Katalog zu studieren. In der Königlichen Bibliothek in Stockholm gibt es z. B. einen Schlagwortkatalog über alle Bücher, welche vor 1956 erschienen sind, und einen systematischen Katalog der Bücher, welche 1956 und später herausgekommen sind. Mit Hilfe dieser beiden Kataloge kann man sich in ein paar Stunden einen Überblick darüber verschaffen, welche Bücher auf Schwedisch innerhalb eines gewissen Stoffgebietes erschienen sind, z. B. über Zeitstudien, oder über einen bestimmten Ort, z. B. Slite. Im Schlagwortkatalog stehen Karteikarten, die nach dem gleichen Prinzip wie ein Lexikon geordnet sind. Man kann so direkt nach dem Nachschlagewort »Zeitstudien« suchen. Man braucht einige Zeit, um sich im systematischen Katalog zurechtzufinden, und zu Beginn ist es am besten, die Bibliothekare zu fragen.

In der Stadtbibliothek kann man die Bücher selbst aus dem Regal nehmen. Das ist ein großer Vorteil. Die Forschungsbibliotheken dagegen verwahren fast alle Bücher im Magazin, so daß man erst im Katalog nachsehen muß und dann eine schriftliche Bestellung aufgibt. Manchmal dauert es mehrere Stunden, bis man das Bestellte erhält. Gelegentlich kann es auch noch längere Zeit dauern.

Hilfsmittel: Wenn Du von der nächsten Forschungsbibliothek weiter entfernt wohnst, wird es sinnvoll sein, vorher zu schreiben und mitzuteilen, daß Du kommen willst. Wenn Du genau weißt, was Du haben willst, können die Mitarbeiter das schon im voraus heraussuchen, so daß es für Dich fertig vorliegt. Das spart Zeit. Man kann auf viele verschiedene Weise schreiben, z. B. so:

An die Königliche Bibliothek Stockholm. Wir, Arbeitskollegen in der Zementfabrik in Köping, werden in der nächsten Woche nach Stockholm fahren. Wir möchten etwas in unserer Gewerkschaftszeitung »Grofarbetaren« aus dem Jahre 1909 nachsehen, des weiteren das Telefonbuch für Köping 1940 und die Personalzeitung von Skånska cement »Kring Roterugnen« von 1955. Können Sie uns das bitte schon bereitlegen, so daß wir es einsehen können, wenn wir am Donnerstag, den 22. Mai, kommen werden? Freundliche Grüße . . .

Denk daran, daß es Euer gutes Recht ist, die Bibliothek zu nutzen. Du und Deine Arbeitskollegen, Ihr habt über Jahre hinweg für die Forschungsbibliotheken mitbezahlt, ohne sie zu benutzen – und nun seid Ihr auch mal dran.

Unternehmensbibliothek

Die meisten großen Unternehmen haben eine eigene Bibliothek. Sie sind verzeichnet in Brit Berg, »Svenska specialbibliotek och dokumentationscentraler« (Schwedische Spezialbibliotheken und Dokumentationszentralen), Stockholm 1971, »Tekniska litteratursällskapets handbok 8« (Handbuch der Technischen Literaturgesellschaft). Über die Bibliothek von Cementa erfährt man daraus z. B. folgendes:

AB Cementa, Fack, 210 10 Malmö 1, Telefon 040/736 60. Telex 3316.
Bibliotheksvorstand: Anna Greta Winderup
Übriges Personal: 1
Buchbestand: ca. 20.000 Bände
Laufend bezogene Zeitschriften: ca. 400, davon ca. 200 ausländische
Klassifikationssystem: UDK
Stoffgebiete: Zement, Beton, Kalk
Xerox-Kopiermöglichkeiten – Neuerwerbsliste 8–9 pro Jahr – Zeitschriftenverzeichnis

Weitere Unternehmensbibliotheken innerhalb des Konzerns sind die Bibliothek des Ifö-Werkes in Bromölla und des Zement- und Betonlaboratoriums in Malmö. Seit Cementa zur Euroc geworden ist, sind die Angaben nicht mehr ganz aktuell. Den ökonomischen und juristischen Teil der Bibliothek von Cementa gibt es weiterhin bei der Konzernleitung in Malmö, während der technische Teil mit der Bibliothek des Zementlaboratoriums vereinigt und nach Limhamn verlegt wurde. Dort lasen die Beschäftigten in der Personalzeitung diese Einladung: »Hier ist ein guter Tip für Sie, wenn Sie mehr, als Sie jetzt wissen, über Baumaterial im allgemeinen und Zement und Kalk im besonderen wissen wollen. Nehmen Sie Kontakt zu der hervorragenden Bibliothek auf, die im Gebäude des Zement- und Betonlaboratoriums in Limhamn eingerichtet wurde! (. . .) Jetzt ist sie fertig eingerichtet und heißt alle Entleiher willkommen. Dort gibt es z. B. einen reservierten Platz für Forscher (das sind Sie selbst!), die in der Bibliothek Literaturstudien betreiben wollen. Wenn es ein besonderer Gegenstand ist, über den Sie mehr wissen wollen, und Sie haben nicht genügend Zeit für einen Besuch, so können Sie ein Literaturverzeichnis erhalten, mit dem Sie Ihre Arbeit schon beginnen können (. . .) (Cementa-Nachrichten 1971/6).

Anrufe bei einigen größeren Unternehmensbibliotheken zeigen, daß nicht alle die gleiche einladende Haltung zeigen. Im allgemeinen wird die Bibliothek so gut wie ausschließlich von Angestellten in leitender Stellung benutzt. Man kann nicht sagen, daß es für andere Beschäftigte direkt verboten ist, die Unternehmensbibliothek mitzubenutzen. Man sagt statt dessen, daß die meisten Beschäftigten bei ihrer Arbeit keinen Grund haben, sich an die Bibliothek zu wenden.

Es sollte selbstverständlich sein, daß eine Forschungsgruppe unter den Beschäftigten Zugang zu den Vorräten der Unternehmensbibliothek hat. Die Kosten für die Bibliothek werden ja aus der Produktion aufgebracht und tragen dazu bei, den erreichbaren Lohnumfang zu mindern. Du und Deine Arbeitskollegen waren daran beteiligt, diese Unternehmensbibliothek ganz genau so wie die öffentliche Bibliothek zu bezahlen. Wenn Du die Unternehmensbibliothek nicht direkt benutzen kannst oder willst, kannst Du sie in bestimmten Fällen auch über die Stadtbibliothek benutzen. Die Stadtbibliothek Malmö führt z. B. regelmäßig Listen über die Bücher, die die Unternehmensbibliotheken in der Stadt kaufen. Sie hat sie in einem alphabetischen Katalog zusammengestellt, welcher auch in jede andere Stadtbibliothek bestellt werden kann.

● Hat das Unternehmen, in dem Du arbeitest, eine Bibliothek? Warst Du gegebenenfalls schon einmal dort? Hast Du da überhaupt Zutritt? Kann man die Bücher der Unternehmensbibliothek auch über die Stadtbibliothek bestellen?

Wie geht man vor?

Wenn ich anfange, einen Gegenstand zu untersuchen, pflege ich das folgendermaßen zu tun. Ich nehme einen Ringhefter im A-5-Format, in dem ich Notizen über Bücher, Zeitschriftenartikel, Interviews und anderes Material, welche den Gegenstand berühren, sammle. Ich schreibe auf jedes Blatt nur ein Buch auf. Ein Stück steifer Karton markiert die Grenzen zwischen den Büchern, die ich schon gelesen habe und denen, die ich noch erledigen muß. Ich schreibe die Angaben auf, die auch die Bibliotheken davon haben müssen: Erst den Hausnamen des Verfassers, dann den Vornamen, dann den vollständigen Titel des Buches samt Druckort und Erscheinungsjahr; wenn das Buch zu einer Serie gehört, nehme ich das gleichfalls auf.

Wenn das Buch keinen Verfassernamen hat oder von vielen Verfassern geschrieben wurde, fange ich direkt mit dem Buchtitel an. Bei Zeitungs- oder Zeitschriftenartikeln ist wichtig, daß immer der Name der Zeitung, die Nummer und/oder die Seite und das Jahr angegeben sind.

Die Blätter ordne ich in alphabetischer Reihenfolge in dem Ringhefter. Wenn es mehr als ungefähr 50 Blatt werden, beginnt es unübersichtlich zu werden. Dann teile ich das Material in Stoffgruppen auf. Das Material über eine Fabrik kann man z. B. aufteilen in Menschen, Gebäude, Maschinen, Arbeitsorganisation usw. Welche Einteilung ich wähle, hängt davon ab, was mich vor allen Dingen interessiert. Auf die erste Seite des Ringhefters schreibe ich, wie ich die Einteilung gemacht habe.

Auf jedem Blatt notiere ich auch ein paar Zeilen darüber, was in dem Buch oder dem Artikel wichtig für meinen Gegenstand ist und was ich davon halte. Glaube nicht, daß Du das im Gedächtnis behältst – das kann man gar nicht. Und wenn Du überdies in einer Gruppe arbeitest, dann kann auch ein anderer Deine Notizen gebrauchen.

Von besonders interessantem Material fertige ich Fotokopien an – diesen Service bieten mittlerweile die meisten Bibliotheken an. Dann schreibe ich einen Hinweis (z. B. siehe Kopie 5) auf das entsprechende Blatt im Ringhefter. Die Kopien bewahre ich in der numerierten Ordnung in einem besonderen Hefter mit größerem Format auf.

In einer Forschungsgruppe sollte ein Mitglied dafür verantwortlich sein, solche Notizen über das Material, mit dem die Gruppe arbeitet, zu führen. Diese Notizen sind ein wichtiges Ergebnis der Gruppenarbeit und sollten auf jeden Fall auch nach Abschluß der aktuellen Forschungsarbeit aufbewahrt werden.

Die Bibliothek ist ein guter Ausgangspunkt für alle möglichen Arten der Forschung. Aber Du darfst nicht enttäuscht sein, wenn Du nicht gerade viel über Deinen Arbeitsplatz oder das Unternehmen, in dem Du beschäftigt bist, erfährst. Wenn man weiß, daß es über einen bestimmten Gegenstand nichts Geschriebenes gibt, ist das auch ein Ergebnis. Und wie wir noch sehen werden, gibt es noch viele andere Quellen als nur die Bibliotheken.

7. . . . im Archiv

Bei mir dauerte es 42 Jahre, ehe ich zum ersten Male ein Archiv besuchte. Die meisten Menschen tun das nie.

Einige alte Forscher streichen in den Archiven umher und sind dort heimisch wie Hauskatzen. Gelegentlich sieht schon mal der eine oder andere Student auf der Jagd nach Papieren für seine Examensarbeit herein. Bestimmte Archive werden von Leuten, die nach ihren Vorfahren forschen, fleißig besucht (siehe Kapitel 12). Aber auf der Treppe zu einem Archiv muß man selten Schlange stehen. Die Mitarbeiter in den Archiven finden es natürlich nicht gut, wenn keine Leute zu ihnen kommen. Sie sammeln schließlich alle Papiere, ordnen und pflegen sie und legen lange Listen darüber an, damit sie vorzeigen können, was es bei ihnen alles gibt. Aber wo sind die Menschen, für die diese ganze Arbeit gemacht wird? Manche Papiere werden schon seit mehreren hundert Jahren in der Hoffnung aufbewahrt, daß an irgendeinem Tag jemand kommen wird und danach fragt.

Manchmal ergreift die Archivare Mutlosigkeit, und sie fragen sich, ob es nicht falsch ist, diese alten Papiere aufzubewahren, welche niemand zu brauchen scheint. Aber was sie tun, ist nicht falsch. Denn es ist gut, daß diese Papiere auch an dem Tag noch vorhanden sind, an dem das Volk seine Archive entdeckt und lernt, was es damit anfangen kann.

Daß bisher nur so wenige Menschen den Weg in die Archive finden, hat jedenfalls einen guten Nebeneffekt. Du, der zu den ersten gehört, die kommen, kannst darauf rechnen, daß Du sehr gut bedient wirst. Die Archivangestellten sind freundlich und hilfsbereit. Sie sehen aus, als ob sie Dich gleich zum Kaffee einladen, wenn sie sich nur trauen würden. Denn jeder einzelne, der zu ihnen kommt, macht ja ihre Lebensaufgabe bedeutungsvoller. Du kannst natürlich auch Pech haben und auf jemanden mit einer anderen Einstellung treffen, aber ich wurde noch nirgendwo so freundlich behandelt wie gerade im Archiv.

Man pflegt Anfängern zu raten, mit den Archivstudien so lange zu warten, bis sie alles gedruckte Material über ihren Gegenstand durchgearbeitet haben. Ich sage dagegen: Warte nicht zu lange! Das Archiv kann Dir gerade das Erlebnis verschaffen, das Dein Interesse vertieft und lebendig macht.

Jetzt kommst Du

Sagen wir, Du arbeitest in der Zementfabrik in Slite. Irgendwann, wenn Du sowieso in Visby bist, gehst Du ins Landesarchiv. Gleich hinter der Tür links gibt es einen großen Raum mit Büchern und Katalogen. Du fragst das Mädchen, das da sitzt, ob das Archiv Papiere über die gotländische Zementindustrie hat. Es ist gut, wenn Du Dich vorher in der Werkszeitung oder in Erinnerungsschriften informiert hast und Dir einige Personen, die in der Geschichte des Unternehmens Bedeutung gehabt haben, gemerkt hast, z. B. Jan Myrsten und Fredrik Nyström.

»Ja«, sagt sie, »wir haben gerade einige Urkunden über Major Nyström erhalten. Da kann auch einiges für Dich dabei sein.« Sie hilft Dir, einen Bestellzettel auszufüllen, während sie sich dafür entschuldigt, daß die »Urkunden« noch nicht geordnet und sortiert sind. Ungefähr so, wie wenn Du Dich entschuldigst, wenn Besuch kommt, bevor Du die Betten gemacht hast. Sie ist schnell zurück und stellt die erste Einkaufstüte mit Nyström-Papieren vor Dir auf den Tisch.

Du beginnst, in dem Stoß zu graben. Und das erste, was Du findest, ist der Briefwechsel zwischen Myrsten und Nyström, mit dem sie die Zementfabrik planten. Über welche Gewinne haben die spekuliert, welche wilden Hoffnungen hatten sie! Dann kommen die Geheimprotokolle aus den zwanziger Jahren, als das Kartell rund um Skånska Cement sie in die Knie gezwungen hat und die Unternehmen den Markt unter sich aufteilten. Gegen Ende der zwanziger Jahre ging Cementa dann Slite Cement an den Hals. Du siehst, wie Nyström versucht, sich dadurch zu wehren, daß er ein Abkommen mit seinen Arbeitern trifft – niedrige Löhne gegen Einblick in die Geschäftspapiere und gesicherte Anstellung. Danach verkauft er an Cementa, und es gibt Betriebseinschränkungen und Entlassungen. Die Sache kommt vors Arbeitsgericht. Du hast in Deinen Händen den Brief, in dem Nyström den Auftrag erhält, seinen früheren Arbeitern in den Rücken zu fallen. Er selbst ist in die Zementfabrik in Visby versetzt worden, aber nur für eine kurze Gnadenzeit. Der Kriegsausbruch gibt Skånska Cement den Anlaß, den man lange gesucht hatte, um die Fabrik in Visby zu schließen. Dann folgt der Kampf um Ersatzarbeitsplätze in den alten Fabrikgebäuden. Es kam eine Hanfseilfabrik, welche sich nie rentierte.

Das ist die Geschichte von Nyström. Aber es ist auch die Geschichte zweier Arbeitsplätze und die Geschichte von vielen hundert Arbeitskollegen. Die alte Zementfabrik in Visby mußte 1974 einer Straße weichen. Bald werden sich nur noch wenige Menschen erinnern können, wo die Fabrik einmal stand. Auch heute haben schon viele vergessen, wie Industrieaktiebolaget Euroc seine Millionen verdient hat. Aber die Beweise gibt es immer noch. Im Landesarchiv in Visby liegen die Papiere auf dem Tisch – für Dich ebensogut wie für mich.

Du mußt nicht mehr lange blättern, um zu erkennen, daß ein Archiv etwas anderes und noch spannender ist als eine Bibliothek. Ein Buch wie dieses zum Beispiel enthält ja auch nur das, was ich *über* irgendetwas geschrieben habe, z. B. über den Beschluß, die Zementfabrik in Visby zu schließen. Aber die Papiere, die Du aus dem Archiv erhältst, *sind* genau dieser Beschluß. Das ist ein ganz gewaltiger und aufregender Unterschied.

Die Historiker pflegen von »Überlebendem« zu sprechen, und das ist ein plastischer Ausdruck, denn in ihm lebt das früher Geschehene weiter. Ein Brief von Ernst Wehtje, in dem er den Befehl zur Fabrikschließung gibt, ist mehr als ein Bericht über die Fabrikschließung, es ist nämlich der Auftrag selbst, den Nyström damals erhielt. Das Papier, das Du in Händen hältst, ist das gleiche Papiere, das Nyström genauso in der Hand hielt, nachdem er es erhalten hatte. Deine Augen sehen dasselbe, was seine sahen. Du bist mittendrin.

Es gibt noch anderes »Überlebendes« desselben Beschlusses. Was Skånska Cement dabei gewonnen hat, als es die Stadt Visby ihres einzigen Unternehmens beraubte, was Skånska Cement an der Arbeitslosigkeit und der vorzeitigen Pensionierung verdiente – diese Gelder sind nicht verschwunden, es gibt sie weiterhin, sie sind mit Zins und Zinseszins gewachsen und machen heute einen Teil des Kapitals des Industriaktiebolaget Euroc aus.

Die Geschichte ist nicht verschwunden. Sie lebt im Kapital weiter. Das Archiv ist der richtige Platz, um das herauszufinden.

Unternehmensarchiv

Solche Dokumente, wie sie Major Nyström für das Archiv in Visby hinterließ – die internen Briefwechsel der Unternehmensleitungen, die Vorstandsprotokolle, die Personalmitteilungen, Berichte, Kalkulationen, Rechenschaften – werden gewöhnlich in einem Unternehmensarchiv aufbewahrt. Das gotländische Archiv von Euroc liegt in Slite. Es wurde im Frühjahr 1973 von einem Angestellten des Landesarchivs in Visby besucht. Er berichtet: »Das Archiv ist im Keller des Verwaltungsgebäudes im südlichen und im nördlichen Gewölbe untergebracht – das Archiv ist sehr umfangreich und enthält Material von sämtlichen gotländischen Zementfabriken.«

Selbst wenn Du in der Zementfabrik in Slite arbeitest, erhältst Du kaum Zutritt zu diesem Keller. Das eigene Archiv gehört zu den am strengsten bewachten Geheimnissen des Unternehmens. Es wird im allgemeinen nur für absolut zuverlässige Forscher geöffnet, also für Personen mit garantiert unkritischer Einstellung gegenüber dem Unternehmen. Deshalb liest sich die Unternehmensgeschichte in unserem Land ungefähr so wie die Parteigeschichte in der Sowjetunion – was das Unternehmen macht, ist immer richtig.

Das Mitbestimmungsrecht gibt den Beschäftigten neue Möglichkeiten, Einblick in das Unternehmen zu erhalten. Natürlich wird das Recht vor allen Dingen dazu genutzt, in solches Material Einblick zu kriegen, das aktuelle Probleme des Unternehmens betrifft. Aber auf längere Sicht ist es genauso wichtig, das alte Bild des Unternehmens herunterzureißen und es durch ein neues zu ersetzen, das auf den eigenen Erfahrungen und Untersuchungen der Beschäftigten beruht. Das Mitbestimmungsgesetz sollte auch angewandt werden, um Unternehmensarchive für Forschungsgruppen von Beschäftigten des Unternehmens oder für Forscher, die im Auftrag der Beschäftigten arbeiten, zu öffnen. Erst dann wird die Unternehmensgeschichte ganz ernsthaft geschrieben werden können.

- Hat das Unternehmen, in dem Du arbeitest, ein Archiv? Hast Du dazu Zutritt? Wie kann das Mitbestimmungsgesetz angewandt werden, um das Unternehmensarchiv zu öffnen?

Das öffentliche Archiv

Das Unternehmensarchiv ist seit eh und je das Geheimnis des Unternehmens. Aber jeder Betrieb liegt in einer Kommune, und das Unternehmen hat Verbindungen zu den kommunalen Behörden. Das Unternehmen schreibt Briefe, erteilt Aufträge, wird Gegenstand für Untersuchungen und Beschlüsse. Das alles hinterläßt Spuren im Archiv der Gemeinde. Und jeder schwedische Bürger ist berechtigt, die Papiere einzusehen, wenn er oder sie das wünscht.

Wenn Du beispielsweise an der Zementfabrik in Hällekis interessiert bist, so rufst Du bloß in der Stadtverwaltung in Götene an und verabredest einen Besuch in dem Stadtarchiv. Es ist im Keller des Altersheims in Gössäter untergebracht. Da suchst Du unter »Gemeinde Österplana«, zu der Hällekis früher gehörte, und findest die »Protokolle der Stadtverwaltung«, 1907–1951, »Eingänge und Korrespondenz«, 1887–1951, und »Urkunden«, 1919–1951, insgesamt acht Bände und außerdem eine Masse alter Rechenschaftsberichte und Belege von geringerem Interesse.

Es ist dort unten eng, und die Luft ist ziemlich drückend. Aber Du kannst ja nach oben gehen und mit den alten Arbeitern da draußen reden. Sie arbeiten nebenan in der Schreinerwerkstatt, in der es richtig gut riecht. Und Du wirst herausfinden, daß in kleinen Gemeinden, die – wie früher Österplana – von einem einzigen Unternehmen beherrscht werden, das Gemeindearchiv sehr viel für den Forscher enthält, der dieses Unternehmen untersuchen will.

Die Briefe und Aufträge des Unternehmens an die verschiedenen regionalen Behörden können auf die gleiche Weise in den Landesarchiven in Härnösand, Östersund, Uppsala, Vadstena, Visby, Göteborg und Lund ausgewertet werden.

Ein Großunternehmen wie Industriebolaget Euroc muß häufig mit staatlichen Behörden und Verwaltungen korrespondieren. Diese Papiere werden im Reichsarchiv in Stockholm gesammelt und aufbewahrt, wo Du sie untersuchen kannst.

Hilfsmittel: Im Reichsarchiv Stockholm gibt »Otto Waldes katalog över enskilda arkiv« (Otto Waldes Katalog privater Archive) Auskunft über privates Archivmaterial, über Personen (wie R. F. Berg), Unternehmen (wie das östliche Kalkgrubenunternehmen Lanna), Orte und Höfe (wie Hällekis und Maltesholm, um einige Beispiele aus der Geschichte von Euroc zu wählen).

Viele Stadtbibliotheken können Urkunden der öffentlichen Archive ausleihen. Einige Stadtbibliotheken bewahren Kopien wichtiger Archivurkunden über die eigene Stadt auf.

Die besten Handbücher für die Archivforschung normaler Leute sind für Familienforscher angelegt (siehe Kapitel 12). Viele Archive haben kleine Wegweiser für ihre Besucher erstellt. Das Reichsarchiv sendet z. B. gratis auf Anforderung »Wie man im Reichsarchiv forscht«. Aber die Broschüre ist bloß 14 Seiten stark, und die Darstellung ist weder erschöpfend noch anregend. Es wäre sehr gut, wenn Archivare eine relativ ausführliche, praktisch anwendbare Broschüre darüber schreiben würden, wie man ein Archiv im Hinblick auf ein bestimmtes Ziel benutzen kann, zum Beispiel um das Unternehmen, in dem man arbeitet, zu untersuchen.

Wie sehr darf man den Mitteilungen trauen, die man im Archiv findet? Wenn die Informationen widersprüchlich sind, welche ist die vertrauenswürdigste? Solche Fragen zu stellen, nennt man Quellenkritik. Eine leicht faßliche Orientierung in Sachen Quellenkritik gibt Torsten Thurén in »Är det verkligen sant?« (Ist das wirklich so?) (Stockholm 1976).

»Öffentliche Urkunden«

Die Akten und Papiere einer Behörde kommen erst nach mehreren Jahren ins Archiv. Aber Du hast in Schweden das Recht, sie nicht erst dann einzusehen, wenn sie ins Archiv gekommen sind, sondern schon an dem Tag, an dem sie geschrieben wurden, sie sind nämlich offentlig handling, »öffentliche Akten«. Das gleiche gilt für alle Briefe, welche die Behörden erhalten oder absenden. Jeder Bürger, welcher auch immer, wann auch immer, kann zu welcher Behörde auch immer hingehen und verlangen, welches Papier auch immer er will, einzusehen.

Einige Papiere sind als vertraulich gekennzeichnet. Es gibt auch eine kleine Zahl von Behörden (z. B. Preis- und Kartellbehörden), in denen fast alle Papiere als vertraulich oder geheim bezeichnet werden. Aber die Hauptregel ist, daß die Behörden verpflichtet sind, Dir ihre Papiere zu zeigen.

Du brauchst nicht einmal zu sagen, wer Du bist. Du brauchst nicht einmal zu erklären, warum Du ein bestimmtes Papier einsehen willst. Du bist nicht verpflichtet, auf irgendwelche Fragen zu antworten. Du mußt nur zurückfragen: Ist dies eine »öffentliche Urkunde« oder nicht? Die Behörden sind verpflichtet, ohne zu mucken alle öffentlichen Urkunden vorzulegen.

Heute kennen sich vor allem Journalisten damit aus und nutzen dieses Recht. Für die meisten anderen Leute ist das Öffentlichkeitsprinzip ein leeres Wort. Das muß nicht sein. Das Recht, an allen öffentlichen Akten teilzunehmen, ist ziemlich einzigartig und eines unserer wichtigsten bürgerlichen Rechte. Die Kinder in der Schule sollten üben, dieses Recht zu nutzen. Keiner sollte von der Schule abgehen, ohne nicht zumindest einige Male zu Behörden gegangen zu sein und verlangt zu haben, in deren Papiere einzusehen.

Hilfsmittel: Die exakten Regeln für die Pflichten der Behörden, öffentliche Urkunden herauszugeben, findet man in »Offentlighetsprincipen och myndigheterna« (Öffentlichkeitsprinzip und Behörden) (8. Auflage, Lund 1976). Praktische Beispiele, wie dieses Recht genutzt werden kann, siehe Kapitel 10 und 13.

Das Öffentlichkeitsprinzip der offentlig handling ist für Schweden einzigartig. In Deutschland kommt man an solches Material zumeist nur heran, wenn keine Vertraulichkeits- oder Geheimhaltungsinteressen dem entgegenstehen und die Behörden zur Zusammenarbeit geneigt sein sollten. Sonst erhält man solches Material erst, wenn es im Archiv ist und auch dann nur unter den einschränkenden Vorschriften der Archivbenutzung. Vergleiche das Nachwort.

Fang zu Hause an!

Wer eine Arbeitsstelle untersuchen will, kann auch Interesse an wichtigen Spezialarchiven haben wie z. B. an Kunstarchiven, dem Archiv der Volksbewegung oder dem Archiv der Versicherungsgesellschaften. Dafür ist es gut, vorher etwas über deren spezielle Möglichkeiten zu wissen. Man sollte jedoch darauf achten, daß man nicht in den Archiven und ihren Informationen ertrinkt. Sicher kann man in ein Archiv mit dem allgemeinen Ziel gehen, einfach mal zu sehen, »ob es da etwas gibt« – über den Arbeitsplatz oder über das Unternehmen. Aber man sollte sich so schnell wie möglich und so genau wie möglich darüber klar werden, wonach man suchen will, welche Fragen man an das Material stellen will.

Und geh zum Wasserholen nicht erst über den Fluß. Nahezu jedermann hat sein eigenes privates »Archiv«: alte Briefe und Fotografien, Kalender mit Anmerkungen, vielleicht Kassenbücher oder Tagebücher. Und das größte, das unerschöpfliche »Archiv« sind Deine eigenen Erfahrungen und die Deiner Arbeitskameraden sowie vor allem die Erinnerungen alter Arbeiter. Beginn da! Grabe, wo Du stehst.

Hilfsmittel: Briefe: siehe Kapitel 15, Erinnerungen: siehe Kapitel 17.

8. ... in der Schule

In China liegen der Kindergarten, die Schule und Jugendfreizeitheime oft innerhalb des Fabrikgeländes in enger Anbindung an die Arbeitsplätze der Eltern. Das hat manche Vorteile. Die Eltern und Kinder können sich während des Tages häufiger treffen. Die Eltern können sich abwechseln und sich an der Arbeit des Pflegepersonals beteiligen. Das schafft für beide Seiten Abwechslung in der Arbeitssituation und ermöglicht bessere Kontakte zu dem, was die Kinder am Tag erleben. Die Kinder werden auch den Arbeitsplätzen der Eltern nicht entfremdet. Einzelne kleine Arbeiten können sie direkt mit dem Arbeitsleben vertraut machen.

Was soll denn so was? Sollen etwa die Kinder arbeiten? Genau das sah ich in China oft. Sie brachten den Klassenraum in Ordnung, sie säuberten den Schulgarten, sie gruben Land um, sie halfen, das Schulessen zuzubereiten und hinterher abzuwaschen.

In der Kulturrevolution Mitte der sechziger Jahre sind diese Aspekte des Schulunterrichts weiterentwickelt worden. Die Kinder haben Werkstatträume Wand an Wand mit ihren normalen Klassenräumen, und sie lernen, Waren zu produzieren, oder sie fügen Teile zusammen, die dann zur Montage in eine Fabrik weitergeleitet werden. Mit großer Sorgfalt wird darauf geachtet, daß die Kinder entsprechend ihrem unterschiedlichen Alter angemessene Arbeit ausführen. Der Unterricht in der praktischen Arbeit wird genauso sorgfältig diskutiert und geplant wie der theoretische Unterricht. Seit 1978 ist vieles davon wieder rückgängig gemacht worden.

Solch ein Bericht kann ein wenig schockierend wirken. Die industrielle Kinderarbeit zu beseitigen, war ja nun wirklich eines der ersten Ziele der Arbeiterbewegung. Aber da ging es um die Ausbeutung der Kinder, um die unsinnig langen Arbeitstage, um die Gefährdung der Arbeitsplätze der Erwachsenen und um die Kinderarbeit als Methode, die Löhne für die Erwachsenen zu drücken. Gegen dieses alles trat man ein. Aber an sich war man doch nicht dagegen, daß die Kinder praktisches Arbeiten lernten.

Mit der Verstädterung, der Rationalisierung und der Verlängerung der Schulzeit ist die praktische Arbeit aus der schwedischen Kinderwelt verschwunden. Übrig blieb bloße Bastelei. Und das Basteln soll auch nur kreativ wirken – das will sagen, daß die Kinder ermuntert werden, kleine unsinnige Schmuckstücke zu schaffen. Einen Knopf anzunähen oder Hosen zu bügeln oder etwas anderes zu tun, woran man erkennen könnte, daß damit die Fähigkeiten der Kinder entwickelt werden, mit den praktischen Problemen, vor die sie ständig gestellt werden, fertig zu werden, wird in diesem Sinne nicht als produktiv und kreativ angesehen.

Und Aufräumen? Ist es wirklich richtig, daß die Schule von Anfang an den Kindern einprägt, daß man ruhig alles um sich herum eindrekken kann und es anderen, erwachsenen, schlechtbezahlten, untergeordneten Personen überläßt, hinter einem wieder sauberzumachen? Soll die Schule die Kinder lehren, daß das Essen serviert wird, ohne daß man selbst etwas dazu tun muß, z. B. es zuzubereiten und hinterher aufzuräumen?

Ist es richtig, daß die Menschen in den ersten 15, 20, 25 Jahren ihres Lebens mit einer reinen Konsumenteneinstellung gegenüber dem Dasein aufwachsen – in einer Welt, in der die Waren durch so etwas wie Selbsterzeugung auf den Ladentischen zu entstehen scheinen, ohne daß sie selbst sich irgendwie an der Herstellung beteiligen müssen?

Nein, ich glaube nicht, daß das richtig ist. Ich glaube ganz im Gegenteil, daß der Versuch der Chinesen, schon in der Vorschule und in den ersten Schuljahren Spielen und Arbeiten, theoretische und praktische Arbeit zusammenzuweben, den Kindern eine richtigere Einstellung gibt.

Schule und Unternehmen

In Schweden funktioniert das Zusammenspiel zwischen Schule und Arbeitsleben auf eine andere Weise. Wie dieses Zusammenspiel auf seiten der Wirtschaft geplant wird, kann man in dem Buch »Företag och skola« (Unternehmen und Schule) (1971) nachlesen, herausgegeben vom schwedischen Arbeitgeberverband und von Schwedens Industrieverband. Es handelt sich um einen Sammelordner mit detaillierten Anweisungen, wie Unternehmen eines bestimmten Ortes ihre Verbindungen mit der Schule regeln sollen. Aus dem Vorwort: »Mehr als jeder siebte Schwede geht in die Schule, eine Million in die Grundschule, eine viertel Million in die Gymnasialschule, 125.000 studieren an der Universität und an den Hochschulen. Die neue Schule ist deshalb das natürliche Einfallstor für Informationen an junge Menschen über die vielfältigen Aktivitäten der Wirtschaft. Dieses Tor ist offen für konkrete lebendige und allseitige Aufklärung.«

In dem Buch wird vorgeschlagen, daß die Unternehmen eines Ortes sogenannte »Leitgruppen« bilden, die Kontakt zu den Schulen halten. Die Mitgliedsunternehmen verpflichten sich unter anderem, Material über ihr Unternehmen zusammenzustellen, das sich direkt an die Schüler richtet und Geld zur Verfügung zu stellen, damit die Leitgruppe Material über die Unternehmen des Heimatortes zusammenstellen kann.

Die Leitgruppe hat auch die Aufgabe, Betriebsbesichtigungen zu planen. Der Eindruck, den die Schüler erhalten sollen, wird im voraus beeinflußt, indem den Schulen Material wie z. B. »Unternehmenspräsentation, Broschüren, Mitarbeiter-Zeitungen, Jahresberichte, Filme, Dias, Tonbänder, Plakate usw.« zugesandt werden. Man versucht auch auf andere Weise, dem Besuch eine gewisse Ausrichtung zu geben: »Die Lehrer haben gern ein paar Tips für Fragen, mit denen sich die Schüler vor dem Besuch befassen können, um sie dann während des Besuchs im Unternehmen anzubringen. Vervollständige deshalb die verschiedenen Materialteile mit Fragen, welche die Aufmerksamkeit der Schüler auf einzelne bedeutungsvolle Verhältnisse richten.«

Die Verantwortlichen des Unternehmens sollen sich auch vorher mit den Lehrern einigen, wer während der Besichtigung »den Befehl führt«. »Es ist ganz unnötig, die Aufmerksamkeit darauf zu lenken, daß Du der Oberbefehlshaber bist.« Wer das Unternehmen präsentiert und erläutert, erhält viele Tips, wie er die Schüler behandeln soll: »Halte Augenkontakt, spreche die Schüler mit Namen an und gehe nahe an die Schüler heran. So schaffst Du einen besseren Kontakt und stärkst Deine Führerschaft.«

»Unternehmen und Schule« geht die einzelnen Lehrpläne der Grundschule durch und zeigt jeweils Aspekte in den Stoffplänen des Orientierungsunterrichts (Sachkunde), in Gesellschaftskunde, Ökonomie und Geschichte, bei denen Anknüpfungspunkte zur Wirtschaft bestehen. Die Unternehmen sollen darauf achten, daß ihre Repräsentanten an den Lehrplankonferenzen der Schule teilnehmen und bereits dabei »direkte Übereinkommen über den Informationszugang in Verbindung mit relevanten Unterrichtsteilen« verabreden.

● Welches Bild Deiner Arbeit und von dem Unternehmen, in dem Du arbeitest, kriegen die Schüler in Deinem Heimatort? Ist das Bild richtig? Ist es umfassend? Gibt es Material für die Schulen über Arbeitsplatz und Unternehmen aus der Sicht der Arbeiter?

Hilfsmittel: Der Verlagsversand der Wirtschaft Schwedens und die Informationsabteilung der Gewerkschaftsorganisation senden auf Anforderung gratis Kataloge mit Material, das sie den Schulen anbieten. Als ich diese Kataloge 1974 bestellte, bot der schwedische Arbeitgeberverband fast doppelt soviel Material an wie der Gewerkschaftsbund. Ein großer Teil des Arbeitgebermaterials war direkt für den Schulgebrauch bearbeitet, während das Gewerkschaftsmaterial fast durchgängig viel schwerer zu gebrauchen war. Der Arbeitgeberverband hatte auch ein kräftiges Übergewicht bei audiovisuellem Material, das ja besonders einprägsam und wirkungsvoll ist. Die Arbeitgeber gaben viel mehr gratis als die Gewerkschaften. Die Gewerkschaft hatte spezielles Material auf zwei Gebieten, auf denen die Unternehmer nichts anboten. Die Unternehmer hatten auf 26 Gebieten Spezialmaterial, auf denen die Gewerkschaften nichts anboten: Arbeitslosigkeit, Kraftfahrtwesen, Statistik, Europäische Gemeinschaft, Export, Finanzpolitik, Fusionen, Unternehmensgeschichte, Unternehmensrecht, Behinderte, Information, Inflation, Kalkulation, Lebensmittelzusätze, Marktwirtschaft, Umweltschutz, multinationale Unternehmen, Personalpolitik, Planung, Regionalpolitik, Reklame, Steuern, Schule, Struktur- und Rationalisierungspolitik, Gewinne und Berufswahl. Es war für die Lehrer auch viel leichter, das Material des Unternehmerverbandes zu bestellen. Wie ist das heutzutage, und was gibt es für örtliches Material gerade über Deinen Arbeitsplatz?

In Deutschland und Österreich sind Schulbildung und Berufsausbildung anders geregelt (siehe auch das Nachwort). Aber auch hier gibt es das Interesse an Beeinflussung der Jugendlichen und an Informationen. So gibt es einen Arbeitskreis »Schule–Wirtschaft« mit vielen Kontaktveranstaltungen und Material und Arbeitskreise »Schule–Gewerkschaft«, die häufig von den örtlichen gewerkschaftlichen Bildungswerken »Arbeit und Leben« unterhalten werden.

Die Ausbildung der Arbeiter

Die Kinder Arbeit zu lehren wie die Chinesen, stößt in unserer Gesellschaft auf eine grundlegende Schwierigkeit. Arbeit hat bei uns einen anderen Stellenwert als in einer sozialistischen Gesellschaft. Wir können die Kinder nicht lehren, in einer großen Arbeitsgemeinschaft zum Besten aller teilzuhaben. Die Wirklichkeit ist ja auch so, daß sie am Ende der Schule in das Leben hinaustreten und ihre Arbeitskraft auf dem Markt verkaufen müssen.

Darum können unsere Kindergärten nicht unmittelbar neben den Arbeitsplätzen liegen.

Nur eine winzig kleine Zahl von Kapitaleignern hat dort ja auch die Macht. Darum lernen unsere Kinder in der Schule nicht, praktisch zu arbeiten – es kann nicht Aufgabe der Schule sein, die Kinder an ihre zukünftige Rolle als Arbeitskraft bei den Kapitaleignern der neunziger Jahre zu gewöhnen.

Oder wäre nicht gerade das die Aufgabe der Schule?

Laß uns nachsehen, wie man sich die Ausbildung künftiger Zementarbeiter in der Gymnasialschule vorstellt. Hier ist die Beschreibung der Ausbildung: Läroplan för gymnasieskolan (Lehrplan für die Gymnasialstufe) Lgy 70. Teil II. Zusatz. Zweijährige prozeßtechnische Ausbildung. Stockholm 1971.

Der Lehrplan beginnt mit einem Stundenplan, der festlegt, wieviel Wochenstunden für die verschiedenen Gegenstände vorgesehen sind.

Stundenplan für den baustofftechnischen Zweig

Gegenstand	Wochenstunden 1. Jahr	Wochenstunden 2. Jahr
Prozeßtechnik	27–30	32–35
Orientierung im Arbeitsleben	1	1
Gymnastik	2	2
Schwedisch	4	0
Verfügungsstunde	1	0
Englisch oder eine andere Sprache oder Religion oder Psychologie oder Gesellschaftskunde oder Mathematik oder Musik oder Zeichnen höchstens	3	3
Summe	38	38

Der Gegenstand »Prozeßtechnik« beherrscht offensichtlich die Ausbildung. Er umfaßt 78 bis 96 Prozent der Unterrichtszeit. Der Unterricht in diesem Fach hat folgende Ziele:

»Der Schüler soll durch den Unterricht in Prozeßtechnik

- Kenntnisse der Konstruktionsprinzipien, der Wirkungsweise, der Anwendungsgebiete und der Bezeichnung der Produktionsmittel innerhalb der Prozeßindustrie erwerben;
- sich grundlegende Fertigkeiten in den verschiedenen Arbeitsabschnitten, welche in der Prozeßindustrie angewandt werden, aneignen;

- Geschicklichkeit für das Manövrieren, Starten und Anhalten einschließlich der korrigierenden Maßnahmen und der Umstellungsprozeduren entwickeln;
- sich darin üben, die Instrumente und Apparate zu überwachen, Fehlerquellen schnell herauszufinden, einzugreifen und entstandene Fehler zu korrigieren;
- die Fähigkeit entwickeln, sich Informationen aus Anweisungen, Instruktionen und dergleichen zu besorgen;
- Einblick in Sicherheitsvorschriften der unterschiedlichsten Art und deren Anwendung erwerben;
- die Fähigkeit entwickeln, soziale Verhältnisse am Arbeitsplatz zu erkennen und zu analysieren und
- Einblick in die Veränderbarkeit der Berufs- und Arbeitsverhältnisse zu erwerben.«

Das erste Ziel umfaßt gewisse grundlegende Kenntnisse. Das zweite bis fünfte zielt auf Fertigkeiten in der täglichen Arbeit. Man legt Gewicht darauf, daß der Schüler lernt, »Informationen zu erwerben«, wodurch er die »Anweisungen« des Unternehmens und die »Instruktionen« der Vorgesetzten versteht. Irgendwelche anderen Informationen braucht er demnach nicht zu erwerben.

Das siebte Ziel beschäftigt sich mit der Sicherheit. Der Schüler soll lernen, die geltenden Sicherheitsvorschriften anzuwenden – aber es ist nicht seine Aufgabe, selbständig die Sicherheit am Arbeitsplatz zu untersuchen oder zu beurteilen.

Die letzten beiden Ziele unterscheiden sich von den übrigen. Einerseits behandeln sie Gegenstände, die vom Arbeitgeberstandpunkt aus nicht direkt notwendig sind, andererseits sind sie sehr allgemein und unklar formuliert. Was bedeutet es eigentlich, zu lernen, »die sozialen Verhältnisse am Arbeitsplatz wahrzunehmen und zu analysieren«? Wie sollen sie analysiert werden? Was für eine Art »Einblick in die Veränderbarkeit der Berufs- und Arbeitsverhältnisse« sollen die Schüler erwerben? Sollen sie darauf vorbereitet werden, daß sie sich an neue Arbeitgeberforderungen entsprechend der technischen Entwicklung und der Kapitalkonzentration anpassen, oder sollen sie etwas darüber erfahren, was sie selbst tun können, um ihre Berufs- und Arbeitsverhältnisse zu verändern?

Es gibt »Richtlinien und Kommentare« für den Lehrplan, um solche Fragen zu beantworten. Die Richtlinien umfassen 113 von den insgesamt 120 Seiten des Lehrplans und beschreiben detailliert die unterschiedlichen Teile des Unterrichts. Einige Beispiele:

Ziel und Inhalt	Kommentare
Fehlersuchübung Abhilfe bei Fehlern in einfacheren mechanischen und elektronischen Systemen, in chemischen Apparaturen, bei Hebelwerkzeugen, Transportwerkzeugen etc. Auswechseln von Ersatzteilen, Betriebsüberprüfung	*25 Stunden* Bei den Fehlersuchübungen werden Werkzeuge und Geräte benutzt, die in der Prozeßindustrie verwandt werden. Die Übungen werden systematisch und unter Beachtung des Zeitaufwandes ausgeführt. Die Schüler sollen lernen, darauf zu achten, welchen großen ökonomischen Wert die Anlagen der Prozeßindustrie darstellen, so daß sie die Bedeutung und deren richtige Handhabung und Pflege einsehen. Die Unfallrisiken betonen.
Produktionskunde: Zementindustrie Vorbereiten, Bohren, Sprengen, Transportieren, Grobzerkleinern, Waschen, Anreichern, Mahlen, Sieben, Chemische Justierung, Schlammtransport, chemische Kontrolle, automatische Analyse und die Vergleichmäßigung der Rohstoffzusammensetzung, Prozeßsteuerung über Datenverarbeitung	*150 Stunden*
Arbeitsprozesse: *Zementindustrie* Stoßdämpferhalterungen für die Stampf-Schlammvergleichmässigung, der Brennvorgang im Drehofen, die Abkühlung der Klinker, Klinkertransport und Klinkerlagerung, Zementmahlen, Zementlagerung und Auslastung, Prozeßsteuerung des Ofenbetriebs, Laboratoriumskontrolle, Zementverteilung	*800 Stunden* Der Unterricht über die Arbeitsprozesse ist besonders sorgfältig zu planen. Er soll auf den Erkenntnissen der Schüler im Schulunterricht aufbauen. Das wird durch ein enges Zusammenwirken zwischen Schule und Unternehmen verstärkt. Die Schüler sollen Arbeitsaufträge zur Erprobung ihrer Auffassungs- und Beobachtungsgabe erhalten.

Produktionskunde: *60 Stunden*
Zement
Rohmaterialkenntnis, Anwendungsgebiete für Zement, Zementchemie, Zementnormen

Materialprobe:
Zementindustrie

Rohmaterialproben:
Analyse der Zusammensetzung des Schlamms unter chemischen und physikalischen Gesichtspunkten

Klinkerproben:
Chemische Analyse beispielsweise des Gehaltes von ›freiem CaO‹

Fertigungsproduktproben:
Bestimmung der Bindezeit, der Siebreste, Bestimmung der Druck-, Biege-, Zugbelastbarkeit entsprechend den geltenden staatlichen Normen, chemische Analyse speziell betreffend CaO, SiO_2, Al_2O_3, Fe_2O_3 und SO_3

Der Lehrplan gibt detaillierte Anweisungen, wie man die ersten sechs Lernziele im Fach Prozeßtechnik erreichen kann. Aber man sucht vergebens nach einer Erklärung, wie die anderen Lernziele erreicht werden sollen. Offenbar hatten die Autoren im Hinblick auf diese Ziele keinerlei Veranlassung, auch nur einen einzigen Hinweis aufzunehmen. Für sie wird keine Zeit eingeteilt, sie werden überhaupt nicht erwähnt – außer unter den »Allgemeinen Gesichtspunkten«, wo es heißt: »Die Schüler sollen durch die Vermittlung der Schule angeregt werden, ihre Fähigkeit zu entwickeln, soziale Verhältnisse an einem Arbeitsplatz zu erkennen und zu analysieren und damit auch zu der Einsicht kommen, daß die Berufs- und Arbeitsverhältnisse veränderbar sind.« Die Worte der Zielbeschreibung werden also nur noch einmal wiederholt. Aber wie soll man zu der Einsicht kommen? Darüber wird nichts gesagt. So erhält man den Eindruck, daß diese Ziele nur als Dekoration in den Lehrplan aufgenommen wurden.

Der prozeßtechnische Ausbildungsgang soll einer von mehreren gleichwertigen Ausbildungsgängen innerhalb der Gymnasialschule sein. Die allgemeinen Ziele und Richtlinien für die Gymnasialschule sind auch für diesen Bildungsgang maßgebend. Die Ziele sind in Teil I des »Lehrplans für die Gymnasialschule« enthalten, wo steht: »Das Hauptziel der Gymnasialschule ist es, bei den Schülern eine selbständige und kritische Betrachtungsweise zu entwickeln. Das Ergebnis kann innerhalb weiter Grenzen variieren, aber die Schüler sollen schon von Anfang an daran gewöhnt werden, mit einer untersuchenden und fragenden Einstellung an ihre eigenen Erkenntnisse und an die Informationen, die ihnen innerhalb und außerhalb der Schule angeboten werden, heranzugehen. Sie sollen auch die Korrektheit von Sachmitteilungen, den Aufbau von Argumentationen und die Zulässigkeit von Schlußfolgerungen überprüfen sowie Anforderungen an die intellektuelle Redlichkeit stellen, sowohl wenn es darum geht, die Auskünfte anderer wie vor allen Dingen auch eigene Gesichtspunkte zu beurteilen.«

Gute Worte. Kluge Worte. Aber auf welche Weise trägt der Unterricht in der Prozeßtechnik eigentlich dazu bei, diese Ziele zu erfüllen? Auf welche Weise versucht die Schule, den künftigen Zementfabrikarbeitern eine »kritische und untersuchende Einstellung« zu vermitteln? Oder ist das vielleicht gar nicht die Absicht? Es reicht vielleicht, daß die künftigen Ingenieure und Unternehmensleiter, die andere Ausbildungsgänge der Gymnasialschule besuchen, eine selbständige und kritische Betrachtungsweise entwickeln?

Ob die Schule imstande ist, die in den Lehrplänen aufgestellten Ziele zu verwirklichen, wird unter anderem von der Bildungsforschung untersucht. Ein Forscher an der Lehrerhochschule in Uppsala hat den Auftrag erhalten, einmal zu untersuchen, wie in den berufstechnischen Ausbildungsgängen die Lehrplanziele erreicht werden. Er hat u. a. Fragen an über 8.000 Schüler versandt. Keine einzige dieser Fragen berührt diese »dekorativen« Ziele. Der Forscher selbst hatte auch keine Vorstellung davon, was diese Ziele bedeuten – das zeigte sich, als ich ihn anrief und mit ihm darüber sprach. Wie soll er da imstande sein, zu kontrollieren, ob sie erfüllt sind oder nicht?

Man kann sich fragen, was diejenigen, die den Lehrplan entwickelten, sich eigentlich konkret vorgestellt hatten. Dachten sie, daß Literatur und Kunst die Schüler lehren könnten, »ihren Arbeitsplatz wahrzunehmen«? Daß Soziologie und Psychologie ihnen helfen könnten, »die sozialen Verhältnisse dort zu analysieren«? Dachten sie, daß die Schüler Kontakt mit ihren Vorgängern im Beruf oder mit ihren unbekannten Arbeitskameraden in anderen Ländern aufnehmen sollten, um etwas über »die Veränderlichkeit der Arbeitsverhältnisse« herauszubekommen? Daß sie lernen sollten, die Geschichte ihres Arbeitsplatzes zu erforschen, um »eine selbständige und kritische Betrachtungsweise« gegenüber den Verhältnissen im Unternehmen zu entwickeln?

Ich kam auf die Idee, einmal nachzusehen, wie der Unterricht in der Praxis vor sich geht. Ich dachte, das einfachste würde sein, wenn ich hinführe und Lehrer und Schüler direkt fragte. Aber das war leichter gesagt als getan. Es gibt nämlich überhaupt keinen Unterricht dieser Art. Nirgendwo im ganzen Lande. Diesen Ausbildungsgang für angehende Arbeiter in der Baustoffindustrie gibt es überhaupt nur auf dem Papier.

● Wie beschreibt der Ausbildungsplan für Deinen Beruf die Ausbildung? Welche Lernziele sind aufgestellt? Welche Richtlinien gibt es dafür? Wie wird deren Verwirklichung kontrolliert? Existiert eine Ausbildung in der Praxis?

Hilfsmittel: Die Lehrpläne können bei der Stadtbibliothek bestellt werden. Wenn man alte Lehrpläne vergleicht, kann man den Veränderungen des Berufes folgen und ein Bild von seiner Geschichte seit 1918 erhalten, als die Berufsschulen eingeführt wurden, oder in einigen Fällen auch früher.

Die Menschen für die Gesellschaft der Zukunft werden heute ausgebildet. Wie stimmt der Lehrplan für Deinen Beruf mit den politischen Zielen der Arbeiterbewegung überein? Ist die Ausbildung, die die Arbeiter heute erhalten, geeignet, die Macht in den Unternehmen zu übernehmen? Wie sollte die Ausbildung eigentlich angelegt sein?

Hilfsmittel: dieses Buch. Vergleiche auch das Nachwort

9. ... in der Berufsberatung

Die schwedische Schule bietet keine Berufsausbildung für Zementarbeiter an. Aber jedes Schulkind erhält mindestens eine Berufswahlhilfe. Zum Teil werden dafür Werbebroschüren der Unternehmen oder der Wirtschaftsorganisationen verwandt, zum Teil Material des Arbeitsamtes, z. B. das Nachschlagebuch »Nordisk yrkesklassificering« (nordische Berufsklassifizierung), Systematisches Verzeichnis der Berufsfelder, Berufsgruppen, Berufsfamilien und Einzelberufe mit den Nachschlagnummern und Definitionen. Herausgegeben von der Arbeitsmarktbehörde. 3. Auflage. Hälsingborg 1974.

Am Ende des Buches steht ein alphabetisches Berufsregister. Da kannst Du die verschiedenen Berufe nachschlagen, z. B. »Unternehmensleiter« (Codenummer 111.10) oder Deinen eigenen Beruf, z. B. »Zementbrenner« (Codenummer 832.25). Mit Hilfe der Codenummer findest Du heraus, daß Dein Beruf zu dem Berufsfeld »Herstellerberufe« (8), zur Berufsgruppe »chemischer Prozeßarbeiter« (83) und zur Berufsfamilie »Kocher und Ofenwart« (832) gehört. Dein Beruf wird so beschrieben:

> »832.25 Zementbrenner. Bedient den Ofen für die Herstellung von Zement durch das Brennen verschiedener Steinsorten, Ton und anderem Material, reguliert die Hitze und überwacht gleichzeitig die Materialzufuhr; kontrolliert, daß der Brennprozeß normal verläuft; überwacht den Abtransport des Zementes und der Schlacke.«

Für eine ausführlichere Berufsbeschreibung kannst Du zu einem anderen Nachschlagewerk greifen: »Svensk yrkeslexikon« (Schwedisches Berufslexikon). Herausgegeben von der Arbeitsmarktbehörde, Büro für Berufsberatung. Teil 1–2. Hälsingborg 1967–69. 3. Auflage 1972. Dort wird die Arbeit so beschrieben:

> »Produktionsarbeiter in der chemischen Industrie (Berufsgruppe 83). Arbeitsart: Die chemische Industrie produziert in der Hauptsache durch chemische Prozesse in geschlossenen Anlagen, die von Prozeßarbeitern überwacht werden. (...) Das Zerstoßen, Mahlen, Sieben, Sortieren und Separieren der festen Bestandteile überwa-

chen die Arbeiter respektive Maschinen. Sie achten darauf, daß die Ausmaße der Stoffe gleichmäßig sind und daß keine Stockungen entstehen. Die Zufuhr geschieht gewöhnlich kontinuierlich mit Transportgeräten unterschiedlicher Art. Beim Separieren flüssiger Stoffe, dem Ausfiltern und Zentrifugieren, der Verdampfung, Destillation usw. überwacht und kontrolliert der Betriebsarbeiter mit Hilfe von Instrumenten die Funktion der Apparate. In gleichmäßigen Abständen liest er die Kontrollinstrumente ab und schreibt Betriebsberichte. Auf Kontrollgängen durch die Anlage sieht er nach den Apparaturen. Er nimmt auch Proben, welche er manchmal mit Meßinstrumenten kontrolliert, aber gewöhnlich an ein Laboratorium zur Analyse weitergibt. Der Prozeßarbeiter wird gelegentlich durch Hilfsarbeiter unterstützt. In einer modernen Anlage kann der Arbeiter gewöhnlich von einem modernen Kontrollraum aus den oder die Prozesse, für die er verantwortlich ist, verfolgen. Mit Hilfe von Signalanordnungen wie Lampen, Druckmesser, Spannungs- und Temperaturmesser, kann der Arbeiter mögliche Störungen im Produktionsablauf entdecken. In der Regel werden diese Störungen automatisch von den in die Apparaturen eingebauten Steuer- und Regelinstrumenten beseitigt, aber bei Bedarf muß der Arbeiter selbst eingreifen und den Prozeßablauf durch unterschiedliche Maßnahmen, z. B. dadurch, daß er den Zufluß, die Konzentration, die Temperatur oder den Druck ändert, steuern. Der Prozeßarbeiter soll in den meisten Fällen erkennen können, ob die Ursache einer Betriebsstörung auf einem mechanischen, einem elektrischen oder einem prozeßchemischen Fehler beruht. Er soll imstande sein, rein mechanische Fehler zu lokalisieren und sofort einfache Justierungen und Reparaturen auszuführen.«

Das Lexikon gibt auch Auskunft darüber, welche Organisationen sowohl den Prozeßarbeiter wie auch seinen Gegenpart auf dem Arbeitsmarkt vertreten. Weiter kann man erfahren, wieviele Prozeßarbeiter es bei der letzten Volkszählung gab. Das Lexikon beurteilt auch die Zukunftsaussichten in dem Beruf und weist auf weiterführende Literatur hin. Die einzige Literatur, die beim Prozeßarbeiter empfohlen ist, ist die Zeitschrift »Fabriksarbetaren« (Fabrikarbeiter).

Wieviel verdient ein Prozeßarbeiter? Darüber erfährt man nichts Zufriedenstellendes. Im Lexikon steht bloß: »Durchschnittliche Stundenverdienste; siehe im Abschnitt über Industrielöhne.« Aber die Angaben im Abschnitt über Industrielöhne sind teils überhaupt nicht detailliert, teils nicht vergleichbar mit den Angaben für Einkommen anderer Berufe, z. B. Ingenieure oder Unternehmensleiter. Warum gibt man nicht die höchsten, niedrigsten und durchschnittlichen Jahreslöhne für jeden Beruf an? Man könnte das Lohnniveau in verschiedenen Berufen auch dadurch beschreiben, daß man es ins Verhältnis zum Existenzminimum setzt. Oder daß man die Löhne des Prozeßarbeiters in Prozent von beispielsweise dem durchschnittlichen Einkommen von Unternehmensleitern angibt. Es gibt doch Unterlagen, die viel bessere Informationen ermöglichen als dieses Lexikon. Warum werden sie nicht verwandt? Etwa weil das zusammen mit der Berufsbeschreibung ein allzu peinliches Bild der Ungerechtigkeit in der schwedischen Gesellschaft geben würde?

Berufsrisiken

Auch die Angaben über Nachteile und Risiken in verschiedenen Berufen sind sehr unvollständig. Das Wort »Nachteil« wird überhaupt nicht verwandt. Man spricht statt dessen von »Berufsanforderungen«. An einen Schweißer werden z. B. im Lexikon (Auflage von 1969) folgende Anforderungen gestellt:

> »*Augenlicht.* Der Lichtbogen beim Schweißen blendet stark, und Nachlässigkeit mit dem Augenschutz kann Augenschäden bewirken.
>
> *Kraft in Rücken, Beinen und Füßen.* Die Arbeit wird oft stehend ausgeführt.
>
> *Muskelkraft.* Der Schweißer arbeitet oft mit schweren Arbeitsstükken und einer umfangreichen Ausrüstung.
>
> *Beweglichkeit.* Unbequeme Arbeitsstellungen kommen oft vor.
>
> *Schwindelfreiheit.* Vor allen Dingen auf Werften und auf Brückenbauten kommen Arbeiten in Stellungen vor, bei denen das Risiko besteht, herabzufallen.
>
> *Übriges.* Spritzer von Schweißschmelzen können Brandschäden bewirken. Die Gase, die beim Schweißen entstehen, können für die Atmungsorgane belastend sein.«

Der blendende Lichtschein wird also als eine Anforderung an die Sehkraft des Arbeiters präsentiert, die Sturzrisiken als eine Herausforderung seines Gleichgewichts-Sinnes, die Gase als eine Anforderung an seine Atmungsorgane. Wer stellt eigentlich diese Anforderungen auf? Dem Nachschlagebuch zufolge ist das nicht der Arbeitgeber, sondern der »Beruf«. In der Auflage von 1972 ist das Wort »Berufsanforderung«, welches die Frage herausfordern könnte, wer diese Anforderungen stellt, durch einen abstrakten Ausdruck ersetzt: »Voraussetzungen, die zu beachten sind«. Aber auch da stellt sich die Frage: Wer setzt das alles voraus?

Die Beschreibungen der Berufsrisiken sind in den neuen Auflagen weiter abgeschwächt worden. Die Gase werden nun nicht länger »belastend«, sondern »beschwerlich« genannt. Da spricht man nicht mehr vom Risiko für Augenschäden, sondern man sagt, daß der starke Lichtschein beim Schweißen »für die Augen anstrengend« sein kann. Das Sturzrisiko und die Risiken für Brandschäden werden überhaupt nicht mehr genannt.

Beruhen diese Veränderungen in der Berufsbeschreibung darauf, daß die Arbeitssituation der Schweißer zwischen 1969 und 1972 besser und sicherer geworden ist? Sicherlich nicht. Nur die Schönfärberei der Wirklichkeit ist einen Schritt weitergeführt worden. Wer dieses Nachschlagewerk benutzt, müßte erfahren: Welche Gase bilden sich beim Schweißen? Wie belastend sind sie für die Atmungsorgane? Was kann getan werden, um sie zu vermeiden?

Material für eine angemessenere Arbeitsbeschreibung kann die Redaktion für das schwedische Berufslexikon in anderen Nachschlagebüchern finden. Zum Beispiel bei Sven Ove Hansson: »Arbetsmiljö fran A till Ö« (Arbeitsumgebung von A bis Ö), Aktuelles Nachschlagewerk über Berufsrisiken und Arbeitsschutz (Lund 1975). Dort werden die Gesundheitsrisiken beim Schweißen unter folgenden Rubriken angeführt: Arbeitshaltung, Klima, Lärm, elektrische Schäden, Licht, Brandgefahr und chemische Risiken.

In Bezug auf chemische Risiken verweist das Nachschlagebuch auf unerforschte Gebiete – z. B. sei wenig über die Abfallprodukte bekannt, welche sich beim Schweißen in Fett, Öl, Plastik oder Leim bilden. Außerdem ist kaum erforscht, welche Kombinationseffekte sich bei Schweißgasen aus den unterschiedlichen Bestandteilen bilden. Zu den Stoffen, von denen man weiß, daß sie beim Schweißen chemische Risiken bewirken, gehören Ozon, Nitrosegase, Kohlenoxyd, Eisenoxyd, Mangan, Zink, Kupfer, Blei, Chrom, Cadmium und ein Dutzend anderer Stoffe. Jedes ist auf seine Art ein eigenes Nachschlagewort. Über »Ozon« erfährt man unter anderem folgendes:

> »Ozon ist ein Gas, das sich aus der Säure in der Luft bilden kann, wenn diese der ultravioletten Strahlung ausgesetzt ist (...) Ozon wirkt schon in geringen Konzentrationen stark reizend auf Augen, Mundhöhle, Nasenhöhle und Luftwege. Der Stoff hat auch schäd-

liche Auswirkungen auf die Lungen – wirklich hohe Konzentrationen wurden in Großstädten bei »Smog«, in Perioden mit sehr starker Luftverunreinigung gemessen. Dabei stieg der Ozongehalt bis auf 0,1 ppm. (. . .) Der schwedische Grenzwert ist (wie der amerikanische) 0,1 ppm, der sowjetische ist 0,05 ppm. Die amerikanische Grenzwertkommission schreibt: ›Der Grenzwert von 0,1 ppm gibt eine Grenze an, die selbst dann, wenn kein offenbarer oder erkennbarer Schaden vorliegt, ein vorzeitiges Altern auf die gleiche Weise bewirken kann, als wenn man längere Zeit radioaktiver Strahlung ausgesetzt wäre.‹

Zu den nitrosen Gasen, welche aus dem Stickstoff und der Säure der Luft unter Einwirkung von ultraviolettem Licht gebildet werden, zählt u. a. Stickstoffdioxyd. Der schwedische Grenzwert beträgt 5 ppm. In der Sowjetunion liegt der Grenzwert bei 2 ppm. In einer russischen Industrieanlage mit einem Luftgehalt von 2,6 ppm Stickstoffdioxyd fand man bei den Arbeitern gewisse Veränderungen des Blutbildes, Anfälligkeiten für Infektionen und für Schäden an Zähnen und Zahnfleisch; sie hatten auch Anzeichen von Lungenemphysem, teilweise auch gewisse Zersetzungen der Wände zwischen verschiedenen Lungenblasen; auch in anderen Untersuchungen fand man einen Zusammenhang zwischen nitrösen Gasen und Emphysem.

Mit Ozon bilden die nitrösen Gase unter gewissen Umständen einen neuen Stoff, Stickstoffpentoxyd, der in seinen Auswirkungen mit den Kriegsgasen aus dem Ersten Weltkrieg verglichen werden kann.«

Sowohl das »schwedische Berufslexikon« wie auch »Arbeitsumgebung von A bis Ö« beschreiben sicher den Beruf eines Schweißers sachlich korrekt. Aber wenn man anhand unserer Beispiele liest, daß diese Gase, die entsprechend dem »Schwedischen Berufslexikon« von 1969 »für die Atmungsorgane belastend sein können«, 1972 nur noch »beschwerlich« sind – dann wird deutlich, daß die Frage der Sachlichkeit von zwei völlig verschiedenen Ausgangspunkten aus betrachtet wird.

Für die offiziellen Publikationen, die von der Arbeitsmarktbehörde herausgegeben werden, ist es selbstverständlich, daß die Arbeiter Risiken an ihrem Leben und an ihrer Gesundheit eingehen. Die Risiken sind »Berufsanforderungen«, welche der Arbeitgeber berechtigterweise stellen kann, oder es sind »Voraussetzungen«, von denen er erwarten kann, daß die Arbeiter sie akzeptieren müssen.

In »Arbeitsmilieu von A bis Ö« ist es demgegenüber der Arbeiter, welcher etwas voraussetzt oder Forderungen stellt. Er erwartet einen Arbeitsplatz, an dem er nicht verdeckten Gefahren ausgesetzt wird. Er setzt voraus, daß sein Beruf nicht sein Leben und seine Gesundheit gefährdet.

Beide Nachschlagebücher benennen die Risiken – das eine legt dar, wem sich die Arbeiter zu unterwerfen haben, das andere, wogegen sie sich aufzulehnen haben.

Das Mindeste, was man vom Schwedischen Berufslexikon verlangen muß, ist, daß in weiteren Auflagen die Berufsrisiken auch »Berufsrisiken« genannt werden, und daß alle, die einen bestimmten Beruf wählen, eine klare Darstellung davon erhalten, worauf sie sich einlassen.

- Welche Beschreibung gibt das Berufslexikon von Deinem Beruf? Ist diese Beschreibung richtig? Ist sie ausreichend?

Hilfsmittel: Das »Schwedische Berufslexikon« und »Arbeitsumgebung von A bis Ö« in der Stadtbibliothek. Dort gibt es auch andere Bücher über Berufsrisiken. Siehe auch Kapitel 19.

10. ... bei der Gewerbeaufsicht

Das Büro der Gewerbeaufsicht in Stockholm liegt in der Strandbergsgatan 61, genau unter der Autobahn E4, wo diese über Kungsholmen hinwegführt. Zuerst kommt man in einen kleinen Warteraum, dort sitzt ein Mädchen, welches den Telefondienst versieht und Besuch empfängt.

»Guten Tag, ich bin schwedischer Bürger und bin hergekommen, um einige öffentliche Akten (offentliga handlingar) einzusehen.«

Sobald sie etwas von »öffentlichen Akten« hört, benachrichtigt sie den Juristen der Gewerbeaufsicht. Ich verlange, alle öffentlichen Akten zu sehen, welche Cementas Fabrik in Stora Vika betreffen. Wir gehen zunächst zum Unternehmensregister und sehen unter Cementa nach. Die Fabrik in Stora Vika hat die Aktennummer 1–24 796. Dann gehen wir ins Archiv und nehmen die »Akten« mit dieser Nummer heraus, darunter auch eine Mappe mit Papieren, welche er zunächst überfliegt, bevor er sie mir überläßt. Die Akten sind öffentlich, wenn sie nicht Fabrikations- oder Geschäftsgeheimnisse enthalten. Der Jurist behält Beschreibungen einer Erfindung, die in Stora Vika gemacht wurde und die einen chemischen Prozeß zur Reinigung von Abwasser betraf. Das übrige kann ich alles einsehen. Die Akten enthalten:

1. Den Briefwechsel zwischen der Gewerbeaufsicht und dem Unternehmen, z. B. die Antwort auf die Bitte, einen Minderjährigen einzustellen.
2. Ein Protokoll vom Besuch eines Gewerbeaufsichtsbeamten in der Fabrik. Das sind kleine handgeschriebene Zettel mit Erinnerungsnotizen, welche ziemlich schwer lesbar sind. – Wenn Du z. B. den Verdacht hast, daß die Beamten der Gewerbeaufsicht eine Beschwerde von Dir gar nicht beachtet haben, so kannst Du im Archiv der Gewerbeaufsicht kontrollieren, ob Deine Beschwerde überhaupt notiert wurde.
3. Auflagen. Oft werden als Ergebnis des Besuchs eines Gewerbeaufsichtsbeamten einem Arbeitgeber gewisse Maßregeln auferlegt. Davon gibt es maschinengeschriebene Kopien, oft mit handgeschriebenen Bemerkungen von späteren Besuchen.
4. Antwortschreiben. Zum Beispiel an das Büro des Stadtarchitekten der Gemeinde Nynäshamn, als Cementa beantragte, für

Neubauten innerhalb des Fabrikgeländes keine Baugenehmigung beantragen zu müssen.

5. Rundschreiben des Sicherheitsdienstes in Cementas Hauptverwaltung; sie enthalten u. a. Anweisungen, wie gewisse gefährliche Arbeiten ausgeführt werden sollen – z. B. wenn ein Arbeiter in ein Zementsilo herabgelassen werden soll, um Stockungen zu lösen.
6. Protokolle von den Sitzungen der Arbeitsschutzkommission in Stora Vika, drei- bis viermal im Jahr. Solche Protokolle sind im allgemeinen für die Arbeiter direkt am Arbeitsplatz zugänglich. Aber für einen Arbeiter, der eine Anstellung sucht, oder für einen Außenstehenden, der das Unternehmen untersucht, ist das Archiv der Gewerbeaufsicht eine gute Stelle, um die Protokolle einzusehen. Sie enthalten z. B. folgende Angaben:
a) Unfälle und drohende Unfälle. Kurze konkrete Beschreibungen. Folgende kleinere Unfälle und Unfallgefahren passierten z. B. in der letzten Woche des Januar 1967 in Stora Vika:
21. 1. Beim Entladen von Holzstämmen vom Auto schwenkte der Kran zur Seite und traf S. am Kopf. Er trug keinen Helm. Er erlitt eine Platzwunde.
24. 1. Beim Transport von Mühlenteilen zur vierten Schlammmühle, welche repariert wurde, wurde eine Sackkarre verwandt. Als S. den ersten Spannring auflud, rutschte dieser zu weit nach vorne (auch vor das Rad), wodurch der Griffbügel hochschlug und ihn oberhalb der Nase traf. Er erlitt eine Platzwunde. Am 25. 1. rutschte K. bei der Montage eines Kettenlagers der Schraubenzieher aus, wodurch der Schraubenzieher unter dem linken Daumennagel eindrang.
25. 1. Bei der Reparatur eines Traktors ließ ein Arbeitskollege einen Vorschlaghammer fallen, welcher die große Zehe von (unleserlich) traf, Bluterguß.
26. 1. Beim Herablassen einer dreirädrigen Karre sollte T. sie übernehmen. Als die Karre auf den Boden kam, schlug der Handgriff um und traf T. an der Schläfe.
b) Unfallstatistik und Vergleich mit den übrigen Zementfabriken. Hier sieht man, daß das Jahr 1967 trotz allem ein unvergleichlich unfallarmes Jahr in Stora Vika gewesen ist. Während des ganzen Jahres passierte lediglich ein einziger Unfall, der wirklich als Unfall zu bezeichnen ist.
c) Die Liste der Maßnahmen, welche ergriffen wurden, um Risiken und Gefahren in der Arbeitsumgebung zu mindern. In den früheren Protokollen bestehen solche Maßnahmen zumeist darin, daß man Broschüren verteilte und Warnhinweise aushing. In späteren Protokollen sind auch wirkliche Veränderungen aufgeführt.

d) Die Schadstoff-Meßresultate der Arbeitsplatzuntersuchungen und der Gesundheitsuntersuchungen. Beispiel: 1974 wurden im Feinmahlwerk 75 Milligramm pro Kubikmeter Luft gemessen, beim Mahlwerksbehälter 30 Milligramm pro Kubikmeter und beim Bohren der Schießlöcher im Kalkbruch 19,5 Milligramm pro Kubikmeter. Der Grenzwert liegt bei 10 Milligramm pro Kubikmeter. Die Messungen wurden von Cementas Abteilung für Arbeitsplatzfragen durchgeführt.

e) Anforderungen an neue Maßnahmen. Beispiel: In der ersten Sitzung der Schutzkommissiion 1977 verlangte der Hauptschutzverantwortliche I. Steen die folgenden Maßnahmen: Geschwindigkeitsbegrenzung innerhalb des Fabrikgeländes, Sprechfunkverbindung zwischen dem Kranführer und der Luke während des Löschens, Übersicht über die Verschlußanordnung am Kran, neue Scheinwerfer im Hafen und Maßnahmen gegen die Staubentwicklung am Brennerplatz. Der Sicherheitsbeauftragte B. Ulfves erkundigte sich nach dem Gas, das bei den Schweißarbeiten am neuen Plastikbelag in den Mühlen entstand: War dieses Gas giftig?

Das Archiv des Gewerbeaufsichtsamtes enthält, wie man sieht, eine Menge konkreter Angaben über die Verhältnisse an einem Arbeitsplatz. Das Archiv hat nur einen Nachteil – alle Papiere werden nach ungefähr zehn Jahren vernichtet! Im Archiv findet man deshalb keine Akten über Stora Vika aus der Zeit vor 1964. Es handelt sich sowieso nur um ganz wenig Material, und da sollte es eigentlich nicht so schwer sein, es aufzubewahren. Jedes Papierstückchen einer Kommune oder einer zentralen Behörde wurde ja auch über Jahrhunderte aufbewahrt. Aber die Zeugnisse über den Zustand an Arbeitsplätzen werden systematisch alle zehn Jahre vernichtet.

- Geh' in das Büro der Gewerbeaufsicht und verlange, die Akten über Deinen Arbeitsplatz zu sehen.

Hilfsmittel: Die Adressen der Gewerbeaufsicht stehen im Telefonbuch.

Warum ist es wichtig, die Papiere der Gewerbeaufsicht aufzubewahren? Weil es oft lange dauert, bis die Auswirkungen eines Arbeitsrisikos aufgedeckt werden, und noch längere Zeit, bis die aufgedeckten Mißstände zu Maßnahmen führen.

Im Jahre 1900 starb ein 34jähriger Arbeiter im Charing-Cross-Hospital in London. Bei seiner Obduktion fand man eigentümliche Veränderungen in den Lungen, verursacht von mikroskopisch kleinen Asbestteilen im Lungengewebe. Der Mann hatte im Abstellraum einer Asbesttextilfabrik gearbeitet. Man stellte fest, daß er der letzte von zehn gleichaltrigen Arbeitern war, die in dem gleichen Raum gearbeitet hatten und alle an »Lungenbeschwerden« gestorben waren.

Der Fall wurde von dem englischen Forscher Murray 1907 beschrieben, aber er erregte keinerlei Aufmerksamkeit. Die Krankheit Asbestose wurde in England nicht vor Anfang der zwanziger Jahre zur Kenntnis genommen und offiziell erst 1930 anerkannt. In Schweden dauerte es bis 1964, bis die Gewerbeaufsicht die ersten Anweisungen für die »Vorbeugung von Berufsschäden durch Asbest« herausgab.

Der Zusammenhang zwischen Asbest und Lungenkrebs wurde zum ersten Male 1947 in offiziellen britischen Berichten angedeutet. In Untersuchungen von Doll wurde das 1955 bekräftigt. Der Zusammenhang zwischen der Krebskrankheit Mesoteliom und Asbest wurde 1964 von Selikoff nachgewiesen.

In Schweden widmete man diesen Untersuchungen in Zusammenhang mit einer Konferenz 1969 Aufmerksamkeit. Das damalige arbeitsmedizinische Institut begann eine Untersuchung von 35 Arbeitsplätzen, an denen Asbest verwandt wurde. Diese Untersuchung wurde 1974 abgeschlossen. Während dieser Zeit arbeitete man mit strengeren Beschränkungen, die das Krebsrisiko berücksichtigten.

Die Asbestindustrie verhielt sich gegenüber einer Verschärfung der Bestimmungen durchweg abweisend. Die Industrie-Aktiengesellschaft Euroc beteiligte sich daran durch ihre Tochtergesellschaft Skandinaviska Eternit AB in Lomma, die seit 1906 Asbestzement herstellte. Das Unternehmen schrieb einen eigenen Entwurf für neue Vorschriften, in dem kategorisch behauptet wurde, daß Asbestzement nicht staube und deshalb nicht gefährlich sei. Wegen des Widerstandes der Industrie und insbesondere wegen des Widerstandes von Euroc wurden die Vorschriften mindestens zwölfmal geändert, bis sie schließlich von der Gewerbeaufsicht 1975 in Kraft gesetzt wurden. Im gleichen Jahr gab es einen Asbest-Alarm, als der Gewerkschaftsarzt Anders Englund erkannte, daß acht Arbeiter bei Nohab in Trollhättan an Mesoteliom gestorben waren. Alle hatten mit Asbestisolierung gearbeitet. Diese Entdeckung führte zu einer weiteren Verschärfung der Bestimmungen. Das war der Anlaß – manche sagen der willkommene Anlaß – dafür, daß Euroc seine Tochterfirma Nohab dicht machte.

Die Todesfälle, die den Asbestalarm auslösten, waren zwischen 1959 und 1969 eingetreten. Die Arbeiter waren also von den Asbestfiberstoffen getötet worden, die sie lange vor der ersten Asbestverordnung der Gewerbeaufsicht von 1964 eingeatmet hatten. Darum ist es wichtig, daß die Papiere der Gewerbeaufsicht aufbewahrt werden. Auch morgen kommen Menschen aufgrund der Arbeitsverhältnisse zu Tode, die an den Arbeitsplätzen seit 20, 30, ja seit 50 Jahren herrschen.

Selbst gegen Ende der 1960er Jahre starben Menschen an Lungenkrebs, von Asbestfibern verursacht, die sich in ihren Lungen abgelagert hatten, als sie im Ersten Weltkrieg in Gasmasken-Fabriken arbeiteten.

Eine 47jährige Frau starb an Asbestkrebs. Als kleines Kind war sie im Alter von zwei bis sechs Jahren dem Staub aus den Arbeitskleidern ihrer Eltern ausgesetzt, wenn diese von ihrer Arbeit in einer Asbestfabrik nach Hause kamen. Das ist eines von vielen Beispielen dafür, daß Kinder Lungenkrebs durch den Kontakt mit den Arbeitskleidern der Eltern bekommen haben. Ein Vorarbeiter in einer Asbestgrube brachte Asbeststücke für seine kleine Tochter zum Spielen mit nach Hause. Als Erwachsene starb sie an Mesoteliom. Ein anderes Mädchen brachte ein Jahr lang jeden Tag ihrem Vater das Mittagessen in die Asbestfabrik. Sie starb mehr als 40 Jahre später an Mesoteliom.

So lebt die Geschichte in den Körpern lebendiger Menschen weiter. Sie liegt da und wartet, und zum Schluß tötet sie ihn. Wenn man den toten Körper öffnet, entdeckt man die Geschichte in Form silber-glänzender Fasern – die letzten Reste der Luft, die die Menschen in den zehner und zwanziger Jahren in den Fabriken und Arbeiterwohnungen atmeten.

Und wenn die Stimmen in der Gesellschafterversammlung gezählt werden, so findet man auch die gleiche Geschichte – die Gewinne aus diesen Zeiten berechtigen weiterhin zur Macht und zur Dividendenausschüttung. So wie die Kinder der Asbestarbeiter die Fasern erbten, so erbten andere Kinder die Aktien. Die Geschichte ist nicht tot, sie kommt auch morgen wieder, um dann ihren äußersten Einfluß auf neue Verordnungen der Arbeitsschutzbehörde geltend zu machen.

Am 2. August 1979 wird der Asbestarbeiter Gunnar Nilsson zum letzten Mal in die Lungenklinik in Lund eingeliefert. Die gleiche Lungenklinik untersuchte ihn bereits 1962. Damals wurde er nach fünf Wochen ohne Bescheid nach Hause geschickt.

»Ich erinnere mich, daß ich ein braunes Kuvert bekam, das ich dem Arbeitgeber überreichen sollte, ohne es selbst zu lesen. Das sollte ja eine Sache zwischen dem Arzt und dem Arbeitgeber sein.«

Gunnar arbeitete also weiter in der Asbest-Zementfabrik des Konzerns Euroc in Lomma. Zusammen mit Bror Nordgreen war er Schleifer:

»Die Schleifabteilung war ebenso gefährlich wie die Sägeabteilung. Der Staub war in den Räumen rings um uns, und wenn der Wind entsprechend stand, kam er auch vom Asbestwerk. Sobald ich durch die Tür hereingekommen war, fing ich an zu husten.«

Die gleiche Lungenklinik untersuchte ihn auch 1974. Da hatte er schwere Atemnot und konnte nicht länger durchhalten. Man stellte Asbestose fest, zum ersten Mal 1962 aufgetreten. Gunnar erhielt eine einfachere Arbeit. Er ging jetzt mit der Post durch das Unternehmen und verteilte dabei auch die internen Informationen des Unternehmens,

»in denen stand, daß der Asbest nicht gefährlich sei und daß wir beim Eternit keinen Asbestose-Fall hätten . . .«

Die gleiche Lungenklinik stellte 1979 fest, daß in der Eternitfabrik des Unternehmens Euroc in Lomma jeder fünfte Arbeiter einen Schaden hatte, jeder zehnte deshalb Invalide wurde und 51 Arbeiter an der Folge von Asbestkrankheiten gestorben waren.

Nun wird Gunnar Nilsson zum letzten Mal eingeliefert. Er liegt auf Raum Nummer 10 in der Abteilung 3 in der Lungenklinik. Aber er hat keine Lungen mehr, mit ihnen zu atmen. Auf seinem Totenbett klagt er Euroc des Mordes an.

Er ist 66 Jahre alt. Er hat in der Eternitfabrik des Konzern Euroc in Lomma gearbeitet, seit er 22 war. Die Fabrik in Lomma war von Skånska Cement 1907 eröffnet worden – im gleichen Jahr, in dem die Schädlichkeit des Asbests bekannt wurde. 1956 wurde die Unternehmensleitung in Lomma von den Asbestlieferanten über neue Untersuchungen informiert, die auf Risiken für Asbesterkrankungen hinwiesen. Die Informationen wurden an die Gewerbeaufsicht, nicht aber an die Beschäftigten weitergegeben. Es wurden auch keinerlei Konsequenzen gezogen. 1958 begann man, kurzfasrigen Asbest zu verarbeiten. In der Fabrik wurden Platten gesägt und gebohrt. Gunnar Nilsson:

»Das war teuflisch rauchend und staubig. Eine Platte zu stanzen, war ungefährlich. Aber wenn man sie bohrte, so zehn, zwölf Platten auf einen Stoß, da passiert es, daß eine Menge Bohrkrümeln dazwischenliegen. (. . .) Es gab ja auch keine Saugeinrichtung, die das weggesaugt hätte.«

Ein schwergeplagter Mensch, der zu sterben wünscht, hat das Recht, zu sterben. Eine Gesellschaft, die in so großem Ausmaß versagt hat, des Lebens Heiligkeit am Arbeitsplatz zu erhalten, darf dann nicht außerdem noch das Opfer zwingen, gegen seinen Willen einen unbeschreiblich qualvollen, Minute für Minute und Woche für Woche ausgetragenen Erstickungstod zu sterben. Einem Menschen ohne Lungen dabei zu helfen, daß er den letzten zehn oder 20.000 Minuten schrecklicher Plagen entgeht, ist kein Mord. Die Mörder muß man an anderer Stelle suchen.

Am 19. September 1979 kann der Asbestarbeiter Gunnar Nilsson endlich sterben – nach vielen Jahren schwerer Atemnot, nach Monaten, in denen er um jeden Atemzug Luft gekämpft hat. Er war einer von 1.600 untersuchten Arbeitern in den Eternitfabriken des Konzerns Euroc. Unter ihnen fand man 500 Fälle mit Asbestschäden, 150 bis 200 Invaliden und 51, die an Asbestkrankheiten gestorben waren. Das ist der größte Arbeitsplatz- und zugleich Umweltskandal in Schweden überhaupt.

Euroc, das über 70 Jahre die Eternitfabrik in Lomma betrieben hatte, ohne daß die leicht zugänglichen Fakten über die Schädlichkeit des Rohstoffes berücksichtigt und irgendwelche elementaren Schutzmaßnahmen ergriffen hätte, baute im gleichen Jahr, in dem Gunnar Nilsson starb, ein palastgleiches Hauptverwaltungsgebäude in Limhamn und erhöhte die Dividende. Aber es übernahm keine Verantwortung für die Asbestgeschädigten. Als die 1981 schließlich 50 Millionen Kronen als Ersatz für ihre zerstörten Lungen erhielten, bezahlte Euroc bloß ein Zehntel. Und dieses Zehntel war natürlich abzugsfähig. Netto kann das den Konzern nicht mehr als 2,5 Millionen gekostet haben.

Es ist billig für ein großes Unternehmen, mit dem Leben und der Gesundheit der Arbeiter Risiken zu übernehmen. Euroc mußte keinerlei Schuld übernehmen oder anerkennen. Das wenige, das man bezahlte, bezahlte man »freiwillig und aus humanitären Gründen«. Die Fabrik in Lomma wurde 1977 geschlossen. Aber mindestens für ein weiteres Vierteljahrhundert wird es jedes Jahr neue Opfer geben. Und das Kapital, das in Lomma geschaffen wurde, wird weiter jedes Jahr seinen Eigentümern Macht und Dividenden bringen.

● Welches sind die Risiken an Deinem Arbeitsplatz, in Deinem Beruf? Wann wurden sie aufgedeckt? Wann begann man, etwas dagegen zu tun?

Hilfsmittel: Die Asbestfrage wurde von Arne Stråby in »Riskmiljö« (Stockholm 1977) und in dem Bericht der Gewerbeaufsicht AMT 102/74 »Asbest pa våra arbetsplatser« (Asbest an unseren Arbeitsplätzen) von Nils Boman u. a. behandelt. Die Geschichte der Entdeckung von Berufskrankheiten ist ausführlich geschildert bei Donald Hunter »The diseases of occupations« (Berufskrankheiten), 5. Auflage, London 1975.

Das beste schwedische Nachschlagewerk über Berufsrisiken ist das schon früher erwähnte Buch von Sven Ove Hansson »Arbeitsmilieu von A bis Ö« (Lund 1975). Auf Englisch gibt es u. a. »Encyclopaedia of occupational health and safety«, 1–2, International Labour Office, Genf 1971, und N. Irving Sax »Dangerous properties of industrial materials«, 4. Auflage, New York 1975.

Die Arbeitsplätze der Fabrikarbeiter behandelt die Gewerkschaftsuntersuchung »Risker i jobbet: Fabriks« (Arbeitsrisiko: Fabriken) von Erik Bolinder u. a. (Lund 1971). Entsprechende Untersuchungen haben auch andere Gewerkschaften herausgegeben. Bolinder beschreibt die Arbeitsplätze der Zementarbeiter als relativ risikofrei. Ein ganz anderes Urteil steht in »Kemiska risker i Fabriks« (Chemische Risiken in den Fabriken) – Untersuchungsergebnis für den Kongreß des schwedischen Fabrikarbeiterverbandes 1976, Stockholm 1976, in dem die Schädlichkeit des Zementstaubes betont wird.

Staub

Die Gewerbeaufsicht wurde durch das erste schwedische Arbeiterschutzgesetz, das Berufsgefahrengesetz (yrkesfarelag), vom Jahre 1889 eingerichtet. In seinem Buch »Staten och arbetarskyddet 1850–1919« (Der Staat und der Arbeiterschutz 1850–1919, Uppsala 1950) beschreibt Hjalmar Sellberg, wie es aussah, als das Gesetz geschaffen wurde.

Die Arbeitgeber widersetzten sich nicht so sehr dem Gesetz selbst, sondern mehr der Regelung, daß Gewerbeaufsichtsbeamte das Recht haben sollten, nachzuprüfen, wie das Gesetz in der Praxis angewandt wurde. Vor der Verabschiedung dieses Gesetzes verlangten die Vertreter der Arbeitgeber im Reichstag, das Gesetz solle den folgenden Zusatz erhalten: Ein Gewerbeaufsichtsbeamter solle keinen Arbeitsplatz besuchen können, ohne daß er im voraus seinen Besuch ankündigte. Das sei erforderlich, um »die Disziplin unter den Arbeitern aufrecht zu erhalten«. Außerdem wurde das Gesetz durch die Aufgabenstellung ausgehöhlt,

»daß die Beamten der Gewerbeaufsicht bei der Ausübung mit Takt und Behutsamkeit zu Wege gehen; daß keine zu hohen Forderungen an die Arbeitsräume und an die Arbeitsregeln gestellt werden, so daß die Arbeit unnötigerweise erschwert oder verteuert würde oder unnötige Kosten verursacht würden. Wenn keine besondere Gefahr besteht, sollen notwendige Verbesserungen nach und nach mit der gebührlichen Rücksicht auf die Möglichkeiten des Betriebes, sie auszuführen, vorgenommen werden; schließlich sollten die Beamten der Gewerbeaufsicht sich stets bewußt bleiben, daß Arbeit selbst unter weniger günstigen Verhältnissen der Arbeitslosigkeit vorzuziehen ist.«

Mit diesen Worten für ihren Weg wohlversehen, begannen die drei ersten Gewerbeaufsichtsbeamten ihre Arbeit. Wir können ihnen folgen in der Zusammenfassung der Gewerbeaufsichtsbeamten, die von wechselnden Behörden seit 1890 in Jahresberichten veröffentlicht werden.

Der Staub in den Zementfabriken wurde sehr frühzeitig Gegenstand der Aufmerksamkeit der Gewerbeaufsicht. Die Gewerbeaufsichtsbeamten für den südlichen Distrikt unternahmen 1893 eine Inspektionsreise nach Gotland und berichteten, daß:

»ein besonderer Staubraum mit Ventilator für eine in diesem Gebiet befindliche Zementfabrik (Visby) vorgeschrieben werden sollte, um die Arbeiter vor dem Staub zu schützen, der sich innerhalb der Fabrik beim Mischen des Materials für die Zementherstellung entwikkelt, aber daß der Fabrikdirektor erklärte, daß die Anordnung eines solchen Staubraumes mit Ventilator sich in der damaligen Fabrik wegen Mangels an dem erforderlichen Raum nicht verwirklichen ließe und daß er überdies der Ansicht sei, daß der in Frage stehende Staub nicht gesundheitsgefährlich sei. Danach gab der zuständige erste Provinzialarzt der Provinzbehörde eine angeforderte Äußerung zu dem Gegenstand ab. Aufgrund der Verhältnisse am Ort äußerte er gleichfalls die Auffassung, daß der Zementstaub keine weiteren schädlichen Einwirkungen auf die Lungen der Arbeiter haben könnte. So hatte die Provinzbehörde keinen weiteren Grund, von ihrer Seite aus gegenüber der gegenwärtigen Situation irgend etwas zu unternehmen.«

Der Bericht des Jahres 1894 kommt auf das Problem zurück:

»Wie im vergangenen Jahr zeigte die Erfahrung, die anläßlich der durchgeführten Inspektion gewonnen wurde, wie wenig zufriedenstellend die hygienischen Verhältnisse innerhalb der Fabriks- und der anderen Arbeitsräume oft sind. (. . .) Aufgrund dessen, daß die Gewerbeaufsichtsbeamten im südlichen Distrikt bei ihren Inspektionen von Zementfabriken die Arbeitsräume sehr staubig vorfanden, hat der erwähnte Gewerbeaufsichtsbeamte sich bemüht, sich Kenntnis davon zu verschaffen, wie die Verordnungen gegen die Staubausdehnung in solchen Fabriken in Dänemark gehandhabt werden. Durch diese Verordnungen hat man zwar nicht das Resultat erreicht, das wünschenswert wäre, aber in der Zwischenzeit haben die Gewerbeaufsichtsbeamten mit den Fabrikdirektoren verabredet, daß in einer Zementfabrik innerhalb des südlichen Distriktes einige Versuche unternommen werden, um zu verhindern, daß der Zementstaub sich in den Arbeitsräumen ausbreitet. Sie berichten entsprechend den Mitteilungen, welche bei den Gewerbeaufsichtsbeamten eingegangen sind, daß die nach diesen Verordnungen durchgeführten Versuche von Erfolg gekrönt sind.«

Der Tätigkeitsbericht von 1909 beschreibt, daß das Staubproblem in der neuen Zementfabrik, die außerhalb Visbys errichtet wurde, gelöst ist:

»Die Fabrikation erfolgt hier nach der Feuchtmethode, wodurch man in hygienischer Hinsicht eine Verringerung der Staubmengen erhält, die in den früheren und gleichartigen Fabriken den schwersten Übelstand ausmachten. Während das Zerkleinern der Kalksteine, welches in einem Zerkleinerer stattfindet, wegen der Feuchtigkeit der Kalksteine Gotlands keinen Wasserzusatz notwendig macht, geht das Mahlen in der Kugelmühle mit großer Wasserzuspülung und gleichzeitigem Zusatz einer entsprechenden Menge Mergel so vor sich, daß das Mahlgut in Form eines dickflüssigen Breies herauskommt. Danach wird dieser gehörig geschlämmt, das Wasser in einem rotierenden Röhrenofen abgedunstet, und schließlich findet das eigentliche Mahlen des Zementes in trockenem Zustand statt. In dieser Fabrik werden nun 18 Mann beschäftigt, neun in jeder Schicht, und davon arbeiten lediglich zwei in der von der übrigen Fabrik völlig abgeschirmten Mühle, in der das Trockenmahlen stattfindet. Aber dort ist eine gute Ventilation eingebaut.

Daß eine solche Veränderung der Fabrikation nicht nur hygienische Verbesserungen bewirkt, sondern auch einen großen ökonomischen Vorteil bringt, geht aus einem Vergleich zwischen der Personenzahl, welche jetzt in derselben Fabrik beschäftigt ist, hervor: 18 Mann gegen früher ungefähr 52, oder in allem 111 Mann gegenüber 172 früher, während die Fabrikation von ca. 140.000 auf 200.000 Faß pro Jahr gestiegen ist.«

Danach wurde es ruhig um das Staubproblem in der Zementindustrie. Offensichtlich war das Problem durch die Einführung der Feuchtmethode aber nicht gelöst. Der Ingenieur H. O. Ödlund berichtete in der technischen Zeitschrift am 18. 7. 1914 über eine deutsche Untersuchung, in der dargelegt wurde, daß in der damaligen Zeit die Zementfabriken die staubigsten Arbeitsplätze enthielten. In einem gewöhnlichen Wohnraum enthielt die Luft ungefähr 1 Milligramm Staub pro Kubikmeter, in der Reinigung eines Eisenwerkes 72 mg, in einer Filzschuhfabrik 175 mg; die Zementfabriken führten die Statistik mit 224 Milligramm pro Kubikmeter Luft an. Eine Reihe anderer Untersuchungen haben ähnliche Resultate erbracht: »Sickness, Statistics of the Leipzig local sick fund (Krankheit. Statistiken der Leipziger lokalen Krankheitsbehörden). 25. jährlicher Bericht der commissioner of labour. 1909. Band 1, Seite 1255. Government printing office. Washington 1911.

Thompson, L. R. u. a., »The health of workers in dusty trades« (Die Gesundheit der Arbeiter in staubigen Gewerben). 1. Gesundheit der Arbeiter in einer Portland Zementfabrik. (Public health bulletin, 176) Government printing office. Washington 1928.

Vacarezza, Rodolfo A., »Higiene y salubridad en la industria del cemento portland« (Hygiene und Gesundheitsgefahr in der Portland Zementfabrik), Buenos Aires 1950.

Diese Untersuchungen zeigen einerseits, daß die Zementarbeiter damals viel zu großen Staubanteilen ausgesetzt waren (bis 107 Millionen Partikel pro Kubikfuß oder über vier Milliarden Partikel pro Kubikmeter Luft, entsprechend den amerikanischen Untersuchungen), und andererseits, daß die Arbeiter in den Zementfabriken häufiger als andere Arbeiter an Krankheiten der Atmungsorgane litten. Auch Hautkrankheiten und Augenkrankheiten waren unter den Zementarbeitern verbreiteter als unter anderen Arbeitern. Die amerikanischen Untersuchungen schlugen einen Grenzwert von 10 bis 12 Millionen Partikel pro Kubikfuß als Kompromiß zwischen den ökonomischen und medizinischen Gesichtspunkten vor.

Auf dem internationalen berufsmedizinischen Kongreß in Brighton 1975 wies eine jugoslawische Forschergruppe erneut darauf hin, daß die Zementarbeiter ein größeres Risiko als andere laufen, gewisse Lungenkrankheiten zu bekommen, z. B. die chronische Bronchitis, die sich durch anhaltendes Husten äußert. Die Lungenfunktionen der Zementarbeiter sind auch geringer als die der Durchschnittsbevölkerung. Griechische Forscher, die eine ähnliche Untersuchung durchgeführt haben, zogen die Schlußfolgerung, daß die Lungen der Zementarbeiter schneller altern als die anderer Menschen. Bei allen Menschen wird mit den Jahren die Lungenfunktion schwächer, was sich in der Atemlosigkeit bei allen kleineren Anstrengungen äußert. Bei den Arbeitern in den griechischen und jugoslawischen Zementfabriken schreiten diese Veränderungen schneller voran als bei anderen Menschen.

In dem Bericht des Fabrikarbeiterverbandes an den Kongreß 1976 »Risker i Fabriks« (Risiken in der Fabrik) wird der Zementstaub so beschrieben:

> »In Schweden wird hauptsächlich der sogenannte Portland-Zement verwandt. Er besteht hauptsächlich aus Quarz (Silikosegefahr) und Kalziumoxyd. Außerdem kommen geringe Mengen von u. a. Aluminiumoxyd und Eisenoxyd vor. (. . .)
>
> Kalziumoxyd (gebrannter Kalk) wirkt reizend auf die Haut und die Schleimhäute. Durch den Stoff können schwere Geschwüre entstehen, besonders an der Nasenscheidewand, die gelegentlich perforiert werden kann. Staubpartikel, die in die Augen kommen, können Schäden bei bestehender Sichtbeeinträchtigung bewirken. Das gilt besonders, wenn die Augen wiederholt dem Stoff ausgesetzt werden.
>
> Kalziumoxyd kann auch der Grund für Entzündungen der Atemwege sein, in schweren Fällen für Lungenentzündung. Sogar psychische Effekte wie Kopfschmerzen, Mattigkeit, Appetitverlust usw. sind berichtet worden.
>
> Zusammen mit der Silikosegefahr ist auch das Kalziumoxyd im Zement ein wichtiger Grund dafür, den Staubanteil so niedrig wie irgend möglich zu halten.«

Die aktuellen schwedischen Grenzwerte sind von 10 auf 5 Milligramm pro Kubikmeter gesenkt worden. In den Protokollen von Stora Vika von 1974 sahen wir, daß man dort bis zu 73 Milligramm im Feinmahlwerk und 30 Milligramm beim Grobmahlen hatte.

Das wichtigste Mittel zur Staubbekämpfung in den heutigen Zementfabriken sind Elektrofilter. Die wurden im Prinzip schon 1884 von Sir Oliver Joseph Lodge erfunden. Ein praktisch anwendbarer Elektrofilter wurde von F. G. Cottrell 1906 konstruiert. Einer der ersten Filter wurde in der Zementfabrik River Side in Kalifornien installiert. Das Unternehmen hätte einem Gerichtsbeschluß zufolge die Fabrik schließen müssen, wenn es nicht gelungen wäre, die Rauchgase, die die umliegenden Apfelsinenanbaugebiete schädigten, zu reinigen. Der Elektrofilter fing 98 Prozent des Staubes auf, was ungefähr 100 Tonnen am Tag ausmachte.

Die Methode von Cottrell war den schwedischen Zementunternehmen nicht unbekannt. Sie wurde z. B. 1920 in der Technischen Zeitschrift von dem Ingenieur Joh. Härdén und 1922 noch einmal von Åke Esbjörnsson vorgestellt. Die erste Cottrell-Anlage wurde bei Slite Zement 1923 installiert. Man verfolgte aber nicht etwa die Absicht, die

Der Gleichrichter für den ersten Elektrofilter im Laboratorium von Cottrell

Gesundheit der Arbeiter oder der Ortsbevölkerung zu schützen, sondern Kali aus den Rauchgasen zu gewinnen. Die Produktion erwies sich als nicht gewinnträchtig und wurde 1926 eingestellt.

Die erste schwedische Zementfabrik, die von Anfang an mit einem – unzulänglichen – Elektrofilter ausgerüstet wurde, war Köping 1940. In Limhamn wurden die ersten Filter nicht vor 1951 eingebaut, in Hällekis sogar erst 1969. Da gab's den Elektrofilter schon über 60 Jahre. Zwei Generationen Zementarbeiter hatten Tonnen von Zementstaub eingeatmet. Millionen Tonnen Staub waren über die Umgebung verteilt worden. Aber jedes Jahr, in dem Skånska Zement vermeiden konnte, einen Elektrofilter zu installieren, sparte das Unternehmen einige Groschen auf Kosten der Arbeiter und der Ortsbevölkerung.

Dieses Geld ist nicht verschwunden. Es existiert noch heute und macht einen Teil des Kapitals von Industriaktiebolaget Euroc aus.

11. ... im Tod

Die ersten Gewerbeaufsichtsbeamten waren gezwungen, ihre Kräfte auf die offensichtlichsten Mängel zu konzentrieren. Vor allen Dingen versuchten sie, schweren Unfällen am Arbeitsplatz vorzubeugen. In Berichten aus Malmöhuslän werden z. B. mehrere Todesunglücke in Kalkbrüchen beschrieben, für die falsche Arbeitsführung als Ursache angegeben ist. Schließlich, 1901, verlieren die Gewerbeaufsichtsbeamten die Geduld:

> »5. An einer Bahnweiche an einem Kalksteinbruch stürzte ein Weichensteller, als er auf den fahrenden Zug aufspringen sollte, wodurch ihm die Wagenräder beide Beine abfuhren, mit der Folge, daß er am gleichen Tage starb.
>
> Da der Arbeitgeber in seiner Unfall-Anzeige angibt, daß der Unfall als Folge der eigenen Unvorsichtigkeit des Weichenstellers eingetreten sei – in der Regel geben die Gewerbetreibenden an, daß die eigene Unvorsichtigkeit des Arbeiters die Ursache eingetretener Unfälle sei –, will ich hier diesen Unfall näher beschreiben, um zu zeigen, wie unberechtigt eine solche Behauptung sein kann.
>
> Der verunglückte Arbeiter war als Weichenbursche für einen Kalksteinzug eingesetzt mit der Aufgabe, die Weichen auf eine solche Weise zu bedienen, daß er vom Zug springen, dem Zug voranlaufen und die Weiche umlegen mußte. Danach mußte er wieder auf einen der Wagen im Zug springen – alles, während der Zug insgesamt in Bewegung war, um dann wieder mitzufahren und das gleiche Verfahren bei der nächsten Weiche zu wiederholen. Auf den Kalksteinwagen – gewöhnliche Kipploren – gibt es keine Fußstege oder Handgriffe, und ohne diese mußte der Weichenbursche zwischen die Wagen springen, um auf den Zug zu kommen, wo er auf einem Puffer Platz nahm, welcher in der Mittellinie des Wagens zwischen den Eisenbahnschienen angebracht ist. Aufgrund dieses Arbeitsauftrages war es schon bei geringstem Nachdenken klar, daß es nur eine Frage der Zeit sein konnte, wann dieser Weichenbursche bei seinem ständigen Ab- und Aufspringen schließlich einmal abrutschen und auf die Schienen fallen mußte – mit den angegebenen Folgen, daß er überfahren wurde –, und trotzdem wagte man zu behaupten, daß dieser Todesfall durch die eigene Unvorsichtigkeit des Mannes verursacht worden sei. Als eine Folge des Polizeiverhörs habe ich unter Bezugnahme darauf anordnen lassen, daß die Wei-

chenburschen für die Bedienung der Bahnweichen stationär eingesetzt werden.«

Im Laufe der Jahre nehmen die Unfallbeschreibungen in den Berichten der Gewerbeaufsicht insgesamt einen größeren Umfang ein. Seite für Seite sterben arbeitende Menschen, denen die Köpfe bei Explosionen abgerissen, die Füße abgehauen, die Arme abgesägt werden; sie fallen in Maschinen, werden in Behälter voller Säure eingesperrt, sie werden tot unter herabgestürzten Schuttmassen gefunden. Die Todesunglücke in der Zementindustrie haben meistens banale Ursachen.

1902:
10. In einer Zementfabrik sollte ein Maschinenschmierer mit Hilfe eines anderen Arbeiters einen Zugriemen auflegen, während das Mahlwerk in Gang war. Um das zu erledigen, stieg er auf eine Leiter. Als der Riemen aufgelegt war, wurden die Kleider des Mannes zwischen dem Riemen und der Scheibe eingeklemmt. Dies hatte zur Folge, daß er mit großer Wucht gegen eine Steinmauer geschlagen wurde, wodurch der Kopf eingeschlagen war und der Tod augenblicklich eintrat. Sowohl in diesem wie in einem kurz vorher eingetretenen Fall war der Zugriemen halb überkreuz und der eine Teil vertikal aufgestellt. Diese Anordnung verstärkt bei laufendem Mahlwerk die Gefahren beim Auflegen des Riemens.

1904:
3. Am 8. August geriet der Arbeiter Gustaf Persson in der Zementfabrik von Klaghamns Kalkbruch in der Gemeinde Västa Klagstorp in eine Transmission und war augenblicklich tot.

1905:
5. Beim Brechen von Kalkstein löste sich am 20. Juni in dem Kalkbruch Klagstorp ein Steinbrocken und fiel aus geringer Höhe auf den Arbeiter Mårten Jönsson, welcher gerade in sitzender Stellung arbeitete. Dadurch wurde sein Unterleib aufgeschlitzt.

7. In der Ziegelfabrik von Skånska Cement in Lomma war Nils Larsson-Hörlin am 5. August mit dem Transport von Rohziegeln in einem Aufzug beschäftigt, in einem sogenannten Senkstuhl, und er fuhr, wie das in einem großen Teil der Ziegelfabriken in Skåne üblich ist, selbst im Fahrstuhl mit. Hörlin geriet mit dem Oberkörper zwischen den Aufzug und den Boden des oberen Stockwerks, wodurch die Brust eingeklemmt wurde, so daß er bald danach starb.

1907:
5. Im Kalkbruch Limhamn, der zu Skånska Cement A.B. gehört, ging der Werftzimmermann Hans Jönsson am 31. März auf dem Wege zur Werkstatt der Werft über die Eisenbahnschienen des Kalkbruches und wurde vom Zug überfahren und getötet.

1911:
6. Auf der Eisenbahn von Skånska Cement in Limhamn wurde der Bremser Otto Fredrik Persson am 18. Juli getötet, als ein Wagen entgleiste.

1912:
8. In der Zementfabrik Maltesholm wurde am 18. August der Maschinenmeister Svante Hjalmar Boström von einem elektrischen Stromschlag mit 250 Volt Spannung getötet. Der Maschinist war damit beschäftigt, einen Meßapparat auf einer großen Instrumententafel im Maschinenraum zu installieren. Er hatte den Strom der Hauptleitung nicht abgeschaltet, die neben seinem Meßplatz vorbeiführte, und durch irgendeine Unvorsichtigkeit berührte er etwas von dieser Leitung mit der Folge, daß er den todbringenden elektrischen Stromschlag durch den Körper erhielt. Als der Gewerbeaufsichtsbeamte die Untersuchung vornahm, hatte der Elektrizitätsinspekteur bereits Schutzvorschriften erlassen.

1912 wurde ein neues Arbeitsschutzgesetz erlassen, welches die Sozialbehörde als Aufsichtsbehörde für die Gewerbeaufsicht einsetzte. Seitdem werden die Unfallbeschreibungen als »Soziale Mitteilungen« von der Königlichen Sozialbehörde veröffentlicht.

1913:
47. Der Arbeiter einer Zementfabrik, der gerade in einem Lager beschäftigt war, wurde von rutschendem Zement getroffen und dabei getötet. Dort wird so gearbeitet, daß der Zement, welcher durch Öffnungen im Dach eingeführt und in einer Höhe von ca. fünf Metern gelagert wird, bei Bedarf durch im Boden angebrachte Kanäle mit Schneckengängen, die so angeordnet sind, daß der Zement durch die im Kanaldach befindlichen Luken herabrinnt, herausgelassen wird. Im Zementlager über diesen Öffnungen bilden sich oft kegelförmige Höhlen, wo der Zement, wenn er herabfällt, immer locker liegt, während er zwischen den Öffnungen so festsitzt, daß man unter ihm hindurchgehen kann. Die Arbeiter mußten gelegentlich die festeren Teile der Zementmasse lockern. Als der Verunglückte in die kegelförmige Höhle geriet, rutschte der übrige Teil nach, wodurch er erstickte. Die Gewerbeaufsichtsbeamten schlugen vor, daß immer mindestens zwei Arbeiter am gleichen Arbeitsplatz sein sollten, daß

beim Abstieg in die oben erwähnten Höhlungen Gürtel mit langen Seilen benutzt, die Luken im Dach zum Abführen des Zementstaubes geöffnet und im Lager Silos errichtet werden sollten.

1917:
56. Der Elektromonteur G. einer Zementfabrik sollte eine neue Stromleitung von der Tischlerwerkstatt der Fabrik zu einem Beleuchtungsmast auf dem Fabrikgelände legen. Trotz des Hinweises des Werkmeisters hatte er es unterlassen, vor Beginn der Arbeit den Strom aus der Leitung, von der die neue Leitung abgehen sollte, abzuschalten. G. stieg auf eine gegen eine Wand gestellte Leiter, schloß die Leitung an und ging mit der neuen Leitung in der Hand auf das Gelände. Er erhielt bei seiner Berührung mit der Erde den Strom (220 Volt Wechselstrom) durch den Körper. Als er von hinzukommenden Kameraden von der Leitung befreit wurde, hatte er bereits das Bewußtsein verloren und verstarb – trotz energischer Wiederbelebungsversuche – kurz darauf. Als zusätzliche Ursache des unglücklichen Ausgangs wurde der Umstand angegeben, daß G. an einem starken Herzfehler litt.
89. In einer Zementfabrik geschah ein Unfall mit Todesfolge. Für die Lagerung des über Nacht benötigten Kohlenstaubs wurde ein etwa zehn Meter hoher Silo aus Beton mit einem Querschnitt von 4 x 6 m verwandt. Bei dem vertikalen Ausgang am Boden des Silos ist eine Zufuhrwalze angebracht, um den Staub zu einem Elevator zu befördern. Während des Tagesbetriebs wird ständig Kohlenstaub in den Silo befördert, so daß er sich langsam bis auf eine Höhe von 7 Metern füllt. Einige Zeit vor dem Unfall bemerkt man eine deutliche Verschlechterung des Staubes, der ungewöhnlich feinkörnig und deshalb feucht war, was zur Folge hatte, daß er Gewölbe oder Brükken innerhalb des Silos bildete, besonders in der Nähe des Ausgangs. Am Unfalltag war zwar beim Ausströmen keine Unterbrechung bemerkt worden, aber der Arbeiter S. ging trotzdem auf die Spitze des Silos, um von oben auf den Staub zu stoßen. Wahrscheinlich brach eine solche Brücke ein, als er gerade mit dem Spaten in die Masse stieß, wodurch er das Gleichgewicht verlor, abstürzte und im Staub erstickte. Die elektrische Lampe war in das Silo hinabgefallen, was darauf hindeutet, daß S. möglicherweise den mit Querstegen versehenen vertikalen Pfeiler verlassen hatte, auf welchem man steht, wenn man auf die Masse tritt, und daß er auf den Kohlenstaub selbst getreten war. Da der Staub bis auf den Boden des Silos rutschte, ergab es sich, daß S. von ca. 4 bis 5 m Staub über sich begraben wurde.

Um dergleichen Unfälle zu unterbinden, bestimmte der Gewerbeaufsichtsbeamte gemeinsam mit der Betriebsleitung, daß niemand ohne eine Sicherheitsleine um den Leib in einen Silo gehen, daß ein weiterer Mann mit der Leine oben auf der Brücke stehen und daß eine besondere Brücke im Silo in 4 m Tiefe angebracht werden sollte, die mit einem stabilen Geländer versehen ist, so daß von dieser Brücke aus der Staub gelockert werden kann, wenn er unter diese Tiefe gesunken ist.

Auch die Tätigkeitsberichte der Gewerbeaufsicht enthalten einzelne Fallbeschreibungen.

»1919:
Explosion in der Zementfabrik im fünften Distrikt. Der Gewerbeaufsichtsbeamte teilt mit: ›Am 13. Februar 1919 passierte ein ganz eigentümliches Unglück in einer Zementfabrik. Eine Kohlenstaubkammer aus armiertem Beton, 18,5 m lang, 1,6 m breit und 2,5 m hoch, zwischen dem zweiten und dritten Stock in der Fabrik gelegen, explodierte, als die Transportgewinde, welche aus dem Boden der Kammer führen, nach zweistündiger Pause wieder in Betrieb genommen wurden. Durch die heftige Explosion wurden die 100 mm dicken Betonwände der Kammer vollständig zerrissen, und die dikken Außenwände des Hauses wurden an einigen Stellen eingedrückt. Flammen schlugen in der Fabrik so stark aus, daß zwei Arbeiter in einem Abstand von ca. 15 m von der Kammer schwere Verbrennungen erlitten.

Es wird als wahrscheinlich angesehen, daß der Kohlenstoff, welcher sich am Boden der Kohlenstaubkammer angesammelt hatte, zusammengedrückt war und in Glut geraten ist, so daß der Kohlenstaub und mögliche weitere Gase angezündet wurden, als die oben erwähnte Transportwelle in Gang gesetzt wurde. Die Kohlenstaubkammer wurde nun durch eine größere Eisenröhre ersetzt, bei der sich das Transportgewinde im Inneren befindet.«

Dieser Unfall ist, wie man sieht, anonymisiert worden. Es ist nicht leicht herauszufinden, wo er passiert ist. Ob solche Unfälle überhaupt protokolliert wurden, hing von der Zahl der Todesopfer ab. Nach 1919 habe ich nur noch eine Beschreibung aus dem Jahre 1936 gefunden:

»3. Bei einer Zementfabrik gibt es eine Transportanordnung für das Entladen von Zement, teils lose und teils in Säcken. Diese Anordnung besteht aus einem 8 mm dicken und ca. 600 mm breiten Gummitransportband, das zum Schutz gegen Regen und Wind überdacht ist. Neben dem Transportband, dessen tragende Teile ein Meter über dem Boden des Gebäudes liegen, gibt es eine Gangbahn, auf welcher sich die Arbeiter bewegen können.

Jedesmal, wenn Zement lose entladen wird, werden die Trage-

und Abbruchrollen mit einer dünnen Lage Zement belegt. Bei ungünstiger Wetterlage dringen Regen und Schnee in das Gebäude ein, so daß der Zement an den Trage- und Abbruchrollen hart wird. Die Ablagerungen, die so gebildet werden, wachsen nach und nach, und schließlich arbeitet das Transportband nur noch schief, so daß es gegen die Gegengewichtsrollen schlägt, wodurch die Gefahr besteht, daß das Transportband aufgeschlitzt wird. Um das zu vermeiden, soll der Vorarbeiter nach einiger Zeit nachsehen, daß die Rollen von den Zementablagerungen freigekratzt werden. Diese Arbeit muß mehrmals im Jahr ausgeführt werden.

Der Schichtführer K. hatte diese Arbeit angeordnet, welche darin bestand, daß die Rollen, welche unterhalb des Transportbandes liegen, abgekratzt wurden. Dafür wurde eine ca. 80 cm lange rechtwinklig gebogene Eisenkratze verwandt, welche mit Hilfe eines Holzbocks während des Reinigens der Rollen in der gewünschten Lage gehalten werden konnte. Plötzlich hörte man Schreie, und gleichzeitig stand das Transportband, obwohl der Antriebsmotor weiter lief. Der Strom zum Motor wurde sofort abgeschaltet. Es zeigte sich, daß K. zwischen dem Transportband und den Antriebsrollen eingeklemmt war. Um ihn herauszuholen, mußte das Transportband zerschnitten werden. K., der sehr schwer verletzt war, starb noch am gleichen Tag.

Um weiteren Unglücksfällen dieser Art vorzubeugen, wurden die Antriebsrollen insgesamt umbaut.«

Als die Gewerbeaufsicht 1939 in die Reichsversicherungsanstalt überführt wurde, wurde die Veröffentlichung solcher Unfallbeschreibungen für einige Zeit eingestellt. Seit 1944 werden sie in der Zeitschrift »Arbeiterschutz« veröffentlicht, die – unter dem Namen »Arbeitsmilieu« auch heute noch regelmäßig Zusammenfassungen der Berichte von Gewerbeaufsichtsbeamten über Unglücksfälle druckt.

Dieses Material wird kaum genutzt, wenn eine Unternehmensgeschichte geschrieben wird. Ganz wenige Leute wissen überhaupt, daß es so etwas gibt. Ich meine, daß dieses Material gesammelt und in einem Buch zugänglich gemacht werden müßte. Die Fallbeschreibungen sind oft mit lakonischer Dramatik gestaltet – kleine dunkle Prosastücke über die gleichförmige Wiederkehr und die ständigen Überraschungen der Berufsunfälle mit Todesfolge. Vor allen Dingen aber geben sie ein Bild der Arbeitsplätze und der Arbeitsverhältnisse in der schwedischen Industrie im Laufe eines knappen Jahrhunderts.

Man spricht gerne vom »risikofreudigen Kapital«. Aber wenn man die Berichte der Gewerbeaufsicht liest, findet man nicht ein einziges Beispiel dafür, daß die Aktieneigentümer der Zementgesellschaften zu

Schaden gekommen sind. Nie sind die Aktionäre in ein Transportband geraten oder haben schwere Brandverletzungen erlitten, wenn eine Kohlenkammer explodierte. Von Kohlenstaub sind nie Unternehmensleiter begraben worden. Sie wurden nicht durch elektrischen Strom getötet. Sie erstickten nicht im Zement oder wurden von den Kalkwagen überfahren. Die Berichte der Gewerbeaufsicht zeigen, wer wirklich das Risiko trägt.

● Was berichten die Fallbeschreibungen der Gewerbeaufsicht über Todesfälle in Deinem Beruf, an Deinem Arbeitsplatz? Gibt es weiteres Material in der Lokalzeitung? Im Archiv des Unternehmens?

Der Tod in Zahlen

Natürlich wird nur über die wenigsten Arbeitsunfälle berichtet. Die Mehrzahl wurde bloß eine Ziffer in der Statistik.

Das sogenannte Arbeiter-Versicherungs-Kommittee sammelte 1884 zum ersten Male Angaben über Unfälle an schwedischen Arbeitsplätzen. Die Stellungnahmen der Arbeitgeber werden noch heute im Reichsarchiv aufbewahrt. Aus der Zementfabrik Lomma wird berichtet, daß der Erdarbeiter Nils Persson am 11. Oktober 1884 für 120 Tage arbeitsunfähig wurde. Grund: »Die Zehen des linken Fußes wurden bei unvorsichtigem Berühren und Hängenbleiben an der Dampfmaschine verletzt.« Der Müller Nils Bengtsson verletzte sich einige Finger an einem laufenden Schleifstein und wurde für 36 Tage arbeitsunfähig.

Hjalmar Gullberg legte in »Olycksfall i arbetet« (Unfälle bei der Arbeit, Stockholm 1899) eine wichtige Untersuchung vor. Regelmäßige Statistiken über Unfälle bei der Arbeit gibt es seit 1896. Seit 1910 werden sie von der Sozialbehörde in der offiziellen schwedischen Statistik (SOS) veröffentlicht. Diese Statistik hat viele Mängel. Manchmal gilt sie nicht für das, was in den Rubriken angegeben ist, z. B. werden Zementfabriken und Zementwarenfabriken vermischt. Auch werden Unfälle im Zweigwerk eines Unternehmens dem Hauptwerk zugerechnet.

Auf der anderen Seite verzeichnet die Statistik nur einen Teil der tatsächlichen Unfälle. Welche Unfälle meldepflichtig waren, hat zu den verschiedenen Zeitpunkten gewechselt. Viele Arbeitsunfälle sind in die Berufsschadensstatistik gar nicht aufgenommen worden, weil sie als gewöhnliche Krankheiten gemeldet wurden, andere, weil sie überhaupt nicht gemeldet wurden. Vor allem Berufskrankheiten werden unterschätzt, weil lediglich ein kleiner Teil der Krankheiten versicherungsmäßig als Berufskrankheiten abgerechnet wird. In den Statistiken vor dem Jahre 1936 gibt es überhaupt keine Berufskrankheiten.

Wenn man das weiß und auch nicht einzelnen Zahlen allzu viel glaubt, so geben auf jeden Fall die folgenden Tabellen einen groben Überblick über die Menschen, welche in der schwedischen Zementproduktion über Jahre hinweg zu Schaden gekommen sind:

Unfälle und dadurch verursachte Krankentage in der schwedischen Zementindustrie 1913–1954

Periode	Unfälle	Invaliditätsfall	Todesfall	Krankentage	Krankentage pro Arbeiter pro Jahr
1913–14	212	14	2	7.250	3,2
1915–19	1.000	29	12	–	–
1920–24	1.214	23	13	–	–
1925–29	1.589	36	8	–	–
1930–34	1.471	34	1	34.800	3,8
1935–39	1.595	23	13	33.200	3,2
1940–44	956	18	11	19.300	2,4
1945–49	1.441	22	10	30.200	3,0
1950–54	1.660	25	11	33.300	3,1
1913–54	11.138	224	81		

Die Unfallfrequenz ist, wie es scheint, gegen Ende der Periode ungefähr die gleiche wie am Anfang. Mit einzelnen Schwankungen ist es auch ungefähr die gleiche Zahl Menschen, welche in jeder Fünf-Jahres-Periode zu Tode kam oder invalide wurde. Und die Unfälle bewirkten ungefähr die gleiche Zahl Krankentage pro Jahresarbeiter.

Nach 1955 sind die Ziffern nicht weiter mit denen früherer Statistiken vergleichbar. Man hat eine neue und abstraktere Maßeinheit eingeführt: »Berufsschaden pro Million Arbeitsstunden«. Die Verpflichtung der Arbeitgeber, Arbeitsunfälle zu melden, wurde eingeschränkt, so daß weniger als die Hälfte der früher berichteten Fälle in die Statistik aufgenommen wird. Aber die Verbesserungen sind nicht nur scheinbar, das zeigen die Angaben über die Invalidität und Todesfälle. Sie haben deutlich abgenommen.

Berufsschäden und dadurch verursachte Krankentage in der schwedischen Zementindustrie 1955–1974

Periode	Berufs-schaden	Invaliditäts-fälle	Todes-fälle	Kranken-tage	Berufsschaden pro Mio Arbeits-stunden	Berufsschaden pro Mio Arbeitsstunden Durchschnitt aller Berufe
1955–59	596	12	4	18.600	23,1	24,9
1960–64	504	16	3	15.900	18,2	23,8
1965–69	374	7	3	13.500	15,8	23,6
1970–74	382	13	6	11.400	18,4	22,0
1955–74	1.856	48	16	59.400	18,9	23,6

● Was zeigt die Berufsstatistik über die Risiken in Deinem Beruf? Wie veränderten sich die Risiken im Laufe der Jahre? Liegt das Unternehmen, in dem Du arbeitest, über oder unter dem Branchendurchschnitt? Über oder unter dem Durchschnitt für alle Arbeitsplätze?

● Auf der Grundlage der Berufsstatistik klassifizieren die Versicherungsgesellschaften die Berufe in verschiedene Risikogruppen. Zu welcher Gruppe gehört Dein Beruf?

Hilfsmittel: Die Versicherungsgesellschaft Folksam sendet auf Anforderung gratis den »Tarif 11 : 1 Berufsverzeichnis. Individuelle Kranken- und Unfallversicherung«. Die Berufe sind in vier verschiedene Risikogruppen eingeteilt. Das Risiko in Gruppe 4 ist 60 Prozent größer als in Gruppe 1. Die Arbeiter einer Zementfabrik gehören zur Risikogruppe 4, die technischen Leiter zur Risikogruppe 2, Büropersonal, das keine Dienstreisen unternimmt, zur Risikogruppe 1. Aktienbesitzer sind in dieses Berufsverzeichnis nicht aufgenommen.

Hinter der Statistik

Das Material, aus dem eine statistische Tabelle aufgebaut ist, wird »Primärangabe« genannt. In den Primärangaben findet man den einzelnen Fall hinter der Statistik. Die Primärangaben zu Schwedens offizieller Statistik sind normalerweise 20 Jahre geheim. Die Primärangaben zur Berufsschadensstatistik sind Meldungen an die Reichsversicherungsanstalt. Aber wenn man dorthin kommt, um nach den Menschen und Arbeitsplätzen hinter den Zahlen der Statistik zu suchen, stößt man auf das gleiche Phänomen wie im Archiv der Gewerbeaufsicht – die Meldungen werden systematisch verbrannt, sobald sie 15 Jahre alt sind. Anderswo wird jeder kleine Papierfetzen sorgfältig aufbewahrt – aber dieses gewaltige Material über die Verhältnisse und

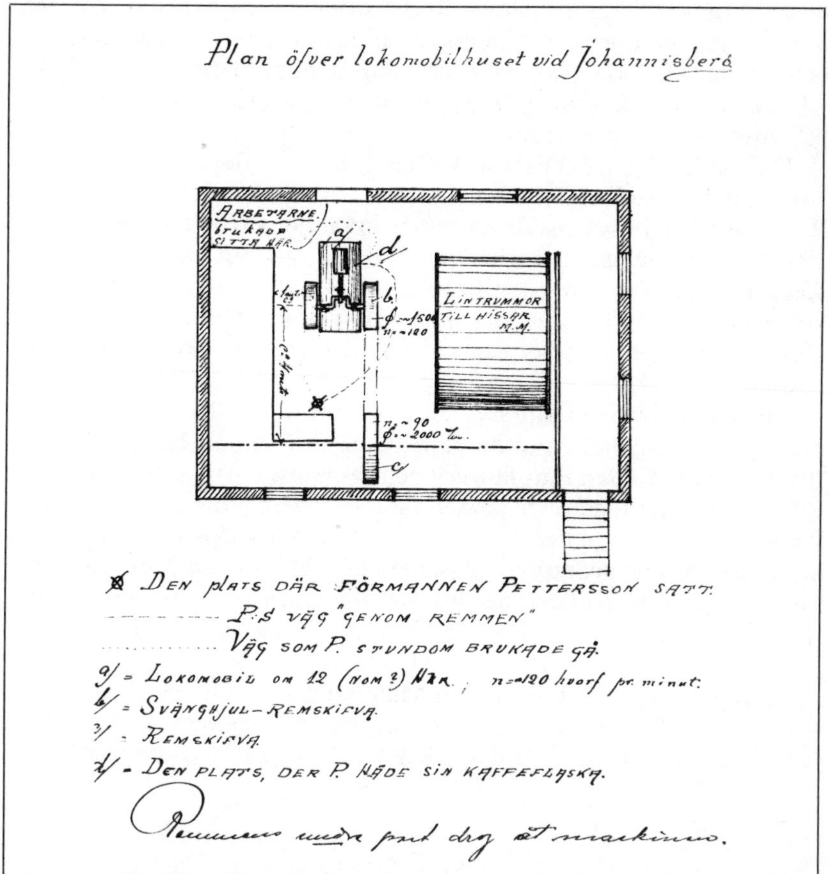

Die erste von der Reichsversicherungsanstalt ausgezahlte Leibrente ging an Matilda Pettersson (120 Kronen im Jahr) und ihre Kinder Anna, Elvira, Leander und Ester (je 60 Kronen). Die Skizze ist eine Anlage zum Polizeiprotokoll und zeigt das Maschinenhaus, in dem ihr Vater am 27. 1. 1903 starb. Um die Kaffeekanne zu holen, die auf der Dampfmaschine bei d/ stand, ging August Pettersson durch den Treibriemen zwischen b/ und c/. Er wurde vom Treibriemen eingeklemmt und zum Schwungrad mitgeschleift. Er schlug auf den Boden, wobei die Kaffeekanne und das Rückgrat brachen. Matilda Pettersson erhielt die Leibrente Nr. 1 bis zu ihrem Tode 1927.

Mißverhältnisse an den schwedischen Arbeitsplätzen gilt als uninteressant zum Bewahren. Warum?

Auf einzelne Schadensfälle aus den letzten 15 Jahren kann man trotz des Geheimstempels einen Blick werfen, teilt der Archivar des Reichsversicherungswerkes mit. Aber für die sogenannten Arbeitgeberakten, die die Angaben der Unternehmen enthalten, gilt hingegen strengste Geheimhaltung. »Die wollen nicht, daß jemand darin herumschnüffelt.« Und aus Sicherheitsgründen werden sie auch fünf Jahre, bevor sie öffentlich werden, verbrannt.

Die einzig übrig gebliebenen Unterlagen zur Berufsschadensstatistik beziehen sich auf die Leibrenten. Für jede Leibrente, die die Reichsversicherungsanstalt an einen invaliden Arbeiter oder an die Überlebenden eines verunglückten Arbeiters gezahlt hat, existiert eine Akte. Etliche Akten werden in einem Kellerraum unter dem eigentlichen Archiv aufbewahrt. Sie sind stark gesäubert und enthalten fast nichts Interessantes. Aber seit 1903 sind tausende Akten vollständig aufbewahrt.

Im allgemeinen enthalten sie das Polizeiprotokoll, das die Verhältnisse am Arbeitsplatz und die Umstände des Unfalls beschreibt; den Briefwechsel mit den Empfängern der Leibrente – u. a. sollten die Witwen in gleichmäßigen Abständen eine Bescheinigung einsenden, daß sie weiterhin unverheiratet sind. In den Akten des Opfers einer Berufskrankheit bezeugen ärztliche Bescheinigungen Jahr für Jahr, daß fraglos keine Silikose vorliegt, bis der Arbeiter eines Tages auf Knien geht. Dann wird die Krankheit festgestellt, und er kriegt seine Leibrente – die gewöhnlich nicht hoch ist, weil er bald stirbt.

Es ist wichtig, daß mit diesem Material nicht so umgegangen wird, wie mit so vielem anderen im Reichsversicherungswerk. Die Beweise, die es gegenwärtig noch gibt, dürfen nicht weggeschmissen werden.

Hilfsmittel: Die Akten liegen ungefähr in zeitlicher Reihenfolge in mehreren verschiedenen Serien, und es ist schwer, ein bestimmtes Unternehmen oder einen bestimmten Unfall herauszufinden. Wenn Du das versuchen willst, so ist es gut, wenn Du den Namen des Verunglückten, seinen Geburtstag und das Datum des Unfalls weißt – das erleichtert vieles. Es gibt ein Kurzregister, aber das wird in regelmäßigen Abständen von den Fällen gereinigt, in denen die Leibrente nicht länger gezahlt wird. – John Nordin, »Yrkessjukdomar 1–2 (Berufskrankheiten 1–2, Uppsala 1943, Stockholm 1947) gibt hunderte Fallbeschreibungen von, wie es scheint, offensichtlichen Berufsschäden, welche nach dem Gesetzeswortlaut nicht als »Berufskrankheiten« eingruppiert sind.

12. ... in der Familienforschung

Als ich im Reichsversicherungswerk saß und in den Akten der Berufsschäden las, glaubten alle, daß ich nach einem Verwandten suchte. Die Geschichte seiner eigenen Familie herauszusuchen, ist nämlich ein verbreitetes Hobby. Die Geschichte seines eigenen Arbeitsplatzes zu erforschen, ist nicht so gewöhnlich.

Wer waren meine Vorväter? Wer sind die Nachkommen meiner Vorväter? Das sind die beiden Hauptfragen der Familienforschung. Diese Fragen interessieren viele Menschen. Es gibt in Schweden in fast jeder Stadt Studienzirkel für Familienforschung. Die Familienforschung ist auch eines der wenigen Gebiete, auf dem es ein gutes Forschungshandbuch für normale Menschen gibt, von Börje Furtenbach: »Släktforskning för alla.« (Familienforschung für alle, Motala 1971). Das ist ein praktisches Lehrbuch, das mit großer Erfahrung Anfänger in die Arbeit einführt. Es beschreibt, wie man alte Menschen befragt, wie man im Archiv sucht, wie man seine Ergebnisse ordnet. Es verweist auf Abkürzungswege und lehrt, grobe Fehler zu vermeiden. Es gibt konkrete und anregende Beispiele aus der Forschungsarbeit des Verfassers. Warum gibt es solche Handbücher nicht auch für andere Forschungsgebiete?

Die Voraussetzungen für die Familienforschung sind in Schweden besser als in den meisten anderen Ländern. Wir haben Einwohnermeldelisten seit 1625. Wir haben Kirchenbücher, die bis 1686 zurückreichen und relativ vollständig sind, seit sie 1749 zur Grundlage für die Volkszählung gemacht worden sind.

Zu den wichtigsten Kirchenbüchern gehören Geburts- und Todesbücher. Geburtsbücher enthalten das Datum für Geburt und Taufe, den Namen des Kindes und Namen und Adresse der Eltern. Die Todesbücher enthalten den Namen des Verstorbenen, das Datum für den Tod und für das Begräbnis sowie Angaben über die Todesursache. Umzugsverzeichnisse enthalten die Namen des Zu- und des Verzogenen, das Datum des Umzugs und Angaben darüber, woher er gekommen ist und wohin er sich begeben hat.

Wenn man weiß, wann ein Mensch geboren ist oder wann er starb oder wann er umgezogen ist, kann man in einem dieser drei Kirchenbücher die ergänzenden Angaben finden, die man braucht, um den zu finden, den man sucht. In den vollständigen Kirchenbüchern – die jetzt Gemeindebuch (församlingsbok) heißen (vor 1894 hießen sie husförhörslängd – Hausbefragungsverzeichnis) – steht alles. Ursprünglich sollten diese Bücher eine Übersicht darüber geben, ob die Gemeindemitglieder lesen konnten und die Heilige Schrift verstanden. In den Hausverhörsverzeichnissen findet man Angaben über den Namen und die Geburt (Jahr, Monat, Tag und Ort), die Fähigkeit, zu lesen, den Zuzug (Jahr, Datum und Ort), Abendmahlsbesuche, die Anwesenheit beim Hausverhör, Wegzug (Jahr, Datum und Ort) sowie alle übrigen »Umstände und Verhältnisse«.

Die alten Kirchenbücher in Schweden sind einzigartig. In anderen Ländern können nur die Adeligen darlegen, von wem sie abstammen – in unserem Lande haben alle die gleiche Möglichkeit, ihre Familie in die Geschichte zurückzuverfolgen. Ich kann verstehen, daß das viele fasziniert. Insbesondere mit den gewaltigen Wanderungsbewegungen und wegen der Wurzellosigkeit, die viele in den anonymen Vororten kennen, ist es ganz natürlich, daß die Leute sich vergewissern wollen, woher sie kommen.

Aber die Familienforschung ist, wie ich das sehe, allzu einseitig darauf ausgerichtet, viele Verwandte zu finden. Nimm meinen eigenen Großvater als Beispiel – ich brauche ihn nicht bloß als ein Zwischenglied zu betrachten, um so viele und so alte Ahnen wie möglich zu entdecken. Ich kann auch versuchen, möglichst viel über meinen Großvater selbst zu erfahren, über die Welt, in der er lebte und in der er seiner Arbeit nachging.

Er arbeitete in der Zementfabrik in Visby in den 1890er Jahren. Was verdiente er da? Wie waren die Arbeitsverhältnisse? Wie machte man in der Zeit Zement? Wo innerhalb dieses Prozesses stand mein Großvater? Welches waren die Berufsrisiken? Wie ist es dazu gekommen, daß er so jung starb? Wer verdiente daran? Wo sind diese Gelder jetzt?

Solche Fragen werden von den Familienforschern selten gestellt. Aber sie sollten gestellt werden.

● Welchen Beruf hatte Dein Großvater? Wo arbeitete er? Unter welchen Verhältnissen?

Hilfsmittel: Dieses Buch. Wenn er noch lebt, solltest Du natürlich damit anfangen, ihn selbst zu fragen.

Gemeinschaft

Eine andere Einseitigkeit von Familienforschern ist, daß sie sich oft nur auf die eigene Familie beschränken. Aber Verwandtschaft ist nicht der einzige Faden in das Labyrinth der Geschichte. Es gibt auch andere Formen der Gemeinschaft.

Was wurde aus dem komischen Burschen, mit dem Du Ende der fünfziger Jahre zusammengearbeitet hast? Mit Hilfe von Kirchenbüchern kannst Du seine Spur verfolgen. Das kann mindestens so viel wert sein, wie wenn Du nach irgendeinem entfernten Verwandten suchst, den Du nie gesehen hast.

Wer arbeitete im Kalkbruch in Limhamn in den 1890er Jahren? Wenn Du da heute stehst, kann es Dir etwas wert sein, das zu wissen. Wer hat die Öfen in Slite bedient, seit sie 1917 in Betrieb genommen wurden? Die Namen stehen sicher nicht in einer Unternehmensgeschichte. Aber sie haben den Zement gemacht. Woher kamen die Arbeiter, als die Zementfabrik in Stora Vika 1949 in Betrieb genommen wurde? Wer waren sie, wie lange wohnten sie dort, woher führte sie ihr Weg, wie lange blieben sie, woran starben sie, was wurde aus ihren Kindern? Alles das steht in den Kirchenbüchern. Sie können auch dafür benutzt werden, die Geschichte einer Gruppe zu erforschen.

Die Familie Wehtje

Auch die Eigentümer eines Unternehmens sind Menschen. Unternehmen werden von Menschen geleitet. Die Arbeit wird von Menschen ausgeführt. Oft sind es die Familienverhältnisse, die bestimmen, wer Eigentümer ist, wer leitet und wer arbeitet. Die Hilfsmittel der Familienforscher können ganz gut als Schlüssel für die Geschichte des Kapitals verwandt werden.

Schwedens Adelskalender ist die Bibel der Familienforschung. Auch jetzt, mehr als 100 Jahre nach der Abschaffung der Standesgesellschaft, ist das weiterhin ein Nachschlagewerk, in dem man die Erklärung für viele Aktienbesitzer und Vorstandsposten finden kann. Die bürgerliche Entsprechung ist: »Svenska släktkalendern« (Schwedischer Familienkalender), der seit 1912 erscheint und insgesamt mehr als 2.000 Familien aufführt, darunter auch die großen Finanzfamilien.

Die Auflage von 1967 von Schwedens Familienkalender enthält z. B. ausführliche Angaben über die Familie Wehtje. Die Familie wurde von einem Einwanderer gegründet, Ernst Ludwig Hermann, geboren 1825, Landwirt und Großhändler, gestorben 1911.

Sein Sohn, Ernst Fredrik, geboren 1863, stellvertretender Amtsgerichtsdirektor, geschäftsführender Direktor für Skånska Cement AB, gestorben 1936, hatte folgende Kinder:

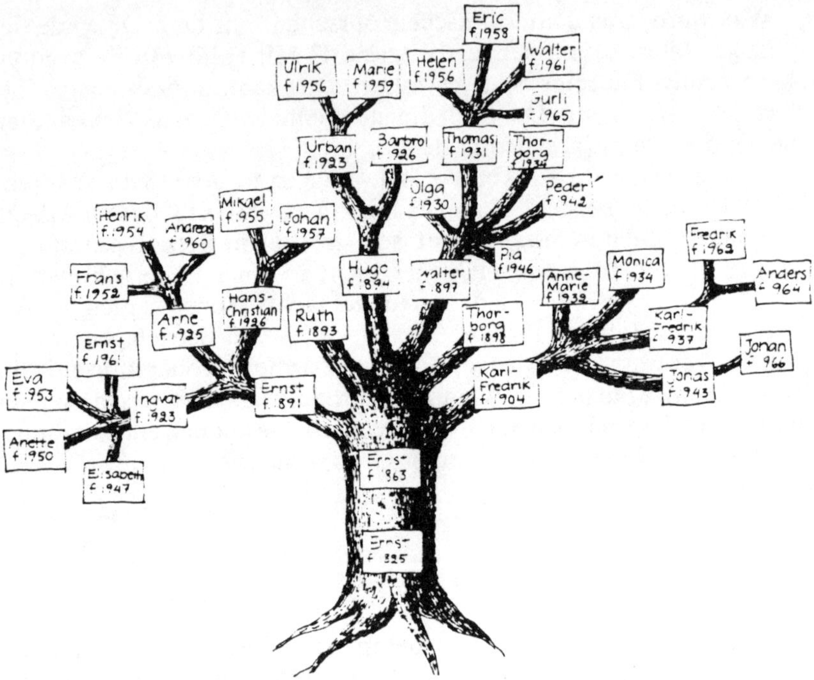

Der Stammbaum der Familie Wehtje

1. Ernst Jonas, geb. 1891, geschäftsführender Direktor für die Aktiengesellschaft Iföwerk und Skånska Cement AB. Verheiratet mit Britta Elfverson
2. Ruth, geb. 1893, verheiratet mit General Helge Jung
3. Hugo, geb. 1894, geschäftsführender Direktor Limhamns Holzindustrie-AB
4. Walter, geb. 1897, geschäftsführender Direktor der AB Investor
5. Thorborg Cecilia Dorothea, geb. 1898, verheiratet mit Herbert Dieden, geschäftsführender Direktor der Aktiengesellschaft Herbert Dieden & Co
6. Karl-Fredrik, geb. 1904, geschäftsführender Direktor bei Rörstrands Porzellanfabrik AB

Man beachte, daß von den vier Söhnen drei als geschäftsführende Direktoren in Unternehmen untergebracht wurden, in denen der Vater einen dominierenden Einfluß hatte. Der Familienkalender interessiert sich nicht so sehr für die Abkommen der Frauen, aber in den Männerlinien weist er folgende Enkel nach:

1.1 Ernst Ingvar, geb. 1923, geschäftsführender Direktor Skandinavische Eternit Aktiengesellschaft
1.2 Arne Henrik, geb. 1925, geschäftsführender Direktor für die Aktiengesellschaft Skansk Stenindustri
1.3 Hans-Christian, geb. 1926, Eigentümer und Besitzer auf Hof Elinge, Eslöv
3.1 Claes Hugo, geb. 1922, gestorben 1923
3.2 Urban Hugo, geb. 1923, geschäftsführender Direktor Limhamns Holzindustrie Aktiengesellschaft
3.3 Barbro, geb. 1926, verheiratet mit Hans Söderlund, stellvertretender geschäftsführender Direktor Limhamns Holzindustrie Aktiengesellschaft
4.1 Ingegerd Anita Maria, geb. 1927, verheiratet mit Lars Wadström, Dozent
4.2 Gerda Olga Maria, geb. 1930, verheiratet mit Marc Wallenberg, geschäftsführender Direktor in Stockholms Privatbank
4.3 Thomas Walter, geb. 1931, Direktor der Aktiengesellschaft Atlas Copco (Wien)
4.4 Thorborg Eva Maria, geb. 1934, verheiratet mit Adolf Lundin, Bergingenieur
4.5 Peter Walter, geb. 1942, Student der Wirtschaftswissenschaften (USA)
4.6 Margit Pia Maria, geb. 1946, verheiratet mit Erik Anderlin, Student der Wirtschaftswissenschaften (Schweiz)
6.1 Anne-Marie, geb. 1932, geschäftsführende Direktorin Svea-Linien Agentur (Hamburg)
6.2 Monica Cecilia Dorothea Louise, geb. 1934, verheiratet mit Lars Wohlfahrt, Architekt
6.3 Karl-Fredrik, geb. 1937, Eigentümer und Landwirt Pilegård, Tygelsjö
6.4 Jonas Ernst Fredrik, geb. 1937, studiert Wirtschaftswissenschaften (Zürich)

Man beachte, daß von den fünf Söhnen, die schon berufstätig sind, drei als geschäftsführende Direktoren in Unternehmen untergebracht wurden, in denen der Vater einen dominierenden Einfluß hatte. Sogar zwei Schwiegersöhne sind so untergebracht worden. Zwei Söhne bewirtschaften Höfe, die in das Familienvermögen eingehen. Der Familienkalender vernachlässigt die sieben weiblichen Enkel und weist auf der männlichen Linie folgende Urenkel nach:

1.1.1 Maria Elisabeth, geb. 1947
1.1.2 Britta Anette, geb. 1950
1.1.3 Eva Ingrid, geb. 1953
1.1.4 Björn Ernst Ingvarsson, geb. 1961
1.2.1 Frans Göran Ernst, geb. 1952
1.2.2 Sven Jonas Henrik, geb. 1954
1.2.3 Arne Staffan Andreas, geb. 1960
1.3.1 Hans Mikael, geb. 1955
1.3.2 Ernst Johan, geb. 1957
3.2.1 Ulrik Hugo, geb. 1956
3.2.2 Marie, geb. 1959
4.3.1 Helen, geb. 1956
4.3.2 Eric Walter, geb. 1958
4.3.3 Walter Gustaf Rickard, geb. 1961
4.3.4 Viveka Tui Gurli, geb. 1965
6.3.1 Karl Fredrik Gunnar, geb. 1962
6.3.2 Anders Fredrik Axel, geb. 1964
6.4.1 Johan Fredrik Ernst, geb. 1966

So weit der Familienkalender aus dem Jahre 1967. Er erklärt vieles, was sonst völlig unbegreiflich wäre. Er zeigt, warum die kleine Anette schon mit 15 Jahren ein Jahreseinkommen von 86.000 Kronen hatte, während ihre zwölfjährige Schwester Ingrid 80.000 Kronen heimbrachte und ihr vierjähriger Bruder Ernst 26.000 Kronen verdiente. Der Familienkalender erklärt auch, warum Frans, Henrik, Andreas, Mikael und Johan, ohne einen Handschlag zu tun, zu den größten privaten Aktieneigentümern der Industrie-Aktiengesellschaft Euroc gehörten.

● Welche Bedeutung haben die Familienverhältnisse in Bezug auf Macht über Deinen Arbeitsplatz gehabt? Was bedeuten sie heute?

Hilfsmittel: Den Schwedischen Familienkalender kann man in der Stadtbibliothek finden. Eine lange Liste weiterer Hilfsmittel ist in Sven Ågrens »Svensk biografisk uppslags litteratur« (Schwedische biographische Nachschlagliteratur) Uppsala 1922, verzeichnet, darin ist ein eigenes Kapitel mit Informationen über die Industrieführer. Die Familienforscher haben auch eigene Zeitschriften. »Vem äger vad i svenskt näringsliv« (Wem gehört was in der schwedischen Wirtschaft) 3. Auflage Stockholm 1977, gibt Auskunft über die größten Aktieneigentümer in allen größeren schwedischen Aktiengesellschaften. Für die Unternehmen, die der Wertpapierzentrale (VPC) angeschlossen sind, kann man eine ausführliche Liste der Eigentümer einschließlich der Angaben ihrer Adressen und Personennummer erhalten, indem man brieflich oder telefonisch bei der VPC eine Kopie mit dem neuesten Stand des fraglichen Unternehmens verlangt. Die Liste der Aktieneigentümer von Euroc enthält viele Namen aus der Geschichte der schwedischen Zementindustrie. Der Aktienanteil der Familie Wehtje ist inzwischen unbedeutend.

Ein interessantes Beispiel dafür, wie man die Methoden der Familienforschung auf die Erforschung einer ganzen Branche anwenden kann, ist A. J. Francis »The cement industry 1796–1914« (Newton Abbot 1977).

13. ... in den Steuerkalendern

Von 1912 bis 1974 wurde jährlich »Schwedens Besteuerungskalender« veröffentlicht, in dem man nachlesen kann, wieviel die Bezieher hoher Einkommen in Schweden verdienen. Welche Einkommen die Eigentümer und Chefs vor 1912 hatten, ist bedeutend schwerer herauszubekommen, aber auch das ist nicht unmöglich.

Sagen wir, wir fangen 1900 an. Ernst Wehtje ist 37 Jahre alt, er ist im »Staatskalender« als Kronvogt in der Vogtei des Kreises Oxie und Skytts verzeichnet. Aber er bezieht nun schon sein Haupteinkommen aus den Aufträgen für Skånska Cement AB, die in der gleichen Vogtei gelegen ist. Er hat eine Wohnung in Malmö. Das Adressenverzeichnis von Malmö-Stadt weist aus, daß er in der Skomakaregatan 14 wohnt. Die Adressen kann man im Grundstücksregister des gleichen Kalenders suchen: in dem Stadtteil zwischen den Brücken, Stadtviertel 61 »Gyllenstjerna«.

Mit diesen Informationen geht man in das Stadtarchiv Malmö und bestellt »Malmö stads kronoutskyldslängd« (das Verzeichnis der Kronsteuern von Malmö-Stadt) für das Jahr 1900. Das ist ein dicker Foliant, schwer und staubig wie ein Zementsack. Darin sucht man das Stadtviertel, das Haus und den Mann und findet die Angaben über das Einkommen: 13.950 Kronen. Die gesamte Steuer für dieses Einkommen betrug 515,67 Kronen. Ernst Wehtje bezahlte also nicht einmal vier Prozent Steuern.

Danach muß man das nur noch für die Jahre 1901, 1902 und 1903 fortsetzen. Aber 1904 ist Ende. Ernst Wehtje ist kurz vorher umgezogen. Wohin? Wie wir in Kapitel 12 sahen, ist es keine Kunst, das herauszufinden. Das Umzugsverzeichnis der Pastorsexpedition gibt die Auskunft, daß er nach Limhamn umgezogen ist. Dann kann man ihn im Steuerverzeichnis von Limhamn im Stadtarchiv von Malmö wiederfinden. Er wohnt im Stadtviertel 54 »Sälen« und ist 1906 auf 31.830 Kronen taxiert.

Das ist ganz schön viel Geld, wenn man es mit dem vergleicht, was seine Nachbarn verdienen: der Fischer Johan Magnus Jönsson, kein Einkommen, »alt«, der Eisenhändler Matsson 10.000 Kronen, der Arbeiter Hans Kristensson 1.100 Kronen, der Arbeiter Kristian Hansson, kein Einkommen, »kränklich«.

1907 wird Ernst Wehtje geschäftsführender Direktor von Skånska Cement AB. Im gleichen Jahr wird zum ersten Mal der Steuerkalender herausgegeben, und zwar einer für Stockholm und einer für 52 andere schwedische Städte. Da Ernst Wehtje »auf dem Lande« wohnte, ist er darin nicht verzeichnet. Ab 1912 ist es dann leicht und ganz bequem, in Schwedens Steuerkalender sein und seinesgleichen Einkommen zu verfolgen.

Wie immer, wenn es darum geht, die Steuer zu taxieren, muß der Betrag natürlich mit einer Prise Salz genommen werden. Die Zahlen enthalten nämlich nur das Einkommen nach den Abzügen entsprechend den jeweils geltenden Gesetzen. Leute mit hohem Einkommen nahmen die beste juristische Beratung in Anspruch, um eine unnötig hohe Besteuerung zu vermeiden. In den Steuerkalendern steht nur der Teil ihres Einkommens, den sie auch tatsächlich angeben mußten, nicht mehr.

Mit dieser Einschränkung können wir also die folgende Zusammenstellung von Ernst Wehtjes Einkommen zwischen der Jahrhundertwende und dem Ersten Weltkrieg ansehen:

1900	13.900
1901	15.000
1902	16.200
1903	26.114
1904	keine Angaben
1905	keine Angaben
1906	31.830
1907	32.070
1908	39.710
1909	40.350
1910	45.100
1911	43.980
1912	53.510
1913	64.590

Sein Einkommen erhielt er nicht allein direkt von Skånska Cement. Der Direktorposten war der Ausgangspunkt, von dem aus er auch andere Positionen besetzte. Eine gute Zusammenfassung seiner Unternehmerposten enthält die »Matrikel der Vorstandsmitglieder in den schwedischen Gesellschaften 1912« (Stockholm 1912). Da wird Ernst Wehtje als Vorstandsmitglied in folgenden Gesellschaften aufgeführt:

A.-B. C. J. Hommerberg & son, Malmö,
A.-B. Förenade kalkbrotten, Malmö,
A.-B. Gotlands Kalkverk, Stockholm,

A.-B. Ifö Charmotte- & Kaolinverk, Bromölla,
A.-B. Limau Manis kautschukplantage, Malmö,
A.-B. Malmö snickerifabrik, Limhamn,
A.-B. Skånska Cementgjuteriet, Malmö,
Fastighets-a.-b. Triangeln, Malmö,
Fastighets-a.-b. Granen, Malmö,
Ifö Cementfabriks-a.-b., Bromölla,
Limhamns hamn-a.-b., Limhamn,
Limhamns Rederi-a.-b., Limhamn,
Malmö-Limhamns Järnvägs-a.-b., Malmö,
Malmö nya angköks-a.-b., Malmö,
Nordiska Syrgasverken, a.-b., Stockholm,
Skånska cement-a.-b., Malmö,
Skånska Tegelförsäljnings-a.-b., Lund,
Svenska Gummifabriks-a.-b., Gislaved,
Sydsvenska gjuteri-a.-b., Limhamn.

Er beherrscht damit ein Imperium aus Kalkwerken, Kautschukplantagen, Möbelfabriken, Zementgießereien, Hafengesellschaften und Reedereien, Eisenbahngesellschaften, Dampfmaschinen- und Sauerstoff-Fabriken. Diese Gesellschaften können je einzeln weiter untersucht werden. Dafür muß man gar nicht weiter gehen als zu dem Register der Aktiengesellschaften im Adressenverzeichnis der Stadt Malmö, um einen Teil seiner Neugier, z. B. für die »Aktiebolaget Limau Manis Kautschukplantage« zu stillen: »Unternehmensordnung angenommen 1907, 1910 und 1911. Zweck: Nach dem Erwerb der Oscar Richter gehörigen, an der Ostküste Sumatras gelegenen Plantagen Limau Manis, Kautschukkultur zu betreiben und alle damit in Verbindung stehenden Tätigkeiten. Aktienkapital: 814.000 Kronen.«

1915 erschien die erste Auflage des »Schwedischen Vermögenskalenders«. Er beruht auf der Heranziehung zur Wehrsteuer, die im Ersten Weltkrieg eingeführt wurde. Ernst Wehtjes Vermögen ist auf 462.000 Kronen geschätzt, mehr als die Summe seiner Einkünfte während der vorhergehenden zehn Jahre.

462.000 Kronen waren natürlich 1914 mehr als heutzutage. Aber wieviel mehr? Seit 1914 gibt es einen »Lebenshaltungskostenindex«, der seither im Statistischen Jahrbuch ausgewiesen ist. Ein Index, der über so viele Jahre läuft, ist natürlich kein Präzisionsinstrument, aber mit seiner Hilfe kann man gut die Unterschiede im Geldwert zwischen damals und heute erkennen.

In dem Index ist 1914 mit 100 gleichgesetzt. 1975 ist gleichgesetzt mit 887. Um zu errechnen, was das Vermögen von Wehtje im Geldwert von 1975 ist, müssen wir also 462.000 mit 8,87 multiplizieren.

Sein Vermögen entspricht gut 4 Millionen Kronen im Geldwert von 1975.

Auf die gleiche Weise können die Angaben in dem Steuerkalender über Ernst Wehtjes Einkommen in neuerem Geldwert mit Hilfe des Lebenshaltungskostenindex umgewandelt werden. Ein Beispiel: 1915 hat die Indexzahl 115. Dividiere die Indexzahl 876 von 1975 mit der Indexzahl von 1915, also 115, das gibt 7,71, was bedeutet, daß eine Krone im Jahre 1915 7,71 mal so viel wert war wie 1975. Oder mit anderen Worten: 7,71 ist der Multiplikator, welcher verwandt werden muß, um zu errechnen, was das Einkommen von Wehtje aus dem Jahre 1915 im Geldwert von 1975 ausmacht.

Jahr	Geschätztes Einkommen		Multiplikator		Einkommen im Geldwert von 1975
1914	84.000	x	8,87	=	748.000
1915	101.000	x	7,71	=	779.000
1916	107.000	x	6,82	=	730.000
1917	132.000	x	5,41	=	714.000
1918	140.000	x	3,82	=	535.000
1919	152.000	x	3,31	=	503.000
1920	226.000	x	3,30	=	746.000
1921	338.000	x	3,84	=	1.298.000
1922	204.000	x	4,74	=	967.000
1923	150.000	x	5,10	=	765.000
1924	142.000	x	5,10	=	724.000
1925	189.000	x	4,95	=	936.000
1926	251.000	x	5,13	=	1.288.000
1927	332.000	x	5,19	=	1.723.000
1928	360.000	x	5,16	=	1.858.000
1929	324.000	x	5,22	=	1.691.000

Für die Jahre von 1927 bis 1929 wurde Schwedens neuerer »Vermögenskalender 1–2« herausgegeben. Ernst Wehtjes Vermögen macht nun 2,1 Millionen Kronen aus oder ungefähr 11 Millionen Kronen im Geldwert von 1975. Jetzt findet man auch seine vier Söhne mit insgesamt 1,4 Millionen oder gut 7 Millionen Kronen nach heutigem Geldwert. Ernst Wehtje hatte auch weiterhin gute Einkünfte:

1930	360.000	x	5,38	=	1.937.000
1931	467.000	x	5,56	=	2.597.000
1932	340.000	x	5,72	=	1.945.000
1933	302.000	x	5,87	=	1.773.000
1934	292.000	x	5,84	=	1.705.000
1935	230.000	x	5,72	=	1.316.000
1936	327.000	x	5,65	=	1.848.000
1937	335.000	x	5,59	=	1.873.000

Hier können wir auf die Zielstrecke gehen. Auch aus dem Nachlaß von Ernst Wehtje gab es bis 1961 Einkünfte, zusammen 779.000 Kronen, aber der Mann war tot. Während seines Lebens hatte er über 7 Millionen Kronen steuerpflichtiges Einkommen verdient oder ca. 70 Millionen im Geldwert von 1975.

Diese Zahlen umfassen nicht den Teil der Einkünfte von Ernst Wehtje, der aus der Wertsteigerung seiner Liegenschaften, seiner Aktien oder der anderen Vermögen entstand. Diese Wertsteigerungen sind nämlich nicht in die Einkommensbesteuerung aufgenommen. Überhaupt wurde Ernst Wehtje während aller dieser Jahre von Steuern und Abgaben nicht bemerkenswert geplagt. Die Gemeindesteuern waren sehr niedrig. Sie sind auch schon bei den Zahlen für die Taxierung zur staatlichen Einkommenssteuer abgezogen. Die staatliche Einkommenssteuer betrug während der Lebenszeit von Ernst Wehtje nie mehr als 15 Prozent des besteuerbaren Einkommens. Ein geschätztes Jahreseinkommen von 1,9 Millionen Kronen im Geldwert von 1975 enthält also ein Nettoeinkommen nach Steuern von mindestens 1,6 Millionen.

Wieviel war davon bei Ernst Wehtjes Tod noch übrig? Das kann man im Nachlaßverzeichnis im Stadtarchiv von Malmö unter der Nummer 1937:262 nachsehen. Der Nachlaß ist 6,3 Millionen Kronen wert oder gut 20 Millionen im Geldwert von 1975.

Verzeichnisse über den Nachlaß Verstorbener gibt es in Schweden schon seit dem 15. Jahrhundert. Sie geben, wie alle Familienforscher wissen, ein klares Bild des Lebensstandards und des Lebensstils. In diesen Verzeichnissen werden immer erst die Goldgegenstände aufgeführt – Ernst Wehtje hinterließ eine Uhr, einen Siegelring und Manschettenknöpfe. Danach kommen Silbergegenstände – 36 Paar Fischmesser und Gabeln, 36 Dessertlöffel, 36 Austerngabeln, 36 Obstgabeln, 36 Bratengabeln, 36 Hummergabeln, 36 Buttermesser, 36 Krebsmesser usw., insgesamt 1.626 Gegenstände oder 107 kg Silber. Dann werden alle Möbel aufgelistet, Raum für Raum. Hier der Eßsaal:

1	Eßtisch	40,–
1	Schrank	1.200,–
1	große und 2 kleine Kisten	500,–
2	Serviertische	75,–
1	Spanische Wand	5,–
12	Eßstühle	240,–
4	Sessel	200,–
1	Silberschatulle	125,–
1	Truhe	30,–
1	Wanduhr	50,–

1 Divanmatte	200,–
4 Garnituren Gardinen mit Gestänge und Rollgardinen	240,–
1 Kronleuchter und 4 Lämpchen	450,–
2 Kerzenhalter	100,–
verschiedener Zierrat aus Porzellan	750,–
1 Buddhabild	125,–

So geht das Seite für Seite über das ganze gewaltige Haus. Das Leinen wird ausgerechnet: 109 Laken, 72 Kissenbezüge . . . »Die Garderobe des Verstorbenen« wird mit 350 Kronen geschätzt. Danach kommen die Kunstwerke, Raum für Raum und Bild für Bild.

Zur Bestandsaufnahme gehören auch diverse Darlehen an Söhne und Schwiegersöhne: Herbert Dieden hat 375.000 Kronen geliehen bekommen, der Sohn Ernst über eine halbe Million. Weiter hält Wehtje Aktien in schwedischen Unternehmen: 743.000 Kronen in der Wilhelm Becker AB, 462.000 Kronen in Skånska Cement usw., zusammen mehr als 50 Unternehmen. Darüber hinaus ausländische Aktien, Obligationen und 18 verschiedene Grundstücke, alle sorgfältig aufgerechnet. Am Schluß des Nachlaßverzeichnisses kommt das Testament, in dem bestimmt wird, wo der ganze Nachlaß hingehen soll.

Nachlaßverzeichnis eines Arbeiters von Ernst Wehtje

1937: 167

Am 16. Februar des Jahres 1937 wurde in Malmö das Nachlaßverzeichnis für den Zementarbeiter Louis Rickard Nicanor Falck aufgestellt, welcher, geboren am 9. Juli 1899, in Ehe seit dem 4. April 1931 mit seiner überlebenden Ehefrau Helga Eleonora Falck, geborene Häggblom vereinigt, am 30. Dezember 1936 in der Gemeinde Västra Skrävlinge verstorben ist und als einzige Nachlaßteileigentümerin seine Ehegattin hinterließ.

Es wird angegeben, daß er als seine nächsten Angehörigen seine Eltern hinterließ, den Zementarbeiter Karl Falck und seine Ehefrau Hulda Falck in Limhamn.

Gold. 1 Ehering	10 Kr.
Galvanisierte versilberte Artikel:	
12 Eßlöffel	6 Kr.
12 Kaffeelöffel	3 Kr.
6 Dessertlöffel	3 Kr.
1 Suppenkelle	2 Kr.

1 Soßenlöffel	1 Kr.
3 Marmeladenlöffel	1 Kr.
1 Kuchenschaufel	1 Kr.
12 Messer und Gabeln	12 Kr.
usw. weiteres	34 Kr.

Möbel

1 Büfett, 1 kombinierter Schrank, 1 Eßtisch und 4 Eßstühle	250 Kr.
2 Sessel	40 Kr.
1 Rauchtisch mit Service	20 Kr.
1 Schrank	30 Kr.
1 Tischuhr	5 Kr.
1 Radioapparat mit Tisch	50 Kr.
1 Regal	10 Kr.
1 Korbtisch und 2 Hocker	15 Kr.
1 Duschatell mit Decke und Kissen	40 Kr.
1 Spiegel	4 Kr.
1 Sofa	5 Kr.
1 Tisch mit 2 Stühlen	5 Kr.
diverse Bücher	35 Kr.
elektrische Beleuchtung	45 Kr.
Wandbilder und Schmucksachen	40 Kr.
Draperien, Teppiche und Gardinen	100 Kr.
Kleidungsstücke	40 Kr.
Garderobe des Verstorbenen	50 Kr.
2 Taschenuhren	10 Kr.
Leinenstoff	40 Kr.
1 Kochtopf	15 Kr.
Glas und Porzellan	45 Kr.
Messer, Gabeln und Löffel	5 Kr.
1 Fahrrad	10 Kr.
Bargeld zum Zeitpunkt des Todesfalles	6 Kr.
Beerdigungshilfe aus der Kranken- und Beerdigungskasse »Einigkeit gibt Stärke«	200 Kr.
Begräbnishilfe der Gewerkschaft	100 Kr.
Begräbnishilfe der Reichsversicherungsanstalt	150 Kr.
1 Wohnung in der Wohnungsbaugenossenschaft Aspen	6.185 Kr.

Forderungen:

gegen Schwedens Postsparbank entsprechend dem Kontobuch Nr. 106014, Serie V, mit Zinsen	–,26 Kr.
gegen die gleiche Bank entsprechend dem Kontobuch Nr. 207423, Serie D, mit Zinsen	1,16 Kr.
Summe	7.624,42 Kr.

Schulden	
Begräbniskosten	518,35 Kr.
Verbindlichkeiten bei der Wohnungsgenossenschaft Asten	5.432,19 Kr.
Armenkasse Malmö	144,25 Kr.
1933 Kommunalsteuern	127,71 Kr.
1934 Kommunalsteuern	147,98 Kr.
1935 Kommunalsteuern	151,59 Kr.
1936 Kronsteuern	111,23 Kr.
bevorstehende Steuern	300,– Kr.
Summe	6.933,30 Kr.
Bestand nach Provision	684,21 Kr.

stellvertretender Amtsrichter
Hans Falck

Das wertvollste Erbteil von Ernst Wehtje sen. war der Direktorenposten bei Skånska Cement. Der wurde von seinem ältesten Sohn Ernst übernommen. Ihm kann man selbstverständlich auf die gleiche Weise wie seinem Vater in den Steuerkalendern folgen.

Er taucht 1919 mit einem Einkommen auf, das im Geldwert von 1975 52.000 Kronen entspricht. Er wird vom Vater als Direktor bei den Ifőverken eingesetzt, und sein Einkommen steigt auf 222.000 Kronen. 1925 zieht er nach Malmö um, und 1927 ist er bei 543.000 Kronen. Im Jahr vor dem Tod seines Vaters lag er bei 943.000 Kronen, im Jahr nach dem Tod seines Vaters sind seine Einkommen auf 1,4 Millionen gestiegen. Alles in dem Geldwert von 1975.

In den Größenordnungen lag sein jährliches Einkommen unter denen der dreißiger und vierziger Jahre. Es sank (zumindest scheinbar) am Anfang der fünfziger Jahre, aber gegen Ende der sechziger Jahre bezog Ernst Jonas Wehtje wieder regelmäßig seine anderthalb Millionen im Jahr.

Seit dem Zweiten Weltkrieg wurden die Steuern auf solche Einkommen ganz bemerkenswert erhöht. Die staatliche Einkommenssteuer betrug in den fünfziger und sechziger Jahren ungefähr 60 Prozent des taxierten Einkommens von Ernst Jonas Wehtje. Von anderthalb Millionen blieben also nach der Kommunalsteuer und nach der Staatssteuer ungefähr 600.000 Kronen übrig.

Diese Zahlen umfassen nicht den Teil von Ernst Jonas Wehtjes Einkommen, welcher in der Wertsteigerung seiner Grundstücke, der Aktien oder anderer Vermögen bestand. Diese Wertsteigerungen blieben nämlich weiterhin frei von staatlicher Einkommenssteuer – und sind es auch heute noch.

Im »Schwedischen Vermögenskalender« (Stockholm 1958) wird Ernst Jonas Wehtje wieder mit 2,3 Millionen (in heutigem Geldwert) aufgeführt. Das meiste wurde bereits an die Söhne übertragen – Ingvar 7 Millionen, Arne 8 Millionen und Hans-Christian 8,6 Millionen. Das gesamte taxierte Vermögen aller, die den Familiennamen Wehtje trugen, war nun auf 92 Millionen Kronen im Geldwert von 1975 angestiegen.

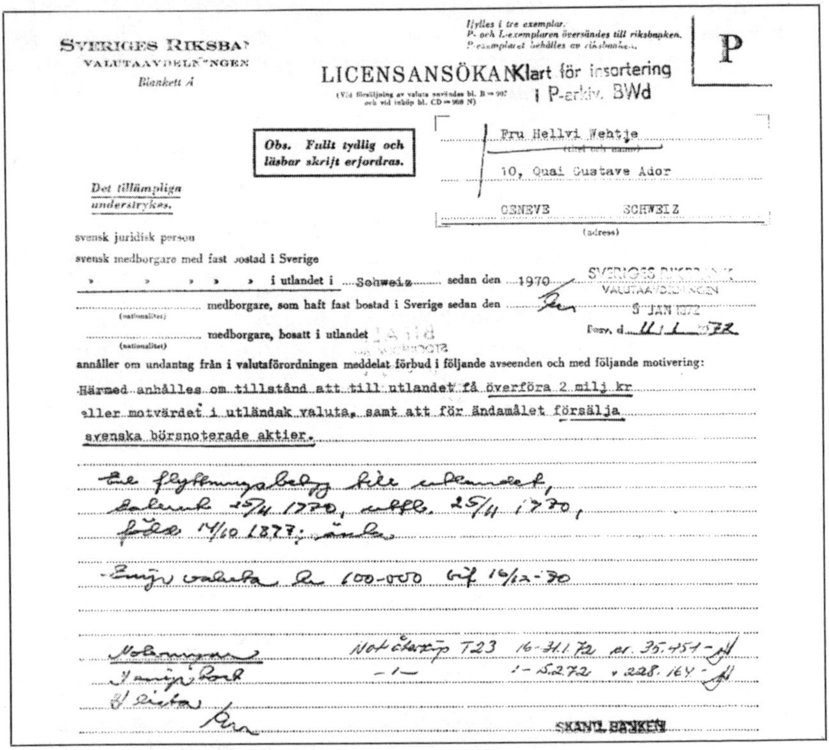
SVERIGES RIKSBANK
VALUTAAVDELNINGEN
Blankett A

Ifylles i tre exemplar.
P- och L-exemplaren översändes till riksbanken.

P

LICENSANSÖKAN
Klart för insortering i P-arkiv. BWd

Obs. Fullt tydlig och läsbar skrift erfordras.

Fru Hellvi Wehtje
10, Quai Gustave Ador
GENEVE SCHWEIZ
(adress)

Det tillämpliga understrykes.

svensk juridisk person
svensk medborgare med fast bostad i Sverige
» » » » » i utlandet i Schweiz sedan den 1970
(nationalitet) medborgare, som haft fast bostad i Sverige sedan den
(nationalitet) medborgare, bosatt i utlandet

SVERIGES RIKSBANK VALUTAAVDELNINGEN 5 JAN 1972

annåller om undantag från i valutaförordningen meddelat förbud i följande avseenden och med följande motivering:

Härmed anhålles om tillstånd att till utlandet få överföra 2 milj kr eller motvärdet i utländsk valuta, samt att för ändamålet försälja svenska börsnoterade aktier.

SKANDBANKEN

»Lizenzantrag an die Schwedische Reichsbank: Hellvi Wehtje, 10, Quai Gustave Ador Geneve, Schweiz,
als schwedische Mitbürgerin mit fester Wohnung in der Schweiz seit 1970, beantragt die Befreiung von dem in der Valutaverordnung festgelegten Verbot zu folgendem Zweck und mit folgender Begründung: Hiermit wird beauftragt, 2 Millionen Kronen oder den Gegenwert in ausländischer Währung ins Ausland überweisen zu dürfen. Zu diesem Zweck sollen auch schwedische börsennotierte Aktien verkauft werden dürfen.«

Seit 1965 enthält der »Schwedische Besteuerungskalender« auch Angaben über das Vermögen. Da zeigt es sich, daß es Ernst Jonas Wehtje sogar auf seine alten Tage gut ging. Sein geschätztes Vermögen, das 1958 nur 2,3 Millionen betrug, war auf 12 Millionen 1965 und auf 24 Millionen 1967 gestiegen. Das gesamte geschätzte Vermögen aller mit dem Familiennamen Wehtje war auf 132 Millionen im Geldwert von 1975 angestiegen.

In den 70er Jahren wird es schwierig, der Familie zu folgen, u. a. weil viele der Wehtjes auswanderten. Hugo Wehtjes Enkelin Helvi, die 1970 ein Einkommen von 363.000 Kronen und ein Vermögen von 7,4 Millionen angab, wanderte 1971 in die Schweiz aus. Walter Wehtje, der 1969 ein Einkommen von fast einer Million und 5 Millionen Vermögen angab, wanderte im gleichen Jahr nach Frankreich aus. Seiner und seiner Frau gesamte angegebenen Lebenseinkünfte betrugen zum Zeitpunkt der Auswanderung 45 Millionen Kronen im Geldwert von 1975. Alle lockten südlichere Gefilde.

● Welche Jahreseinkommen haben die Eigentümer und Führer in dem Unternehmen, in dem Du arbeitest? Welche Vermögen haben sie angesammelt? Auf welchen Posten haben sie ihre Kinder untergebracht? Was verdienen die Enkelkinder, bevor sie auch nur gelernt haben zu gehen? Wohin verschwinden sie mit dem Geld, wenn sie in Schweden genug verdient haben?

Hilfsmittel: Schwedens Steuerkalender oder Schwedens Vermögenskalender stehen in der Stadtbibliothek oder können dort bestellt werden. Die Steuerzahlungen seit 1974 kann man in den Steuerschuldverzeichnissen (debiterings längderna) suchen, die bei den lokalen Steuerbehörden öffentlich zugänglich sind. – Wie man Arbeiterlöhne untersucht, siehe Kapitel 26.

Es fehlt noch ein kleines leicht verständliches Buch über die Geschichte des schwedischen Steuersystems, in dem dargestellt wird, wie die Steuersätze für die verschiedenen Einkommensschichten seit dem Ersten Weltkrieg verändert wurden. Es ist nämlich ziemlich beschwerlich, herauszubekommen, wieviel die Leute früher an Steuern zahlten.

Nachlaßverzeichnisse werden im jeweiligen Stadtarchiv oder für hundert Jahre im Archiv des zuständigen Amtsgerichtes verwahrt und danach an das Landesarchiv überführt.

Um mehr als die gewöhnliche Touristenvaluta auszuführen, bedarf es einer Zustimmung der Reichsbank. Anträge werden für 10 bis 15 Jahre aufbewahrt und sind öffentliche Akten. Du kannst also anrufen oder an Schwedens Reichsbank schreiben und verlangen, die Anträge einer bestimmten mit Namen angegebenen Person zu sehen zu bekommen. Die Anträge von Unternehmen werden allerdings in der Regel nicht herausgegeben.

14. ... im »Who is Who«

Im gleichen Jahr, in dem Schwedens Steuerkalender zum ersten Male herauskam, 1912, wurde auch die erste Auflage von »vem är det?« (Wer ist das?) veröffentlicht. Mittlerweile ist der 32. Jahrgang erschienen. Es ist das wichtigste Periodikum für jeden, der etwas über das schwedische Establishment erfahren will.

Da gibt es selbstverständlich Angaben über alle geschäftsführenden Direktoren von Skånska Cement, von Ernst Wehtje sen. bis zu Sten Lindh. Beispiel:

> Lindh, Sten, Botschafter, Malmö, geboren in Kalmar 24. 10. 22, als Sohn des Direktors Ernst Lindh und seiner Frau Elisabeth, geb. Larsson.
>
> Juristisches Examen Stockholm 45, Betriebswirt 46, Attaché im Außenministerium 45, Dienst in Washington, Paris, London, Handelsrat 59, Ministerialrat im Außenministerium 59, stellv. Minister 63, Botschafter bei der Europäischen Wirtschaftsgemeinschaft und Euratom in Brüssel inclusive Kohle- und Stahlunion in Luxemburg, ebenso ständiger Vertreter beim Europarat in Strasbourg 64. Freigestellt 68. Geschäftsführender Direktor Industrie AB Euroc seit 68. Delegationssekretär bei der OEEC 48–50, Untersuchungskommission für Einsparungen 50, Untersuchungskommission für die langfristige wirtschaftliche Entwicklung, Handelsdelegation mit Großbritannien 54–58, Sachkundige Verhandlung der Europäischen Freihandelszone Paris 56–58, Verhandlung über die Errichtung der EFTA 59, Organisator, EFTA-Sekretär und Chef dees EFTA-Sekretariats in Genf 60, Verhandlungsgruppe des Außenministeriums 63, Vorstandsmitglied von Lamco, Liberian Iron Ore Ltd. Canada seit 68, Skandinavische Privatbank seit 69, Aktiengesellschaft Skånska Zementgießerei seit 69, Gränges-Ab seit 70, AB Cardo seit 72.
>
> Verheiratet 45 mit der Juristin Maikki Velander, geboren 21, Tochter von Professor Edy Velander und Maj Halle.

Die Abkürzungen in solchen Büchern sind oft schwer zu verstehen, und die meisten sind nicht im Buch erklärt. Aber wenn man dieses Tor öffnen kann, erhält man viele konzentrierte Informationen. Sie sind so geordnet: Nachname, Vorname, Titel, Wohnort, Geburtsort, Geburtsdatum (zugleich die erste Hälfte der Personennummer in Schweden), der Titel und Name des Vaters, der Name der Mutter, Ausbildung, Berufslaufbahn, besondere Aufgaben, Beschäftigungen, Buchveröffentlichungen, Orden, Jahr der Eheschließung, Titel der Frau, Name und Geburtsjahr, Titel und Name des Schwiegervaters, Name der Schwiegermutter.

Wenn man mehrere Jahrgänge vergleicht, hat man die Möglichkeit, Veränderungen – oder ausgebliebene Veränderungen – in der schwedischen Gesellschaft zu untersuchen. Wieviele von den in der ersten Auflage angeführten Personen waren Frauen? Wie änderte sich der Anteil der Frauen im Laufe der Jahre? Welcher Prozentsatz der im Jahr 1912 aufgeführten Personen kommen aus Arbeiterfamilien? Wie hat sich deren Anteil im Laufe der Jahre verändert? Welches sind die üblichen Laufbahnen in den verschiedenen Berufen und zu unterschiedlichen Zeitpunkten? Wieviele der Kinder von denen, die in den früheren Jahrgängen aufgeführt sind, findet man in späteren Jahrgängen wieder? Wieviele von denen, welche in den späteren Jahrgängen aufgeführt sind, finden auch ihre Väter in »Wer ist das?«? Kurz: In welchem Ausmaß ist das schwedische Establishment, so wie es in »Wer ist das« registriert wurde, ein geschlossener Kreis? Ich stelle die Frage und hoffe, daß jemand Zeit hat, sie zu beantworten.

Angaben über Unternehmensführer und Aktieneigentümer kann man auch in weiteren sieben biographischen Nachschlagewerken finden. Diese Nachschlagebücher enthalten immer die gleichen Angaben – Herkunft, Ausbildung, Karriere, Aufträge, Schriften von und über den Betreffenden – wie in »Wer ist das?«. Sie geben aber oft auch Werturteile von dieser Art ab:

> R. F. Berg: »Berg zeichnet sich durch einen außerordentlichen Unternehmereifer aus, der nicht einmal durch seine schwierigen Aufgaben im Dienste der Skånska Cement-Aktiengesellschaft ausgefüllt wird. Er gründete oder betrieb als führende Kraft die Gründung von 30 verschiedenen Unternehmen. Seine Tätigkeit ist von einer selten noblen Hingabe an die schwedische Wirtschaft geprägt . . .« (Schwedisches biographisches Lexikon)

> Ernst Wehtje sen.: »Unter Wehtjes fester und urteilssicherer Führung setzte Skånska Cement seine kräftige Entwickung fort . . .«

> Ernst Wehtje jun.: »Unter Wehtjes zügiger Führung ist Skånska Cement gewachsen und wurde eines der größten und wichtigsten Großunternehmen Schwedens . . .« (Schwedische Männer und Frauen)

Kritische Bemerkungen über den Einsatz eines Unternehmers kommen in den biographischen Handbüchern fast überhaupt nicht vor. Lästige Fakten werden verschwiegen, dagegen sind schmückende Urteile sehr üblich. Die Bücher fließen geradezu über von konventionellen Wertungen und nichtssagenden Phrasen. Die Großunternehmer sind – gleich Statuen – dazu ausersehen, daß man sie von unten betrachtet.

● Wie werden die Eigentümer und Führer des Unternehmens, in dem Du arbeitest, in den biographischen Nachschlagewerken geschildert? Ist da nichts vergessen worden?

Hilfsmittel: (Vem är det) »Wer ist das« und andere biographische Nachschlagebücher gibt es in der Stadtbibliothek. Auch die allgemeinen Nachschlagebücher enthalten entsprechende Personenartikel. Mitunter schleicht sich das sogar in sogenannte wissenschaftliche Schriften ein. Zum Beispiel hier: »Mit dem Hinscheiden von Ernst Wehtje ist ein bemerkenswerter Mann der schwedischen Industrie vor der Zeit gegangen. (. . .) Selbstverständlich widmete Ernst Wehtje seine Arbeitskraft hauptsächlich dem Zementkonzern. Von einem relativ bescheidenen Anfang entwickelte sich der Konzern während seiner Zeit zu einem modernen Großunternehmen. Hinter dieser Entwicklung liegt eine harte und intensive Arbeit vor allem von Ernst Wehtje selbst, aber auch von seinen Mitarbeitern der verschiedensten Grade, welche er für ihre Aufgaben zu begeistern verstand. Ernst Wehtje beherrschte die Fähigkeit zur Zusammenarbeit und die Kunst, gute Mitarbeiter auszusuchen. Dazu kam sein Charme und die auf Sachlichkeit gegründete natürliche Ungekünsteltheit. Als Unternehmensführer ist Ernst Wehtje gekennzeichnet von Willensstärke vereinigt mit zäher Ausdauer, Phantasie und Ideenreichtum geleitet von seltenem Urteilsvermögen und einer Effektivität, die mit der Gelassenheit seiner Heimat Skåne gepaart ist. Ernst Wehtje hinterläßt ein schicksalsmächtiges Werk und eine helle Erinnerung. (Direktor Elam Tunhammar im »Årsbok 1973 för Vetenskapssocietet i Lund« – Jahrbuch 1973 der Wissenschaftsgesellschaft in Lund).

Fakten, die in solchem Zusammenhang selten angeführt werden, findest Du in diesem Buch z. B. in Kapitel 10, 13 und 23.

Die Arbeiter

Es ist viel schwerer, etwas über einzelne Arbeiter bei Skånska Cement zu erfahren. Die Arbeiter stehen nicht in »Wer ist das?«. Aber immerhin erreichte eine kleine Anzahl von Zementarbeitern solche Vertrauensposten innerhalb der Arbeiterbewegung, daß sie in dem biographischen Nachschlagewerk »Svenska folkrörelser« (Schwedische Volksbewegungen, Stockholm 1936) aufgeführt sind. Ein Beispiel:

SAMUELSSON, GUSTAF Ernst Eugen, cementarbetare, *Visby*, f. i Visby 5/11/90 av bygg:mäst. Johan o. Amanda Samuelsson. Mur. 08–18, cementarb. sed. 18. Tillhör grov- o. fabr:förb. Ordf. i förb. avd. 327 Visby sed. 25, styr:led. i lokalavd. av ABF 25–29, led. av Visby stadsfullm. 30–34, av kyrkofullm. 30–34, styr:led. i Visby arb:kommun 24–31. Gift 16 med Maria Bohm, f. 19/8/94.

Samuelsson, Gustaf Ernst Eugen, Zementarbeiter, Visby, geboren in Visby 5. 11. 90 als Sohn des Baumeisters Johan und seiner Frau Amanda Samuelsson. Maurer 08–18, Zementarbeiter seit 18. Gehört zur Schwer- und Fabrikarbeitergewerkschaft. Vorsitzender in der Gewerkschaft, Abteilung 327, Visby seit 25, Vorstandsmitglied in der Lokalabteilung des Arbeiterbildungsverbandes 25–29, Mitglied des Stadtrates von Visby 30–34, des Kirchenrates 30–34, Vorstandsmitglied der Arbeiterkommune in Visby (Ortsverein) 24–31. Verheiratet 16 mit Maria Bohm, geboren 19. 8. 94.

Das Handbuch der schwedischen Volksbewegungen ordnet die Angaben, wie es scheint, präzise auf die gleiche Weise wie die bürgerlichen Nachschlagebücher. Was zählt, sind die Aufträge und Positionen. Aber welche Arbeit hatte Gustaf Samuelsson in der Zementfabrik? An welchen Streiks nahm er teil? Wo stand er politisch? Welche Fragen trieben ihn? Wie war er als Mensch, als Kamerad?

Die Arbeitgeber haben auf diese Fragen ihre eigene Antwort. Im November 1935 war Gustaf Samuelsson bei den Tarifverhandlungen mit dem Baumaterialverband Mitglied in der Arbeiterdelegation. Die Arbeitgeberorganisation schrieb an die Zementfabrik in Visby und verlangte nähere Angaben über ihn. Die Antwort findet man im Landesarchiv in Visby:

Visby, 22. November 1935
An den Baumaterialverband Malmö
Betrifft den Arbeiter Gustav Samuelsson
Der in Frage stehende Arbeiter ist am 5. 11. 1890 geboren und bei uns in der Fabrik seit dem 13. 8. 1919 angestellt. So gut wie die ganze Beschäftigungszeit ist er im Zementwerk als Zementmöller beschäftigt. Seine wirtschaftlichen Verhältnisse waren zerrüttet. Aber es scheint, daß sie sich in der letzten Zeit verbessert haben, wie wir aus den jetzt seltener vorkommenden Darlehensanträgen selbst beurteilen können. Es ist dennoch bekannt, daß er weiterhin hohe Schulden

abzutragen hat. Während der ersten Jahre seiner Anstellung war sein Auftreten gegenüber den Vorgesetzten großmäulig und grob. Das wurde während der Jahre abgeschliffen und ist jetzt fast einschmeichelnd. In jedem Fall kann man wegen seines Auftretens keine Anmerkungen machen. Auch hat er nun das Ansehen eines guten Arbeiters. Samuelsson ist ziemlich mitteilsam, und es macht keine Schwierigkeiten, ihm Informationen über die internen Fragen seiner Organisation zu entlocken. (. . .) Sein Jahreslohn während des Jahres 1934 betrug 1.578,35 Kronen (die Arbeit wurde in diesem Jahre erst am 6. 4. aufgenommen), in den drei ersten Quartalen 1935 erhielt er 1.713,85 Kronen.

In der Hoffnung, daß wir Ihnen mit diesen Angaben gut dienen konnten, zeichnen wir hochachtungsvoll.

Das ist das früheste Portrait eines schwedischen Zementarbeiters, welches ich finden konnte. Diese Darstellung aus der Sicht des Arbeitgebers ist die einzige, die man aufbewahrt und die man deshalb finden kann. Die Sicht der Arbeiter kommt nicht zu Papier und ist deshalb auch für alle Zeit verloren. Gustav Samuelsson lebt nur noch im Bild seiner Gegner weiter.

Die Portraits einzelner Arbeiter werden gelegentlich auch im Zusammenhang mit Jubiläumsfesten und gleichartigen Angelegenheiten veröffentlicht. Sie werden in der Sammlung »Graue Literatur« der Königlichen Bibliothek (siehe Kapitel 6) aufbewahrt. »Skånska Cement – Erinnerungen an das Fest der Plaketten-Verleihung am 5. Dezember 1940« enthält z. B. Namen und Fotografien vieler schwedischer Zementarbeiter, aber nicht ein Wort darüber, wer sie waren oder was sie getan haben.

Die Betriebszeitung »Rund um den Drehrohrofen« erscheint seit 1950. Die ersten Nummern enthielten kurze Arbeiterbiographien unter der Rubrik »Nach einem langen treuen Dienst«. Da kann man z. B. folgende Menschen treffen:

»Kalkbrucharbeiter Alfred Thomasson, Limhamn. Durch seinen Vater, der auch in der Zementgesellschaft arbeitete, hatte Thomasson von seiner Geburt an starke Verankerungen in der Zementgesellschaft. Am 6. Juli 1879 geboren, verbrachte er sein erstes Arbeitsjahr als Landarbeiter in der Landwirtschaft. Seine erste Anstellung bei der Zementgesellschaft, die auf das Jahr 1900 datiert ist, war wegen Kündigung von kurzer Dauer. Seit 1906 ist er mittlerweile über 44 Jahre an den Kalkbruch gebunden. Unter seinen Hobbys steht die Landarbeit an erster Stelle, und auf seinen zwei Morgen Land baut Thomasson vor allen Dingen Gemüse an.

Fabrikarbeiter Karl Andersson, Limhamn. Andersson, der am 18. Dezember 1880 geboren ist, begann nach seinem Schulabschluß als Maurerhandlanger. Im Alter von 32 Jahren kam er in den Kalkbruch von Klagshamn und wurde acht Jahre später in den Kalkbruch in Limhamn versetzt. Hier blieb er 16 Jahre und wechselte 1937 in die Zementfabrik am gleichen Ort. Zum Jahreswechsel ging er nach insgesamt fast 28 Jahren Dienst in der Zementgesellschaft in Pension.

Olga Sjöberg, Limhamn. Geboren am 1. Dezember 1886. Angestellt am 8. Mai 1906. Pensioniert im September 1951. Frau Sjöberg begann als Pelznäherin bei Fougstedts in Malmö im Alter von 17 Jahren. 1906 übernahm ihre Mutter die Kantine in Limhamn, und sie ging ihr bis 1914 darin zur Hand. Dann begann sie als Sacknäherin in der Fabrik. Frau Sjöberg tat dann eine Zeit als Sackabrechnerin Dienst, bis sie 1946 als Bademeisterin in das Badehaus übersiedelte.«

Die Betriebszeitung hat auf diese Weise einige Fragmente aus einigen Arbeiterleben für deren Nachfolger am Arbeitsplatz aufbewahrt. Aber sie sind durch die Augen des Personalchefs gesehen. Er weiß nichts über ihren wirklichen Einsatz im Kalkbruch, in der Fabrik oder in der Sacknäherei. Niemand hat irgendwann versucht, sich in Alfred Thomassons oder Karl Anderssons oder Olga Sjöbergs Lebenswerk zu versetzen.

- Was solltest Du über Alfred Thomasson wissen? Was solltest Du wissen wollen über Deine Vorgänger im Beruf am Arbeitsplatz? Gibt es alte Bilder, Briefe, Gewerkschaftsprotokolle, Zeitungsausschnitte, technische Beschreibungen oder die Erinnerungen lebender Menschen, die Dir Antwort geben können?
- Was sollten Deine Nachfolger in der Arbeit über Dich wissen? Soll bloß die Darstellung der Personalabteilung übrig bleiben? Oder solltest Du und Deine Arbeitskameraden etwas Material hinterlassen, das Eure Arbeit und Eure Auffassung beschreibt?

Hilfsmittel: Siehe Kapitel 15, 17, 19, 21.

15. ... in Briefen und Tagebüchern

Man hat nicht jeden Tag Gelegenheit, Liebesbriefe eines schwedischen Unternehmers zu lesen. Aber diese Gelegenheit wird geboten in Per Wästbergs Buch »Ernst und Mimmi« (Lund 1964). Wenn man diese Briefe liest, fällt es einem leicht, Per Wästbergs Charakteristik von Ernst Wehtje zuzustimmen, daß er eine sehr nüchterne Person ist, welche selten von stürmischen Gefühlen ergriffen wird. Er sucht keine Abenteuer und Abwechslung, er ist frei von intellektueller Neugierde. Er nimmt sich nie etwas Ungewünschtes vor. Er bemüht sich eher, sein Dasein einzugrenzen als es auszudehnen. Er strebt zielbewußt eine hohe gesellschaftliche Position an. Wenn er sie erreicht hat, richtet er sich dort in unerschütterlicher bürgerlicher Gemütlichkeit ein, die sich auch nicht durch Erschütterungen unterbrechen läßt. Jahrzehnt für Jahrzehnt sind die Familienbriefe im gleichen Tonfall geschrieben. Die Geschäfte gehen gut, Dienstmädchen werden eingestellt und entlassen. Kartenspiele werden abgenutzt und erneuert. Die Freude an Essen und Trinken bewirkt zunehmend Korpulenz. Jeden Morgen um halb acht legt sich Ernst Wehtje auf den Vorstandstisch von Skånska Cement und läßt sich massieren. Er sitzt in 200 Vorständen und Kartellen. Für Bücher hat er keine Zeit mehr – seine Bibliothek besteht aus dem Nordischen Familienbuch und Albert Engströms gesammelten Schriften. Aber in allen Räumen ticken teure Uhren, und jeden Sonntagmorgen geht Ernst Wehtje persönlich durch das Haus und zieht sie auf.

Das Buch gibt auch ein konkretes und lebendiges Bild der Familie während der Jugendjahre von Ernst Wehtje. Der Vater war deutscher Einwanderer, erfolgloser Pächter verschiedener Höfe in Schonen, erfolgloser Einzelhändler in Helsingborg, erfolgloser Händler für Landwirtschaftsgerätschaften in Lund. Die Familie setzte auf die Ausbildung des Sohnes. Die Mutter hielt mit Einkommen aus Zimmervermietung alles im Fluß – eine arme Mittelklassefamilie ohne tiefe Bildung und mit einem einzigen Hauptinteresse: nicht in die Arbeiterklasse abzusinken.

Per Wästberg hat einen bestimmten Charakterzug in Ernst Wehtjes Leben ausgewählt, den er besonders betont:

»Mit dieser Darstellung verfolge ich die Absicht, das Bild eines Mannes zu zeichnen, der mit leeren Händen und stark verschuldet, aber mit Herz und Verstand ausgerüstet, sich ein Heim schuf, das es wert ist, in Erinnerung behalten zu werden.

Seine Briefe zeigen, wie bewußt und mit welchem Klarblick er es von Anfang an darauf anlegte, sich ein Heim zu schaffen, das der Mittelpunkt seines Daseins werden sollte, die Konkretion seiner Liebe. Er träumte von nichts anderem, und da er mit seinen Absichten immer Glück hatte, blieb er ihnen treu bis in den Tod.«

Ich habe eine andere Absicht. Ich beabsichtige, Ernst Wehtje mit einem seiner Arbeiter, dem Maschinisten Jöns Nilsson in Lomma zu vergleichen. Dieser hinterließ bei seinem Tode ein Notizbuch, das jetzt von dem Historiker Sven Nordengren in Lund aufbewahrt wird.

Jöns Nilsson machte sich Woche für Woche Notizen über seine Einkommensverhältnisse zwischen dem Jahr 1880 und 1917. Er schrieb auch wichtige Ereignisse seines Lebens auf. Auch er begann mit leeren Händen, auch er war ausgerüstet mit Herz und Verstand. Trotzdem verlief sein Leben völlig anders.

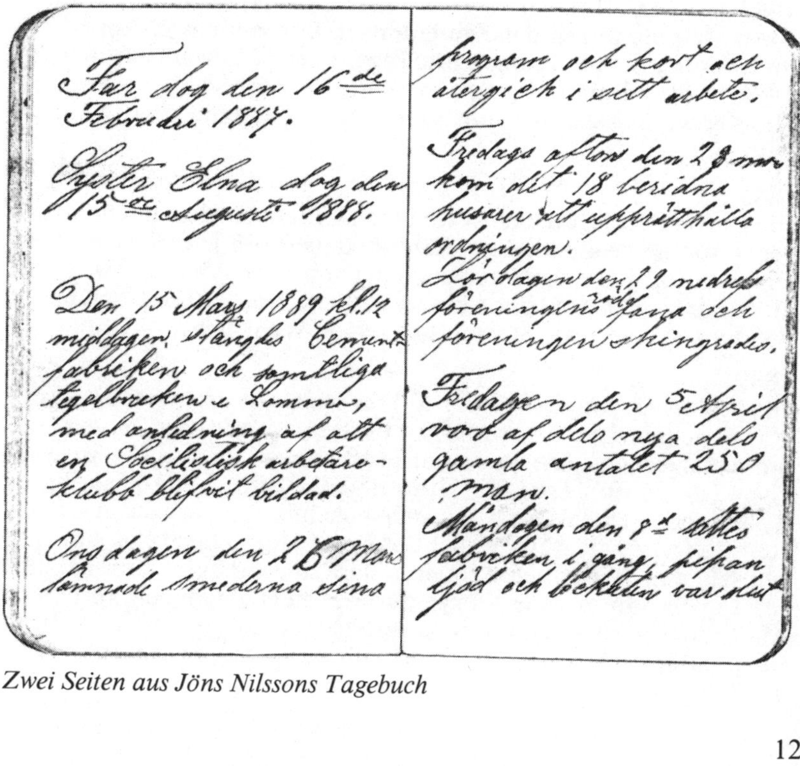
Far dog den 16de
Februari 1887.
Syster Elna dog den
15de Augusti 1888.
Den 15 Mars 1889 kl. 12
middagen stängdes Cement-
fabriken och samtliga
tegelbruken i Lomma,
med anledning af att
en Socialistisk arbetare-
klubb blifvit bildad.
Onsdagen den 26 Mars
lämnade smederna sina
program och kort och
återgick i sitt arbete.
Fredags afton den 28 mars
kom det 18 beridna
husarer att upprätthålla
ordningen.
Lördagen den 29 nedrefs
föreningens röda fana och
föreningen skingrades.
Fredagen den 5 April
vart af dels nya dels
gamla antalet 250
man.
Måndagen den 8de sattes
fabriken i gång, pipan
gjöd och bäcketen var dut

Zwei Seiten aus Jöns Nilssons Tagebuch

1880
Jöns: »Bei dem Schmied Ericksson habe ich für Essen und Logis vom 7. Januar bis zum 26. Juli gearbeitet.« – Ernst kommt als viertletzter durchs Abitur. Er kauft sich einen Frack für 22 Kronen, eine Studentenmütze für 2,75 und beginnt sein juristisches Studium in Lund.

1881
Jöns: »Vom 22. Mai bis zum 6. August und im September und Oktober drei Wochen für 1,50 die Woche.« – Ernst verdient als Hauslehrer 20 Kronen im Monat.

1882
Jöns: »Leistete meinen Wehrdienst, und das kostete mich insgesamt 60 Kronen.« »Vom 30. Januar bis zum 20. Mai für zwei Kronen die Woche, vom 25. September bis zum 12. November, vom 20. November bis zum 23. Dezember zwei Kronen die Woche.« – Ernst hat während seiner Studienzeit als Hauslehrer ein Einkommen von 400 Kronen im Jahr, zusätzlich Essen und Wohnung.

1883
Jöns: »Ich begann in der Zementfabrik Lomma am 2. April 1883 und wurde mit 1,25 Kronen pro Tag bis zum 25. Mai bezahlt. (. . .) 1883 wurde ich für das ganze Jahr mit 436,45 bezahlt.« – Ernst ist Hauslehrer in Dala. Verlobt sich am 20. November mit Mimmi Ahnfeldt.

1885
Jöns: »Am 21. Oktober erlitt ich einen Unfall, bei dem ich drei Finger verlor. Der Aufenthalt im Lazarett dauerte 36 Tage. Danach ging ich bis zum 15. Dezember spazieren, ich begann, unter Beihilfe von Ahlstrand, wieder mit der Arbeit.« »1885 wurde ich mit 586 Kronen 45 Öre abgelöhnt.« – Ernst leistet seinen Wehrdienst.

1889
Jöns: »Am 15. März 1889 um 12 Uhr wurde die Zementfabrik und alle Ziegelfabriken in Lomma geschlossen mit der Begründung, daß ein sozialistischer Arbeiterverein gegründet worden sei.« – Am gleichen Tag schrieb Ernst an Mimmi: »Wie geht es übrigens Ihrem Theater? Es ist ja fast ein wenig unangenehm, daß darüber so viel geschwätzt wird, als wäre es nicht nur eine läppische Sache, um sich selbst und möglicherweise einige andere zu vergnügen. Papa hat dieser Tage bestimmt eine Menge darüber zu erzählen; ich hörte von Mama, daß sie über das Gerede verärgert war. Aber ich interessiere mich dafür nicht genug, um nachzufragen, was im einzelnen war (. . .)«

Jöns: »Am Mittwoch, dem 26. März, traten die Schmiede aus der Gewerkschaft aus, gaben ihre Mitgliedschaft zurück und nahmen die Arbeit wieder auf.« »Freitagabend, den 28. März, kommen 18 berittene Husaren, um die Ordnung aufrecht zu erhalten.« »Am Samstag, dem 29., wurde die rote Fahne der Gewerkschaft abgerissen und die Vereinigung zerstreut.« »Freitag, den 5. April, kamen teils neue, teils alte Beschäftigte, insgesamt 250 Mann.« »Montag, den 8., wurde die Fabrik wieder in Gang gesetzt, die Pfeife ertönte, und die Aussperrung war beendet. Die Arbeitsbesatzung ging auf 350 Mann hoch, die Arbeitszeit betrug zehn Stunden, und der Arbeiterverein, in dem nur 34 der entlassenen Arbeiter und verschiedene Leute noch übriggeblieben waren, wurde für aufgelöst erklärt.« Ernst an Mimmi: »(. . .) habe ich mich immer und immer wieder an Dein Versprechen erinnert, wie gern Du Dein eigenes Leben meinem Glück widmen willst. (. . .) Du solltest Deinen gelegentlich aufkommenden Zweifel fahren lassen und mir immer mehr zutrauen, und überhaupt solltest Du Deine zweifelnden Gedanken aufgeben. Liebes kleines Mädel, wenn Du wirklich so denkst, wie Du sagst, so laß nie den Gedanken aufkommen, Du wärest hier im Leben fehl am Platze oder dergleichen. Du kannst ganz sicher sein, daß alles gut zurecht kommt . . .«

Jöns: »Am 2. November sah ich zum ersten Male meine Verlobte Maria. Wir gelobten einander Treue fürs Leben am 26. Dezember.« »1889 wurde ich mit 789 Kronen 55 Öre bezahlt.« – Ernst erhält eine Anstellung bei der Landesverwaltung in Malmö. Jahreseinkommen 2.700 Kronen. Er sieht sich nach einigen Extraeinnahmen um: »Ich war heute bei Ingenieur Berg in der Stadt, bei dem sogenannten Zement-Berg, welcher auch Geschäfte in Limhamn verwaltet. Auf Vorschlag von Aurell besteht die Absicht, daß ich für die Limhamn-Bürger die Grundbucheintragungen erledigen soll. Das kann eine bequeme Arbeit in freien Stunden sein und eine Gelegenheit für einen kleinen Extraverdienst.«

1890

Jöns: »Wir kauften ein Haus am 24. März und wurden am 25. März fotografiert.« »1890 wurde ich mit 800 Kronen 11 Öre bezahlt.« – Ernst wurde stellvertretender Amtsdirektor und der Sekretär der Stadtversammlung von Malmö. Jahreseinkommen 5.164 Kronen. Er möbliert eine Wohnung in Eiche und Walnuß für 5.000 Kronen und heiratet am 10. Oktober.

1893

Jöns: »Am 16. Dezember klemmte ich einen Finger in der Riemenscheibe ein, wurde ärztlich behandelt und deshalb am 3. 1. 1894 entlassen und fing die Arbeit am 8. 1. wieder an. Am 19. 1. erhielt ich von der Unfallversicherung für 16 Tage 16 Kronen Entschädigung.«

1897 verzeichnet Ernst, daß seine Aktien 197.997 Kronen wert sind. Er rechnet damit, daß sie im Jahr 1889 um 40.000 Kronen im Wert steigen werden. Jöns verzeichnet wie gewöhnlich sein Jahreseinkommen: 846 Kronen und 83 Öre.Sein gesamtes Lebenseinkommen ist nun auf 11.280 Kronen plus einige Kronen, die er als Lehrling beim Schmied Eriksson verdient hatte, angestiegen. Das ist die Bezahlung für 17 Jahre harte körperliche Arbeit – ein Viertel der Wertsteigerung, welche Ernst für seine Aktien allein in einem einzigen Jahr erwartete.

Seit 1900 haben wir Ernst Wehtjes besteuertes Einkommen (siehe Kapitel 13) untersucht und können es mit den jährlichen Aufzeichnungen von Jöns vergleichen:

Jahr	Das Jahreseinkommen von Jöns Nilssons	Das Jahreseinkommen von Ernst Wehtje	Das Jahreseinkommen von Jöns in Prozent von Ernst's Einkommen
1900	1.010,42	13.900,00	7,3
1901	953,79	15.000,00	6,4
1902	913,10	16.200,00	5,6
1903	895,67	26.114,00	3,2
1904	991,82	–	–
1905	1.577,84	–	–
1906	1.092,00	31.830,00	3,4
1907	1.096,48	32.070,00	3,4
1908	1.134,06	39.710,00	2,9
1909	1.021,42	40.350,00	2,5
1910	1.169,88	45.100,00	2,6
1911	1.292,07	43.980,00	2,9
1912	1.298,24	53.510,00	2,4
1913	1.298,21	64.590,00	2,0
1914	1.283,13	84.300,00	1,5
1915	1.260,34	101.000,00	1,2
1916	1.254,91	107.000,00	1,2
1917	1.542,83	132.000,00	1,2

Während dieser 18 Jahre sank also das Jahreseinkommen von Jöns Nilsson beständig im Verhältnis zu dem von Ernst Wehtje – gegen Ende dieses Zeitraums verdient er nur noch gut ein Hundertstel von dem, was Wehtje verdient. Wenn wir nach der gleichen Methode vorgehen, die wir in Kapitel 13 angewandt haben, um die Einkommen in den Geldwert von 1975 umzurechnen, stellen wir fest, daß während des Ersten Weltkrieges die Kaufkraft von Jöns kräftig abgesunken ist, während Wehtje seine verteidigen konnte:

Jahr	Umwandlungs-zahl	Jön Nilssons Jahreseinkommen	Ernst Wehtjes Jahreseinkommen
1914	8,87	11.381,00	748.000
1915	7,71	9.717,00	779.000
1916	6,82	8.558,00	730.000
1917	5,41	8.346,00	714.000

Jöns Nilsson verzeichnet weiter während seines ganzen Lebens die größeren Ereignisse. Ernst Wehtjes Briefe an Mimmi werden dagegen im Laufe der Jahre immer weniger:

1904
Jöns: »Am 21. 3. wird den Arbeitern mitgeteilt, daß, wenn der Kalkschlamm ausbleibt, auch die Fabrik geschlossen wird.« »Am 27. 9. fing ich in der Kalksandsteinfabrik an zu arbeiten.« – Ernst Wehtje wird zum Finanzdirektor von Skånska Cement ernannt.

1907
Jöns: »Am 8. Dezember um 1/2 6 vormittags starb Ingenieur R. F. Berg.« – Wehtje folgte Berg als geschäftsführender Direktor von Skånska Cement.

1918
Jöns: »Am Sonntag, den 29. Dezember um 3.55 Uhr, starb unsere Mutter, meine Ehefrau Maria. Das Begräbnis fand in der Kirche von Lomma am Sonntag, den 4. Januar um ein Uhr statt.« – Wehtje wurde Vorsitzender der Stadtversammlung in Malmö.

1933
Jöns: »Am 14. Juni erhielt ich die Zusage, daß ich vier Tage bezahlten Urlaub bekommen würde und danach die Beurlaubung auf unbestimmte Zeit, bis die Ziegelfabrik wieder in Gang gesetzt würde. Wie wird das werden? Wird es wirklich dazu kommen, daß sie Ziegelfabrik wieder ihren Betrieb aufnimmt? Gleichzeitig versprach mir Ingenieur Hansson, daß er sich für mich verwenden würde, um am Ende der Arbeit eine Pension zu erhalten.« – Wehtje feiert seinen 70. Geburtstag auf Gut Latorp. Er wird geweckt vom Lied »Tost wie Gewitter, Brüder«. Seine Enkel führen zu seinen Ehren das Stück »Goldherz« auf. – Jöns: »Am 14. August erhielt ich die Zusage, daß ich an der Dampfmaschine und Pfanne mit der Arbeit anfangen könnte, ich richtete mich darauf ein und fuhr dort am 17. August an.«

1935
Jöns: »1883 am 2. April fing ich bei C. B. an. 1935, am 20. Februar, war Schluß. Die Arbeitszeit hat insgesamt 51 Jahre und 11 Monate gedauert.« – Im Jahr darauf starb Ernst Wehtje.

1940
Jöns: »Am 5. Dezember war die Enthüllung eines Denkmals in Limhamn und danach Verleihung von Ehrenmedaillen an 392 Arbeiter und Vorarbeiter.«

Zwei Menschenleben, zwei Arbeitsleben. Sie begannen im gleichen Jahr mit ihrer Arbeit. Jöns als Schmiedelehrling, Ernst als Lehrer. Sie heirateten im gleichen Jahr. Sie schlossen ihre Arbeit in den Diensten von Skånska Cement mit einem Abstand von nur wenigen Monaten gemeinsam ab – der eine mit dem Versprechen von Ingenieur Hansson, eine kleine Pension von der Gesellschaft zu erwirken, der andere als einer der reichsten Männer Schwedens. Zwischen ihnen liegt die Klassengesellschaft.

Selbst die kurzen Notizen, welche sich Jöns Nilsson machte, geben uns die Konturen eines Arbeiterlebens. Wenn man bedenkt, daß er noch mehr über seine Arbeit in der Zementfabrik und in dem Ziegelwerk berichtet hätte, wenn man daran denkt, daß er uns auch einige alltägliche Einzelheiten mitgeteilt hätte, die unbedeutenden Ereignisse, die unmerklichen Veränderungen ... Welch einzigartiges und unersetzliches Dokument hätte das sein können!

Solche Tagebücher sind außerordentlich selten und wertvoll. Ich kenne nur dieses: Lambert Wahlberg: »Utsikt fran en travers« (Aussicht von einem Laufkran. Tagebuchnotizen aus den Sickla-Werken. Stockholm 1973). Lambert Wahlberg begann bei Atlas Copco 1928 zu arbeiten. Sein Tagebuch besteht aus 14 Bänden mit insgesamt 2.000 Seiten. Die gedruckte Version ist stark gekürzt, unklar ist, nach welchen Gesichtspunkten das geschah. Sie wurde als Jubiläumsschrift des Unternehmens herausgegeben. Das ist natürlich eine ungeeignete Veröffentlichungsform, wenn man daran interessiert ist, die ganze Wahrheit über ein Arbeiterleben zu erfahren. Aber es ist trotzdem ein sehr lesenswertes Buch, weil es zeigt, wie alle diese Kleinigkeiten, welche jede für sich als zu unbedeutend angesehen werden, um aufgezeichnet zu werden, zusammengenommen ein gewaltiges Gemälde des Menschen in der Arbeit abgeben. Und es zeigt, wie man es anfangen kann, das, was am Arbeitsplatz passiert, zu beobachten und seine eigenen Wahrnehmungen aufzuschreiben.

● Hat irgend jemand Deiner Vorgänger in der Arbeit, im Beruf, am Arbeitsplatz irgendwelche Briefe, Tagebücher oder andere Dokumente über sein Arbeitsleben hinterlassen?

Hilfsmittel: Frag Pensionäre, frag deren Kinder. Wenn Du das Glück hast, ein altes Tagebuch von Deinem Arbeitsplatz zu entdecken, wird das ein natürlicher Ausgangspunkt für Deine eigenen weiteren Forschungen. Jedes Kapitel in diesem Buch verweist auf Fragen, welche an Tagebücher gestellt werden können, und auf Methoden, die man anwenden kann, um mehr über den Tagebuchverfasser und seine Arbeit zu erfahren.

● Gibt es niemanden an Deinem Arbeitsplatz, der Tagebuch schreibt? Warum tust Du es nicht?

Hilfsmittel: Man kann selbst in größter Heimlichkeit damit anfangen. Man kann auch einen Zirkel bilden, der sich jede Woche trifft und die Notizen vom Arbeitsplatz diskutiert.

● Das Kapital, das heute die schwedischen Unternehmen beherrscht, ist oft ganz genau so entstanden wie das von Wehtje. Es wurde durch unsinnige Wertsteigerungen und hohe, fast unbesteuerte Einkommen in einer früheren Klassengesellschaft geschaffen. Wie entstand das Kapital in dem Unternehmen, in dem Du arbeitest?

Hilfsmittel: Siehe Kapitel 12 und 13.

16. . . . im Heim

Das Heim war für Ernst Wehtje »Mittelpunkt seines Daseins, die Konkretion der Liebe«, hatte Per Wästberg geschrieben. Das Heim war ein Traum, dem er sein Leben lang treu blieb. Wehtje hatte größere Möglichkeiten als die meisten anderen Menschen, diesen Traum zu verwirklichen. Seine endgültige Form erhielt sein Traum in Fridhemsvägen 11 in Malmö:

> »Wenn man vom Zentrum, vorbei an Ribersborg, den schönen Strandweg entlang kommt mit dem belebten Sund auf der Rechten, so kommt man hinauf zu Wehtjes Villa, ein Stück abgelegen vom Strand, und man findet das Äußere nicht sonderlich imposant. Man ist verwöhnt von der großen Zahl Riesenvillen oder richtiger gesagt Schlössern, welche an Strandvägen liegen. Das Wehtje-Haus hinter seinem hohen gemauerten Gitterzaun erinnert am ehesten an die Villen, die den Abhang von Saint Cloud außerhalb von Paris bilden. Es liegt auch ein wenig abgeschieden, reserviert durch Gebäude und Park, insgesamt wie die Privatschlösser der Franzosen. Einen Uneingeweihten muß man darüber informieren, daß diese doch ganz ansehnliche Villa nicht mehr als drei Räume im Erdgeschoß und vier im oberen Stockwerk enthält, eingerechnet Schlafräume und kleinere Räume. Er würde vermutlich verwundert sein und könnte mit Recht vermuten, daß die wenigen Räume höchst ansehnlich sein müßten. Wenn man hinzufügt, daß diese vier Wände die schönste und wertvollste private Kunstsammlung von Malmö enthalten, so wird die Verwunderung sicher noch ansteigen. Laßt uns hineingehen.«

So berichtet der Kulturjournalist Harald Schiller in der Zeitschrift Svenska hem i ord och bilder (Schwedisches Heim in Wort und Bild, 1933, Band 1). Er geht hinein. Er geht durch jeden Raum mit der Neugier eines Antiquitätenhändlers. Dies hier ist ein Stück des Eßzimmers, welches wir schon aus dem Nachlaßverzeichnis (siehe Kapitel 13) kennen:

> »Von der Halle aus sieht man vom Eßzimmer nur eines der großen, von braun-roten Gardinen eingerahmten Fenster und einen Renaissanceschrank, geschmückt mit einer riesigen Terrine aus Silber, aus-

Ernst Wehtjes Heim: Die untere Halle mit Durchblick zum Eßsaal

geführt in Paris 1774. Die Möblierung ist durchgehend in Renaissance gehalten und die Farbgebung nur in Weiß und Rot. Nicht weniger als drei schön gestaltete Renaissanceschränke haben hier ihren Platz gefunden. Alle dienen als Abstellplatz für Kunstgegenstände. Außer dem schon erwähnten mit seinem französischen Silberstück steht ein gleichartiger an der einen Längswand, flankiert von zwei Stühlen, welche samt einigen Kristallämpchen und einem Stilleben von Adrian von Utrecht (1599 bis 1652) eine Gruppe bilden.

Auf dem Schrank steht eine Sammlung ostindischen Porzellans mit zwei Kirchenleuchtern aus Zinn. Der dritte Schrank zwischen den Fenstern auf der schmalen Wandseite enthält eine Sammlung modernen Silbers, und an der Wand darüber hängt der Zeitmesser dieses Raumes, eine Uhr im Stil Louis XIV. in Porzellanfassung. Das Muster auf dem Goldleder der Stühle wurde von Frau L. Ouchterlony gezeichnet und von der einen Tochter des Hauses, Ruth Jung, ausgeführt. Eine Erinnerung an die frühere Wohnung ist ein Teetisch von Rörstrand mit einem Bild des Strandlebens auf einem Porzellanteller, der direkt vor dem Fenster steht.«

Der Rundgang schließt beim Dienstpersonal ab.

»Zum Schluß ein paar Worte über Dachboden und Küche – aus Gründen der Vollständigkeit. Die zweite Etage enthält eine Menge Büroräume und Abstellräume, zwei schöne Gasträume mit Aussicht auf den Öresund. Hier gibt es auch Badezimmer, was kaum überrascht, wenn auch die Bedienungen in der Souterrainetage so etwas haben. Dort liegt auch die Küche, groß wie eine Schloßküche, mit Kacheln verkleidet, wie auch sämtliche Vorratsräume und Abwaschräume. Essensaufzüge und Haustelefone erleichtern die Arbeit des Personals, so auch die Ölheizung, die vor kurzem eingebaut worden ist. Die Personalräume liegen hier unten, mit fließendem Wasser in jedem Raum, wie auch in den zwei prächtigen Gästezimmern. Im Sommer bieten die Rabatten außen den hübschesten Anblick mit ihren kletternden Rosen längst den Fensterbögen. Daß alles an der Einrichtung, Schränke, Kühlschränke, Vorratsräume und Speisekammer höchst modern und praktisch ist, ist in dieser Patriziervilla bei dieser Herrschaft, wo Vermögen und guter Geschmack eine so gute Vereinigung eingehen konnten, die gewiß nicht gewöhnlich in unserem Lande ist, ganz natürlich.«

Nein, diese Möglichkeiten waren ganz und gar nicht gewöhnlich. Aber der Sohn des Amtsdirektors, Ernst Jonas Wehtje, schuf sich beiläufig eine noch prächtigere Wohnung. Die übertrug er 1957 als Geschenk an seinen Sohn Hans Christian Wehtje. Wie manche anderen Direktorenwohnungen findet man auch diese in dem Prachtwerk »Schlösser und Herrensitze in Schweden«, Malmö 1966, beschrieben.

Ellinge

Gemeinde Västra Sallerup, Kreis Harjagers. Skåne. Gelände: 587 Hektar. Geschätzter Wert: 3.569.500 Kronen.

Ellinge ist einer der ältesten Herrensitze in Skåne mit Anfängen im 12. Jahrhundert. Die Herren, die im Mittelalter auf Ellinge saßen, zählten zu den mächtigsten des Landes. Wenn sie hierher kamen, um die Abgeschiedenheit des Gartens zu genießen, brauchten sie einen guten Platz (. . .) Seit Schloß Ellinge in die Hände des Dr. Ernst Wehtje und seiner Frau übergegangen ist, war das Schloß (in den fünfziger Jahren) Gegenstand umfangreicher Restaurierungs- und Erneuerungsarbeiten. Im Inneren wurde dabei bewahrt, was an älteren Architekturdetails übriggeblieben war. Aber die Ausschmückungen mit Kunstwerken und Möbeln wurden von den neuen Eigentümern des Schlosses besorgt. Die Eingangshalle führt direkt in die mit sechseckigen Ziegelplatten ausgelegte untere Halle, welche mit gastfreundlichen Rokokostühlen und orientalischen

Ernst Jonas Wehtjes Heim: Eßsaal im Schloß Ellinge

Teppichen als Wohnraum möbliert ist (...) Aus der unteren Halle kommt man in den jetzigen Eßraum, ein Raum, welcher auch jetzt noch einiges von dem Barockcharakter bewahrt hat, den er vermutlich bei der Umgestaltung des Schlosses in der Zeit des Landeshauptmannes Wilhelm Bennet erhielt. Davon zeugen die Brustpanele, die Türen und die tief eingekehlten Dachleisten. Der Eßsaal nimmt die ganze Breite des Hauses mit zwei Fenstern in jeder Fassade ein. Oberhalb der weißgestrichenen Brustpanele sind die Wände mit bedruckten Papiertapeten verkleidet, die früher ihren Platz im alten Eßsaal im Obergeschoß hatten. Die Tapeten stellen eine Jagdpartie zu Pferde in einer Flußlandschaft mit Schloß und Kirchen dar. Sie sind vermutlich von dem französischen Lithographen und Pferdemaler Carle Vernet (1759–1836) gezeichnet und ungefähr 1815 bei Jacquemart et Bernard in Paris gedruckt worden. Die Möblierung dieses Raumes besteht aus Rokokostühlen und zwei langen geschnitzten Barockschränken an den Innenwänden. Die eine italienische enthält eine Sammlung alten Tafelsilbers, die andere nordische mit Stücken eines Services aus chinesischem Exportporzellan. Bemerkenswert ist der reich verzierte Glasleuchter im Barockstil.«

Die Wohnungen, die Ernst Wehtje, Vater und Sohn, ihren Arbeitern zur Verfügung stellten, waren selbstverständlich von einfacherem Zuschnitt. Ein zusammenfassendes Bild gibt Jöran Curmann in »Industriens arbetarbostäder« (Arbeiterwohnungen in der Industrie, vom Forschungsinstitut der Industrie. Vorwort von Ernst Jonas Wehtje, Stockholm 1944). Hier findet man Angaben über 55.000 Unternehmenswohnungen in allen verschiedenen Branchen. Über 16 Prozent der Industriearbeiter Schwedens hatten in dieser Zeit ihre Arbeitgeber als Hauswirte. In der Erd- und Steinindustrie wohnte jeder vierte Arbeiter in einem Haus des Unternehmens.

Die Arbeiterwohnungen der Industrie waren im allgemeinen klein – 75 Prozent bestanden aus einem Raum und Küche, oder waren noch kleiner. Fast die Hälfte der Wohnungen befanden sich in Häusern, die vor 1900 gebaut waren. Fast die Hälfte hatten weder Wasser noch Abfluß. 81 Prozent enthielten kein WC. 86 Prozent enthielten keine Zentralheizung. 96 Prozent enthielten weder Bad noch einen Duschraum. Die Miete lag im Durchschnitt 20 Prozent unter der üblichen Miete am Ort. Aber es gibt auch Beispiele, daß ein Unternehmen 480 Kronen (oder 1.820 Kronen in Preisen des Jahres 1975) für eine veraltete Einraumwohnung ohne Zentralheizung auf dem Lande verlangt hat. Die niedrige Miete war oft mit gewissen Bedingungen verbunden, z. B. Einsparungen durch Lohnpfändungen, oder Kündigung, wenn keine Kinder in die Welt gesetzt wurden. Der nachfolgende Mietkontrakt aus Hällekis gilt als vorbildlich:

Mietvertrag
Die Skånska Cementaktiebolaget, Hällekis, im weiteren Gesellschaft genannt, überläßt und vermietet hiermit an
künftig benannt Mieter, die Wohnung Nr. in dem Reihenhaus Nr. innerhalb der Eigenheimgesellschaft Sjösäters, welche Wohnung einen Raum mit Küche und zugehörigem Keller enthält, sowie Kartoffelland Ar auf dem von der Gesellschaft angewiesenen Platz. Die Miete beträgt 12 Kronen (zwölf) pro Monat und wird nachträglich bezahlt. Für Wasser wird 25 Öre pro Kubikmeter bezahlt und für elektrische Energie 25 Öre pro Kilowattstunde. Die Wohnung steht höchstens 5 (fünf) Jahre zur Verfügung, gerechnet ab dem
Der Mieter verpflichtet sich, während der Zeit, in der er in der Wohnung wohnt, monatlich mindestens 30 Kronen für ein Grundkapital zum Bau eines Eigenheimes abzuführen, und er gibt der Gesellschaft das Recht, für jeden Monat durch Abzug vom Arbeitsverdienst durch die Gesellschaft den benannten Betrag einzubehalten. Die Gesellschaft verpflichtet sich, das fragliche Geld während der Zeit zu verzinsen mit 5 Prozent Zinseszins. Die Parteien kommen überein, daß das so aufgebrachte Kapital an die Mieter nur ausgezahlt wird für den Bau eines Eigenheimes, beim Auszug aus der Wohnung, im Falle des Todesfalles des Mieters und wenn der Mieter die Arbeit bei der Gesellschaft beendet.
Die Gesellschaft erhält das Recht, daß sie die Mieter mit einer einmonatigen Kündigungsfrist aus der Wohnung kündigen kann:
wenn die Miete aus einer anderen Ursache als Krankheit nach bestimmter Frist nicht bezahlt ist,
wenn der Mieter seine Arbeit bei der Gesellschaft beendet,
wenn der Vertrag ohne Zustimmung der Gesellschaft auf einen anderen übertragen wurde,
wenn der Mieter ohne Zustimmung der Gesellschaft eine andere Person die Wohnung nutzen läßt,
wenn der Mieter nicht acht gibt auf das, was erforderlich ist, um die Gesundheit, die Ordnung und den Zustand der Wohnung zu bewahren oder wenn er Mißbrauch damit treibt oder Schaden an den gemieteten oder an anderen Teilen des Gebäudes bewirkt,
wenn der Mieter nicht die übrigen Bestimmungen des Vertrages erfüllt oder seinen Verpflichtungen entsprechend geltendem Recht nicht nachkommt.
Da diese Wohnung für Familien mit Kindern vorgesehen ist, kann die Gesellschaft verlangen, daß die Mieter nach einer angemessenen

Kündigungsfrist ausziehen, wenn es scheint, daß die Familie des Mieters dauerhaft kinderlos bleibt.
Hällekis, den
Der obenstehende Mietvertrag wird in allen Teilen als Richtschnur und zur vollständigen Erfüllung vom Unterzeichnenden anerkannt.
Hällekis, den

- Wie haben die Direktoren und Eigentümer Deines Unternehmens im Laufe der Zeit gewohnt? Wie wohnen sie heute?
- Welche Wohnungen hat das Unternehmen im Laufe der Zeit den Arbeitern angeboten? Zu welchen Bedingungen?

Hilfsmittel: Einen Hintergrund gibt der Architekt John Åkerlund in »Arbetarbostäder vid industrielle verk« (Arbeiterwohnungen in industriellen Werken, Schwedischer Industrieverband, Stockholm 1917). Dort werden Bilder und Wohnungseinrichtungen u. a. aus Linköping, Norrköping, Jönköping, Huskvarna, SKF in Göteborg, AGA, ASEA und der Fabrik Holmens präsentiert. Beachte, daß hier Wohnungen als Vorbilder präsentiert werden. – Die »Wohnungsbauvereinigung der Industrie« wurde 1945 gegründet, um den Wohnungsbau der Unternehmen in der Nachkriegszeit zu vereinheitlichen. In »Industriewohnungen« präsentiert die Vereinigung Planungen, Zeichnungen und Fotografien von neuen Wohnungsgebieten in etwa 30 Unternehmen, darunter in Slite und Stora Vika. – Die Ethnologin Rut Liedgren hat in ihrem Buch »So bodde vi« (So wohnten wir, Arbeiterwohnungen als Typ und Zeiterscheinung, Stockholm 1961) sowohl die Vorbilder wie die Wirklichkeit behandelt. Die Beispiele sind aus Göteborg und Stockholm mit einzelnen Ausblicken auf andere Industrieorte zusammengetragen.

Lokale Wohnungsuntersuchungen

1865 wurde in Göteborg die erste schwedische Wohnungsuntersuchung vom Armuts-Komitee durchgeführt. Das Komitee faßte seine Eindrücke so zusammen:

»Die Wohnungen, in denen die Arbeiterklasse im allgemeinen wohnt, befinden sich oft in alten, baufälligen, angefaulten Holzhäusern, entweder einzelnstehend oder hinter neueren und besser gebauten Gebäuden. Der Wind spielt durch undichte Fenster, Türen können nicht geschlossen werden, und die Wände sind morsch. Der Fußboden der Obergeschosse liegt über einer Waschküche, einem Holzschuppen oder dergleichen, zugig und kalt, im unteren Geschoß ist der Boden durchgefault, oft feucht von Wasser, das mit Regen und Tauwetter sich in die Fugen zwischen den alten Brettern in

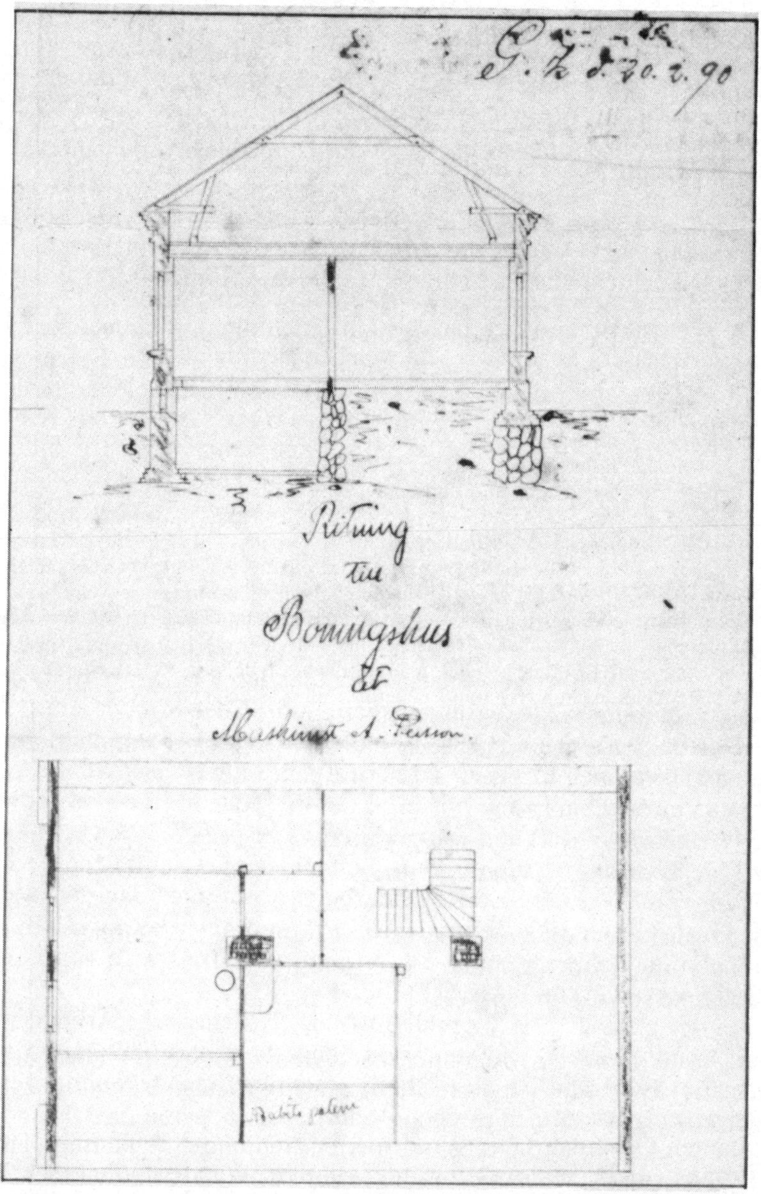

Bauzeichnung des Wohnhauses von A. Persson, Maschinist, auf dem Grundstück Hyllie Nr. 24 in Limhamn, das das Unternehmen für den Bau von Arbeiterwohnungen bereitstellte. (Aus dem Archiv der städtischen Baubehörde)

Dach und Wänden einsaugt, das vom Hof rinnt und das unter den Gebäuden steht. Die Kellerräume sind fast ausnahmslos dunkel, feucht und ungesund. Die Fenster liegen auf gleicher Höhe oder ganz unbedeutend über dem Niveau der Straße oder des Hofs. Das Wasser rinnt zumeist aus dem Hof oder aus der Straße die Treppen hinunter in die Räume und dringt zwischen die Mauern und Wände und – soweit vorhanden – in die Verkleidungen. Die mit Straßendreck bedeckten Fenster innerhalb des Hofes, oft verdeckt durch nahestehende Wände, lassen insbesondere zu Winterszeiten ein höchst unzulängliches Licht ein. In diesen Räumen liegt immer ein muffiger Geruch in der Luft. (. . .)

Die Männer, die meistens im Freien arbeiten, leiden darunter vergleichsweise am wenigsten, mehr schon die Frauen, welche häufig von rheumatischen Leiden, chronischen Brusthöhlenerkrankungen, Bleichsucht usw. geplagt werden, am meisten aber die Kinder. In dunklen, feuchten und schmutzigen Lumpen wächst hier ein elendes Geschlecht von bleichen, aufgedunsenen Kindern heran mit Geschwüren, Tuberkulose, Englischer Krankheit (Rachitis) und chronischen Darmkrankheiten.«

Diesem Bericht folgen keinerlei Maßnahmen.

Der erste Versuch, die Wohnverhältnisse der Arbeiter in Ziffern auszudrücken, wurde ebenfalls in Göteborg unternommen, und zwar von Hjalmar Wallqvist: »Bostadsförhållanden för de mindre bemedlade i Göteborg« (Die Wohnungsverhältnisse der Minderbemittelten in Göteborg, Stockholm 1899). Wallqvist begnügte sich nicht damit, einen allgemeinen Eindruck zu vermitteln, sondern er maß die Wohnungen und rechnete aus, wie groß die Fußbodenfläche war und wieviel Kubikmeter Luft und wieviele Fenster es pro Person gab. Die gleiche Methode wurde auch bei einer Untersuchung von Lebensverhältnissen von Werkstatt- und Textilarbeitern in Stockholm angewandt, die Gustav af Geijerstam in »Anteckninger om Arbetarförhållanden i Stockholm« (Notizen über die Arbeiterverhältnisse in Stockholm, Stockholm 1894) veröffentlichte.

In der gleichen Schriftenreihe beschrieb Geijerstam Arbeiterwohnungen in Norberg, Dannemora, Grängesberg und Gällivare-Malmberget (1897), und K. Key-Åberg beschrieb Arbeiterwohnungen in Norrköping (1896) und in den Glashütten (1899).

In Stockholm hatte es bereits seit 1868 einfache Wohnungsberechnungen gegeben. Nach der Initiative der Lorenz-Stiftung wurden auch in anderen Städten vollständigere Wohnungsuntersuchungen in kommunaler Regie durchgeführt. Als Beispiel können wir die Untersuchung von Limhamn nehmen: Gustav Stjernström, Limhamn – industrielle und soziale Entwicklung. In: Soziale Zeitschrift 1906–1907. Stjernström untersuchte alle 797 bebauten Grundstücke in Limhamn. Dort gab es 1.510 Wohnungen mit 4.940 Einwohnern (wobei zwei Kinder unter 15 Jahren als eine Person gerechnet wurden). Es wohnten also 3,2 Personen in jeder Wohnung. 73 Prozent der Wohnungen waren kleiner als 15 Quadratmeter. Aber der Standard wurde trotzdem als ausgesprochen zufriedenstellend angesehen, weil 67 Prozent der Wohnungen mehr als 20 Kubikmeter Luft pro Person hatten.

Die Kochgelegenheit bestand gewöhnlich aus Eisenöfen, Kachelöfen waren lange Zeit sehr selten. Zentralheizung gab es nur an wenigen Stellen. »In 88 Häusern wurde das Wasser mittels Pumpe direkt in die Küche befördert, eine Bequemlichkeit, die im übrigen sehr selten sein dürfte.« Die mittlere Miete betrug 5 Kronen 50 pro Raum, und die Küche wurde als halber Raum gezählt.

Wie andere der frühen Wohnungsuntersuchungen gibt Stjernströms Darstellung auch eine Menge anderer Angaben über die Verhältnisse am Ort. Insbesondere betont Stjernström R. F. Bergs Einsatz in Limhamn. Berg war (sowohl als sozial engagierter Arbeitgeber wie auch als Unternehmer mit Interesse an einer stabilen Belegschaft wie an wachsendem Zementverbrauch) ein entschiedener Anhänger der Eigenheimbewegung:

> »Um der Wohnungsnot abzuhelfen und den Arbeitern Gelegenheit zu geben, sich ein eigenes Haus zuzulegen, wurde mit Hilfe der Finanzierung durch Ingenieur Berg im Jahre 1888 ein größeres Gelände vom Besitzer des Bauernhofs Hyllie Nr. 24 gekauft, das jetzt das Stadtviertel »Pfau« umfaßt. Das Gelände wurde in Grundstücke aufgeteilt, und die Zementgesellschaft überließ Baumaterial auf Kredit und zu billigen Preisen. Im übrigen half Herr Berg persönlich mit Rat und Tat, mit dem Ergebnis, daß schnell das ganze Viertel mit 21 Gebäuden bebaut war, die insgesamt 49 Wohnungen mit höchstens drei Räumen und Küche in jeder Wohnung samt einigen Nebenräumen enthalten.
>
> Die Wohnungen sind komfortabel und ausreichend groß, was daraus hervorgehen dürfte, daß jeder Einwohner im Mittel eine Bodenoberfläche von 10,8 Quadratmetern zur Verfügung hat und einen Luftraum von 28,4 Kubikmetern und 1,2 Fenster. Die Miete beträgt im Durchschnitt bis zu 5,90 pro Raum und Monat. (. . .) Auf gleiche Weise wurden sechs Gebäude im Quartier Stenskvättan gebaut. (. . .) 1891 wurde Hylltorp Nr. 1 gekauft, wovon 13 Hektar in Grundstücke aufgeteilt wurden, die nun von beiden Seiten der Linnéstraße bebaut sind, umgeben von wohlgepflegten Gärten.

Allgemeine Volkszählungen

Die allgemeine Volkszählung gibt eine Darstellung der Wohnsituation im ganzen Lande. Die erste wurde 1912–1914 von der Sozialbehörde durchgeführt und in Schwedens offizieller Statistik in der Serie »Sozialstatistik« veröffentlicht. Einzelne Untersuchungen wurden in Vänersborg, Sundbyberg, Björkvik, Luleå, Karlstad, Jönköping, Uråsa, Brännkyrka, Norrköping, Eskilstuna, Sundsvall und Stora Tuna durchgeführt. Spezielle Angaben sind die konkreten, oft illustrierten Wohnungsbeschreibungen in den »Untersuchungen der Wohnungsverhältnisse Minderbemittelter in einzelnen schwedischen Städten 1. Norrköping. 2. Jönköping. (SOS, Sozialstatistik). Stockholm 1916–17.«

Die zweite allgemeine Wohnungszählung wurde 1920 durchgeführt. Sie enthält keine konkreten Beschreibungen mehr, gibt aber folgende Aufstellung für alle Orte und Stadtteile:

	Limhamn
Bevölkerung	10.654
Anzahl der Wohnhäuser	1.317
Anzahl der Häuser im Eigentum von	
Staat	–
Kommune	23
Wohnungsvereinigungen und gemeinnützige Gesellschaften	1
Industrie- und Handelsunternehmen	71
übrige	1.222
Anzahl der Häuser mit	
1 Wohnung	733
2 Wohnungen	339
3–9 Wohnungen	226
10 und mehr Wohnungen	19
Durchschnitt der Wohnungen pro Haus	2
Anzahl der Häuser mit Zentralheizung	
für sämtliche Wohnungen	101
für einzelne Wohnungen	28
In Gebrauch genommen nach dem 25. 5. 1917	
Anzahl der Häuser	13
Anzahl der Wohnungen	14
Anzahl der Häuser mit	
3 oder weniger Einwohnern	291
4–7 Einwohnern	563

8–29 Einwohnern	427
30 oder mehr Bewohnern	36
Durchschnitt der Bewohner pro Haus	8
Anzahl der Räume	8.283
davon Wohnraum	5.797
Küche	2.486
(Also: Wohnraum pro Wohnung	2,2
und Einwohner pro Wohnraum)	1,8
Zahl der Bewohner pro 100 Räume	
in sämtlichen Wohnungen	131
in den kleinen Wohnungen	161
davon in Einraumwohnungen	156
in Wohnungen mit abgeteilter Küche	147
in einem Raum mit Küche	199
in zwei Räumen mit Küche	138
in größeren Wohnungen	93
Durchschnittsmiete pro Jahr in Kronen für vermietete Wohnungen mit	
1 Küche ohne Raum	117
1 Raum ohne Küche	132
2 oder mehr Räume ohne Küche	245
1 oder mehr Raum mit einem Teil in der Küche	228
1 Raum und Küche	208
2 Räumen und Küche	321
3 Räumen und Küche	516
4 Räumen und Küche	786
5 Räumen und Küche	869
6 Räumen und Küche	600
7 und mehr Räumen und Küche	1.250

(Um die Mieten auf den Geldwert von 1975 umzurechnen, muß man sie mit 3,3 multiplizieren. Siehe Kapitel 13.)

	Malmö
Anzahl der Mieterhaushalte	
Minderbemittelt	14.592
Besserbemittelt	2.622
Durchschnittsmiete pro Jahr in Kronen für Minderbemittelte	
Arbeiterhaushalte	294
Beamtenhaushalte	465
Gewerbetreibende	521
Pensionärshaushalte u. a.	412
Durchschnitt	350
Durchschnitt für die Besserbemittelten	950

Das Durchschnittseinkommen in Kronen	
für Minderbemittelte	
Arbeiterhaushalte	3.826
Beamtenhaushalte	4.207
Gewerbetreibende	3.778
Pensionärshaushalte u. a.	3.336
Durchschnitt	3.839
Durchschnitt für Besserbemittelte	15.156
Mietanteil (in Prozent) im	
Durchschnitt für Minderbemittelte	
Arbeiterhaushalte	7,7
Beamtenhaushalte	11,1
Gewerbetreibende	13,8
Pensionärshaushalte	12,3
Durchschnitt	9,1
Durchschnitt für Haushalte Besserbemittelter	6,5

Spätere Wohnungszählungen (1933, 1945 und 1960) enthalten gleichartige Angaben. Seit 1965 wird die Wohnungszählung zusammen mit der Volkszählung durchgeführt.

- Wie wohnten Deine Vorgänger im Beruf und am Arbeitsplatz?

Hilfsmittel: Wohnungsstatistiken gibt es in der Stadtbibliothek. Die Planungsabteilungen der Stadtverwaltung haben oft Untersuchungen, die Angaben auch über kleinere Gebiete – z. B. für ein oder ein paar Quartiere innerhalb eines Stadtteiles – enthalten.

In einigen Städten hat man Gebäudeinventare angelegt, die die Geschichte der einzelnen Häuser schildern. Gedruckte Inventare gibt es in der Stadtbibliothek, ungedruckte in den Landesarchiven. Wenn kein Inventar angefertigt worden ist, kann man in das Archiv der Baubehörde gehen, die im allgemeinen Bauzeichnungen für die städtischen Häuser, die nach 1874 gebaut worden sind, haben. Nach 1955 gibt es auch technische Beschreibungen für die Zeichnungen von Baugenehmigungen. In einzelnen Städten hat die Baubehörde ein kommunales Gebäuderegister aufgestellt, das Angaben über Bauanträge, über Gebäudebesteuerung und über einzelne verschiedene Spezialeinrichtungen enthält. Die Brandversicherungsakten enthalten oft ausführliche Angaben über ältere Häuser – siehe Kapitel 20. Die Einwohnermeldelisten und Adreßbücher enthalten Angaben darüber, wer in diesem Haus zu den verschiedenen Zeiten gewohnt hat – siehe Kapitel 12. Diese und andere Quellen werden näher beschrieben in Fredric Bedoire u. a. »Arkivguide för byggnattsforskare« (Archivführer für Bauforscher, und Ola Siksiö u. a. »Att välja och samlar bostadsdata« (Wohnungsdaten auswählen und sammeln, Mitteilungen des staatlichen Instituts für Gebäudeforschung 1976:14).

Soziologische Wohnungsuntersuchungen

Die Wohnungszählungen enthalten Angaben über die physischen und ökonomischen Bedingungen der Bewohner. Aber sie sagen nichts darüber, wie die Leute in ihren Wohnungen gewohnt haben. Wie kam man mit der Enge in den Wohnungen klar, wie aß man, wie schlief man, wie lebte man mit einer großen Familie in einer Einzimmerwohnung? Die erste schwedische Untersuchung, die versucht, darauf Antworten zu geben, stammt von Brita Åkerman-Johansson: »Familjen som växte ur sitt hem« (Die Familie, die aus ihrem Heim wuchs. Stockholm 1941). Das ist ein übersehenes Pionierwerk der schwedischen Soziologie und gleichzeitig ein lebendiges und lesenswertes Buch, das mehr über das schwedische Familienleben in den dreißiger Jahren enthält als irgendein anderes Buch, das ich je gelesen habe. Die Untersuchung wurde mit 214 Stockholmer Familien durchgeführt, die zum Teil interviewt wurden, und zum Teil darüber Buch führten, was die Familienmitglieder machten und wo sie sich in der Wohnung während einer Woche aufhielten:

Aus Brita Åkermans Untersuchung: Eine der 214 Familien am Eßtisch (vgl. die Eßsäle der Familie Wehtje)

»Ungefähr die Hälfte waren Arbeiterfamilien mit ein oder zwei Kindern, die in einem Raum mit Küche wohnten. Die Einraumwohnungen hatten einen großen Tisch und oft auch einen kleineren, zwei Aufbewahrungsschränke, vier Stühle und einen Liegestuhl. Eine Ottomane war das in dieser Klasse übliche Schlafmöbel. Es gab nur 40 Betten für Erwachsene gegenüber 326 Ottomanen. Die Hälfte der Wohnungen verfügte über einen Schreibplatz und einen Extraschlafplatz, oft ein Kinderbett oder einen Bettstuhl. Die Eltern und Kleinkinder pflegten im Wohnraum zu schlafen, die älteren Kinder in der Küche. Das hatte seine Probleme, denn die Kleinkinder sollten eigentlich Ruhe haben und schlafen, während die Eltern Radio hören, sitzen und erzählen wollten.

Die Familien in Einraumwohnungen aßen in der Küche. Für die Essenszubereitung benötigte die Hausfrau im Durchschnitt 13 Stunden in der Woche, für das Abwaschen 7,5 Stunden, das Backen 2,3 Stunden. 94 Prozent der Hausfrauen buken zu Hause. Die meistverbreitete Freizeitbeschäftigung außerhalb des Hauses war, jemanden zu besuchen. 82 Prozent der Familien erhielten selbst mitunter Besuch. Die Familien, die in den kleinsten Wohnungen wohnten, waren am meisten unzufrieden mit der Wohnung, insbesondere wenn sie viele Kinder hatten. Die Schlußsätze wirken heute ganz selbstverständlich: »Einraumwohnungen sind unbrauchbar, wenn man Kinder hat. Zwei Räume sind das mindeste, was man haben müßte für eine Familie.« – »Familien mit Kindern haben einen so umfassenden Haushalt, daß sie eine ordentliche Küche brauchen.« – »Als Wohnung für Familien mit Kindern sind kleine Häuser den Mietwohnungen in entsprechender Kostenlage weit überlegen.«

Nach dem Zweiten Weltkrieg wuchs die gesellschaftliche Verantwortung für den Wohnungsbau, sowohl durch Gesetzgebung und Finanzierung wie auch durch direkte kommunale Wohnungsbauunternehmen. Brita Åkerman gab den dafür Planenden Informationen über die Gewohnheiten, Erwartungen und Wünsche der Bewohner. Mit derselben Absicht wurden vom Anfang der fünfziger Jahre eine große Zahl soziologischer Wohnungsuntersuchungen angefertigt, die sich um die Fragen drehten: Wie werden verschiedene Teile der Wohnung ausgenutzt? Warum will man umziehen? Welche Geschäfte und welcher Service werden in einem Wohngebiet benötigt? Einen Überblick über die Methoden und die Resultate geben Gunnar Boalt u. a. in: »Bostadssociologi« (Wohnungssoziologie. Borås 1969).

Die Absicht war, künftig solche Wohnungen zu schaffen, die das Volk haben will, zu Preisen, die das Volk bezahlen kann. Aber da war etwas falsch an der Methode, herauszubekommen, was das Volk haben wollte oder an der Methode, die Bedürfnisse zu befriedigen. Jedenfalls wurden die Absichten nur selten verwirklicht. Ein Versuch, systematisch zu vergleichen, »wie es gedacht war«, mit dem, »was daraus in einem wohlgeplanten modernen Wohnungsgebiet wurde«, ist Nils-Erik Landells »Hallonbergen – framtidssverige?« (Himbeerberg – Zukunft Schwedens? Malmö 1974). Einen Vergleich zwischen dem modernen Stockholmer Vorort Vårby 1972 und einem alten Arbeiterstadtteil, Reymersholme, Anfang des 19. Jahrhunderts, gibt es in Åke Daun: »Förortsliv« (Vorstadtleben. Eine ethnologische Studie über kulturelle Veränderungen. Lund 1974). Landell beschreibt nicht nur die immer gleichen Wohnungen, sondern behandelt vor allem die Lebensmöglichkeiten der Kinder, der Pensionäre und der Behinderten, er behandelt die Wohlfahrtseinrichtungen, den Autoverkehr, den Energieverbrauch usw. Seine These ist, daß die Wohlfahrt Probleme schafft, die nicht mit noch mehr Wohlfahrt gelöst werden können. Daun beschreibt, wie man die Wochentagsabende verbringt, die Wochenenden und die Ferien. Er schreibt über Kontakte zwischen den Familien, Nachbarn und Freunden. In seiner Schilderung erscheint das Leben in einer modernen Wohngegend als menschlich und begreiflich.

- Was machst Du zu Hause? Mit Hilfe der wohnungssoziologischen Methoden kannst Du selbst untersuchen, wie Du Deine Wohnung nutzt.
- Was waren die Absichten derjenigen, die Deine Wohngegend geplant haben? Was wurde daraus? Wie ist das Leben in Deiner Wohngegend im Vergleich dazu, wie die Arbeiter um die Jahrhundertwende oder in den dreißiger Jahren gewohnt haben?

17. ... in Erinnerungen

Anfang dieses Jahrhunderts wurde ein Junge mit Namen Gustaf im Hauptkontor von Skånska Cement in Malmö angestellt. Als Sekretär des geschäftsführenden Direktors erhielt er Einblick in verschiedene dunkle Geschäfte – z. B. über einen beträchtlichen Patentverkauf und eine geheime Kartellabsprache zwischen Cementa und Klaghamns Zementfabrik. Er zog daraus den Schluß, »daß das Geschäftsleben unmöglich mit einer ethischen Zielsetzung vereinbar ist«. Die Beschäftigung bei Skånska Cement dauerte nicht lange. Die Unternehmensleitung erhielt nämlich Kenntnis davon, daß Gustaf Mitglied bei den Jungsozialisten in Malmö war. Er wurde daraufhin vor die Wahl gestellt, entweder aus dem sozialdemokratischen Jugendclub auszutreten oder entlassen zu werden. »Die Absicht war, daß ich ohne Versorgung und Wohnung dastehen sollte.« Gustaf Möller zog die Arbeitslosigkeit vor, erhielt nach einiger Zeit einen Arbeitsplatz als Journalist bei der Zeitung »Arbetet«, wurde später Sozialminister und schrieb auf seine alten Tage seine Memoiren mit dem Titel »Hägkomster« (Herkunft).

Aber die meisten Sekretäre der geschäftsführenden Direktoren werden nicht Sozialminister. Es ist äußerst selten, daß sie ihre Memoiren schreiben. Wie erlebte der Sekretär von Ernst Wehtje seinen Chef? In welche dunklen Geschäfte erhielt der Sekretär von Ernst Jonas Wehtje Einblick? Was sollte der Sekretär von Sten Lindh zu berichten haben? Das werden wir selbstverständlich nie erfahren. Der Korpsgeist derjenigen, die mehr als andere einen persönlichen Einblick darin bekommen, wie der Kapitalismus funktioniert, verlangt, daß sie sein Geheimnis loyal mit ins Grab nehmen.

Überhaupt ist es ungewöhnlich, daß gewöhnliche Menschen ihre Memoiren schreiben. Sieh mal in der Stadtbibliothek nach, und Du wirst sehen, daß Du Politiker, Schauspieler und andere Notabilitäten findest. Die Menschen, die wir da noch einmal in Großaufnahme aufleben sehen, sind im großen und ganzen die gleichen Menschen, die auch in »Wer ist das?« stehen. In den Memoiren beschreibt die Oberklasse ihren Einsatz. Da bekommen wir auch die Lebenserfahrung und die Gesellschaftsauffassung der Mittelklasse mit. Aber wo gibt es die Memoiren der schwedischen Arbeiterklasse?

In allem, was wir aus der Vergangenheit wissen, klafft eine riesengroße Lücke. Das entdeckte auch der Volksforscher Mats Rehnberg Mitte der vierziger Jahre und begann seine Zusammenarbeit mit den Gewerkschaftszeitungen, um alte Arbeiter dazu zu bringen, ihre Erinnerungen aufzuzeichnen.

In der Zeit von 1945–1960 sandte Mats Rehnberg eine Serie von Aufrufen an unterschiedliche Berufsgruppen und Gewerkschaftsorganisationen. Tausende Arbeiter schrieben ihre Memoiren. Ein kleiner Teil des Materials wurde in der Serie »Svensk liv och arbete« (Schwedisches Leben und Arbeiten) veröffentlicht. Das ist eine phantastische Buchserie. Jeder, der mit Holz oder Metall arbeitet, hat die Möglichkeit, seinen eigenen Beruf in der lebendigen menschlichen Erinnerung zu sehen und diese Arbeit bis zum Ende des vorigen Jahrhunderts zurückzuverfolgen.

Der Inhalt der Arbeitererinnerungen wurde in gewisser Weise durch die Gliederung gesteuert, die Mats Rehnberg als Anleitung für die Schreiber aufstellte. Die Formulierungen sind für die verschiedenen Berufsgruppen unterschiedlich – dies ist die Gliederung der »Werkstatterinnerungen«:

»1. Das Geburtsjahr der geschilderten Personen und der Geburtsort, der Beruf der Eltern, Herkunft, Lebensumstände.
2. Kindheit und Jugendzeit. Geschwister. Arbeit zu Hause. Die familiären Lebensumstände. Die wirtschaftlichen Verhältnisse. Die Interessen. Schulgang, Konfirmation.
3. Die Kindheitswohnung. Beschreibt die Wohnung, in der die Familie wohnt, die Einrichtung, die Möbel, den Schlafplatz, die Mahlzeiten, die Essenszubereitung, den Hausputz, die Wäsche. Alltag und herausragende Feiertage zu Hause. Bekanntschaften. Beziehungen zu denen.
4. Beschreib die Umgebung des Heims, die Gebäude, das Quartier, den Stadtteil oder die Hütten, Baracken, die Industriegesellschaft. Berichte über die Geschäfte und andere Einrichtungen. Nachbarn. Das gesellschaftliche Leben während der verschiedenen Jahreszeiten.
5. Erste Arbeit außerhalb des Hauses. Die Art der Arbeit. Arbeitsplatz. Arbeitszeit. Die Kameraden. Vorgesetzte. Die Behandlung der Älteren durch die Jüngeren. Die Entlohnung und dessen Verwendung. In welchem Alter wurde das Elternhaus verlassen?
6. Die Zeit des Heranwachsens und die Jugendzeit. Hier soll die Lebensführung geschildert werden, die Sorgen und die Gegenstände der Freude, die Interessen im Leben, in der Freizeit, in dem Vergnügen. Die Beziehungen zwischen den Geschlechtern usw.

7. Ehe und Familie. Wie wurde der Partner getroffen? Berichte über die Verlobung, die Hochzeit und Ehezeit, das Familienleben, die Kinder, das eigene Heim, die Beziehungen zu anderen, die Freizeit usw.
8. Arbeit in der Industrie oder an anderer Stelle. Dies ist einer der wichtigsten Abschnitte. Berichte hier ausführlich über die Werkstätten und die Metallwerkstätten und andere Arbeitsplätze, wo der Betreffende beschäftigt war. Gründe für Arbeitsplatzwechsel. Schildere selbst den Verlauf der Arbeit an den verschiedenen Plätzen. Die Zusammensetzung der Arbeitsgesetze. Die Organisation des Arbeitsverlaufes. Beschreib die Arbeitsplätze und verschiedene Anordnungen dort, die Pausen und Mahlzeiten, die Kameraden und Vorarbeiter, Arbeitszeiten, Arbeitslöhne in verschiedenen Perioden. Wie wurden die Leute eingestellt und wie wurden sie entlassen? Gesichtspunkte für die verschiedenen Verhältnisse in der Arbeit unter den verschiedenen Zeiten, die der Betreffende erlebt hat.
9. Berichte über geistige und religiöse Interessen. Welche Rolle spielte die Kirche und die Freikirche? Welches waren die Volksbewegungen, mit denen der Betreffende in Kontakt gekommen ist, z. B. die Nüchternheitsbewegung, die Arbeiterbewegung, die Sportbewegung usw.

Natürlich sollte eigentlich der gewerkschaftliche und politische Kampf in diesen Fragen mehr betont werden. Natürlich sollten die Klassengegensätze zumindest hinterfragt werden. Die Berufsgefahren und die Arbeitsbedingungen sollten mehr in den Vordergrund gestellt werden. Aber selbst mit diesen zahmen Fragen war das Resultat der Schilderungen, daß die Unternehmen und die Arbeitsplätze oft klar und unbarmherzig in den Arbeitererinnerungen charakterisiert wurden.

- Wird Dein Arbeitsplatz in Arbeitererinnerungen geschildert?

Hilfsmittel: Bo Gustafsson hat die Glaubwürdigkeit der Arbeitererinnerungen untersucht in »Den norrländska sågverksindustrins arbetare 1890–1913« (Die Arbeiter der norrländischen Sägewerksindustrie 1890–1913. Arbeits- und Lebensumstände, Ökonomisch-historische Studien, 1. Uppsala 1965) – Auf der Grundlage der norwegischen Arbeitererinnerungen in der Buchserie »Arbeidsfolk forteller« (Das Arbeitsvolk erzählt) hat Edvard Bull geschrieben »Arbeidermiljø under det industrielle gjennombrudd« (Arbeiterumgebung im industriellen Durchbruch, Oslo 1975). Das ist eine Studie über die Bedingungen der Entwicklung der Arbeiterbewegung in drei norwegischen Industrieorten. Bulls Buch zeigt, wie man individuelle Arbeiterbiographien zu einer Art der Biographie der Arbeiterklasse zusammenführen kann – an einem bestimmten Ort, in einem bestimmten Unternehmen.

● Arbeitererinnerungen werden auch jetzt weiter gesammelt. Willst Du nicht auch über Deine Erinnerungen berichten?

Hilfsmittel: Schreib den »Kulturhistorischen Untersuchungen« des Nordischen Museums, woran Du interessiert bist. Dann kriegst Du einen freundlichen Brief, eine »Erinnerungsliste für Memoirenschreiber« und einige Fragebogen über alltägliche Sachen. Solche Fragebogen werden seit 50 Jahren regelmäßig an freiwillige Mitarbeiter in Schweden verschickt. Die Antworten darauf sind im Archiv des Nordischen Museums verwahrt. Ein Verzeichnis über frühere Fragebögen wird auf Anforderung gern gratis zugesandt. Einige frühere Mitarbeiter werden von Mats Rehnberg in »Forskarna bland folket« (Forscher im Volk, Fataburen 1947) vorgestellt. Gegenwärtig versenden die Kulturhistorischen Untersuchungen drei bis fünf Fragebögen im Jahr an ungefähr 300 feste Mitarbeiter. Sie suchen noch aktive Mitarbeiter – insbesondere jüngere Menschen, Industriearbeiter, Leute in Dienstleistungsberufen, Industrieführer.

Die Fabrik der Erinnerung

So berichtet der taubstumme Schmied Alfred Olsson, gedolmetscht von seiner Tochter:

»Als ich klein war, brauchte ich von Ivetofta nach Bromölla bloß der Seekante zu folgen, und ich stand oben auf dem Weg und guckte auf die ›Fabrik‹ herunter. Da gab es bloß einen einzigen Ofen und darin wurde zuerst Kalk gebrannt und später Ziegel. Dieser erste Kalkofen war ungefähr an der Stelle, wo jetzt die Zementfabrik steht. Das war bloß so was wie ein weißer Schuppen mit einem gewölbten Dach, wie eine runde Kuppel. Und da gab es nichts anderes.«

Der Landarbeiter Gottfried Jönsson, der mit Pferden für das Unternehmen fuhr, war dabei, als die Zementfabrik gebaut wurde:

»In der Zementfabrik waren über einen Meter dicke Wände, aus Beton gegossen. Da wurden die Steine aus allen Ecken und Kanten hingefahren. Ich erinnere mich, sie nahmen eine Menge Steine von dem Werksgelände, die sie sprengten und beim Bau verwandt haben. Das Fabrikgelände war, was die Fabrik von Ola Nilsson gekauft hatte. Und das ist jetzt abgerissen. Sie mischten Zement und Steine am Platz, und sie gossen sie in Formen zu Beton, den sie später beim Bau verwandt haben. Wir hatten da unten bloß mit dem Vorarbeiter für den Bau zu tun. Die hatten einen Vorarbeiter für den Bau, der Pelle Maja genannt wurde, ein Steinhauervorarbeiter. Er wanderte später nach Amerika aus.«

Das Rohmaterial wurde von Ifö herbeigeschafft. Dort arbeitete der Kranführer Anders Nilsson, der berichtet:

»1910 kamen die ersten Grabemaschinen. Aber die wurden zum Abbaggern verwandt, ja, all die Muttererde und so was. (...) Der Zementkalk wurde mit Schaufeln in Holzkisten geladen, die einen Kubikmeter umfaßten. Die Holzkisten wurden auf Schienen fortgefahren bis zu einer Winde, die mit Hand bedient wurde. Wenn eine Kiste abwärts ging, ging eine Kiste aufwärts.

Da waren zwei Absätze, von dem einen Absatz ging die Kiste auf den Kai runter, wo die Kiste mit einem Kran, der mit Handkraft betrieben wurde, auf die Boote gesetzt wurde. Ich fuhr diesen Kran fünf Jahre lang. Für jedes Boot schrieb ich auf, wie viele Kisten hineingingen, und jeden Dienstag lieferte ich die Aufzeichnungen im Büro ab.

Das war ein Pfahlkai, und es konnte immer nur ein Boot auf einmal gefüllt werden. Die Loren wurden im Kalkbruch von Hand gefahren. Es gab keine Pferde. Der Kalk wurde in zwei Absätzen gebrochen. Ein Schacht wurde Todesschacht genannt, weil da zwei oder drei Männer von den herabstürzenden Massen begraben worden waren. Einer war Galizier, dem wurde der Kopf von der Lore vollständig abgehauen.«

»Ich fuhr den Kran fünf Jahre lang.« Man findet viele solcher Ausdrücke für die überwältigende Sachkunde der Berichterstatter. »Ich habe selbst die Öfen abgerissen.« Oder: »Da waren drei Bassins. Ich habe sie 1918 gefunden.« Oder: »Da gab es viele Unglücke unter den Galiziern. Ich weiß das, denn ich hatte deren Versicherungen zu bearbeiten.« Nils Mattsson weiß auch, worüber er redet, wenn er über den Zementbrand berichtet:

»Ich begann bei den Iföwerken 1914 im Frühjahr. (...) Ich kam hierher als Arbeiter in der Zementfabrik und brannte Zement. Der Stundenlohn war 33 Öre. Wir arbeiteten zehneinhalb Stunden, fingen um sechs Uhr an, hatten von halb neun bis neun Frühstück, Mittag von zwölf bis eins und schlossen um sechs am Abend. Wir, die den Zement brannten, kriegten unsere Arbeitszeit 1918 geändert. Bis dahin hattenwir eine Zwei-Schichtenarbeit. Danach arbeiteten wir in drei Schichten, und das war der Disponent Kärfve, der das geregelt hat. In der ersten Schicht arbeiteten wir von sechs Uhr morgens bis zwei Uhr am Nachmittag, in der zweiten Schicht (in der nächsten Woche) waren wir von zwei bis zehn Uhr da, und die dritte Schicht (dritte Woche) dauerte von zehn Uhr am Abend bis sechs Uhr am Morgen. Als die Schichtzeiten geändert wurden, kriegten wir 35 Öre in der Stunde.«

Den Stundenlohn kann man in dem Geldwert von 1975 mit der gleichen Methode umrechnen, die wir früher angewandt haben, um Wehtjes Millionen zu berechnen. (Siehe Kapitel 13) 35 Öre in der Stunde entspricht 1 Krone und 34 Öre. Nils Mattsson fährt fort:

»Bei Cementa gab es nur Schichtarbeit. In den ersten Jahren waren wir in jeder Schicht ungefähr 30 Mann. Aber in jedem strengen Winter (alles Rohmaterial wurde über See geliefert) gingen die daran, die Arbeiter zu entlassen oder den Betrieb dichtzumachen.

1914 war August Holmqvist Vorarbeiter bei Cementa, und er war da, seit Cementa 1908 begonnen hatte. Der zweite Vorarbeiter war Aust. Er wurde 1918 in das Schlammwerk versetzt. An seine Stelle kam Gustafsson, und nach ihm wurde ich Vorarbeiter. Ich wurde Vorarbeiter 1920 in der gleichen Abteilung, in der ich 1914 angefangen hatte. Der Lohn war 230 Kronen im Monat, danach stieg er 1921 zu glatten 300 Kronen« (759 Kronen bzw. 1.152 Kronen im Geldwert von 1975).

Jöns Strand arbeitete ursprünglich bei den Ziegelöfen. Für ihn war es eine Bestrafung, als er in die Zementfabrik versetzt wurde.

»Wir hatten dicke Säcke als Zipfelmützen, um mit der großen Hitze klarzukommen. Aber manchmal kam ich nach Hause mit angesengten Augenbrauen. Und wenn ich nach Hause kam, hatte ich nicht einen trockenen Faden am Leib. Aber dann mußte ich später noch mal raus in die Kälte und eine Fuhre abladen. So kriegte ich ein gefährliches Reißen – daraufhin wurde ich zur Strafe in die Zementfabrik geschickt. Wir hatten den Auftrag bekommen, einen Ofen auszuräumen. Aber wir sahen, daß es gar nicht ging, den Ofen auszuräumen. Und ich, der Älteste, wollte nicht anfangen, weil es da so heiß war, daß man es gar nicht konnte. Zur Strafe kam ich in die Zementfabrik. Da war ich in Nils Perssons Schicht. Da war ich Klinkerwieger. Als die Schluß machten, Zement herzustellen, kam ich statt dessen ins Außenlager.«

Edvard Mårtensson schließlich war als Böttcher beschäftigt:

»Da war eine Annonce in der Zeitung, daß die Iföwerke einen Böttcher suchten. Das war 1908, und da hatte ich eine gute Arbeit in Eslöv, aber es gab ein paar Spannungen zwischen dem Meister und mir, und deshalb rief ich bei den Iföwerken an, bei dem Ingenieur Köster, welcher der Zementfabrik vorstand. Ich kam nach Bromölla im August 1908.

In der Böttcherwerkstatt stellten wir die Zementverpackungen her. Wenn der Arbeitsanfall am größten war, waren wir so um die 40 Mann. Die Böttcher hatten ihre eigene Gewerkschaft. Wir hatten 42 Öre Stundenlohn bei einem 10-Stunden-Arbeitstag.

Die Böttcherwerkstatt wurde gleichzeitig mit der Zementfabrik gebaut. Die Werkstatt steht immer noch. Aber das Gebäude wird zum Teil als Lagerraum für die Maler, zum Teil für die Zementgießerei verwandt.«

1949 sammelte die Volkskundlerin Britta Åkerblad diese Berichte und zeichnete sie auf. Ulla Andersson setzte die Interviewserie 1954 fort. Insgesamt überlieferte sie an die 40 Berichte aus der Vorgeschichte der Ifôwerke. Im Volkslebensarchiv in der Finngatan 8 in Lund werden sie nun aufbewahrt.

Nur von ganz wenigen schwedischen Arbeitsplätzen gibt es Berichte der Arbeiter. Selbst die Erinnerungen von Bromölla sind äußerst knapp. Vermutlich liegt das an der mangelnden Sachkunde der Interviewer. Sie haben ja nie selbst in einem Kalkbruch und hinter einem Drehrohrofen gestanden. Wenn ein Zementfabrikarbeiter die Befragung vorgenommen hätte, dann hätte er vielleicht viel mehr Fragen nach der Arbeit und nach den Arbeitsverhältnissen stellen können.

Nicht die Wissenschaftler, sondern die Arbeiter haben die Sachkunde, die vor allen Dingen für diese Forschungsaufgabe erforderlich ist. Und viel weniger als die Wissenschaftler brauchen die Arbeiter selbst die Ergebnisse. Für diejenigen, die heute und morgen in den Zementfabriken arbeiten, ist es wichtig, die Erfahrungen der Vorgänger zu bewahren.

Der Böttcher Edward Mårtensson

- Gibt es Erinnerungsschriften aus dem Unternehmen, in dem Du arbeitest?
- Die Zeugnisse von vielen Arbeitern ergeben zusammen ein Bild des Unternehmens. Wie könnte die Geschichte Deines eigenen Arbeitsplatzes aussehen, berichtet von denjenigen, die dort gearbeitet haben?

Hilfsmittel: Du und Deine Arbeitskameraden haben bessere Möglichkeiten als irgend jemand sonst, das Material für solch eine Geschichte zu sammeln. Handreichungen in Interviewtechnik gibt es z. B. bei Daun (Kapitel 16) und Furtenbach (Kapitel 12), aber am allerbesten in dem Buch von Paul Thompson »Voice of the past« (Die Stimme des Vergangenen, Oxford 1978), das leider immer noch nicht aus dem Englischen übersetzt ist. Sven B. Ek hat über die Lebensumstände der Arbeiterbevölkerung in dem Quartier Nöden in Lund 1890–1920 auf der Grundlage von Interviewmaterial geschrieben. Das Buch heißt »Nöden in Lund«. Eine ethnologische Stadtstudie, Landskrona 1971. Ein Arbeitsplatz kann mit der gleichen Methode untersucht werden.

In der Arbeiterliteratur gibt es viele Lebensschilderungen und Portraits von Arbeitskameraden.

18. ... in der Sprache

Ich behaupte, daß Du über ganz besondere Kenntnisse verfügst, nach denen die Wissenschaft lange sucht. Du glaubst mir nicht? Dann werden wir das dadurch überprüfen, daß wir einmal nachsehen, was die Sprachforscher über die Sprache an Deinem Arbeitsplatz wissen.

Jede Arbeit hat ihre charakteristischen Wörter. »Abbaggern«, zum Beispiel. Als der Kranführer Anders Nilsson berichtete, daß die erste Baggermaschine bei Ifö 1910 nur zum Abbaggern eingesetzt wurde, war er nicht sicher, daß er verstanden wurde. Konnten die, mit denen er sprach, denn auch wirklich wissen, was abbaggern bedeutet? Darum setzte er hinzu »ja, alle Muttererde und so was«, um zu erklären, daß abbaggern bedeute, die Erde, die den Kalkberg bedeckt, wegzuschaffen.

Alle, die in einem Kalkbruch gearbeitet haben, wissen, was Abbaggern ist. Die kennen auch andere charakteristische Wörter, wie Borrkax, försättning (Versatz), pall, stenbänk (Steinbänke) und överladdning (überladen). Alle, die in einer Zementfabrik arbeiten, wissen, daß die Stelle an der Spitze des Ofens, wo die Brenner angebracht sind, Brennerplatte genannt wird. Sie wissen, daß der Ofen auf Laufringe und Ofenrollen aufgelegt ist und daß er mit Rostkühlern oder mit Planetkühlern gekühlt wird, die aus Stahlrohr bestehen und rund um die Ofenröhre, wie Planeten rund um die Sonne, angebracht sind.

In einer Zementfabrik, die mit der Feuchtmethode arbeitet, wissen alle, daß Schlammringe innen im Ofen entstehen, wenn der Wassergehalt im Schlamm sinkt und er dickflüssig wird wie Sirup. Sie wissen, daß ein ziemlich dickes Lager von påbränning (Aufbrand) erforderlich ist, um das Ziegelfutter in den heißesten Teilen des Ofens zu schützen. Gibt es aber zuviel Aufbrand, bilden sich Gipsringe, die den Materialfluß dämmen und den Durchzug der Rauchgase durch den Ofen verhindern. Ascheringe können einen plötzlichen Sturzfluß von aufgedämmtem Material am Ausfluß des Ofens verursachen. Die heißen Zementklinker werden mit Wurfrinnen und Hundspelen forttransportiert. Direkt am Hund sitzt ein kleiner Tank, der warnt, wenn der Hund überfüllt ist. Das ist der Walp. Das sind für alle, die in einer Zementfabrik arbeiten, ganz gewöhnliche und alltägliche Wörter. Nun werden wir einmal nachsehen, was die Sprachwissenschaft davon weiß.

Wörterbücher

Die Wissenschaft von Wörtern findet man in Wörterbüchern gesammelt. Eines der am meisten verwandten schwedischen Wörterbücher ist Olof Östergrens »Nusvensk ordbok« (Wörterbuch des heutigen Schwedisch), das seit 1919 herausgegeben wird. Es gibt Antwort auf die Frage, in welchen Formen und Bedeutungen wird irgendein bestimmtes Wort verwandt. Schlägt man z. B. das Wort Zement auf, so gibt Östergren vier verschiedene Bedeutungen von dem Wort und seinen verschiedenen Zusammensetzungen, u. a. Zementfabrik. Aber Östergrens Wörterbuch hat kein einziges von den 18 Wörtern, die wir suchen.

Fast ebenso berühmt ist Elof Hellqvists »Svensk etymologisk ordbok« (Schwedisches etymologisches Wörterbuch), das in neuer Auflage 1957 herauskam. Es antwortet auf die Frage, welchen Ursprung ein bestimmtes Wort hat. Man kann so erfahren, daß Zement von dem lateinischen Wort »caementum« (gehauener Stein) kommt, welches seinerseits von »caedere« (hauen) kommt. Erklärung: »Im Mittelalter pflegte man aus zerschlagenen Ziegelsteinen Mörtel zu bilden. Danach eine weitere spezialisierte Anwendung des Wortes.« Für viele Worte gibt Hellqvist auch Angaben darüber, wann die Worte zum ersten Mal in der schwedischen Sprache angetroffen wurden. Aber die 18 Wörter, die wir suchen, gibt es auch bei Hellqvist nicht.

Ein modernes Wörterbuch ist Sture Alléns »Nusvensk frekvensordbok baserad pa tidningstext« (Aktuelles schwedisches Frequenzwörterbuch), 1970. Es antwortet auf die Frage: Wie gewöhnlich ist ein bestimmtes Wort? Das allergewöhnlichste schwedische Wort ist »och« (= und), welches über 30.000 mal in den durchsuchten Zeitungstexten vorkommt. Zement ist gar kein so besonders gewöhnliches Wort, es kommt nur sechsmal vor. Und die 18 Wörter, die wir suchen, kommen überhaupt nicht in den Zeitungstexten, die Allén durchsucht hat, vor. Die Zeitungen schreiben ja auch nicht so oft über die Arbeit in einer Zementfabrik.

Neben den allgemeinen Wörterbüchern gibt es auch Slangwörterbücher, Dialektwörterbücher, Wortlisten über die Sprache einzelner Verfasser und viele andere Spezialwörterbücher. Für die technische Sprache gibt es eine Vielzahl von Wörterbüchern, die von der technischen Nomenklaturzentrale (TNC) beim Industrieministerium herausgegeben worden sind. Diese Wörterbücher beschreiben nicht, wie ein Wort faktisch angewandt wird, sondern wie es angewandt werden soll. Sie werden darum Normative genannt. Holz, Emaille, Plast, Masse und

Papier, Kernkraft, Farbe und Lack, Gummi, Wasser, Wald und Brauereitechnik sind einige Gebiete, die von technischen Spezialwörterbüchern abgedeckt werden.

Zement wird in »Betongteknisk ordlista«, der Betontechnischen Wortliste (TNCs Publikationen 46) behandelt, die 1971 herauskam. Es antwortet auf die Frage: Welches ist die technisch korrekte Bedeutung des Wortes »Zement«? Die Antwort ist: »feingemahlenes hydrolytisches Bindemittel«.

> »Mit ›Bindemittel‹ ist ein ›Stoff‹ gemeint, ›der bei vorschriftsmäßiger Anwendung die Fähigkeit hat, andere Materialien durch Anhaften zusammenzubinden‹. Ein ›hydrolytisches Bindemittel‹ ist ein Bindemittel, ›das nach Zusatz von Wasser sowohl im Wasser als auch in der Luft bindet und härtet‹. – ›Portlandzement‹ ist ein hydrolytisches Bindemittel, ›hergestellt durch Feinmahlen von Portlandklinker unter Zusatz von gewissen begrenzten Mengen Gips und evtl. von gewissen begrenzten Mengen anderer für einzelne Zwecke gebrauchte Zusätze‹. Wenn da noch jemand wissen will, was ›Portlandklinker‹ sind, so wird die Antwort gegeben: ›Zwischenprodukt für die Zementzubereitung bestehend vor allen Dingen aus Kalzium, Silikaten, das durch das Sintern einer homogenen Mischung von hauptsächlich Kalk (CaO) und Kieselsäure (SiO_2) sowie geringeren Mengen Eisenaluminiumoxyd (Fe_2O_3 und Al_2O_3) entstand.

Soviel über Zement. Aber keines der 18 Worte, die wir suchen, gibt es in der Betontechnischen Wörterliste.

Das größte schwedische Wörterbuch, von dem man annimmt, daß es alle übrigen zusammenfaßt, ist das »Ordbok över Svenska spraket« utgiven av Svenska akademin, das »Wörterbuch über die schwedische Sprache«, herausgegeben von der Schwedischen Akademie, abgekürzt SAOB. Das Wort »Zement« steht im fünften Teil, BLÅ-CZEK, welches 1925 herausgegeben wurde. Da kann man Antworten auf eine lange Reihe von Fragen bekommen; z. B.

Wie wird das Wort ausgesprochen? »Zement« wird ausgesprochen »Zement«.

In welchen verschiedenen Formen ist das Wort bekannt? Im Schwedischen kann Zement in der bestimmten Form sowohl »cementet« wie auch »cementen« heißen.

Welchen Ursprung hat das Wort? Die Erklärung ist hier ausführlicher als bei Hellqvist.

In welcher Bedeutung wird das Wort angewandt? SOAB führt 10 verschiedene Bedeutungen von Zement an.

Wann und wo wurde das Wort zum ersten Male verwandt? Die Antwort wird in Form von Abkürzungen gegeben, die nur mit Hilfe eines Quellenverzeichnisses (Lund 1939) verständlich werden, das immer zusammen mit dem Wörterbuch in der Bibliothek stehen sollte. Das Wort »cement« (damals »ciment«) wurde zum ersten Male in J. J. Berzelius »Lehrbuch der Chemie«, Teil 5, Stockholm 1828, Seite 1172, angetroffen.
Welche zusammengesetzten Wörter sind von Zement abgeleitet? Da gab es schon 1925 einige hunderte solcher Zusammensetzungen, z. B. »Zementarbeiter« und »Zementfabrik«.
Wann und wo wurden diese Zusammensetzungen zum ersten Male verwandt? Die Antwort wird hier auch wieder durch Abkürzungen gegeben, die im Quellenverzeichnis erklärt werden.
SAOB ist (soweit es bislang fertiggestellt ist, bisher ist man bloß bis zum Buchstaben S gekommen) das vollständigste schwedische Wörterbuch. Hat es die 18 Worte, die wir suchen?
Ja, es hat vier von den Wörtern, nämlich Versatz, hundspel, Laufring und pall. Die übrigen 14 Wörter fehlen.

Nun gibt es eine weitere Möglichkeit. Wenn man ein Wort sucht, welches man in SAOB nicht findet, so kann man anrufen oder an SAOBs Archiv in Lund schreiben und Angaben über ein Wort verlangen. Ich schrieb also die 14 Worte auf je eine Seite Papier, zusammen mit einem Beispiel davon, wie und von wem es angewandt wird, wie hier jetzt:
Avbaning (Abbaggern)
Bevor der Bohrer in Betrieb gesetzt wird, muß der Kalkberg von den darüberliegenden losen Erdschichten freigelegt werden. Das wird Avbaning genannt.
Borrkax
Auf seinem Weg durch das Loch reißt die Druckluft das herausgebohrte Gesteinsmehl mit sich, welches Borrkax genannt wird.

Die Antwort kam umgehend. SAOBs Archiv hatte drei der Wörter: avbaning, stenbänk und överladda. Sie schickten mir ihre Beispiele, zwei aus den Jahren um 1880 und ein ganz neues:
Avbaning (Abbaggern)
Avtäckning, avbaning oder avmoning, wie das auch genannt wird, wird jetzt mit Schachtmaschinen ausgeführt. Technische Zeitschrift 1961, 1226 b.

Die Bezeichnung, die der Kranführer Anders Nilsson bei Einführung der ersten Grabemaschine bei Ifö schon 1910 gebraucht hatte, war also den Sprachforschern erst 50 Jahre später bekannt geworden. Und von den 18 alltäglichen Zementfabrikswörtern waren 11 für die Sprachwissenschaft immer noch völlig unbekannt. SAOBs Archiv bedankte sich freundlich für die eingesandten Sprachproben und nahm zum ersten Male die Worte borrkax, brännarplatta, ugnsrulle, rostkylare, planetkylare, slamring, påbränning, gipsring, askring, kastränna und valp in ihre Sammlungen auf.

Wenn Du entsprechende Untersuchungen und einige charakteristische Worte von Deinem Arbeitsplatz vergleichst, so kommst Du vermutlich zu dem gleichen Ergebnis. Viele von Deinen Worten kennen die Sprachwissenschaften überhaupt nicht. Das beruht teilweise darauf, daß die meisten Wörterbücher nur die Worte der Schriftsprache umfassen – und viele Arbeitsplätze werden in keiner Schrift beschrieben.

Das beruht aber auch darauf, daß die Sprachforscher relativ uninteressiert daran waren, die Sprache eines Arbeitsplatzes zu untersuchen. Eine Übersicht über die wenigen Untersuchungen, die es gibt, findet man in: Ola Bannbers »Arbetaren och spraket« (Arbeiter und Sprache, I: Die Geschichte der schwedischen Arbeiterklasse. Teil 5, Stockholm 1943). Die umfassendste sprachliche Arbeitsplatzuntersuchung sind Erik Holmqvists »Bergslagens Grubensprache«, Uppsala 1941, und »Bergslagens Hüttensprache«, Uppsala 1945. Im übrigen haben sich die Forscher vor allen Dingen für die Sprachen von Schornsteinfegern, Ledermachern, von Hausierern aus Västergötland und für sogenannte Geheimsprachen interessiert.

Die Dialekt- und Volkserinnerungsarchive in Lund, Göteborg und Uppsala haben die Aufgabe, Beispiele der gesprochenen schwedischen Sprache zu sammeln und zu bewahren. In dem Archiv von Uppsala sind drei oder vier Personen damit beschäftigt, solche Aufzeichnungen über einige Sommermonate in jedem Jahr zu machen. Sie suchen vor allen Dingen altertümliche und aussterbende Worte, um sie zu bewahren. So gibt es z. B. Aufzeichnungen der Sprache folgender Handwerkerberufe: Kachelofenmacher, Schuhmacher, Hutmacher, Glasbläser, Böttcher, Schmied, Maurer. Aber sie haben nicht eine einzige Aufzeichnung der Sprache eines industriellen Arbeitsplatzes.

Wir haben überhaupt nicht an die Industrie gedacht, sagt man und setzt hinzu, daß man gern kommen und Beispiele für Industriesprache untersuchen will, wenn Arbeiter nur dazu einladen.

● Welches sind die charakteristischen Worte an Deinem Arbeitsplatz? Gibt es sie in Wörterbüchern? Gibt es sie im Archiv?

Wenn Du daran interessiert bist, die Worte Deines Arbeitsplatzes zu sammeln – leg' Dir einen Ringhefter in Kleinformat mit Löchern und liniertem Blatt zu. Verwende für jedes Wort und jeden Ausdruck ein Blatt. Ordne die Blätter alphabetisch.

Schreib das Wort auf und erzähle, wie es angewendet wird. Gib ein Beispiel dafür, wo das Wort verwandt wird. Die Bedeutung des Wortes sollte so klar wie möglich erklärt werden. Schreib' vor allem solche Worte auf, die denjenigen, die noch nie an Deinem Arbeitsplatz waren, diesen Arbeitsplatz erklären können.

Eine gute Art, an solche Worte zu kommen, ist, den ganzen Arbeitstag, von Anfang bis Ende, daran zu denken. Was siehst Du – wie heißt das? Was tust Du – wie wird das genannt? Was hörst Du – wie heißt das? Was kennst Du für Gerüche – wie nennt Ihr die?

Geh' auch auf der Jagd nach Worten durch das Arbeitsgebäude, von einem Ende zum anderen. Wie werden die Plätze, die Sachen, die Tätigkeiten genannt?

Weitere Tips für Wortsammler am Arbeitsplatz gibt es am Ende des Buches von Peter Wright »The language of British industry« (Die Sprache der britischen Industrie), London 1974.

● Welche Worte gebrauchten Deine Vorgänger? Wie spiegelt sich die Geschichte Deines Berufes im Wort?

Hilfsmittel: Eigene Erinnerungen, Interviews, Tagebücher, Briefe. Ein englisches Beispiel dafür, wie Worte über die Geschichte der Arbeit berichten können, ist G. C. Greenwells Wörterbuch »A glossary of terms used in the coal trade of Northumberland and Durham« (Sammlung von Ausdrücken aus dem Kohlengewerbe von Northumberland und Durham), 1849, Neudruck Newcastle 1970. Die kurzen, konkreten und präzisen Erklärungen des speziellen Wortgebrauchs in der Kohlengrube geben ein zutreffendes Bild der Anstrengungen und Gefahren des Berufs.

Das Wort ist nur der Baustein der Sprache. Das Interessanteste daran ist, wie man sie zusammenfügen kann und wie verschiedene Menschen in verschiedenen Situationen sie verwenden – z. B., um Macht auszuüben oder Widerstand zu organisieren.

● Wie klingt »Machtsprache« und »Gegensprache« an Deinem Arbeitsplatz? Welche Veränderungen in der Sprache hast Du während Deines Arbeitslebens gemerkt?

Hilfsmittel: Die Begriffe »Machtsprache« und »Gegensprache« habe ich aus dem Buch »Bokslut från LM« (Jahresabschlußrechnung von LM) von Göran Palm, Uddevalla 1974, Kapitel »Sprachverwirrung«. Er beschreibt da drei Formen der Machtsprache, die das Unternehmen gegenüber den Beschäftigten verwendet. Eine Technokratensprache, angefüllt mit Ingenieur- und ökonomischen Begriffen. Eine PR-Sprache – lächelnd, familiär und einschmeichelnd. Eine befehlende Sprache, die in Anordnungen und bei mündlichen Anweisungen verwandt wird. Die Arbeiter reagieren mit verschiedenen Formen einer Gegensprache. Palm verweist hier auf ein Forschungsfeld, das sowohl sprachwissenschaftlich spannend als auch für die Praxis bedeutsam ist. Aber fast nichts davon hat die Sprachforscher erreicht.

19. . . . im Museum

Wo liegt das Museum der Arbeiterklasse?
Das gibt's nicht.
Es heißt vielleicht anders. Wo liegt das Museum der Arbeiterbewegung?
Das gibt's nicht.
Das gibt's nicht? Ja, aber wo gibt es denn dann das Museum der Arbeit?
Das gibt's nicht. Soweit du nicht Skansen meinst . . .?
Nee, Skansen, das ist ja bloß Handwerk und Bauerngesellschaft. Da gibt es ja kaum eine Maschine.
Wenn Du Maschinen suchst, dann geh ins Technische Museum.
Ja, aber da findet man auch bloß Maschinen, keine Arbeitsplätze, keinen Streik, keine Berufsgefahren, keine Arbeitslosigkeit, nichts von der Wirklichkeit der Arbeiter. Das ist das Museum der Ingenieure und der Unternehmer.
Dann mußt Du ins Nordische Museum gehen.
Aber das ist ja nun die Arbeit der Jäger, der Fischer, der Landarbeiter, die mich nicht so sehr interessieren. Schweden ist ein Industrieland. Wir haben eine Industrie in der modernen Bedeutung seit über 100 Jahren. Nun frage ich, wo liegt das Museum, welches mir die Geschichte der Industriearbeit, der Arbeiterbewegung, der Arbeiterklasse zeigt?
Das gibt's nicht. So ein politisches Museum haben wir nicht im Lande.
Ja so, die Bauern, das ist keine Politik. Aber die Industriearbeiter, das ist politisch. Politik ist schlecht und soll nicht ins Museum kommen, was? Was ist da falsch an der Politik? Warum sollte man nicht auch ein politisches Museum haben können?
Das gibt es nicht, hab ich gesagt. Und damit basta.

Das Nordische Museum

Zement ist, kann man sagen, der genaue Gegensatz davon, wofür sich das Nordische Museum interessiert.

Zement ist ein modernes Produkt, ohne Verankerung in der alten schwedischen Bauerngesellschaft. Es ist ein internationales Produkt, ohne regionale oder nationale Kennzeichen. Es ist ein standardisiertes Produkt, das keine Spur der Menschen an sich trägt, die es hergestellt haben. Die Zubereitung hat von Anfang an unter industriellen Bedingungen stattgefunden, ohne großen handwerklichen Anteil. Zement hat ältere Baumaterialien wie Holz und Steine ersetzt und dadurch dazu beigetragen, die traditionellen zu verdrängen.

Die Volkskunde erschien geradezu als Rettungsaktion für solche alten Gebäude, die durch Zement unmodern geworden waren. Man wollte zumindest die Kenntnis davon bewahren, wie einst Häuser gebaut wurden, die ja auch in verschiedenen Teilen des Landes verschieden aussahen. Auf die gleiche Weise wollte man den Spinnrocken und die Volkstracht vor der voranstürmenden Textilindustrie retten, Hammer und Schere vor der Werkstattindustrie und die Getreideharke vor dem Mähdrescher.

Mit dieser Ausrichtung war es natürlich für das Nordische Museum schwer, sich für Industriearbeitsplätze oder moderne Baumaterialien zu interessieren. Man wollte die »Kultur des Volkes« studieren, aber mit »Volk« meint man das Landvolk, und »Kultur« waren die vorindustriellen Kulturformen.

Im Laufe der Zeit setzte sich der Industrialisierungsprozeß fort. Die Landbevölkerung zog in die Städte. Die Landwirte und Handwerker wechselten den Beruf. Das »Volk«, das die Volkskundler studierten, verwandelte sich von einer überwältigenden Mehrheit in ein paar Prozent der Gesamtbevölkerung.

Das Nordische Museum hat mehrere Versuche unternommen, aufzuwachen und sich an die neue Situation anzupassen. Ende der dreißiger Jahre beteiligten sich die Beschäftigten des Museums an einem großangelegten Projekt, das »Geschichte der schwedischen Arbeiterklasse« genannt wurde. Es zielte darauf ab, die Wohnungen und das Wohnmilieu, das Essen und die Kleidung, die Löhne und die Freuden der Arbeiter zu untersuchen. Man sammelte 18.000 Seiten Notizen und Antworten auf Befragungen und über 3.000 Fotografien und Zeichnungen.

Aber die Untersuchung zielte selten auf die Industriearbeit im eigentlichen Sinn. Gewiß, man zeichnete Karten der Arbeiterquartiere in einigen Industriestädten, wie Västeras und Eskilstuna. Gewiß, man studierte die Traditionen der Textilarbeiter und die Lebensumstände in der Gegend von Alingsås und man untersuchte die Arbeitsverhältnisse in der Kalksteinindustrie in den Gemeinden Hellvi und Lärbro auf Gotland. Aber die große Masse der Untersuchungsmaterialien beschäftigt sich mit den Bauern, den Landarbeitern und den Handwerkern. Diese ungleiche Verteilung prägt auch das fertige Buch: »Arbetare i helg och söcken.« (Die Arbeiter, sonn- und werktags, Geschichte der schwedischen Arbeiterklasse 4, Stockholm 1943). Da wird z. B. über die Geschichte des Proviants geschrieben. Wir erfahren gründlich, wie es mit dem Proviant in den verschiedenen Zeiten für die Landarbeiter aussah, für die Schmiede, für die Flößer, für die Fischer und die Gemüsebauern. Aber die Essenskiste der Industriearbeiter blieb ungeöffnet – und ist es bis jetzt geblieben.

Da wurde auch über die Geschichte der Wohnungseinrichtung geschrieben. Wir erfahren, wie die Wohnumgebung der Bauern, der Landarbeiter, der Hüttenarbeiter und der Handwerker unterschiedlichster Ausrichtung aussah. Über die Wohnung der Industriearbeiter heißt es kurzgefaßt:

> »Das Aufblühen der Großindustrie brachte manche Veränderung mit sich. Viele Leute kamen aus unterschiedlichen Gegenden, und selbst die verachteten Bauern wurden in der Industrie als Arbeiter angenommen. Jetzt wurden Eisenherde verwandt – das Feuer vom Herd sah man nicht mehr, statt dessen gab es helle Glühlampen. Brotkörbe wurden weggenommen, Regale für die Kochtöpfe wurden durch Schränke ersetzt, Schubkisten waren in den Schränken. Und die, die ein wenig Vermögen hatten, schafften sich ein Chiffonjé an, das sie in die Kammer stellten, und worauf allerlei Schmucksachen ihren Platz hatten. Sprossenstühle, gepolsterte Möbel, amerikanische Wanduhren und Schaukelstühle konnte man zu relativ erschwinglichen Preisen kaufen. (. . .) Kurz, hier entstand der Wohnungstyp, wie man ihn noch in vielen Wohnungen vorfindet und der jetzt durch einen neuen Typ Raumeinrichtung abgelöst wird, der seinerseits in unseren Tagen seine endgültige Form findet.«

Die gleiche Sache ist mit der Geschichte der Arbeitskleidung. Wir erhalten detaillierte Angaben darüber, wie die Bauern und Landarbeiter, Mägde und Kutscher, Gesellen und Lehrjungen, vor allen Dingen die Schmiede während der Arbeit gekleidet waren. Wir erfahren, daß die Arbeitsblusen ursprünglich die Berufstracht der Bootsleute waren (die Seeleute konnten bereits im 16. Jahrhundert fertige Arbeitskleider während ihres kurzen Aufenthaltes im Hafen kaufen). Daß der Overall in den 1880er Jahren in Deutschland entwickelt wurde, sich in Schweden aber erst in den Jahren nach 1900 durchsetzte und daß Hosen mit Hosenträgern ungefähr bis zur gleichen Zeit üblich blieben. Aber im übrigen werden die Kleidungen der Industriearbeiter als uninteressant angesehen. Das wird reinweg als ein entscheidender Fortschritt angesehen:

»Früher kennzeichneten die Handwerker ihren Beruf und ihre Stellung durch die Attribute ihrer Tracht. Soziales Ansehen konnten sie durch nichts anderes als durch ihren Berufsstolz erwerben. Jetzt sind diese mittelalterlichen Traditionen gebrochen. Sie spielen in der freien Gesellschaft keine Rolle. Arbeitskleidungen wurden eine reine Arbeitstracht, und was sich als am praktischsten erweist, wird, völlig unabhängig von der Berufsart, verwandt. Arbeitskleider sind nicht mehr die charakteristischen Kleidungsstücke einer ganzen Volksgruppe; sie wurden zur bloßen Schutzhülle während der Arbeitsstunden.«

Diesen Schlußfolgerungen kann ich nicht zustimmen. Ist es wirklich so, daß die Arbeitskleider »in einer freien Gesellschaft« nicht länger eine soziale Funktion haben? Was hat denn die Einstellung zur Arbeit so beeinflußt, daß die Arbeitstracht zur bloßen Schutzkleidung wurde? Wie wurden die Menschen verändert, als die Freizeitkleider die eigentlichen Kleider wurden? Ist es denn besser, sich durch ein flottes Kostüm oder ein neues Auto zu behaupten als durch seinen Berufsstolz, welcher durch die Arbeitskleider symbolisiert wird?

In dem Buch »Arbeiter an Sonn- und Werktagen« werden solche Fragen weder gestellt noch beantwortet. Die Autoren rühren bloß mit den äußersten Fingerspitzen an die Industriegesellschaft.

Dieselben Mängel prägen die Gegenstandssammlung. Das Nordische Museum und Skansen haben seit ihrer Gründung ungefähr 750.000 verschiedene Gegenstände gesammelt, die unterschiedliche Seiten des schwedischen Volkslebens beleuchten. Dafür suchte man nicht das Ungewöhnliche, das Merkwürdige, das Exkusive. Im Gegenteil: dort werden alltägliche Gegenstände gesammelt. Das geschieht in der ausdrücklichen Absicht, gerade solche Gegenstände zu sammeln, die für das Leben in den verschiedenen Gesellschaftsklassen auf dem Lande und in den Städten während der verschiedenen Zeiten typisch sind.

Zum 100. Jubiläum gingen die Beamten des Museums 1973 von neuem durch die Sammlung, um zu sehen, ob man diese Absicht auch erfolgreich verwirklicht hatte. Es zeigte sich, daß die Mehrzahl der gesammelten Gegenstände aus der vorindustriellen Gesellschaft und zumeist aus den höheren Gesellschaftsklassen herstammte.

Man nahm sich z. B. vor, die Stühle zu zählen. Und man fand heraus, daß das Nordische Museum 1.348 Stühle bekannten Ursprungs hatte. Lediglich 19 von diesen Stühlen kamen aus Arbeiterwohnungen. Davon kamen 17 aus Arbeiterwohnungen vom Lande. Die Arbeiterklasse der Städte war mit genau zwei Stühlen repräsentiert. Zwei von

1.348. Ich ging zum Museum und bat darum, diese beiden sehen zu können. Aber es stellte sich heraus, daß niemand mehr wußte, wo gerade diese beiden Stühle waren. Sie waren wieder in den Mengen der Stühle aus der Ober- und Mittelklasse verschwunden.

Weil das Nordische Museum als Vorbild für viele lokale Museen draußen im Lande dient, ist es wichtig, diese Ungereimtheiten in den Sammlungen zu korrigieren. Und nun versucht man das auch. Das Museum sucht nun Gegenstände aus den letzten 50 Jahren, vor allen Dingen Gegenstände aus dem Stadtmilieu. Und man sucht besonders Gegenstände aus dem Arbeitermilieu.

- Welche Gegenstände waren in früheren Zeiten für Deinen Beruf typisch? Werden sie aufbewahrt? Wohin sind sie gekommen?
- Welche Gegenstände sind für Deinen heutigen Arbeitsplatz typisch? Wohin kommen sie? Gibt es jemand, der sie sammelt?
- Welches Bild gibt das örtliche Museum von dem Leben Deiner Vorgänger und von Deinem Arbeitsplatz in früheren Zeiten? Wie kann das Museum aktueller werden?

Hilfsmittel: Das Programm des Nordischen Museums liegt in dem Verzeichnis »Gegenstände. Bilder, Daten, Richtlinien für die Sammlungstätigkeit des Nordischen Museums«, Stockholm 1973 (maschinengeschrieben) vor. Darin gibt es auch eine lange Liste der verschiedenen Gegenstände, die das Museum braucht, alles, von Spielsachen aus der Zeit nach 1920 bis zu den Gerätschaften und Maschinen für die Möbelherstellung aus der Zeit nach 1950. Das Museum sendet auf Anforderung gratis eine aktuelle Liste über seine Bedürfnisse. Und da die Sammlungen fast ausschließlich durch freiwillige Gaben wachsen können, so ist man dort auch für alle Vorschläge sehr dankbar. Nimm Kontakt mit dem Museum Deiner Stadt auf oder in Deiner Region, da hat man sicher die gleiche Einstellung.

Das Technische Museum

Das Technische Museum in Malmö hat ein Modell der Zementfabrik in Limhamn von 1960 und ein Zahnradgetriebe für einen Drehrohrofen. Das ist alles. Das Technische Museum in Stockholm hat nichts über die schwedische Zementindustrie. Du kannst durch die Ausstellungen gehen, vom Boden bis zum Dach, und Du hast keine Chance, irgend etwas von einem Zementkorn zu entdecken. Aber so leicht darf man sich das nicht machen. Hier, wie an den meisten anderen Plätzen, gibt es das meiste hinter den Kulissen.

Die Zementfabrik in Lomma um 1880. Das Modell steht im Technischen Museum in Stockholm.

Das Herz des Technischen Museums sind die Bibliothek und das Archiv. Sieh zuerst in den Bücherkatalog. Da findet man u. a. industriegeschichtliche Sonderdrucke und Broschüren, die anderswo nur schwer zu finden sind. Der Katalog ist nach einem eigenartigen System aufgebaut, aber eine Anleitung liegt auf dem Karteikasten. Der Katalog für die Sammlungen der Zeichnungen ist in alphabetischer Reihenfolge nach den Ortsnamen geordnet. Hier gibt es große Sammlungen von Maschinenzeichnungen und Zeichnungen von Industriegebäuden einzelner schwedischer Fabriken. Aber man findet von einigen Industriezweigen, wie der Zementindustrie, nichts.

Danach bittest Du den Bibliothekar, den Katalog über die Archivsammlungen für den Industriezweig, an dem man interessiert ist, herauszusuchen. Innerhalb jeder Branche ist der Katalog alphabetisch nach den Unternehmensnamen geordnet. Beispiel:

Zementindustrie, allgemein 393
Cementa 944

Du schreibst die Nummer auf einen Bestellzettel, und der Bibliothekar sucht in den Archivschubladen, die eine herrliche Mischung aus Zeitungsausschnitten, Reklamen, Preislisten, Fotografien der Fabriken, Maschinen, Arbeiter und Wohnungen, Briefwechsel mit den fraglichen Unternehmen und zwischendurch auch Manuskripte von Interviews enthalten. So berichtet z. B. ein früherer Arbeiter in der Zementfabrik in Lomma, Per Åkesson, geboren 1858, als er 1942 interviewt wurde:

> »Die Mündung des Höje-Flusses bildet den Hafen von Lomma, auf der südlichen Seite von einem gebauten Hafenpier verstärkt. Zum Hafen und zum Kalk- und Faßlager an dessen nördlichen Strand wurden die Kalksteine in Prahmen aus Limhamn herangeschafft. Das Kalklager war oft höher als ein Haus.
>
> Der Lehm wurde überall in der Umgebung der Fabrik gewonnen. Im »Lehmloch« arbeiteten 80 bis 100 Mann bis in den Winter hinein und transportierten den Lehm in Bollerwagen teils bis zur Zementfabrik, teils bis zu einem großen Lager für die Ziegelei. Später wurde der Transport mit einer Pferdebahn und Kipploren durchgeführt, die dann später von einer doppelspurigen Bahn ersetzt wurden, auf der die Wagen maschinell mit einem 1.600 Meter langen Seil gezogen wurden. Der Lehm wurde in das Schlammwerk gebracht. (. . .)
>
> Der Tonschlamm mußte sich setzen, und langsam floß das Wasser durch die einzelnen Rohre ab und lief in die See hinaus. Das wurde solange fortgesetzt, bis der Ton in voller Höhe aus festem

Schlemmaterial bestand. DAnach mußte das Material ein Jahr lang stehen, danach wurde der Tonschlamm mit einem Spaten abgestochen und in Schubkarren zum Sumpf gebracht. (. . .)

Der Sumpf wurde mit diesem Tonschlamm und mit Trockenmahlmaterial gefüllt, und von letzterem so viel, daß das Material formbar wurde. Das Ganze wurde im Tonbruch bearbeitet und in Handformen zu Steinen (Rohsteine) geformt, ungefähr von der Größe wie Ziegelsteine. (. . .)

Am Anfang gab es nur zwei Öfen, später sechs, konische Schachtöfen. Mit drei übereinander befindlichen Einfüllöffnungen, folglich vier Stockwerke hoch. Auf den Rost wurden zunächst Hobelspäne gelegt und Brennmaterial mit vier bis fünf Bahren Steinkohle (englisch) samt ca. 20 Spannen Koks. Darauf wurden die Rohsteine auf die Kante gesetzt, danach eine Schicht Koks usw., bis der Ofen gefüllt war. Je höher man kam, umso weniger Koks wurde genommen. Danach wurden die Einsatzöffnungen wieder zugemauert. Der Ofen brannte über zwei Tage. Man wechselte die Öfen ab, so daß mindestens ein Ofen pro Tag geleert werden konnte, manchmal wurden das sieben bis acht Öfen in einer Sechs-Tage-Woche. (. . .) Wenn man in den 1880er Jahren eine Produktion von 100.000 Faß pro Jahr erreichte, wurde geflaggt.

Das ist bloß ein kleiner Teil des Interviews mit einer sehr detaillierten Beschreibung des Produktionsprozesses in Schwedens erster Zementfabrik. Man beachte aber: nicht ein Wort über die Fabrik als Arbeitsplatz, nicht ein Wort über Arbeitsbedingungen und die Arbeitsverhältnisse. So etwas hat den Interviewer Torsten Althin, den Chef des Technischen Museums, nicht interessiert.

Auf den Katalogkarten der Archivsammlung gibt es auch Nummern, die auf die gesammelten Gegenstände hinweisen. Beispiel:

Cemente
Gegenstand: TM tillv. 17.823. Anv. 18.569. 19.515. 19.516

Du bittest den Bibliothekar um den Katalog der Gegenstandsammlung und kannst da diese Nummern nachschlagen:

17.823 Proben eines Klinkers aus dem Drehrohrofen von Skånska Cement AB, Limhamn, aus dem Jahre 1918.
18.569 Maßstabgetreues Modell im Maßstab . . . der Zementfabrik in Limhamn aus dem Jahre 1941 von Skånska Cement AB Limhamn. Das Modell wurde im Mai 1941 neu bemalt und neu registriert unter der Nummer 19.516. 19.515 Maßstabgetreues Modell im Maßstab 1 : 300 der Zementfabrik in Lomma. Ungefähr 1880.

Von Cementa, Schwedische Verkaufsgesellschaft Malmö. Ausgeführt von TMs Modellwerkstatt 1941.

Die Modelle wurden für eine Ausstellung über Zement und Beton im Mai 1941 gebraucht, über die es auch Dokumente im Archiv des Museums gibt.

Zuletzt fragst Du, ob Du einen Blick in das dicke, eingebundene Buch mit maschinengeschriebenen Seiten werfen darfst, das den Titel trägt »Hinweis-Katalog zu den berghistorischen Sammlungen von Carl Sahlin, dem Technischen Museum am 8. Januar 1933 geschenkt«. Carl Sahlin war Bergingenieur und später Direktor mehrerer Unternehmen der Eisenerzeugung. Während seines ganzen Lebens sammelte er mit unermüdlichem Eifer große und kleine Gegenstände vor allem aus der Gruben- und Metallindustrie, aber auch über Kalk und Zement und viele andere Industriezweige.

Die Sammlungen sind gegliedert in: 1. Bücher, 2. Reisebeschreibungen, 3. Stempelbücher (von der Eisenbearbeitung), 4. Broschüren über Hütten- und Grubenunternehmen, 5. Personenhistorische Schriften, 6. Schriften von allgemeinem berghistorischen Interesse, 7. Material in Handschrift, welches Hütten- und Grubenunternehmen betrifft usw., 8. Biographische Notizen (u. a. über schwedische Goldgräber). Der Katalog schließt ab mit einem umfassenden Schlagwortregister.

Die Abteilungen 4 und 7 sind besonders umfangreich (1.100 Behälter und ungefähr 4.000 Ortsnamen). Beide Abteilungen enthalten ungefähr die gleiche Sorte Material. Beispiel:

»Abteilung 4. Limhamn.
Reklamedruck und Gebrauchsanweisung. Sonderdruck der Kindheitserinnerungen des Ingenieurs A. V. Lundberg. Postkarte von 1904 mit einer Karikatur der Direktoren der Zementgesellschaft, die Tonnen zu der Verkaufsgesellschaft Cementa rollen, aus denen Geld strömt.
Abteilung 7. Klagshamn.
Karte des Betriebsgeländes 1922. Beschreibung des Besuchs von Sahlin in der Fabrik 1933. Broschüre und Zeitungsausschnitte mit Kommentaren von Sahlin.«

Carl Sahlins Beschreibungen und Kommentare berühren nicht nur reine technische Fakten, sondern stellen auch die Frage nach Eigentum und Macht. Beispiel:

»Klagshamns Kalkbruch-Zementfabrik.
Notizen des Besuches vom 23. 8. 1933.

Eigentümer: Klaghamns cementverks AB, die wegen eines großen Darlehens insgesamt gesteuert und regiert wird von AB Göteborgs Bank (durch den Ingenieur E. Olsson).
Chef: Disponent Axel Edgren. Oberingenieur: Ragnar Nordensten (hierher eingesetzt von Göteborgs-Banken als Hilfe für – richtiger als Kontrolleur usw. über – den Disponenten).

Das Unternehmen scheint als Kalkbruch im Jahre 1896 gegründet worden zu sein. Das Zementwerk wurde 1902 oder 1903 angelegt und war bahnbrechend in der Entwickung von Methoden, die hier zur Anwendung kommen. Der erste geschäftsführende Direktor nach dem Übergang zur Zementherstellung war Henry Mueller, früher Grubeningenieur bei Höganäs. Ein schon vor ihm angestellter dänischer Betriebschef, Gedde, machte in der Zwischenzeit alles, um Muellers Arbeiten zu behindern. Zwischen den beiden Männern entstanden starke Spannungen, und danach mußte Mueller zurücktreten.

Den Disponenten Edgren nicht angetroffen. Ingenieur Nordensten und der Hafenmeister am Platz zeigten mir die Anlagen. Nordensten, bei Striberg geboren, fühlt sich in Skåne nicht wohl. Die Winter an den flachen Küsten empfindet er als schrecklich. Am schlimmsten war aber, daß die Geschäfte so schlecht gehen, trotz aller unternommenen Verbesserungen.«

Dann kommt ein Zeitungsausschnitt aus dem Mai 1934:

»Die Zementfabrik in Klagsham soll im nächsten Herbst endgültig geschlossen werden (. . .) Die Zahl der Beschäftigten beträgt 250 Personen. Die Untersuchungen werden fortgesetzt wegen der Bemühungen, durch welche wenigstens ein gewisser Teil des Personals eine andere Beschäftigung erhalten könnte.« Karl Sahlin kommentiert:
»Seit der Eigentümer AB Göteborgs Bank im Jahre 1934 seine Stellung saniert hat, geht es jetzt an deren verschiedene Industrieunternehmen. Es ist anzunehmen, daß Klagshamn als erste von der Schließung betroffen sein wird.«

Im März 1935 erwägt der Staat, einem Zeitungsausschnitt zufolge, 20.000 Kronen für Ersatzarbeitsplätze bereitzustellen. Im Juli 1935 schreibt Karl Sahlin die Überschrift »Klagshamns Untergang« über den folgenden Ausschnitt aus dem »Sämann«:

»Die Arbeiter widmeten sich ihren Eigenheimen und den intensiven Studienarbeiten. Da wurde beschlossen, daß die Zementfabrik, von der die gesamte Gemeinde abhing, geschlossen werden sollte. Nicht, weil sie sich nicht mehr trägt, sondern weil die Fabrik in Limhamn ausgeweitet werden soll. Deren Fabrikeigentümer haben die Fabrik in Klagshamn gekauft, um für ihre Fabrik die Produktionsquote zu übernehmen.

Für die Arbeiter war das ein harter Schlag. Wer ein eigenes Haus hat, kann es nicht verkaufen, weil die Gemeinde nun entvölkert wird; und sie können dort auch nicht wohnen bleiben, wenn mit der Arbeit Schluß ist. Durch das Eingreifen der Regierung wurde die Schließung der Fabrik bis 1937 hinausgeschoben, aber dann wird Klagshamn eine moderne Industriegemeinde ohne Industrie.«

Aus der Wirklichkeit der Arbeiter gibt es halt auch im Technischen Museum einige Splitter – wenn man nur ausreichend tief im Archiv nachgräbt. Aber meiner Meinung nach ist das längst nicht genug. Wo gibt es z. B. die Bollerwagen, welche bei Ifö im Kalkbruch 1910 mit Hand gefahren wurden? Wo gibt es die dicken Säcke, welche die Brennarbeiter als Zipfelmützen benutzten? Wo sind die kleinen Blechdosen, die später durch moderne Lohntüten ersetzt wurden? Und wer hat eine Lohntüte aufbewahrt, die ihrerseits später von neuen Auszahlungsformen ersetzt wurden?

Diese Wagen, Säcke und Blechdosen werfen selbstverständlich keinen besonderen Glanz auf die schwedische Industrie. Man kann sie nicht als Beispiele für den Sieg der technischen Intelligenz vorstellen. Sie gehören zu dem Teil der Wirklichkeit, den die Geschenkgeber des Technischen Museums insgesamt vergessen wollen.

Welche Gegenstände sind denn für die industrielle Arbeit am ehesten charakteristisch? Dem Technischen Museum zufolge sind das die Maschinen und dem Nordischen Museum zufolge die fertigen Produkte. Aber sind nicht in Wahrheit die Teile und nichtfertigen Gegenstände das Charakteristische? Die Details, die im Akkord von Tausenden und Abertausenden zusammengesetzt worden sind? Sind nicht die Stücke des Ganzen charakteristisch, des Ganzen, das erst als fertiges Produkt alle anderen als die Arbeiter zu sehen kriegen? Wer sammelt die Teile? Wer sammelt die halbfertige, noch nicht zusammengesetzte Wirklichkeit, die ja das eigentliche Resultat der Anstrengungen der meisten Industriearbeiter ist?

Niemand. Und in welchem Museum findest Du die Geschichte der Zeitstudien oder die Geschichte der Kapitalkonzentration oder die Geschichte der Unternehmensschließungen? Oder ... Die Beispiele könnten ein ganzes Buch füllen. Ich frage deshalb weiter: Wo liegt das Museum der Arbeiterklasse?

● Welches Material hat das Technische Museum über Deinen Beruf und Deinen Arbeitsplatz?

Hilfsmittel: Das Technische Museum Stockholm ist täglich von 10 bis 16 Uhr geöffnet. Du kannst anrufen und schreiben, und die Bibliothekare sehen im Katalog nach, ob es sich für Dich lohnt, zum Museum anzureisen. Technische Museen gibt es auch in Göteborg, Malmö und Borås. Einige Unternehmen haben eigene technische Museen, die das Bild der Geschichte der Unternehmensleitung zeigen. Gehe durch das Unternehmensmuseum und überlege, wie es verändert und ergänzt werden müßte, um das Bild der Arbeiter zu zeigen. Die Ausstellung Maschine macht (1977) beschreibt die technische Entwicklung der Textilindustrie aus dem Blickwinkel der Arbeiter. Es gibt einen ausführlichen, reich illustrierten Ausstellungskatalog bei Riksutställningar, Alsnögatan 7, Stockholm.

● Was meinst Du, sollte man in einem Museum der Arbeiterklasse an dem Ort, an dem Du wohnst, finden? Wie findet man solche Sachen? Haben Du und Deine Arbeitskameraden selbst etwas, was man dafür braucht?

Hilfsmittel: Gehe durch Deinen Arbeitstag und Deinen Arbeitsplatz auf die gleiche Weise, wie Du nach Worten gesucht hast (siehe Kapitel 18). Geh' auch durch die verschiedenen Kapitel in diesem Buch und überleg', wie man es mit den verschiedenen Gegenständen illustrieren könnte.

20. ... bei der Versicherungsgesellschaft

Gegenstände und Maschinen im Museum geben Zeugnis über Arbeitsplätze in der Vergangenheit. Aber auch Gegenstände, die durch Feuer zerstört wurden, können Angaben über Arbeitsplätze geben. Eine Feuersbrunst wirft in ganz kurzer Zeit Licht auf alte Arbeitsplätze, die sonst in tiefer Dunkelheit liegen. Ein Beispiel:

»Protokoll der Polizeiuntersuchung in Degerhamn am 6. März 1891.
Nachdem eine Anzeige einging, daß in der Nacht vom 28. des vergangenen Februar auf den 1. dieses Monats in Degerhamn ein Feuer ausbrach, wodurch zwei sogenannte Darren (Einrichtungen, um die Zementmasse im Freien zu trocknen) niederbrannten, fand sich der Unterzeichnete, Kronolänsman, an diesem Tag zu einer Untersuchung in Degerhamn ein, um herauszufinden, wie das Feuer entstehen konnte und wie im übrigen alles zuging.

Es wurde aufgeklärt, daß die in Frage stehenden Darren in einem gemeinsamen Haus eingerichtet waren, bestehend aus Brettern bis unter das Dach, das aus Holzziegeln und Stäbchen bestand, welches Gebäude bei der Besichtigung des Unternehmens an Ort und Stelle, als vollständig abgebrannt angesehen wurde. Die Darren lagen südlich davon, aber ganz nahe bei dem eigentlichen Zementfabrikgebäude, in einer Höhe von 15 Metern über dem Erdboden, auf der die übrigen Fabrikgebäude gelegen sind, eingerichtet in zwei Abteilungen mit drei Trockenöfen im Norden und gleich vielen im Süden unter einem Boden, der aus Eisenplatten bestand, von denen die Öfen, die mit Schiefer befeuert wurden, bedeckt waren. Rohrleitungen waren unter dem Boden des ganzen Gebäudes untergebracht.

Die nachfolgenden Personen wurden gehört und berichteten:

Ingenieur O. Hillfors:
daß der Nachtwächter I. Rydberg ungefähr um 12 Uhr in der betreffenden Nacht zu ihm kam und ihn mit dem Ruf weckte, daß in den oberen Darren Feuer ausgebrochen sei, worauf H. sofort zur Eile antrieb und veranlaßte, daß die Feuerwehrgerätschaften in Ordnung und zur Anwendung gebracht wurden.

Daß das Feuer so schnell einen solchen Umfang erhielt, daß die Flammen durch das Dach herausschlugen und die ganze Gegend rundherum beleuchteten, bei welchem Verhältnis es ratsam war, alle Aufmerksamkeit auf die anderen in der Nachbarschaft befindlichen Fabrikgebäude zu richten, zumal es auch ein wenig blies, und, wiegleich er nicht den geringsten Verdacht hat für die Annahme, daß Feuer gelegt sein könnte, kann H. sich doch keine eigene Vorstellung davon bilden, wie das Feuer entstanden ist und was es verursacht haben könnte. Auf Befragen fügt H. hinzu, daß bei dem Trockenofen jede Nacht wie auch bei dem betreffenden gewisse Personen sich befinden, welche teils das Feuer bewachen, teils den ausgebrannten Schiefer herausschaffen, welche Personen nun hinzugerufen und gehört wurden, nämlich:

Carl Nordberg und Carl Johan Bergman, welche übereinstimmend berichten:

daß, da sie in dieser Nacht die Aufsicht hatten und in den südlichen Öfen Kalk brannten, während das Feuer in den westlichen Hauswänden ganz nah den nördlichen Öfen ausbrach, sie weder etwas gehört oder sonstwie Ungewöhnliches bemerkt hätten, auch hätten sie keinerlei Rauch oder ungewöhnlichen Geruch gespürt, da der Wind aus südlicher oder südwestlicher Richtung leicht blies.

daß sie zuerst gegen zwölf in der Nacht von dem Feuermann I. Kindberg am nördlichen Ofen von dem Feuer unterrichtet wurden, welches sich zu dem Zeitpunkt schon mit dem Wind ausgebreitet hatte und so stark war, daß sie keine Möglichkeit fanden, es zu löschen. Es schlug schon aus dem Hausdach und raste ungehindert, deshalb mußte man sich vor allen Dingen um ein Haus kümmern, das auf einer geringen Anhöhe auf der Seeseite ohne Schutz gegen den herrschenden Südwestwind stand. Und daß sie auch nicht einmal vermutungsweise sich denken könnten, wie das Feuer entstanden sein könnte und was die Ursache dafür wäre.

Der vorbenannte I. Kindberg und der Feuerwehrmann August Jaensson, welche in der Nacht die Aufsicht bei den nördlichen Öfen hatten, wurden hiernach gehört, und sie gaben folgendes an:

daß sie von nichts etwas gewußt hatten, bevor der Nachtwächter Rydberg kam und sie unterrichtete;

daß Kindberg sofort zur westlichen Hauswand lief, durch die das Feuer schon durchschlug und sich ausbreitete;

daß Kindberg daraufhin versuchte, das Feuer dadurch zu bekämpfen, daß er mit einem Spaten Erde darauf warf, der Löschversuch jedoch nicht glückte, woraufhin er sogleich die anderen Leute alarmierte und

daß Jaensson währenddessen in den Raum ging, in dem das Feuer ausgebrochen war und es dort in ungehinderter rasender Fahrt fand. Es hatte sich schon auf die Dachschindeln ausgedehnt, welche ›in die Luft gewirbelt wurden‹.

Auf Fragen versicherten sie, daß sie keinerlei Geruch oder Lichtschein, wodurch sich diese Nacht von anderen Nächten unterschied, innerhalb oder außerhalb der Gebäude wahrgenommen hätten.

Der Nachtwächter I. Rydberg sagt:
daß er gegen halb 12 am Abend des 28. Februar sich unten am Hafen befunden habe und einen Feuerschein oben in den Darren bemerkt habe, wie von einer Laterne oder dergleichen. Worauf er, da dieser Schein sich veränderte, sofort hinrannte und feststellte, daß das Feuer die westliche Hauswand ergriffen hatte, ohne daß die Wächter Kindberg und Jaensson, welche alarmiert wurden, etwas gemerkt hätten, und

daß das Feuer infolge der Stärke des Südwestwindes so kräftig und gewaltig war, daß er erkannte, daß es unmöglich war, es zu beherrschen, insbesondere, weil keine Leute aus der unmittelbaren Umgebung kommen konnten und keine Löschwerkzeuge in Betrieb zu setzen waren.

Alle nun gehörten Personen sind vollständig sicher darüber, daß das Feuer innerhalb des Hauses an den westlichen Bretterwänden ganz nahe bei dem am nördlichen Ende unter dem Boden gelegenen Trockenofen begonnen hat. Gleichermaßen sind sie vollständig überzeugt, daß das Feuer nicht gelegt wurde.

Irgendeinen anderen Erklärungsgrund für das Entstehen des Feuers, als daß es an den Bretterwänden infolge der starken Hitze von dem in der Nachbarschaft unter dem Boden befindlichen Trockenofen entstand, gibt es nicht.

Da weitere Aufklärung in der Sache nicht zu bewirken war, wird die Voruntersuchung abgeschlossen.
Wie oben
August Thornell

Dieser Polizeibericht wurde an die Versicherungsgesellschaft Skandia geschickt, die dann 750 Kronen Ersatz für die abgebrannten Darren bezahlte. Dann wurde er zusammen mit tausenden anderen gleichartigen Berichten, Schätzungen, Ermittlungen, Zeitungsausschnitten und anderen Brandschadensakten im Archiv von Skandia aufbewahrt.

Für die Zeit nach 1912 muß man wissen, in welchem Jahr ein Brand stattfand, um die Schadensakten finden zu können. Für die Periode von 1855–1912 gibt es einen Katalog, in dem man alle Feuerschäden nachschlagen kann, die in einer bestimmten Branche oder in einem bestimmten Unternehmen eingetreten sind, vorausgesetzt, daß das Unternehmen bei Skandia versichert war. Man braucht bloß einige Augenblicke, um herauszufinden, daß es im Kohlenlager der Zementfabrik von Visby am 15. 10. 1892 und am 26. 2. 1902 gebrannt hatte und daß das Mühlenhaus in Limhamn in der Nacht zum 1. April 1896 niedergebrannt ist – und jedesmal gibt es eine Beschreibung des Arbeitsplatzes als Zugabe.

Das Archiv des Skandia-Konzerns liegt in Norrköping. Du kannst anrufen oder schriftlich nachfragen, ob es irgend etwas über den Arbeitsplatz gibt, an dem Du interessiert bist. Gib lediglich die Abkürzung für die schwedische Provinz an, in der die Fabrik liegt und möglicherweise auch etwaige frühere Namen des Unternehmens – die können schließlich den Namen mehrmals geänderthaben. Man schickt Dir dann die gewünschte Zahl Kopien kostenlos zu.

Aber wenn Du die Möglichkeit dazu hast, denke ich, solltest Du nach Norrköping fahren. Das Archiv ist einen Besuch wert. Es liegt hell und luftig in der obersten Etage eines großen Industriehauses. Lars Lindblad hat diese alten Papiere in einigen Kellern in Östermalm Ende der sechziger Jahre gefunden. Er nahm sich vor, sie zu retten.

Hier lagern nicht nur die Papiere des Skandia-Konzerns selbst, sondern auch das Archiv von Schwedens Schadensversicherungs-Vereinigung, und das ist noch interessanter. Die meisten Versicherungskonzerne, die Industrieversicherungen aufnahmen, schlossen sich 1873 zu einem Kartell zusammen, der sogenannten Tarifvereinigung, später Schwedische Schadensversicherungs-Vereinigung. Diese Vereinigung bestand bis 1967, als sämtliche Gesellschaften im Skandia-Konzern aufgingen. Die Aufgabe der Vereinigung war, die Prämienhöhe zu bestimmen. Als Unterlage für die Bestimmung benötigte man Beschreibungen und Baupläne der versicherten Unternehmen. Das Archiv beinhaltet 150.000 solcher Industriebeschreibungen. Es gibt ein Kurzregister, das das Suchen erleichtert. Das Register ist nach den Provinzen und den Unternehmensnamen geordnet. Ein Beispiel: Nach dem Provinzbuchstaben I und dem Unternehmensnamen »Visby cementfabrik« findet man zwei Karteikarten.

Eine Karte verweist auf das gedruckte Protokoll der Vereinigung für die Perioden 1887–1898. Von der Zementfabrik findet man eine Beschreibung vom Mai 1889 (16 Gebäude), vom September 1893 (25 Gebäude), vom April 1895 (45 Gebäude) und vom November 1895 (Anbau). Die Beschreibung des Jahres 1893 enthält auch einen Lageplan der Fabrik.

Die zweite Karteikarte verweist auf entsprechende Beschreibungen für die Periode von 1899–1950. Da zeigt sich, daß es nicht weniger als 14 Beschreibungen der Zementfabrik Visby gibt, die meisten mit Lageplänen in Mehrfarbendruck, gedruckt bei der Lithographischen Aktiengesellschaft, die übrigens im gleichen Haus wie das Archiv untergebracht ist. Die letzte Beschreibung datiert vom 19. Juni 1940, kurz bevor die Zementherstellung eingestellt wurde.

Das Archiv enthält auch Industriebeschreibungen aus der Periode 1951–1967. Die sind maschinengeschrieben und werden in Kartons aufbewahrt. Sie sind nicht katalogisiert, aber man findet ganz leicht, was man sucht, da es nur wenige Kartons für jede Provinz gibt. Hier findet man außerdem Beschreibungen der stillgelegten Fabrik, die später zur Hanfbereitung genutzt wurde.

Ich habe die Zementfabrik von Visby hier als Beispiel gewählt, weil es davon ungewöhnlich viele Beschreibungen gibt. Aber das Archiv beinhaltet zumindest die Beschreibungen aller 15 Zementfabriken, die es einmal in Schweden gab, und oft gibt es mehrere Beschreibungen der Fabrikanlagen.

Auf der Grundlage dieser Beschreibungen legte die Vereinigung sogenannte Spezialtarife jeder Anlage fest. Diese Spezialtarife sind ausgedruckt und nach Provinzen in Schnellheftern geordnet, aber sie sind nicht katalogisiert. Die Tarife enthalten eine Aufzählung der Gebäude innerhalb des Fabrikgeländes und geben die Versicherungsprämie für jede von ihnen an. Bei den Spezialtarifen findet man zum Teil angegeben, aufgrund welcher Industriebeschreibung sie errechnet wurden (z. B. S Nr. 5717), teils, in welchem Protokoll der Vereinigung der Beschluß über den Tarif registriert wurde (z. B. S.P. Nr. 18/1919, 26/1920). Diese Protokolle gibt es in gebundenen Büchern im Archiv. Sie enthalten oft weiteres Material, z. B. Angaben darüber, welche Risikoverhältnisse in der Fabrik bestehen und auch Argumente für eine Erhöhung oder Senkung der Prämie.

Wenn man grundlegende Informationen darüber erhalten will, wie es früher an einem Arbeitsplatz ausgesehen hat, ist es am sichersten und leichtesten, das Archiv des Skandia-Konzerns in Norrköping zu kontaktieren. Selbst wenn Du nichts anderes suchen willst, als ich in diesem Buch vorschlage, so solltest Du das auf jeden Fall in Norrköping versuchen.

● Welche Beschreibung Deines Arbeitsplatzes hat das Archiv des Skandia-Konzerns?
Welches Bild geben die Brandschadenakten von den Arbeitsverhältnissen Deiner Vorgänger?

Hilfsmittel: Das Archiv des Skandia-Konzerns schickt Dir auf Anforderung gratis ein Archivverzeichnis und einen Sonderdruck aus der Nordischen Versicherungszeitschrift 4/1971, in dem das Archiv beschrieben ist. Wenn Du einen Besuch planst – ruf an oder schreib vorher kurz und teile mit, daß Du kommst.

Andere wichtige Versicherungsarchive sind:
Allgemeines Versicherungswerk für Gebäude des Landes, jetzt Brandversicherungswerk mit einem großen Archiv mit vielen Beschreibungen von Industrieunternehmen für hundert Jahre seit 1782. Wenn man Kreis und Gemeinde angibt, in dem die Industrieanlagen liegen, sind sie leicht zu finden.

Städtische Gebäude sind seit 1828 in der Städtischen allgemeinen Brandschutz-Gesellschaft versichert, deren Archiv ist im Stadtarchiv Stockholm untergebracht.

21. . . . in Denkmälern

Das Königliche Schloß in Stockholm, die Domkirche in Uppsala oder die Zementfabrik in Hällekis kann man nicht ins Museum stellen. Dafür sind sie zu groß. Sie stehen besser da, wo sie stehen.

Das Schloß in Stockholm ist das bedeutendste Denkmal der Königsmacht in Schweden. Es wurde gebaut, um auszudrücken, wie das Königstum sich selbst und seine Stellung sieht. So steht es als eines der schönsten Gebäude Europas noch immer und bestimmt weiterhin, was neuere Generationen vom Königstum halten sollen.

Ganz genauso sind die Kirchen die Monumente der Kirche (beachte, daß für beides, die Gebäude und die Organisation, das gleiche Wort verwandt wird). Die Herrenhöfe sind die Monumente der Gutseigentümer und Fabrikbesitzer. Die Rathäuser, Gerichtsgebäude und anderen Verwaltungsgebäude sind die Monumente der Beamtenklasse, die Bankpaläste sind die des Finanzkapitals.

Jetzt ahnst Du natürlich wieder meine Frage: Wo ist das Monument der schwedischen Arbeiterklasse? Ist das die Gegend rund um Norra bantorget in Stockholm mit der Burg des Gewerkschaftsbundes und den Häusern hinter den Zeitungen MT und AT, die auch schon eingestellt sind? Sind es die Volkshäuser draußen im Lande mit ihren Filmplakaten über »Sexshow« und »Die Knochenknacker-Bande«? Oder ist es das neue Kaufhaus Domus, das die Zentren aller schwedischen Gemeinden beherrscht? Oder sind die täuschend ähnlichen Kaufhäuser Epa und ICA auf der anderen Straßenseite die Denkmäler? Und die Fabriken, Arbeitsplätze – wessen Denkmäler sind sie? Sind sie überhaupt wert, erhalten zu werden?

Industrie-Archäologie

Diese Frage hat in England seit den sechziger Jahren eine Volksbewegung in Gang gesetzt mit einer landesweiten Organisation und lokalen Vereinigungen, mit Amateuren und Professionellen, mit Volkshochschulzirkeln und Universitätskursen, mit Museen und Sammlungen, mit Spezialverlagen und Spezialzeitschriften. Alles unter der Rubrik »industrial archeology« – Industrie-Archäologie.

Die Bewegung begann in »the black country«, in den Kohlegruben und Eisenwerken des »schwarzen Landes« zwischen Birmingham und Wolverhampton – eine rauchhaltige, dreckige, wirklich stark verunreinigte Landschaft, zerstört vom jahrhundertelangen Wüten der Industrie. Anfang der fünfziger Jahre begann in dieser Gegend eine neue industrielle Epoche. Das Alte sollte weg. Kaum ein Tag verging, ohne daß eine Fabrik abgerissen wurde oder ein Arbeiterviertel dem Boden gleichgemacht wurde.

Und die Leute fingen an, sich zu fragen: Was wird von den Umgebungen der industriellen Revolution übrig bleiben? Jetzt, da die niedrigen Löhne, die harten Arbeitsbedingungen, die elendigen Wohnverhältnisse und wirkungsvolle Ausbeutung endlich das moderne England geschaffen haben – jetzt soll zugelassen werden, daß die Beweise dafür, wie das wirklich zugegangen ist, verschwinden? Soll das Kapital, das hier angehäuft wurde, wirklich alle Spuren davon, wie es zustande kam, wegfegen dürfen?

Andere sahen verborgene Schönheitswerte. Sie sahen in den ausgedienten Maschinen vollendete Kunstwerke. Sie wiesen darauf hin, daß eine alte Brauerei oder eine alte Textilfabrik genauso viel wert ist, erhalten zu werden, wie eine Kathedrale. Konnte man nicht wenigstens die wertvollsten Erinnerungsstücke retten? Konnte man die übrigen nicht wenigstens registrieren und beschreiben, bevor sie vernichtet wurden?

Man startete Rettungsaktionen, man begann, Gruppen zu bilden, die untersuchten, was es hier einmal gegeben hat, was davon noch übrig geblieben ist und was davon gerettet werden sollte.

Eine solche Rettungsaktion wurde z. B. für fünf riesengroße Dampfmaschinen gestartet, die an der Kew Bridge Pumping Station (nahe dem berühmten Kew Garden in West-London) steht. Als Schrott hatten sie schon über 30 Jahre lang da gestanden, bis sie von Tony Cundick, Ivan Fear und Ron Plaster entdeckt und als bewahrenswert angesehen wurden. 1973 wurde ein Verein gegründet, Spenden gesammelt, einige Dutzend Menschen begannen, ihre Samstage und Sonntage an der Pumpstation zuzubringen, und nach ein paar Jahren hatten sie die erste Dampfmaschine wieder in Gang.

Die Gruppe besteht aus Menschen, die sich in Bibliotheken und Archiven nicht sonderlich wohl fühlen. Wenn die sich der Geschichte nähern, kommen sie vor allen Dingen mit Schraubenschlüssel und Rosthammer.

»Für mich ist eine Dampfmaschine eine Zeitmaschine«, sagt Ron Plaster. »Wenn man mit so einer Maschine arbeitet, kann man in die

Geschichte hineinkriechen und ihr den Rost abschlagen. Man kann die Geschichte zerpflücken, pflegen, putzen, ölen und wieder in Gang setzen. Man fühlt, wie die Geschichte riecht. Man hört sie pfeifen und ächzen und stöhnen, wenn sie unter Dampf kommt und fühlt die Geschichte unter dem Druck zittern. Man sieht, wie sie langsam wieder in Gang kommt und anfängt, sich zu bewegen. Man sieht endlich, wie Geschichte arbeitet – das ist so überaus phantastisch.«

Einen alten Text wiederherzustellen – das ist Forschung. Die alten Wandmalereien in einer Kirche freizulegen – das ist Kultur. Aber eine der größten und ältesten Dampfmaschinen der Welt, die 30 Jahre als Schrott dagestanden hat, wieder zum Arbeiten zu bringen – was ist das?

Aber Ron und seine Kameraden ging es in erster Linie nicht darum, die Maschinen selbst zu erhalten, selbst wenn diese Maschinen bemerkenswert sind, und selbst wenn niemand etwas davon weiß, wie man sie bedient und fährt. Ihnen kam ein Gedanke nicht aus dem Sinn. Vor 30 Jahren hatten diese Maschinen das Londoner Trinkwasser gepumpt. Der letzte, der diese Maschinen noch bedient hatte, starb in diesem Jahr, 88 Jahre alt. Mit ihm starb auch eine Berufstätigkeit, die durch Öl- und Dieselmotoren überflüssig gemacht worden war. Solch eine Tätigkeit kann man nicht aufbewahren oder in ein Museum setzen. Das muß im lebenden Körper eines Menschen bewahrt werden.

»Jetzt halten wir sie in Gang, und wir werden auch dafür sorgen, daß das weitergeführt wird. Wer weiß, ob man sie nicht nochmal gebrauchen muß?«

Der Ausdruck »industrial archeology« wurde zum ersten Mal von dem Geschichtslehrer Michael Rix in einem Artikel in der Zeitschrift »Amateur historian« 1955 verwandt. Er wurde vom damaligen Industriereporter des BBC, Kenneth Hudson, für eine Fernsehserie und sein Buch »Industrial archeology. An introduction« (Industriearchäologie, eine Einführung. London 1963) aufgenommen.

Kenneth Hudson ist die zentrale Gestalt der Industriearchäologie-Bewegung in England. 1964 gründete er die Zeitschrift »Industrial archeology«, die der Sammelpunkt der Bewegung in England wurde, bis sie 1976 durch »Industrial archeology review« ersetzt wurde. Er schrieb eines der ersten Forschungshandbücher: »Handbook for industrial archeologists« (Handbuch für Industriearchäologen, London 1967), das allerdings mittlerweile stark veraltet ist. Er war daran beteiligt, zwei große Buchserien zu starten, die von den Verlagen David & Charles bzw. Longmans herausgegeben wurden, eines nach Regionen, eines nach Branchen geordnet. Diese Serien umfassen mittlerweile jeweils

15–20 Bände. Sein Beitrag in der regionalorientierten Serie heißt »The industrial archeology of southern England« (Die Industriearchäologie in Südengland, Newton Abbot 1965). Und in der Serie über die Branchen hat er über »Building materials« (Baumaterial, London 1972) geschrieben. (Das Kapitel über Kalk und Zement baut nicht auf selbständiger industriearchäologischer Arbeit auf; es ist deshalb auch ziemlich dünn.)

Anfang der siebziger Jahre, als die Bewegung gewachsen war und die Gruppen untereinander Kontakt aufnahmen, gab Hudson zusammen mit Neil Cossons den »Industrial archeologists guide 1971–73« (Führer der Industriearchäologie, Newton Abbot 1971) heraus. Das Buch beschreibt die britische Gesetzgebung zur Bewahrung von Industriedenkmälern, beschreibt etwa 30 Projekte, enthält die Namen und Adressen von 169 industriehistorischen Sammlungen und Museen, die Namen und Adressen von etwa 70 Vereinigungen und Gruppen, welche im Bereich der Industrie-Archäologie arbeiten, vergleicht deren Hauptausrichtung und ihre Publikationen. Eine spätere Kurzversion ist »A pocket book for industrial archeologists« (Taschenbuch für Industriearchäologen, London 1976).

Nach meiner Meinung ist Kenneth Hudson am mitreißendsten, wenn er in Handbuchform seine eigenen Entdeckungen beschreibt, z. B. in »Exploring our industrial past« (Unsere industrielle Vergangenheit entdecken, Teach yourself series. Norwich 1975), eine populäre Einführung mit vielen konkreten Beispielen und phantasievollen Vorschlägen für Untersuchungen. Hudson betont vor allen Dingen die Bedeutung, die den Gesprächen mit alten Menschen über frühere Arbeitsmethoden und Arbeitsbedingungen zukommt.

● Was haben englische Industriearchäologen an Entsprechungen für Deinen Arbeitsplatz herausgefunden? Wie kannst du Dir ihre Erfahrungen zunutze machen?

Hilfsmittel: Die Adresse für Kew Bridge Pumping Station ist: Kew Bridge Road, Brentfort, Middlesex, England. Besuchszeit samstags und sonntags 11–13, 14–17 Uhr. – Eine der größten Vereinigungen ist »Greater London's industrial archeology society« (Industriearchäologische Gesellschaft von Großlondon, GLIAS), welche u. a. einen maschinengeschriebenen Rundbrief herausgibt. Die Adresse: Vere Glass, 69 St Peters Road, Croydon, England.

Die besten Handbücher sind J. P. M. Pannell, »The techniques of industrial archeology« (Die Techniken der Industriearchäologie, 2. Auflage, herausgegeben von J. K. Major, Newton Abbot 1974) und J. K. Major »Fieldwork in industrial archeology« (Feldarbeit der Industrie-Archäologie, London 1975). Pannell war

Ingenieur und Technikhistoriker, Major Architekt. Beide legen das Hauptgewicht auf die Fähigkeit, Gebäude und Maschinen auszumessen und davon Zeichnungen anzufertigen. Aber vor allem Pannell weist auch darauf hin, wie man die Feldarbeit dadurch vervollkommnen kann, daß man Archivmaterial, Karten, Bilder und gedruckte Quellen untersucht. Viele Methoden sind direkt auf die Verhältnisse anderer Länder zu übertragen.

»Industrial archeology for schools« (Industrie-Archäologie für Schulen, Project technology handbook 10, Heinemann educational books, London 1973) zeigt, wie lokale Industrieuntersuchungen in verschiedenen Schulfächern behandelt werden können, z. B. in Geschichte, Gesellschaftskunde, Chemie, Technik und Zeichnen.

R. A. Buchanans »Industrial archeology in Britain« (Industriearchäologie in England, Pelican 1972) baut auf der Erfahrung des Verfassers als Chef der »National survey of industrial monuments« (Nationale Organisation der Industriemonumente), der offiziellen Industriedenkmäler-Kartothek in Bath, auf, wo die Amateure und Professionellen des ganzen Landes die Beschreibungen ihrer Funde hinsenden. Arthur Raistrick ist Ingenieur und Geologe, Spezialist für die römische und mittelalterlichen Techniken. Seine »Industrial archeology. An historical survey« (Industriearchäologie. Ein historischer Überblick, Methuen 1972) betont vor allen Dingen die Überbleibsel aus der Zeit vor der industriellen Revolution.

»The archeology of the industrial revolution« (Die Archäologie der industriellen Revolution) von Brian Bracegirdle (Heinemann 1973) ist eine fotografische Bildchronik in Farbe. Neil Cossons ist Geograph und der Chef des Industriehistorischen Freilichtmuseums in Ironbridge. Sein »The BP book of industrial archeology« (Newton Abbot 1975) wendet sich vor allen Dingen an Autofahrer, die Industriedenkmäler besuchen wollen. Ein nützliches Verzeichnis über Sehenswürdigkeiten, Museen und Vereinigungen.

Viele dieser Bücher sind auch in den Bibliotheken vorrätig. Im übrigen kann man sie bei »The bookshop«, Ironbridge Museum Trust, Ironbridge, Salop TF8 7RE, England, bestellen.

Industriearchäologie in Schweden

In Kenneth Hudsons Buch »A guide to the industrial archeology of Europe« (Ein Wegweiser zur Industriearchäologie Europas, Bath 1971) erscheint Schweden als ein einzigartig reiches Feld für bevorstehende industriearchäologische Arbeiten. Das Buch erwähnt kurzgefaßt etwa 40 industrielle Denkmäler, vor allen Dingen Bergwerke und Eisenhütten.

Hudson besuchte Schweden 1968. Im selben Jahr verfaßten seine schwedischen Schüler, die Kunsthistorikerin Marie Nisser und der Architekt Gunnar Sillén, einen Aufruf an Freiwillige, die schwedischen Industriedenkmäler zu inventarisieren. Nach englischem Vorbild druckten sie eine Karteikarte, die man ausgefüllt an Riksantikvarieämbetets kulturhistorika byra, Storgatan 41, Stockholm, senden sollte. Ei-

<table>
<tr><td colspan="15">DENKMAL: Mühle,
Grube, Fabrik, Kanal,
Brücke usw.</td></tr>
<tr><td colspan="3">BRANCHE</td><td colspan="3">GEGENWÄRTIGER
EIGENTÜMER</td><td colspan="3">BAU-/HERSTEL-
LUNGSJAHR</td><td colspan="6">GEMEINDE</td></tr>
<tr><td colspan="9">LAGE: In der Stadt,
auf dem Lande,
an einem Flußlauf,
am Abhang usw.</td><td colspan="3">KATASTER-
ANGABEN</td><td colspan="3">DATUM</td></tr>
<tr><td colspan="15">BESCHREIBUNG:
1. des Gebäudes (Maße, Bautechnik, architektonische Gestaltung,
gegenwärtiger Zustand usw.)
2. der Maschinen oder anderer Einrichtungen

(Weitere Angaben auf der Rückseite dieser Karte. Skizzen oder Fotos können beigefügt werden.)</td></tr>
<tr><td colspan="15">GEGENWÄRTIGE VERWENDUNG: Gefahr des Abrisses oder der
Zerstörung. Ist das Monument dem Zerfall ausgesetzt?</td></tr>
<tr><td colspan="15">QUELLENMATERIAL: Druckwerke, ungedruckte Akten, Karten,
Zeichnungen oder Fotografien.</td></tr>
<tr><td colspan="5">NAME UND ADRESSE
DES AUSFÜLLENDEN:

technisch-historische Inventarisierung</td><td colspan="5">BEILAGEN</td><td colspan="5">KARTE ZURÜCKSCHICKEN BIS:</td></tr>
</table>

Archivkarte für industriearchäologische Arbeiten

nige Leute, die es allerdings besser wissen sollten, meinten, man solle sich vor »Amateuren« hüten. Es wäre besser, die Wirtschaft in solche Untersuchungen einzubeziehen und nicht die Allgemeinheit. Man solle dort finanzielle Unterstützung suchen und sich nicht auf freiwillige Kräfte verlassen. Die Initiatoren ließen sich abraten, die Karte wurde gar nicht versandt. Aber eine dieser Karten kam zufällig in die Hände eines jungen Mannes, Eric Juhlin in Karlsborg, und dank seiner Initiative ist nun die Gegend von Skaraborgs län die am besten untersuchte Industrieregion im Lande. Er war damit die schwedische Einmann-Entsprechung für die englische Volksbewegung.

In Schweden wurde statt dessen ein Expertenkomitee, »industriminnesgruppen«, gebildet, dem Repräsentanten der Museen, Universitäten und Denkmalschutzbehörden angehören. Man bemühte sich um Unterstützung, so daß arbeitslose Akademiker die Industriegebäude in Stockholm und in der Provinz Kristanstads inventarisierten. Das Architekturmuseum veröffentlichte eine erste Übersicht über schwedische Industriedenkmäler von Marie Nisser u. a.: »Industriminnen« (Industrieerinnerungen, Stockholm 1974). Das ist vor allem ein Buch über Fabrikruinen verschiedener Branchen der schwedischen Industrie. Die Zementfabrik in Valleviken auf Gotland wird z. B. so beschrieben:

> »Die unmittelbar nach dem Zweiten Weltkrieg stillgelegte Zementfabrik Valleviken in Rute ist auch eine Ruine – eine Sammlung rostiger Öfen, verfallener Gebäude und Kaianlagen. Unmittelbar im Anschluß daran liegt die Gemeinde, ein Arbeiterbezirk mit Holzkasernen, Eigenheimen und Gärten und einem Volkshaus in romantischer Ausgestaltung aus der Zeit nach dem Ersten Weltkrieg.«

Das ist eine Schilderung von großer Ahnungslosigkeit – wenn man nur den Roman von Clas Engström »Insändaren« (Einsender, Stockholm 1966) gelesen hat, der von den Einwohnern in den Holzkasernen von Skånska Cement in Valleviken handelt. Kennzeichnend für die Fabrikbeschreibungen der schwedischen Industriearchäologen ist, daß sie geschickt produktionstechnische und kunstwissenschaftliche Fakten zusammenweben, aber zu allen sozialen und politischen Gesichtspunkten Distanz halten. Ein Beispiel von der Zementfabrik Visby:

> »Für den anfangs mit Torf beheizten Drehrohrofen baute man in Visby ein langes und gewaltiges Gebäude, teilweise in Beton und Kalksandstein und mit großen Kontreforten und Fensterarkaden. Bald baute man einen weiteren Ofen hinzu, und mit Schienen und

Feldbahnen wurde die Fabrik an Hafen und Eisenbahn angeschlossen. Auf diese Weise wurde die Zementfabrik 30 Jahre lang betrieben, aber während des Zweiten Weltkrieges wurde sie stillgelegt.«

Ein Foto von 1973 zeigt die Zementfabrik von Visby, »die einzige monumentale Ruine der Stadt, die heutzutage in Gefahr ist, vernichtet zu werden«. Sie wurde kurz danach abgerissen.

Die Zementfabrik in Valleviken ist auch abgerissen. Genauso Lomma, Maltesholm und Ifö. Von den schwedischen Fabriken, die Skånska Cement aufkaufte und stillegte, stehen 1975 nur noch zwei. Die Zementfabrik Klagshamn liegt noch auf ihrer Landzunge südlich von Malmö, während die Grundstückspreise steigen. Man muß bloß für einen Moment mit den Augen blinzeln, und schon sieht man dort die Reihenhäuser und das Einkaufszentrum der achtziger Jahre. Die Zementfabrik in Lanna ist von allen am besten erhalten. Der alte Schachtofen, der schon veraltet war, als er 1932 eingerichtet wurde, ist weiterhin intakt – aber wie lange noch?

Diese Arbeitsplätze sollten zumindest beschrieben und dokumentiert werden, bevor sie verschwunden sind. Das gleiche gilt für die Zementfabriken, die nun zur Stillegung anstehen: Hällekis, Köping, Limhamn, Stora Vika . . . Was geschieht, um sie zu bewahren? Und wie? Werden sie als Unternehmensdenkmäler stehen – oder als Denkmäler der Arbeiter?

Monument für was?

»Kulturdenkmalspflege«, schrieb Gunnar Sillén in *Dagens Nyheter* vom 22. 3. 1972, »ist wie die Kunst und andere Kulturäußerungen ein Mittel, das Gruppen und Nationen anwenden, um einen höheren Grad an Selbstbewußtsein zu erlangen und sich dadurch gegenüber anderen Gruppen, Klassen und Nationen zu stärken.«

So wie die Kulturdenkmalspflege bisher in unserem Lande funktioniert hat (expertengesteuert, mit langsamer Beschlußfassung, immer die Macht der ökonomischen Interessen berücksichtigend), ist sie bloß ein Ausdruck für die Wertschätzung der etablierten Gesellschaft. Sillén meint, daß die Kulturdenkmalspflege dezentralisiert werden muß, wenn sie Bedeutung bekommen soll. Sie muß Möglichkeiten dafür entwickeln, wie die Menschen ihre Distanz und Fremdheit gegenüber der technokratischen Gesellschaft aufgeben können.

Sillén weist auf die sozialistischen Staaten hin, in denen die Pflege industriehistorischer Anlagen in vielerlei Hinsicht eine große Rolle gespielt hat, um das Selbstbewußtsein der arbeitenden Menschen zu stärken. Dort versucht man, Anlagen, die die Industriearbeit früherer Zeiten zeigen, und solche mit Erinnerungen an die Geschichte der Arbeiterbewegung zu bewahren.

In Schweden haben wir zumeist dem schwedischen technischen Genie gehuldigt oder uns nostalgischen Träumen über verschwundene Eisenbahnstrecken und Dampfboote hingegeben. Aber Menschen besuchen auch alte Industrieanlagen, um sich ein Gefühl von der historischen Kontinuität ihres eigenen Arbeitseinsatzes zu verschaffen. Wir sollten dafür sorgen, daß solche Industrieanlagen, die die Erinnerungen an die Geschichte der Arbeiterklasse in sich tragen, erhalten bleiben. Die Anlagen sollten so erhalten werden, daß sie das ideologische Eigentum der Arbeiterklasse werden.

> »Heutzutage besteht die große Gefahr«, schreibt Sillén, »daß die Industriedenkmäler genau wie die Schlösser und Kirchen in die akademischen Interessenssphären geraten und auf diese Weise geradezu davor bewahrt werden, im Bewußtsein der Bevölkerung verankert zu werden, was sicher eintreten würde, wenn sie von ihnen selbst zu verteidigen wären. Eine andere Gefahr ist, daß die Industrie-Erinnerungsstätten das ideologische Eigentum der Unternehmer werden, gewissermaßen als Erinnerungsstätten des eigenen Unternehmertums. Die meisten der in Schweden heutzutage bewußt erhaltenen Industriedenkmäler haben diese Funktion.
>
> Wenn – wie ich hoffe – die Industrie-Erinnerungsstätten eine ideologische Bedeutung für die Arbeiterkultur erhalten, so erfordert das eine viel stärkere, unmittelbare Zugriffsmöglichkeit für die Arbeiter, beispielsweise dadurch, daß die örtlichen Gewerkschaften eigene Mittel erhalten und eigene Beschlußrechte, um ihre eigenen historischen Arbeitsumgebungen und Erinnerungsplätze zu gestalten und richtig auszurüsten.«

Ein guter Vorschlag. Aber leider nur ein Vorschlag. Als Schweden ein Industriedenkmal für das europäische Denkmalschutzjahr auswählte, wurde es vom Johnson-Konzern ausgewählt. Der Johnson-Konzern erhielt einen Zuschuß, um es wieder instandzusetzen. Die Stiftung Axel und Margret Axelsson Johnson finanzierte die flotte Publikation auf Englisch: »Swedish industrial archeology: Engelsberg ironworks« (Schwedische Industriearchäologie – die Eisenwerke Engelsberg, Stockholm 1975) – die qualifizierteste und beste Beschreibung, die über ein schwedisches Industriedenkmal geschrieben wurde. Und wenn Touristen wie ich oder Schulklassen und Studiengruppen dorthin kommen und herumgeführt werden – dann kriegen sie ein Denkmal des schwedischen Großunternehmertums zu sehen. Aber wo findet man in diesem Land das Denkmal der Arbeiterklasse?

● Welche Arbeitsplätze gab es früher in Deiner Gemeinde, an Deinem Ort, in Deinem Stadtteil? Was passierte dort? Was gibt es davon heute noch?

Hilfsmittel: Das beste schwedische Handbuch ist Gunnar Silléns »Stiga vi mot ljuset« (Gehen wir dem Licht entgegen, Malmö 1977). Es enthält viele praktische Vorschläge und versucht, ein Bewußtsein davon zu vermitteln, wie eine Perspektive, die auch soziale und politische Fakten umfaßt, aus dem Blickwinkel der Arbeiter entwickelt wird.

»Industriminnesdokumentation« (Dokumentation der Industriedenkmäler, Handbuch, Stockholm o. J.) kann beim Industriehistorischen Ausschuß der schwedischen Zellulose- und Papiervereinigung angefordert werden: Svenska cellulosa- och pappersbruksföreningens industrihistoriska utskott, Villagatan 1, Stockholm. Es beinhaltet u. a. sehr nützliche Ratschläge zum Fotografieren und ein Muster für Interviews. Aber es ist aus der Sicht der Arbeitgeber geschrieben. »Industrieerinnerungsstätten«, heißt es dort, »stellen einen Teil der Identität des Unternehmens dar, der nicht weggeschenkt werden kann oder irgend jemand anderem zur Pflege überlassen werden darf«.

Beispiele für die Inventarisierung der Industrie unter diesem Gesichtspunkt liefern Marie Nisser und Helene Sjunnesson »Massafabriker och pappersbruk i Värmland och Dalsland« (Massen- und Papierfabriken in Värmland und Dalsland, Svenska pappers- och cellulosaingenjörsföreningens meddelande nr 19, Stockholm 1973) und Marie Nisser »Hyttor i Örebro län« (Hüttenwerke in der Provinz Örebro, Jernkontorets forskning, serie H, nr 10.1974). Eric Juhlins Verzeichnis der Industriedenkmäler aus Hjo und Vara (1976) und Mullsjö (1977) kann man beim Verfasser, Järnsvägsgatan 12A, Karlsborg, bestellen.

In Dänemark wurde 1974 ein Forschungsprojekt »Industrialismens bygninger og boliger« (Gebäude und Wohnungen der Industrie) eingerichtet. Einer der Teilnehmer, Per Boje, hat ein Handbuch herausgegeben »Det industriella miljö 1840–1940« (Industrieumgebung, Kopenhagen 1976), es ist ein Handbuch für Quellen und Literatur zur Untersuchung der dänischen Sozialgeschichte im Industriezeitalter.

● Welche Erinnerungsstätten gibt es heute noch über die Arbeit Deiner Vorgänger oder deren Arbeitsplätze? Wenn man vor allen Dingen die Geschichte der Arbeiter statt derjenigen der Eigentümer oder Unternehmensführer bewahren will – was sollte da vor allen Dingen von Deinem Arbeitsplatz erhalten werden?

22. ... im Streik

Wenn man anfängt, nach dem Denkmal der Arbeiterklasse zu fragen, stößt man immer wieder auf den Unterschied zwischen den sogenannten Produktionsfaktoren: Kapital und Arbeit.

Das Kapital wurde in der Form von Gebäuden und Maschinen in die Produktion eingeführt. Gebäude und Maschinen sind zu sehen und können erhalten werden. Sie eignen sich ausgesprochen gut als Denkmäler.

Die Arbeit selbst – der Einsatz der Arbeiter – ist dagegen flüchtig wie Gas. Die Arbeit, die Du in einer Zementfabrik ausführst, ist nur während des Vorgangs selbst zu sehen und ist im gleichen Augenblick, in dem die Arbeit fertig ist, verschwunden.

Es entsteht ein Produkt, das vom Unternehmen verkauft wird. Es wird über das ganze Land verteilt und durch anderer Arbeiter schnell verschwundene Arbeit in Gebäude verwandelt, die auf ihre Weise wieder das Kapital von jemand anderem bilden – sichtbar, beständig und bewahrenswert.

Die Arbeit verschwindet, das Kapital bleibt bestehen – das ist doch absurd. Wie soll man unter solchen Verhältnissen irgendwo das Denkmal der Arbeiterklasse entdecken? Sobald das Resultat einer Arbeit sichtbar wird, beständig und bewahrenswert, verwandelt es sich zum Kapital von irgend jemand anderem.

Es gibt eigentlich nur eine einzige Situation, in der der Produktionsfaktor Arbeit richtig zu sehen ist. Das ist, wenn die Arbeit stillsteht. Vielleicht müssen wir da nach dem Denkmal der Arbeiterklasse suchen.

Schwedisches Streiklexikon

Der Streik ist eine sehr alte Waffe. Der erste bekannte schwedische Streik fand 1665 bei Stora Kopparberget statt. Acht Grubenknechte legten die Arbeit nieder und verlangten, daß ihr Lohn »in den neuen Münzen« im Geldwert des alten Lohnes wieder hergestellt werden sollte. Einige hunderte frühe Konflikte werden beschrieben in: Rolf

Karlbom, Hungerupplopp och streiker 1793–1867 (Hungeraufruhr und Streiks 1793–1867. Eine Studie über das Entstehen der schwedischen Arbeiterbewegung. Lund 1967). Aufruhr und Streiks häuften sich während des Jahreswechsels 1799–1800 und im Sommer und Herbst des Jahres 1855, als die Unruhen die Städte und Orte in ganz Südschweden erfaßten. Diese Konflikte erhielten eine große Bedeutung, meint Karlbom: »Im Grunde hat die schwedische Arbeiterbewegung ihren Ursprung in der Kampftradition der kleinen Leute.« Spätere Streiks kann man herausfinden mit Hilfe von: Raphael, Axel: »Tabeller öfver 1859–1900 års arbetsinställelser« (Tabellen über die Arbeitseinstellungen während der Jahre 1859 bis 1900, Anhang zum Reichstagsprotokoll 1903, 2. Sammlung, II:2). Diese Streikregister basieren auf Zeitungsangaben und sind deshalb längst nicht vollständig. Etwas zuverlässiger werden die Angaben seit 1903, als staatliche Behörden systematisch anfingen, die Arbeitskonflikte zu registrieren: »Arbetsinställelser i Sverige under åren 1903–1907« (Arbeitsniederlegungen in Schweden während der Jahre 1903–1907, Arbetsstatistik E:1. Utg. av K. Kommerskollegii afdelning för arbetsstatistik, Stockholm 1909).

»Arbetsinställelser« wurde danach jährlich vom Wirtschaftskollegium (Kommerskollegium) bis 1911 herausgegeben und danach von der Sozialverwaltung – bis 1938, dann wurde die Publikation eingestellt. Nach 1938 setzte die Schlichtungsbehörde die Registrierung der Streiks fort. Eine Übersicht über die Anzahl der Konflikte und die »verlorenen Arbeitstage« wird jährlich im Statistischen Jahrbuch veröffentlicht.

Hier sind einige Beispiele der Angaben aus den früheren Streikstatistiken:

Angaben über Streiks in der Arbeitsstatistik

Beispiel	*1908*	*1917*
Nummer	42	463
Anfang	17.2.	12.12.
Ende	8.3.	15.12.
Streikdauer in Tagen	21	4
Charakter	Streik	Streik
Branche	Arbeiter in der Zementfabrik	Arbeiter in Zement- und Kalkfabrik
Ort	Visby	Slite
Streitpunkt	Wiederbeschäftigung entlassener Arbeiter	Lohnerhöhung

Angaben über Streiks in der Arbeitsstatistik

Beispiel	*1908*	*1917*
Direkt betroffene Arbeitgeber	1	1
Streikende Arbeiter	190 (195)	200
Organisierte Arbeitgeber	ja	Schwedischer Arbeitgeberverband
Organisierte Arbeiter	ja	Schwerarbeitergewerkschaft
Resultat	Kompromiß in der Hauptsache entsprechend der Forderung	Die Arbeiter erhalten einen Teil der verlangten Lohnerhöhung entsprechend einem Teuerungszuschlag
Angaben liegen vor von	beide Partner	beide Partner
Anmerkung	Trotzdem blieben 20 Arbeiter arbeitslos	–

Mit Hilfe dieses Materials könnte man ein sehr nützliches und anwendbares Buch zusammenstellen: »Schwedisches Streiklexikon 1793 bis heute«. Dieses Nachschlagewerk könnte darlegen, welche Streiks in einem bestimmten Jahr, an einem bestimmten Ort und in einer gewissen Branche stattfanden.

Aber das Buch gibt es leider nicht. Solange sich niemand hinsetzt und dieses Buch zusammenstellt, muß jeder, der etwas in dieser Richtung sucht, bei Karlbom, Raphael und den 32 Jahrgängen »Arbetsinställelser« und den Primärangaben der Streikstatistik nach 1938 nachsuchen, um etwas über seinen eigenen Beruf, seinen eigenen Ort und seinen eigenen Arbeitsplatz herauszufinden. Das braucht einige Zeit, aber seit 1938 ist das nicht mehr ganz so schwer. Für die schwedische Zementindustrie habe ich folgende Arbeitskonflikte herausgefunden:

1883
Lomma. Zwei Tage Streik im April um Arbeitszeitverkürzung.

1889
Lomma. Schwedens erste Aussperrung, die ungefähr 500 Arbeiter betraf und vom 15. 3. bis 8. 4. dauerte. Den Arbeitern wurde befohlen, die neugebildete Gewerkschaft aufzulösen. Der Konflikt endete damit, daß diejenigen, die aus der Gewerkschaft austraten, eine Lohnerhöhung erhielten, während die übrigen, etwa 40, entlassen wurden. (Siehe Kapitel 15).

1899
Klagshamn. Streik im Kalkbruch.

1900
Klagshamn. 60 gewerkschaftlich aktive Arbeiter wurden entlassen, während die Verhandlungen liefen. Die übrigen legten die Arbeit nieder, kehrten aber, nachdem der Konflikt einige Monate dauerte, wieder an die Arbeit zurück. Die Gewerkschaft ging in den Untergrund.

1902
Klagshamn. Während der Bauarbeiten zur Errichtung der Zementfabrik wurden 47 organisierte Handlanger entlassen. Den Kalkbrucharbeitern wurde befohlen, deren Plätze einzunehmen, aber sie weigerten sich. Sie wurden auch entlassen. Der Konflikt dauerte über zehn Monate und endete damit, daß das Recht zur Bildung einer Gewerkschaft am 27. 11. anerkannt wurde.

1908
Visby. 21 Tage Streik zur Wiedereinstellung entlassener Arbeiter. Siehe oben.

1909
Baumaterialindustrie. Aussperrung 17. 5. bis 14. 6. während der Verhandlungen über die Reichsvereinbarung – Massenstreik.

1914
Baustoffindustrie. Aussperrung 2. 1. bis 22. 4.

1917
Slite. Vier Tage Streik für eine Lohnerhöhung. Siehe oben.

1919
Rute. Zwei Tage Streik gegen die Bearbeitung blockierter Güter.

1922
Limhamn. 12. 1. bis 22. 3. gegen Lohnsenkung. Hällekis. Streik 22. 2. bis 23. 3. für die Wiedereinstellung entlassener Arbeiter.

1926
Rute. Streik vom 28. 1. bis 1. 4., um den Stundenlohn von 88 Öre auf 1,15 zu erhöhen. Der Stundenlohn stieg auf 1,10.

1927
Slite. Streik 12. 5. bis 13. 10. wegen der Akkordlöhne, nachdem ein Hebekran für das Kohlenlöschen angeschafft war.

1930
Hällekis. Die Arbeit während des Baus der Zementfabrik niedergelegt vom 14. 2. bis 2. 8., danach vom 26. 10. bis zum Jahresende. Der Arbeitgeber will für Bauarbeiten nicht die Bauarbeiterlöhne bezahlen.

1936
Skövde. Kurzer Streik um Lohnerhöhung.

1944
Limhamn. Die Angestellten im Laboratorium der Zementgesellschaft hatten 290 Kronen im Monat und verlangten höhere Löhne. Der Konflikt führte zur ersten Streikandrohung in der Geschichte von SIF.

● Welche Streiks oder anderen Arbeitskonflikte haben in Deinem Beruf stattgefunden, an Deinem Ort, an Deinem Arbeitsplatz? Welches Ziel hatte der Kampf? Welche Bedeutung hatte es?

Hilfsmittel: Das Buch von Raphael Karlbom und »Arbetsinställelser« können in der Stadtbibliothek bestellt werden. Primärangaben für die Streikstatistiken seit 1938 kann man bei Statens förlikningsmannaexpedition (Munkbron 9, Stockholm) finden. Wenn man dieses freundlich-verschlafene, gottvergessene kleine Büro unter den Dächern von Stockholms Altstadt besucht, stellt man fest, daß inzwischen die Statistiken über wilde Streiks im allgemeinen auf den pauschalen und grob geschätzten Zahlen des schwedischen Arbeitgeberverbandes aufbauen, der sich erdreistet, festzustellen, wann und wo ein Streik stattfindet. Es ist ein Skandal, daß die offizielle Statistik auf solchem Primärmaterial aufbauen soll.

Die Papiere der Staatlichen Schlichtungsexpedition von 1907 bis 1960 liegen im Reichsarchiv. Es fehlt ein Archivverzeichnis. Ein großer Teil der Papiere liegt unordentlich in Bündeln. Es gibt Schlichterakten für den Zeitraum von 1907 bis 1960 für acht verschiedene Distrikte, welche u. a. Briefe der Verhandlungspartner und Zeitungsausschnitte über Streiks enthalten. Weiter: Die »Arbeitseinstellungen« 1913–1918 enthalten Formulare von beiden Parteien mit Angaben über den Streik. Andere Serien sind z. B. einzelne Verordnungen 1923–1938, Zeitungsausschnitte 1909–1939 und 785 Bände »Kollektivavtal« (Tarifverhandlungen).

Das Gewerkschaftsarchiv enthält oft die Briefwechsel mit den lokalen Gliederungen über Streiks, Angaben über die ausgezahlten Streikgelder und anderes. Die Archive der Abteilungen können Streikversammlungsprotokolle und andere Angaben enthalten. Alte Menschen erinnern sich oft viel detaillierter an die aufsehenerregenden Ereignisse während des Streiks.

Manchmal griff das Militär in die Streiks ein. Die jeweilige Einheit stand dann unter dem Befehl des Landeshauptmanns, und deshalb kann es im Landesarchiv darüber Material geben. Einsätze dieser Art sollten immer an die Landesverteidigungs-Kommandoexpedition berichtet werden. Dort liegt z. B. ein Bericht vom

14. 4. 1889, daß die Husaren des Kronprinzen ihren Auftrag in Lomma abgeschlossen haben. In dem Buch über die Einsatzstärke, dem »Styrkebeskedboken«, wird Tag für Tag für den ersten Schwadron des Regiments belegt, welche Offiziere, Unteroffiziere und Gemeine sich in Lomma befunden haben, aber nichts über den Einsatz selbst. Das Papier wird im Kriegsarchiv aufbewahrt, Banérgatan 64, Stockholm (schnelle und freundliche Bedienung).

Die lebendigsten Streikbeschreibungen gibt es in den Lokalzeitungen. Viele Streiks haben auch ihren Niederschlag in der Literatur, im Theater und im Film gefunden. Das Archiv für Volksgeschichte hat herausgegeben »Strejk! Srejker och Strejkvisor 1873–1900« (Streik! Streiks und Streiklieder 1873–1900, Boras 1974). Einzelne größere Konflikte wurden von professionellen Historikern untersucht, z. B. Bernt Schiller »Storstrejken 1909« (Der Massenstreik von 1909, Vorgeschichte und Ursachen, Göteborg 1967).

Wilde Streiks

Hat der Streik seine Rolle als Kampfmittel ausgespielt? Seit dem Ende der dreißiger Jahre sind in Schweden Streiks ausgesprochen selten geworden. Man pflegt hervorzuheben, daß das einen Beitrag dazu leistete, daß die Unternehmen bereit waren, höhere Löhne zu zahlen, und daß das Fehlen von Streiks eine Voraussetzung für die solidarische Lohnpolitik gewesen sei. Aber es gibt auch Argumente, sich dafür auszusprechen, den Streik als Waffe stärker zu nutzen. Einige davon sind zusammengefaßt in: Sven O. Andersson, »Vilda strejker« (Wilde Streiks. Eine Untersuchung des schwedischen Metallindustriearbeiterverbandes. Stockholm 1969). Das Buch baut auf den Untersuchungen der Soziologen Walter Korpis und Bengt Abrahamsson von 350 wilden Streiks im Zeitraum von 1948–1967 auf. Die Streiks hatten oft ihre Ursache in der Unzufriedenheit mit der Arbeitsumgebung, der Arbeitsorganisation oder der Arbeitsführung.

Solche Unzufriedenheit nimmt im allgemeinen einen individuellen Ausdruck an. Da bleiben die Arbeiter an einzelnen Tagen zu Hause, wenn es zu teuflisch wird, oder sie verlassen einfach ihren Arbeitsplatz. Das Resultat wird hoher Krankenstand und hohe Personalumsetzung genannt. Aber wenn der Zusammenhalt unter den Arbeitern gut ist, kann die Unzufriedenheit sich statt dessen einen kollektiven Ausdruck suchen – in einem wilden Streik. Wilde Streiks sind oft sehr kurz – 83 Prozent dauerten nicht länger als vier Stunden. In vielen Fällen wurde die Zahl der verlorenen Arbeitsstunden durch die kollektiven Aktionen geringer, als wenn die Arbeiter jeder einzeln für sich zu Hause geblieben wären.

Wie diese Untersuchungen zeigen, haben Bergleute, Waldarbeiter und Putzpersonal gezeigt, daß wilde Streiks als wirkungsvolle Warnsignale gegenüber den Arbeitgebern und Gewerkschaften, ja auch gegenüber der gesamten Gesellschaft, wirken können.

Unsere Mitbestimmungsgesetze kann man teilweise als ein Resultat dieser Streiks ansehen. So wird die Auffassung vertreten, daß die Mitbestimmungsgesetze gewisse Streikanlässe verhindern sollen, indem diese Anlässe für streikfrei verhandelbar erklärt werden. Es gibt auch die Meinung, daß die Mitbestimmungsgesetze einzelne Streiks legalisieren sollen, die früher wild genannt wurden und andere erschweren, vor allem solche, die die solidarische Lohnpolitik oder die Verhandlungsposition der Gewerkschaften bedrohen. Noch weiß man nicht genau, wie sich die Praxis entwickeln wird.

Ich glaube, daß es nicht gut sein würde, wenn die Streiks aus dem schwedischen Arbeitsleben verschwinden würden. Wer in einer kapitalistischen Gesellschaft lebt, gewöhnt sich langsam daran, daß alle Arbeit, die nicht in den Verbrauch eingeht, in das Kapital von jemand anderem verwandelt wird. Wir gewöhnen uns daran, daß die Arbeit verschwindet und das Kapital bestehen bleibt. Unsere Augen gewöhnen sich daran, die Welt als das Eigentum anderer anzusehen und nicht als das Resultat unserer eigenen und unserer Kameraden Arbeit.

Aber wenn die Gebäude menschenleer sind und die Maschinen stillstehen, tritt ein anderer Sinn in den Vordergrund: daß alles Kapital aus Arbeit besteht. Daß jedes einzelne Zementkorn in diesen Gebäuden von Arbeitern gemacht ist. Und daß es das alles überhaupt nicht geben würde, wenn die Arbeiter nicht gearbeitet hätten. Daß jedes einzelne Metallstückchen in diesen Maschinen von Arbeitern erschaffen wurde. Daß es die Maschinen nicht ohne sie geben würde.

Nur wenn die Arbeit niedergelegt wird, wird sie richtig sichtbar. Aus den Gebäuden und Maschinen des Kapital tritt die verschwundene Arbeit hervor und sagt: »Wenn nicht wir das Kapital geschaffen hätten, gäbe es kein Kapital.«

An dem Tag, an dem die schwedische Arbeiterklasse die verschwundene Arbeit, die im Kapital aufgehoben ist, zurückverlangt, wird sie nicht mehr länger nach ihrem Denkmal suchen müssen. Die Denkmäler stehen nämlich schon, verkleidet als Kapital. Das Denkmal der Arbeiterklasse gibt es schon – man muß es nur erobern.

23. . . . vor Gericht

Um 10 Uhr abends am 22. Juni 1901 war der Zementarbeiter Alfred Leonard Norling voll.

Es war am Tag vor dem Mittsommerabend. Der Polizist Dahl traf Norling auf der westlichen Hafenstraße in Limhamn. Dahl erkannte, daß Norling stark betrunken war und dadurch Ärgernis erregte, daß er die Leute, die ihm in den Weg kamen, beleidigte. Also griff der Polizist ein und wurde daraufhin von Norling beschimpft, welcher u. a. geäußert haben soll: »Schlag mich nicht tot, Du Teufel.«

Die Sache wurde vor dem Amtsgericht verhandelt, wo der schon vorbestrafte Norling mit 15 Kronen wegen Nichterscheinens, 10 Kronen für Trunkenheit, 15 Kronen für Lärmen auf der Straße und 15 Kronen für Beleidigungen bestraft und überdies verpflichtet wurde, dem Polizisten 10 Kronen und dem Zeugen, Polizist Larsson, 9 Kronen und 22 Öre zu ersetzen.

Die übliche Form der Gesetzesverletzung innerhalb der Arbeiterklasse in Limhamn während dieser Zeit war aber nicht die Trunkenheit, sondern der Bruch der Lotterieverordnung. Für den 19. Januar 1904 wurde z. B. der Zementarbeiter Lars Strandqvist vor das Amtsgericht geladen, weil er sich dafür verantworten sollte, ein Kaffeeservice, bestehend aus einer Kaffeekanne mit Sahnetopf und einer Zuckerschale aus Nickel verlost zu haben. Das Service war 16 Kronen wert. Strandqvist hatte 95 Lose verkauft, davon wurde Nummer 1 mit einer Öre, Nummer 2 mit zwei Öre usw. bis Nummer 95, welches 95 Öre kostete, bezahlt. Nummer 3 hatte das Service gewonnen. Strandqvist wurde für schuldig befunden und zu 15 Kronen Strafe verurteilt.

Zur gleichen Zeit wurden der Lokomotivführer Berndt Lindegard, der Kalkbrucharbeiter Anders Olsson, der Kalkbrucharbeiter Per Olsson, der Bremser Emil Andersson und neun andere Arbeiter verurteilt. Sie hatten ihre Vergehen an verschiedenen Arbeitsplätzen in Limhamn begangen, u. a. in den Lokschuppen und im Kalkbruch Annetorp. Die meisten hatten ihre Taschenuhren verlost, andere ihr Fahrrad oder irgendwelche Möbelstücke. Sie hatten alle erklärt, daß sie in gutem Glauben gehandelt hätten, weil solche Lotterien üblich waren und früher nie gerichtlich verfolgt wurden. Sie wurden allesamt zu 15 Kronen Strafe verurteilt.

Beim nächsten Sitzungstermin wurde die Abrechnung fortgesetzt. Der Arbeiter Gustav Alm wurde verurteilt, eine Damenuhr im Werte von acht Kronen verlost zu haben, der Böttcher Lorena Persson wegen einer Flöte im Wert von 12 Kronen, der Arbeiter Albert Holmström wegen einer Wanduhr im Wert von fünf Kronen, der Kalkbrucharbeiter Johan Olsson für zwei Kanarienvögel mit Vogelkäfig, zusammen zehn Kronen wert. Und so weiter – insgesamt wurden an die 40 Arbeiter auf einen Schlag zu jeweils 15 Kronen verurteilt, weil sie amerikanische Lotterien durchgeführt hatten.

Das alles kann man im Gerichtsbuch für den Kreis Oxie und Skytts nachlesen, eine Serie dicker handgeschriebener Bücher, die beim Landgericht in Trelleborg aufbewahrt werden, wozu jetzt der Kreis Oxie und Skytts gehört. Alle Gerichtsurteile, die in unserem Lande gefällt wurden, findet man in solchen Gerichtsbüchern beschrieben und begründet. Sie sind eine sehr interessante Lektüre für jeden, der einen Arbeitsplatz untersucht.

In diesem Fall gibt das Gerichtsbuch Hinweise auf ein ganz offensichtlich sehr gewöhnliches Vorkommnis in der Zementfabrik Limhamn um die Jahrhundertwende: die amerikanische Lotterie. Was war das eigentlich? War das ein Geschäftsunternehmen, womit verschlagene Typen ihre Kameraden am Arbeitsplatz übers Ohr hauten? Oder war das eine primitive Form der Sozialversicherung – die Kameraden halfen solidarisch denjenigen, die in Schwierigkeiten geraten waren, indem sie Lose aus seiner Lotterie nahmen?

Das Gerichtsbuch ermöglicht auch ein klares Bild der Klassengesellschaft. Verschiedene Vergehen wurden verschieden hart bestraft. Und die Strafe bedeutete ungleich viel für Menschen verschiedener Klassen. Die Samstags-Trunkenheit des Leonard Norling kostete zusammen 74 Kronen und 22 Öre, was eine ganze Menge Geld war, als ein Schwerarbeiter in der Zementindustrie 22 Öre in der Stunde verdiente. Der Gesamtbetrag war mehr als ein Zehntel des Jahreseinkommens.

Der Verstoß gegen die Lotterieverordnung kostete 15 Kronen. Das war zwischen einem Drittel und der Hälfte von dem, was man bei einer amerikanischen Lotterie hereinkriegen konnte. Wenn die Lotterie das Ziel hatte, einem Kameraden, der in Schwierigkeiten geraten war, zu helfen, so war das eine erkennbare Einbuße gegenüber diesem Ziel.

Der Arbeitgeber Ernst Wehtje riskierte nicht, von solchen Gesetzen betroffen zu werden. Wenn er voll war, konnte er sich eine Droschke nehmen. Er brauchte auch keine amerikanische Lotterie durchzuführen, um sich Geld zu beschaffen. Aber mitunter wurde selbst er von den äußersten Fingerspitzen des langen Arms des Gesetzes erreicht. In seiner Eigenschaft als Vorstandsvorsitzender der Schwedischen Bindegarnfabrik AB in Limhamn wurde er am 6. September 1904 vorgeladen, weil er versäumt hatte, einen Unglücksfall vom Vormittag des 22. März 1904 um 7.30 Uhr zu melden, wodurch der Arbeiterin Mathilda Sjölin ein Schaden zugefügt war, so daß sie für 33 Tage arbeitsunfähig war. Ernst Wehtje wurde wegen des Versäumnisses, einen Arbeitsunfall zu melden, zu 10 Kronen Buße verurteilt.

Das waren 0,4 Promille des taxierten Einkommens von Ernst Wehtje im Jahre 1904. Eine Lappalie sowohl für ihn persönlich wie für das Unternehmen, in dem der Fall stattgefunden hat.

Beachte, daß Wehtje nicht verurteilt wurde, weil er den Arbeitsschutz in der Fabrik vernachlässigt hatte, sondern nur, weil er versäumt hatte, den Unfall anzumelden.

Trotzdem war es äußerst selten, daß die Arbeitgeber für die Unfälle in ihren Fabriken verantwortlich gemacht wurden. Aber manchmal passierte das doch. Ein Beispiel: Im Oktober 1896 ordnete der Gewerbeinspektor an, daß rund um die Dampfmaschinen in der Zuckerfabrik Lund AB in Staffanstorp Schutzgeländer aufgestellt werden sollten. Das Unternehmen ließ ein Jahr verstreichen, ehe es die Geländer aufstellte. Am 6. Dezember 1899 gab es immer noch kein Geländer. Da kam der Maschinist J. L. Lundin um, der in der Fabrik seit acht Jahren beschäftigt war und in der ganzen Zeit seine Aufträge entsprechend den Arbeitsanweisungen erledigt hatte und in allen Angelegenheiten stets nüchtern und ordentlich gewesen war.

> »Der Unfall muß so vor sich gegangen sein, daß Lundin, als er Öl in den Schmiernippel einer Schlammpumpe füllen sollte, durch eigene Unvorsichtigkeit mit seinem Kopf zu nahe an das Treibrad der Schlammpumpe geraten ist, wodurch die Radspeichen seinen Kopf einschlugen und sowohl den Kopf wie die meisten Teile des Körpers in die Radgrube stießen, in der das Treibrad stand. Der Tod muß augenblicklich eingetreten sein.«

Der Gewerbeaufsichtsbeamte erstattete Anzeige gegen den Unternehmer, den Disponenten G. Roman. Das Amtsgericht sprach ihn frei. Der Ankläger ging in die nächste Instanz, vor das Landgericht für Skåne und Blekinge. Dort wurde Roman entsprechend dem Artikel 14 § 9 des Strafgesetzes zu 500 Kronen Buße verurteilt. Roman ging vor das höchste Gericht, das am 8. Februar 1901 das Urteil des Landgerichtes bestätigte.

Lundins Tod kostete also 500 Kronen. Wieviel war das gemessen am Jahresgewinn in Lunds Zuckerfabrik? Wieviel war das gemessen an

Romans geschätztem Jahreseinkommen? Ich habe diese Angelegenheit nicht untersucht. Aber es ist jedenfalls deutlich, daß in einer Klassengesellschaft der Zementarbeiter viel härter dafür bestraft wurde, daß er an einem Samstagabend voll war, als der Disponent, der den Tod eines seiner Arbeiter verschuldet hatte.

● Was kostet es heute, den Tod eines Arbeiters zu verschulden? Wie oft wird ein Arbeitgeber dafür verurteilt?

Hilfsmittel: »Sveriges rikes lag« (das Gesetz Schwedens) gibt es in der Stadtbibliothek. Statistiken über Vergehen und Urteile gehen in Schwedens offizielle Statistik (SOS) ein und können in die Kommunalbibliothek bestellt werden.

● Was berichten die Gerichtsbücher über Deine Vorgänger, über die Verhältnisse an Deinem Arbeitsplatz? Welches Bild geben die Gerichtsbücher über die Klassengesellschaft von früher und von heute?

Hilfsmittel: Alle Menschen wohnten im Geschäftsbereich eines Amtsgerichts (auf dem Lande) oder eines Rathausgerichts (in den Städten). Vor 1900 wurden deren Gerichtsbücher im allgemeinen im Landesarchiv aufbewahrt. Seit 1900 werden sie im allgemeinen in dem nächstgelegenen Landgericht aufbewahrt.

Die Gerichtsbücher sind oft dicke Wälzer. Um darin etwas zu finden, sieht man zuerst im Sachregister nach. Das ist eine Liste der Urteile, die u. a. Angaben über Beruf, Name, Wohnort, das Verbrechen samt der Urteilsnummer enthält. Unter dieser Urteilsnummer kann man dann im Urteilsbuch das betreffende Urteil finden. Das Gerichtsbuch kann manchmal in schwer lesbarer Handschrift geschrieben sein. Eine Kopie in Reinschrift wird beim nächsten Oberlandesgericht mit den Gerichtsbüchern der eigenen Urteile aufbewahrt.

Einzelne wichtige Prozesse werden vor dem Höchsten Gericht behandelt, das 1789 in Stockholm errichtet wurde. Das Gerichtsbuch des Höchsten Gerichtes gibt es seit 1873 in der Jahresschrift »Nytt juridiskt arkiv« (Neues juristisches Archiv) in gedruckter Form, abgekürzt NJA. Der Tod des Maschinisten J. L. Lundin wird z. B. in NJA 1901, Urteil 36, beschrieben. Die Urteile sind in einer altertümlichen, aber klaren und oft schönen Sprache aufgezeichnet, in der die beschriebenen Verhältnisse sich mit erschreckender Deutlichkeit abzeichnen.

Vilhelm Aubert zeigt in seinem Buch »Rättssociologi« (Rechtssoziologie, Lund 1972), wie man ein Gesetz oder ein Urteil vom Standpunkt unterschiedlicher Gesellschaftsklassen aus analysieren kann. Das Buch wendet sich vor allen Dingen an die Juristen und wirkt am Anfang ein wenig trocken – aber es ist grundlegend, und es zu lesen ist die Mühe wert.

Vor Gericht landet man in der Regel nicht so oft. Aber vor den Arbeitgebern und ihren Repräsentanten steht man jeden Tag.

Das Amtsgericht von Oxie und Skytts konnte Lars Strandqvist und andere zu 15 Kronen Strafe verurteilen. Das Gericht konnte Leonard Norling verurteilen, ein Zehntel seines Jahreseinkommens zu verlieren.

Aber die Arbeitgeber konnten ihn verurteilen, sein ganzes Jahreseinkommen zu verlieren, dadurch, daß sie ihm die Arbeit wegnahmen.

Die Gerichte sind verpflichtet, entsprechend den Gesetzen des Landes zu urteilen, die früher allein vom König festgesetzt wurden, später vom König und dem Reichstag und jetzt allein vom Reichstag.

Der Arbeitgeber urteilt nach seinem eigenen Gesetz, das er selbst gesetzt hat.

Ja, aber Privatpersonen können doch nicht einfach hingehen und Gesetze machen!

Das können sie doch! Das Eigentumsrecht gibt ihnen die Macht. Gewiß kann man nur an Dingen Eigentum haben, nicht an Menschen. Aber die Macht über solche Dinge wie Boden, Gebäude und Maschinen gibt auch Macht über Menschen, die nicht selbst Arbeitsplätze besitzen; nämlich, wo sie produzieren und sich versorgen können.

Als die Zementfabrik in Slite fertig war, verkündete deren Eigentümer und Direktor, Fredrik Nyström, die Gesetze, die er am Arbeitsplatz beachtet wissen wollte. Er nannte sein Gesetz »Ordnungsvorschriften der Slite Cement und Kalk Aktiebolag« und ließ sie in Gotlands Druckerei in Visby 1919 drucken. Nyströms Gesetz, das den in jenen Zeiten üblichen Vorbildern folgte, bestimmte u. a. folgendes:

§ 1 *Die Einstellung und Entlassung des Arbeiters*

1. Bei der Einstellung soll der Arbeiter ein Arbeitszeugnis seines letzten Arbeitgebers im Büro abliefern, ebenso ein Leumundzeugnis, wenn der Arbeitgeber es fordert. Diese Unterlagen und die Schulzeugnisse werden dort verwahrt, bis dem Arbeiter gekündigt wird oder er selbst kündigt.

2. Während der ersten 14 Tage nach der Einstellung eines Arbeiters gilt zwischen Arbeitgeber und Arbeiter keine Kündigungsfrist.

3. Vom 15. Tage nach der Einstellung eines Arbeiters gilt zwischen dem Arbeitgeber und dem Arbeiter eine beiderseitige Kündigungsfrist von einer Woche.

4. Bei gelegentlicher Beurlaubung für höchstens 14 Tage gilt keine Kündigungsfrist.

§ 4 *Fortbleiben von der Arbeit*

1. Ohne Erlaubnis oder gültigen Grund darf der Abeiter bei Strafe einer fristlosen Kündigung nicht von der Arbeit wegbleiben.

§ 8 *Aufbewahrungs- und Anschlagplätze*

2. Anschläge und Ankündigungen dürfen innerhalb des Betriebes nicht ohne Zustimmung des Arbeitgebers in jedem Einzelfall und nur an dem von ihm angegebenen Stellen angeschlagen werden.

§ 12 *Folgen*

Außer in dem Fall, der schon in § 4 erwähnt ist, hat der Arbeitgeber das Recht, ohne Kündigung unmittelbar jeden Arbeiter zu entlassen, der

1. ungeachtet einer erhaltenen Warnung Beginn und Ende, die für die Arbeit festgesetzt sind, versäumt oder ohne gültigen Grund von der Arbeit fortbleibt oder nicht auf eine gute Führung achtet.

2. sich weigert, eine vom Vorarbeiter für Rechnung des Arbeitgebers am Arbeitsplatz vorgesehene Arbeit auszuführen, deren Beschaffenheit so ist, daß der Arbeiter sie ausführen könnte oder der sonst ungehorsam gegenüber Anweisungen ist, die der Vorarbeiter die Arbeit betreffend ihm gegeben hat.

3. betrunken den Arbeitsplatz betritt oder Alkohol zur Arbeit mitbringt oder dort verzehrt.

4. beweisbar andere Arbeiter anhält oder zu zwingen versucht, ihre Pflichten entsprechend dieser Verabredung nicht zu erfüllen . . .

Beachte die letzten Worte. Hier nennt Nyström ganz plötzlich sein Gesetz eine Verabredung. Juristisch gesehen war es das auch. Im juristischen Sinne war Nyström kein Gesetzgeber – er und seine Arbeiter waren statt dessen gleichgestellte Parteien, die eine freiwillige Vereinbarung trafen. Juristisch gesehen war es ein reiner Zufall, daß die Vereinbarung nicht so aussah:

§ 1 *Die Einstellung und Entlassung eines Arbeitgebers*

1. Bei der Einstellung soll der Arbeitgeber das Zeugnis der Arbeiter, bei denen er zuletzt angestellt war, im Gewerkschaftsbüro abliefern, ebenso ein Leumundszeugnis, wenn die Gewerkschaft es fordert. Diese Unterlagen und die Schulzeugnisse werden dort verwahrt, bis dem Arbeitgeber gekündigt wird oder er selbst kündigt.

4. Bei vorübergehender Entfernung von der Arbeitskraft für höchstens 14 Tage gilt keine Kündigungsfrist.

§ 8 *Aufenthalts- und Anschlagsplätze*

2. Anschläge und Ankündigungen dürfen vom Arbeitgeber innerhalb des Betriebes nicht ohne die Zustimmung der Gewerkschaft in jedem einzelnen Fall und nur an den von ihr angegebenen Stellen angeschlagen werden.

§ 12 *Folgen*

Außer in dem Fall, der schon in § 4 erwähnt ist, hat die Gewerkschaft das Recht, ohne Kündigung den Arbeitgeber vom weiteren Zugang zur Arbeitskraft auszuschließen, der

1. es ohne triftigen Grund unterläßt, sich mit der zugewiesenen Arbeitskraft zu beschäftigen oder welcher nicht auf eine gute Führung achtet.

2. sich weigert, die von der Gewerkschaft für Rechnung der Arbeiter am Arbeitsplatz vorgesehenen Verbesserungen durchzuführen, die von einer solchen Beschaffenheit sind, daß sie vom Arbeitgeber ausgeführt werden können, oder wer im übrigen ungehorsam gegen die von der Gewerkschaft die Arbeit betreffenden Vorschriften sich verhält.

3. betrunken den Arbeitsplatz betritt oder Alkohol zur Arbeit mitbringt oder dort verzehrt.

4. beweisbar andere Arbeitgeber anhält oder zu zwingen sucht, ihre Pflichten entsprechend dieser Vereinbarung nicht zu erfüllen . . .

Aber in der Realität sahen Verabredungen natürlich nie so aus. Und sie sehen auch heute nicht so aus. Denn in der Realität sind die Parteien nicht gleichgestellt, waren es auch nie. Die vom Staat garantierten Eigentumsrechte an den Produktionsmitteln geben der einen Partei Macht. Wer die Macht hat, bestimmt die Bedingungen. So wird der Wille des Eigentümers das Gesetz am Arbeitsplatz.

● Welche »Ordnungsvorschriften«, »Werkstattregeln« und andere Privatgesetze waren im Laufe der Jahre für Deinen Arbeitsplatz zutreffend?

Hilfsmittel: Die Ordnungsvorschriften von Slite Cement von 1919 fand ich im Landesarchiv in Visby. Andere Stellen, an denen man nach solchen Dokumenten suchen kann, sind die Broschürensammlung in der Königlichen Bibliothek (siehe Kapitel 6), die Akten in den lokalen Gewerkschaftsgliederungen und bei alten Arbeitern.

Bisher hat die juristische Forschung erstaunlich wenig Interesse für die private Gesetzgebung der Arbeitgeber gezeigt. Man könnte sich darum kümmern, diese Art von Regeln an den unterschiedlichen Arbeitsplätzen, in unterschiedlichen Branchen und in verschiedenen Teilen des Landes zu vergleichen.

Arbeitsgericht

Arbeitsgerichte (Arbetsdomstolen – AD) wurden 1928 durch das Kollektivvertragsgesetz (kollektivavtalslag) eingerichtet. Dieses Gesetz wurde von einer bürgerlichen Reichstagsmehrheit bei starker Opposition der Sozialdemokratie verabschiedet. Das Arbeitsgericht besteht aus einem Vorsitzenden und sechs Mitgliedern, von denen zwei von den Organisationen der Lohnempfänger und zwei von denen der Arbeitgeber bestimmt werden. Die Berufsjuristen haben aber die ausschlaggebende Stimme. Diese Stimme haben sie hauptsächlich dazu benutzt, das Recht der Arbeitgeber zu privater Gesetzgebung und Rechtsetzung am Arbeitsplatz abzuschirmen.

Das Arbeitsgericht fungiert als höchstes Gericht in Fragen, die sich mit der Auslegung von Kollektivabsprachen beschäftigen. Bevor es Arbeitsgerichte gab, hatten die Gewerkschaften in einzelnen Branchen eine gewisse Mitbestimmung in Fragen der Entlassung und Anstellung von Arbeitern und in Bezug auf andere Arbeitsplatzverhältnisse erzwungen. Nun ging die Entwicklung einen Schritt zurück. Die Juristen der Arbeitsgerichte bezogen sich nicht nur auf das Kollektivvertragsgesetz, sondern auch auf ungeschriebenes Recht, nach dem der Arbeitgeber allein die ganze Macht am Arbeitsplatz haben sollte.

Im gleichen Jahr, in dem die Arbeitsgerichte eingerichtet wurden, 1928, war Fredrik Nyström in einer besonders schweren Situation (siehe Kapitel 7). Drei Jahre zuvor hatte Skånska Cement ihm eine Kartellabsprache aufgezwungen, die die Entwicklungsmöglichkeiten seiner Fabrik auf den Inlandsmarkt abfallen ließ. Die Preise auf dem

Exportmarkt sanken. Um in dieser Krise zurechtzukommen, war Nyström bereit, einen Teil der Macht, die er sich 1919 selbst in den »Ordnungsvorschriften« gegeben hatte, abzugeben. Unter seinen Papieren im Landesarchiv Visby gibt es einen Brief, in dem er sich an die Gewerkschaft wendet und um Zusammenarbeit nach den folgenden Prinzipien wirbt:

»1. Eine wirksame Rationalisierung, die darauf abzielen soll, daß ein wachsender Export auch bei niedrigen Exportpreisen für uns keinen Verlust mit sich bringen darf. Eine Voraussetzung dafür ist sicherlich eine bessere Ausnutzung der Arbeitszeiten und, soweit es sich als notwendig erweist, auch in anderer Hinsicht das Absenken der Arbeitskosten für den Zement, der für den Export vorgesehen ist.
2. Langfristige Vereinbarungen für die feste Anstellung sämtlicher Arbeiter, deren Arbeit in diese Fabrikation eingeht, für die gesamte Vertragszeit.
3. Ein Fabrikkomitee, in welchem Sie mit einer angemessenen Anzahl Mitglieder vertreten sein sollen, wird mit der Aufgabe eingesetzt, in vollem Vertrauen gemeinsame Fragen mit der Arbeitsführung zu behandeln. Das setzt voraus, daß dieses Komitee in die Lage versetzt wird, den entstandenen Kosten betreffend Herstellung und Verkauf von Zement in der Buchführung zu folgen.«

Der *Brief* bot also die Sicherheit von Dauerbeschäftigung und Einblick in die wirtschaftlichen Verhältnisse im Austausch gegen verschärften Arbeitstakt und niedrigere Löhne an. Die *Verabredung*, die dann vereinbart wurde, wimmelt von Ausdrücken wie »enge Zusammenarbeit«, »Verständigung«, »Verständnis«, »jährliches Vorhaben«, »guter Wille« usw. Aber der springende Punkt, die Arbeitsplatzsicherheit, erhielt eine viel schwammigere Formulierung als im Brief:

»Zur Erlangung dieses Zieles soll das Unternehmen danach streben (mit Bleistift in dem Vertragsexemplar beim Arbeitsgericht unterstrichen), daß die Überproduktion, die nicht im Lande komsumiert werden kann, exportiert wird, um dadurch den Arbeitern Anstellungssicherheit für das ganze Jahr zu bereiten.«

»Danach streben«!
Der Teil der Übereinkunft aber, der darauf abzielte, die Lohnkosten des Unternehmens zu senken, war demgegenüber in klaren und deutlichen Ziffern ausgedrückt. Dadurch wurde das Unternehmen für ein paar Jahre saniert – 1932 verkaufte Nyström an Skånska Cement.

Der neue Chef, Arendt de Jounge, trat seinen Dienst am 1. 11. 1932 an. Am 5. 11. bestellte er die Repräsentanten der Arbeiter zu sich. Jetzt war nicht mehr von ökonomischen Überlegungen die Rede. Den Arbeitern wurde nur einfach mitgeteilt, daß es notwendig sei, den Betrieb einzuschränken. Als sie die Zusammenkunft verließen, waren die Listen der zu Entlassenden schon fertig.

Die Arbeiter brachten die Sache vors Arbeitsgericht. Dort berichteten sie darüber, was gesagt und versprochen wurde, als die Vereinbarung zustande kam.

Engström: Ich setzte mein Ansehen bei den Arbeitern aufs Spiel, um diese Übereinkunft zustandezubringen. Ich tat das, weil ich glaubte, daß dadurch Arbeit für jeden Tag garantiert war. Ohne das hätten wir diesen Vorschlag überhaupt nicht den Arbeitern gegenüber vertreten können.

Im Komitee unterschieden wir, wer fest angestellt werden sollte und wer nicht, ob bloß die Anstellungszeit ausschlaggebend sein sollte oder auch die Familienverhältnisse, das Grundeigentum usw. Die Nicht-fest-angestellten sollten »für die Entlassung freigegeben sein«, warum sollten wir sonst zwischen den Festangestellten und den anderen unterscheiden?

Während der letzten Jahre war es oft schwer genug für den Arbeitgeber, ständig Arbeit zu beschaffen. Aber von der Arbeitgeberseite wurde aufgrund des Übereinkommens gesagt, »das müssen wir«. Erst als der Geschäftsführer de Jounge kam, wurde das anders. Er wußte nicht, was das Übereinkommen vorsah. Es entstand eine starke Verbitterung unter den Arbeitern und in der gesamten Gemeinde.

Karlsson: Eine gewisse Reduzierung der Arbeitslöhne; als Ersatz dafür sollten wir Kompensation erhalten durch Pensionierungen und durch ständige Arbeit das ganze Jahr über. Wir akzeptierten die Vereinbarung gerade mit dem Gedanken an die sichere Anstellung und mit Arbeit über das ganze Jahr.

Vorsitzender: Stellten Sie auch Forderungen dieser Art? Sprachen Sie über diese Sache mit diesen Worten?

Karlsson: Es war nie die Rede von etwas anderem, als daß wir durchgehend Arbeit das ganze Jahr über haben sollten.

Vorsitzender: Wurde es auch von Kapitän Nyström versprochen?

Karlsson: Ja

Vorsitzender: Im Wortlaut gibt es keine Garantie; legten Sie keinen Wert darauf?

Karlsson: Wenn das Zusammenarbeit werden sollte, dann sollte auch ... Faßte das so auf, daß das Unternehmen sich verpflichtete, dauerhafte Arbeit zu gewährleisten.

Sedell: Die Festangestellten sollten nach meiner Auffassung das ganze Jahr über beschäftigt werden. Der gesamte Gedanke in Bezug auf Zusammenarbeit war auf gegenseitiges Vertrauen aufgebaut.

Vorsitzender: Wurde volle Arbeit für die Festangestellten garantiert?

Sedell: Ja. Einmal wurde gefragt, was denn werden solle, wenn die Arbeit ausginge; es wurde geantwortet, daß dann andere produktive Arbeit in Gang gesetzt werden sollte.

Vorsitzender: Glaubten Sie, daß der Wortlaut der Übereinkunft ganz sichere Garantien gab?

Sedell: Faßte die Sache so auf, daß wir die Garantie auf Arbeit das ganze Jahr über hatten; sonst hätten wir auch die Verabredung nicht treffen können. Vertrat diese Auffassung auch gegenüber den Kameraden.

Vorsitzender: Gründeten Sie Ihre Auffassung über diese Verabredung auf das Einverständnis in der Übereinkunft?

Sedell: Das wurde direkt gefragt, und es wurde geantwortet, daß, wenn die Arbeit in der Zementfabrik aufhören würde, eine andere Arbeit in Gang gesetzt werden sollte. (...)

Soweit die Berichte der Arbeiter. Man findet sie, mit Bleistift vom Arbeitsgerichts-Sekretär niedergeschrieben, aufbewahrt in der Kanzlei des Gerichtes.

Die Arbeiter hatten weiterhin Vertrauen in ihren früheren Chef und rechneten damit, daß er zu dem Übereinkommen stehen würde. Deshalb riefen sie Nyström als Zeugen vor das Arbeitsgericht. Aber Nyström war nun bei Skånska Cement als Chef der Fabrik in Visby angestellt. Er war der Gefangene seiner früheren Gegner. Unter seinen hinterlassenen Papieren im Landesarchiv Visby gibt es einen Brief des Baumaterialverbandes, in dem man ihm folgende Zeugenaussage in den Mund legt:

»... daß mit dem Abschluß des Übereinkommens nie irgendwelche Garantien für ständige Beschäftigung beim Unternehmen, die unter allen Umständen gewährleistet sein sollte, ausgehandelt oder geregelt war. – Die sogenannte »feste Anstellung« wurde von der Unternehmensseite nie anders als eine Anstellung mit Vorzugsrecht bei den vorkommenden Arbeiten je nach Arbeitsanfall betrachtet. – Von offensichtlich großem Wert wäre es desgleichen, wenn Sie in die Zeugenaussage eine Erklärung ungefähr folgenden Inhalts einfügen könnten: »Ich betrachte die in der Klage der Arbeiter angeführten Forderungen in jeder Hinsicht als grundlos.« – Möglicherweise bedarf es einer Zeugenaussage in der dargestellten Art nicht, im Prozeß kann sich ergeben, daß das den Arbeitern vor der Erledigung des Falles mitgeteilt wird.«

Nyström bekam also den Auftrag, seinen früheren Arbeitern in den Rücken zu fallen. Wenn er so etwas wie diese verlangte Zeugenaussage geschrieben hat, so ist sie jedenfalls nicht erhalten geblieben. Vor dem Arbeitsgericht hat er sich so geäußert:

»Nyström: Das Unternehmen verpflichtete sich, danach zu streben, daß für Arbeit gesorgt würde. Ich persönlich würde das auch getan haben. (...) Ich denke, daß ich durch die Übereinkunft das Unternehmen nicht gebunden habe, auf jeden Fall Arbeit vorzuhalten, sondern daß ich nur persönlich (auf seiten der Gesellschaft) mich darum bemühen sollte, Arbeit vorzuhalten.

Baustoffverband: Konnte Nyström für sich das Recht in Anspruch nehmen, den Betrieb trotz der Übereinkunft einzuschränken? Nyström weicht der Frage aus. Der Baustoffverband fragt noch einmal.

Nyström: Kein Hindernis in der Übereinkunft; ich persönlich habe versucht, das zu vermeiden.

Das Gericht scheint sich gar nicht gefragt zu haben, wie die Arbeiter wissen konnten, wann Nyströms Wort für die Gesellschaft bindend war und wann er »nur persönlich von seiten der Gesellschaft« gesprochen hatte. Das Gericht urteilte (Urteil 1933:20) nach dem Wortlaut der schriftlichen Übereinkunft und gab Skånska Cement das Recht, auch die festangestellten Arbeiter zu entlassen. Alles war wieder so wie nach den Ordnungsvorschriften von 1919.

Skånska Cement hat zweimal vor dem Arbeitsgericht verloren. Im Urteil 1932:118 wurde die Gesellschaft verpflichtet, 28 Kronen 80 als Urlaubsgeld an acht Arbeiter auszuzahlen. Im Urteil 1949:79 wurde die Tochtergesellschaft von Skånska Cement in Degerhamn verpflichtet, pro Schicht eine Krone Lohnzulage an die Arbeiter an der Rohmassemühle zu zahlen, wenn zwei Zementmühlen in Betrieb waren.

Die drei Urteile sind ganz typisch. Jedesmal mußten die Arbeiter die Gesellschaft verklagen – wie in 80 Prozent aller Fälle, die vor Arbeitsgerichte kamen. Die Arbeiter gewannen die kleinen Prozesse, die bloß ein paar Kronen ausmachten – so ging das in ungefähr 65 Prozent der Fälle. Aber die Arbeiter verloren die großen, grundsätzlichen Prozesse, die dem Recht auf Arbeit galten.

Die Aufsicht der Arbeitsgerichte über die private Rechtspflege der Arbeitgeber war bis in die siebziger Jahre im großen und ganzen nicht in Frage gestellt. Jetzt haben die Arbeitsplatzgesetze und die Mitbestimmungsgesetze die Arbeitsgerichte verpflichtet, anders zu handeln. Aber das Kapital, das angesammelt wurde und unter dem Schutz des Arbeitsgerichts wuchs, ist weiterhin »privates Eigentum«.

Privateigentum ist eine vorzügliche Angelegenheit im rechten Zusammenhang. Ich besitze meine alten Schuhe. Du besitzt Dein Heim. Das Privatleben ist das natürliche Umfeld des Privateigentums. Es ist gut, daß der Stat uns dieses Recht garantiert.

Aber es ist nicht gut, daß der Staat die Macht des Eigentümers über Sachen außerhalb des Privatlebens garantiert. Denn da bedeutet das die Unfreiheit anderer Menschen. Daß ein Kapitalist anderer Menschen Arbeitsplätze kaufen und verkaufen kann, daß einige tausend Kapitalisten den Hauptteil des Produktionsapparates »besitzen«, weil sie allzu lange ihre eigenen Gesetze schreiben konnten, das ist die grundlegende Ungereimtheit in unserer Gesellschaft. Wann werden wir ernsthaft beginnen, die in Frage zu stellen?

● Welche Konflikte Deines Arbeitsplatzes wurden vor ein Arbeitsgericht gebracht? Was sagt das Urteil über den Konflikt? Welches weitere Material findet man in der Kanzlei des Gerichtes, in den Protokollen der Gewerkschaft, in den Erinnerungen alter Menschen?

Hilfsmittel: Alle Arbeitsgerichtsurteile werden seit 1929 jährlich in »Arbetsdomstolens domar« (Urteile des Amtsgerichtes) veröffentlicht. Vier verschiedene Register in jedem Jahrgang machen es leicht, die Urteile für ein bestimmtes Unternehmen, für eine gewisse Branche oder einen gewissen Ort herauszufinden.

Die Protokolle der Verhandlung, die Briefe, Anklagen und andere Dokumente, die zu jedem Urteil gehören, gibt es in der Kanzlei des Arbeitsgerichts. Jedermann kann da hingehen und verlangen, sie zu sehen.

Kritische Gesichtspunkte über die Art, wie das Arbeitsgericht urteilt, findet man u. a. in Per Eklunds und Sten Edlunds Aufsatz in »Tvärsnitt« (Querschnitt. Sieben Forschungsberichte, herausgegeben zum 75. Jahresjubiläum des Gewerkschaftsbundes, Stockholm 1973).

● Wer besitzt Deinen Arbeitsplatz? Warum?

Hilfsmittel: Siehe Kapitel 12.

24. ... in der Arbeitslosigkeit

Arbeit zu haben, war eine Pflicht, lange bevor man begann, es als ein Recht zu betrachten. Bis 1885 war es im Prinzip strafbar, arbeitslos zu sein. Selbst in den zwanziger Jahren meinte man in bürgerlichen Kreisen ganz allgemein, daß die Hauptursache für Arbeitslosigkeit Faulheit und ungerechtfertigte Lohnforderungen waren. Wie sich eine moderne Beurteilung der Arbeitslosigkeit langsam ausbreitete, wird von Berndt Öhman in zwei Untersuchungen über die schwedische Arbeitsmarktpolitik beschrieben. In diesen Büchern werden theoretische und politische Diskussionen geführt. Aber die Arbeitslosigkeit wird die ganze Zeit von oben gesehen. Sie wird als ein allgemeines Gesellschaftsproblem betrachtet – nicht als ein Problem für Menschen mit einem bestimmten Beruf, in einem bestimmten Unternehmen, an einem bestimmten Platz.

Etwas deutlicher wird das Bild, wenn man sich die Statistik ansieht. Die erste staatliche Arbeitslosenzählung wird nachgewiesen in »Arbetslösheten i Sverige unter vintern 1908–1909« (Arbeitslosigkeit in Schweden während des Winters 1908–1909, Stockholm 1910). Am 31. Januar 1910 wurde eine neue Arbeitslosenzählung durchgeführt (Arbeitsstatistik H:2). Diese beiden Untersuchungen enthalten folgende Angaben über die Arbeitslosigkeit unter den Gips- und Zementarbeitern:

	Winter 1908–09	31.1. 1910
Gesamtanzahl der Arbeitslosen	79	236
davon voll arbeitsfähig	79	233
organisiert	59	206
nicht organisiert	20	30
Ohne gelegentliche Arbeit	76	211
Mit gelegentlicher Arbeit	3	15
Am Zählort geboren	25	50
Anderswo geboren	54	186
Am Zählort in die Einwohnerliste eingetragen	76	229
In anderen Städten gemeldet	3	7
Durchschnittsalter	35 J.	36 J.

	Winter 1908–09	31.1. 1910
Unverheiratet	24	57
Verheiratet	54	174
Verwitwet und geschieden	1	5
Alleinstehende	19	53
versorgungspflichtig gegenüber		
1 Person	14	22
2 Personen	13	29
3 Personen	9	40
4 Personen	10	38
5 Personen	6	22
6 Personen	6	19
7 und mehr	2	13
Summe der von der Arbeitslosigkeit betroffenen Personen	268	678
Arbeitslosigkeit verursacht durch		
Kündigung	74	202
Krankheit	0	0
Konflikt	3	26
Wehrpflicht	1	2
eigene Kündigung	1	2
Dauer der Arbeitslosigkeit		
2– 3 Wochen	3	35
3– 4 Wochen	14	20
4– 5 Wochen	10	21
5– 6 Wochen	8	14
6– 9 Wochen	12	76
9–13 Wochen	3	12
3– 4 Monate	12	10
4– 5 Monate	7	13
5– 6 Monate	5	2
6– 9 Monate	3	23
9–12 Monate	0	2
1 Jahr und darüber	1	3

Beachte, daß die Zahl derer, die aufgrund von Arbeitslosigkeit im eigentlichen Sinne ohne Arbeit waren, um vieles höher lag als die Zahl derjenigen, die aufgrund von Arbeitskonflikten von der Arbeit ferngehalten waren. Am 31. 1. 1910 waren 202 Arbeiter im Durchschnitt 77 Tage arbeitslos. Das entspricht 15.554 verlorenen Arbeitstagen. Da der Tageslohn in der Zementindustrie zwischen 3 Kronen 24 und 4 Kronen 31 variierte (siehe Kapitel 26), so kann man ausrechnen, daß die Arbeitslosigkeit zu diesem Zeitpunkt die arbeitslosen Zementarbeiter zwischen 50.000 und 67.000 Kronen an entgangenem Lohn kostete.

Das war nicht bedrohlich für die Gesellschaft, nicht zuletzt, weil alles zu Lasten der Arbeiter ging. Die Streiks hingegen bedrohten die Unternehmer – und da war Gefahr zu befürchten.

Für einzelne Orte weist die Untersuchung auch das lokale Bild der Arbeitslosigkeit nach. Am 31. 1. 1910 waren in Limhamn 239 Menschen arbeitslos, davon 162 aus den Zementfabriken. Visby hatte 99 Arbeitslose, davon 18 Zementarbeiter. Die Gemeinde Södra Möckleby (zu der Degerhamn gehört) hatte 29 Arbeitslose, davon 19 Zementarbeiter.

Wenn man die Arbeitslosigkeit und ihre Bedeutung für die Arbeiter, die Orte und die Unternehmer genauer untersuchen will, so teilt man sie am besten in drei verschiedene Gruppen entsprechend ihrer Ursachen ein: Saison, Konjunktur und Strukturveränderungen.

Saison

Früher war es in den meisten Branchen üblich, daß die Arbeiter große Teile der Kosten zu tragen hatten, wenn die Nachfrage nach einer Ware nach Jahreszeiten variierte. Wenn im Winter die Bauarbeiten eingestellt wurden, stellten auch die Zementfabriken ihren Betrieb ein, und der Teil der Belegschaft, der nicht für Reparaturarbeiten benötigt wurde, wurde für längere oder kürzere Zeit entlassen. Die Arbeiter mußten sich durchschlagen, so gut sie konnten.

Die Bedeutung der Saisonarbeitslosigkeit für die Gewinne eines Unternehmens sind, soweit ich sehe, nie untersucht worden. Dabei ist das gar nicht schwierig herauszufinden. Man multipliziert (wie im Beispiel oben) die Zahl der Entlassenen eines bestimmten Jahres mit der Entlassungsdauer und den Durchschnittslöhnen. So erhält man den Betrag, den das Unternehmen durch die Entlassungen eingespart hat; oder mit anderen Worten: welche Kosten in Form von Saisonarbeitslosigkeit auf die Arbeiter abgewälzt wurden. Diese Summe wurde nun statt dessen Teil des Unternehmensgewinns.

Man kann verschiedene Meinungen darüber haben, wie dieser Teil des Unternehmensvermögens betrachtet werden soll. Ich meine, daß man es als eine Form des Sparens ansehen soll, das dieselben Rechte mit sich bringen soll wie das Aktiensparen. Volkswirtschaftlich ist ja auch kein Unterschied, ob ein Aktieneigentümer monatlich 10 Kronen spart, um zum Jahresende eine Aktie zu kaufen oder ob ein Arbeiter monatlich 10 Kronen spart, um den Lohnausfall während eines Monats erzwungener Arbeitslosigkeit zum Jahreswechsel auszugleichen.

In beiden Fällen wird dem Unternehmen die gleiche Summe zugeführt. In beiden Fällen werden gleichermaßen Quellen für Investitionen freigemacht. Juristisch ist da jedoch ein gewaltiger Unterschied. Das Sparen des Aktieneigentümers macht ihn zum Teileigentümer der Gesellschaft mit Sitz in der Hauptversammlung und dem Recht auf Kapitalanteile, solange das Unternehmen besteht. Euroc zahlt weiterhin jährlich Dividende auf das Kapital, das bei der Gründung des Unternehmens 1871 eingebracht wurde. Das Sparen der Arbeiter dagegen bewirkt keinerlei Rechte oder Gewinnbeteiligung. Euroc hat nicht eine einzige Öre aufgrund des Geldes ausgeschüttet, das die Arbeiter durch die Saisonarbeitslosigkeit in das Unternehmen eingebracht haben, seit das Unternehmen 1871 gegründet wurde.

- Was hat die Saisonarbeitslosigkeit für eine Bedeutung in Deinem Beruf, an Deinem Arbeitsplatz? Welche Schwierigkeiten entstanden dadurch, wie versuchte man, damit klarzukommen?
- Welche Kosten hat das Unternehmen zu unterschiedlichen Zeitpunkten durch Saisonarbeitslosigkeit auf die Arbeiter abgewälzt? Wie groß war der Anteil vom ausgewiesenen Gewinn des Unternehmens? Wenn diese Beiträge die gleichen Rechte erhalten hätten wie die Gelder, die die Aktieneigentümer eingesetzt haben, was würde das für eine Bedeutung für die Macht über das Unternehmen gehabt haben?

Hilfsmittel: Eine neue Arbeitslosigkeitszählung wurde 1927 durchgeführt. Für die Zeit zwischen den Zählungen kann man gewisse Anhaltspunkte über das Ausmaß der Arbeitslosigkeit aus der Statistik des Gewerkschaftsbundes und der Industriestatistik ableiten (siehe Kapitel 26). Seit 1955 weist Schwedens offizielle Statistik Monat für Monat die bei der Arbeitsvermittlung angemeldeten Arbeitslosen aus. Seit 1959 werden regelmäßige Arbeitskräftezählungen durchgeführt, in denen auch die Arbeitslosen enthalten sind, die nicht bei der Arbeitsvermittlung registriert sind. Das Ergebnis steht im Statistischen Jahrbuch und seit 1973 in Arbetsmarknadsstatistiks årsbosk (Arbeitsmarktstatistik-Jahrbuch).

Aber die Statistik gibt nur einen Überblick, sie zeigt nicht die Erfahrungen der Arbeitslosen, nicht die erlebte Wirklichkeit. Diese Geschichte zu schreiben steht noch aus. Das Material dazu gibt es überall bei den lebenden Menschen. Man kann auch in der Gewerkschaftsgeschichte danach suchen (siehe Kapitel 3), in lokalhistorischen Schilderungen (siehe Kapitel 5), in den Arbeitererinnerungen des Nordischen Museums (Kapitel 17) und in der Literatur.

Konjunktur

Auch wenn die Nachfrage wegen »schlechter Zeiten« (die vielleicht besser »schlechte Wirtschaftspolitik« genannt werden sollten) sinkt, pflegen Unternehmen die Kosten auf die Arbeiter abzuwälzen. Während der Krisen der dreißiger Jahre entwickelte sich die Beschäftigung innerhalb der Zementindustrie z. B. so:

Jahr	Produktionsorte	Verwaltungspersonal	Arbeiter	Verringerung/ Erhöhung	Produktion in Mio. Kronen	Verringerung/ Erhöhung in Mio. Kronen
1930	9	133	1.418	–	22,2	–
1931	9	128	1.298	– 120	18,7	– 3,5
1932	9	129	1.131	– 167	15,7	– 3,0
1933	10	126	973	– 158	11,8	– 3,9
1934	10	124	965	– 8	16,2	+ 4,4
1935	10	132	1.174	+ 209	20,6	+ 4,4
1936	10	137	1.278	+ 104	23,3	+ 2,7

Die Zahlen stammen aus der Industriestatistik (siehe Kapitel 26). Sie zeigen, daß die Zementproduktion zwischen 1930 und 1933 fast auf die Hälfte sank. Die Zahl der Arbeiter in der Zementindustrie wurde um ein Drittel verringert, obwohl die Zementfabrik in Lanna mit 50 neubeschäftigten Arbeitern 1933 ihren Betrieb aufnahm. In den übrigen Zementfabriken wurden also über 500 Arbeiter entlassen.

Ein durchschnittlicher Zementarbeiterlohn betrug in dieser Zeit ungefähr 2.400 Kronen im Jahr. Man kann sich also ausrechnen, daß die Zementunternehmen, und vor allen Dingen Skånska Cement, 1933 ungefähr 1,2 Millionen Kronen durch die Entlassung von Arbeitern sparte. Während der gesamten Krise wurden ungefähr 3,5 Millionen Kronen auf die Arbeiter abgewälzt.

Demgegenber fühlte man sich für das Verwaltungspersonal verantwortlich. Es wurde nur unbedeutend vermindert. Auch für die Aktieneigentümer fühlte man sich verantwortlich. Allein Skånska Cement zahlte in den vier schlimmsten Jahren der Arbeitslosigkeit nicht weniger als 4,6 Millionen Kronen Gewinn an die Aktieneigentümer aus, was 10 bis 12 Prozent des Kapitals entspricht. Unmittelbar nach der Krise, im Jahr 1935, konnte das Unternehmen durch sogenannte Fondsemissionen (die Ausgabe von »Gratisaktien») sechs Millionen Kronen in neues Aktienkapital für die Eigentümer überführen. Euroc zahlt auch heute noch Gewinne auf diese Aktien, die 1935 im Wert von sechs Millionen an die Eigentümer ausgegeben wurden. Aber Euroc hat bei den Ausschüttungen nie auch nur eine Öre für die Millionen gezahlt, die die arbeitslosen Zementarbeiter während der Krisen der dreißiger Jahre für das Unternehmen erspart haben. Die Gratisaktien aus dem Jahr 1935 haben heute die gleichen Stimmrechte wie andere Aktien in der Hauptversammlung von EUROC. Aber die Arbeitslosigkeit der dreißiger Jahre schuf weiterhin bloß Machtlosigkeit.

Und dann gibt es Leute, die sagen, daß die Geschichte tot sei und verschwunden.

Die Geschichte lebt bei bestem Wohlergehen weiter, sie kassiert ihre Dividende und leitet die großen Unternehmen.

● Wieviele wurden an Deinem Ort, in Deinem Beruf, an Deinem Arbeitsplatz während der Krise der dreißiger Jahre entlassen? Und in anderen Zeiten bei schlechter Konjunktur? Wieviel verdiente das Unternehmen daran? Wer bezieht nun die Gewinne und hat die Macht über die Einsparungen von damals?

Hilfsmittel: Um die Arbeitslosigkeit in einem bestimmten Unternehmen zu bestimmen, kann man die Primärangaben für die Industriestatistik zu Hilfe ziehen (siehe Kapitel 26). Wie man Aktieneigentümer herausfindet – siehe Kapitel 12.

Strukturveränderungen

Natürlich gibt es keine scharfen Grenzen zwischen verschiedenen Typen der Arbeitslosigkeit. Die Saisonarbeitslosigkeit wird verlängert und geht – jedenfalls in schlechten Zeiten – in konjunkturelle Arbeitslosigkeit über, und eine schlechte Konjunktur kann zu Strukturveränderungen führen, welche auf ihre Weise auch Arbeitslosigkeit bewirkt. Betrachte einmal in der Tabelle auf Seite 219, was die Auswirkungen der Krise der dreißiger Jahre waren. Ende 1935 lag die Produktion wieder so hoch wie 1930, aber die Beschäftigung war nicht in entsprechendem Umfang angestiegen. Das Bild wird noch deutlicher, wenn wir uns einzelne Fabriken ansehen:

Ort	Anzahl Arbeiter 1930	1935	+/–
Visby	161	86	– 75
Übriges Gotland (2)	346	151	– 195
Bromölla	92	66	– 26
Klagshamn	85	70	– 15
Limhamn	365	303	– 62
Skaraborgs län (2)	261	334	+ 73
Lanna	0	50	+ 50
Öland	108	114	+ 6
	1.418	1.174	– 244

Die Zementindustrie hatte 373 Arbeitsplätze verloren, die meisten auf Gotland. Skånska Cement hatte die Aktienmehrheit in der Zementfabrik Visby im Jahre 1931 übernommen. 1935 waren 75 Arbeitsplätze weg, 1940 war die Fabrik geschlossen. Skånska Cement übernahm die Zementfabrik in Slite 1931. Unmittelbar darauf wurden Entlassungen vorgenommen (siehe Kapitel 23). Cementa übernahm die Zementfabrik Valleviken 1933 und stellte sofort die Zementproduktion ein. 1935 hatte Gotland insgesamt 270 Zementarbeitsplätze oder 53 Prozent aller Arbeitsplätze vor der Krise verloren. Die übrigen Arbeitsplätze fielen bei der Zementfabrik in Bromölla fort, nachdem Skånska Cement sie 1929 übernahm und 1940 stillegte, sowie bei der Zementfabrik in Klagshamn, die 1934 von Skånska Cement übernommen und 1939 stillgelegt wurde. Und in Limhamn, das 1975 an der Reihe ist, stillgelegt zu werden.

Gleichzeitig wurden 129 neue Arbeitsplätze geschaffen, vor allen Dingen in Skövde, wo die Belegschaft auf 60 Mann anwuchs, und in Lanna, wo KF eine neue Zementfabrik mit 50 Arbeitern eröffnete. Das alles wird »Strukturveränderungen« oder »Strukturrationalisierung« benannt.

1936 wurde eine staatliche Erhebung durchgeführt, die die Auswirkungen der Rationalisierung »insbesondere hinsichtlich der Arbeiterbeschäftigung« untersuchen sollte. Für eine Spezialstudie der Zementindustrie wählte man die Anlagen in Hällekis aus, die 1931 zu den modernsten und zukunftsträchtigsten im Lande ausgebaut worden waren. Die Untersuchung wurde von der Rationalisierungsgesellschaft des Schwedischen Industrieverbandes, AB Industribyran, durchgeführt. Unparteiischer Experte wurde Tarras Sällfors, Oberingenieur bei AB Industribyran, ein leitender Vorkämpfer für die Rationalisierung der Industrie.

Die Antworten des Unternehmens auf die Fragen der Untersuchung werden im Reichsarchiv aufbewahrt. Der Personalbedarf war infolge der neuen Fabrikanlagen von 70 Arbeitern pro Schicht im Jahre 1930 auf 33 Mann pro Schicht 1936 gesenkt worden. Die Produktivität war von 176 kg pro Arbeiterstunde auf 363 kg gestiegen. Etwa 50 Arbeiter, die in der Produktion nicht mehr gebraucht wurden, hatten in anderen Teilen des Unternehmens Beschäftigung erhalten. »Mittlerweile kommt es nicht selten vor, daß Arbeiter lieber für einige Zeit arbeitslos werden, als daß sie solche Arbeiten annehmen, wie z. B. Wald- und Landwirtschaftsarbeiten, bei denen es keine so hohen Löhne gibt wie in der Industrie.«

Der publizierte Text (SOU 1939:14) gibt unkritisch die Angaben des Unternehmens wieder. Rückwirkungen auf andere Gegenden werden in einer besonderen Stillegungsstudie untersucht, die genauso unkritisch den Blickwinkel von Skånska Cement wiedergibt. Das wird dann wieder und wieder in der offiziellen Geschichtsschreibung des Unternehmens aufgegriffen, zuletzt beim 100-Jahresjubiläum 1971. Auf diese Weise ist das dann auch ganz schnell die einzige Wahrheit, die übrig bleibt.

Stillegung

Skånska Cement hat während der ersten 100 Jahre ihres Bestehens sieben Zementfabriken in Schweden stillgelegt. In ihrem Jubiläumsbuch wird das folgendermaßen beschrieben:

> *Lomma*, stillgelegt 1905. Zwei Ersatzindustrien wurden »im Hinblick auf die vielen Arbeiter, die in der Gemeinde wohnen blieben«, gestartet. (Aber Lomma ging in eine lang anhaltende Stagnationsperiode, die anhielt, bis die Gemeinde in den sechziger Jahren ein Vorort von Malmö wurde.)
>
> *Maltesholm*, stillgelegt 1928. »Mit Rücksicht auf die Arbeiter und die Gemeinde zögerte man bis zum Herbst 1928 damit, den Betrieb stillzulegen. (. . .) Etwa 50 älteren Arbeitern in Maltesholm gestand man eine gewisse jährliche Unterstützung zu, während verschiedene jüngere in andere Fabriken des Unternehmens versetzt wurden . . .«
>
> *Klagshamn*, stillgelegt 1939. Die Stillegungspläne »waren kompliziert wegen der beschwerlichen Umstellungsprobleme der Beschäftigten, die am Ort wohnen blieben und dort keine andere Beschäfti-

gung finden konnten. (. . .) Erst im Mai 1939 wurde die Zementherstellung in Klagshamn ganz eingestellt.«

Visby, stillgelegt 1940, was »bedauernswerte Probleme für einen Teil der Beschäftigten bewirkte, die ein eigenes Haus in der Stadt gebaut hatten. Um deren ökonomische Probleme zu lösen, schloß das Unternehmen mit ihnen eine Vereinbarung über eine gewisse Abstandszahlung«. (Nach dem Vorstandsprotokoll vom 17. 8. 1940 handelt es sich um Übergangszahlungen von 20–25 Kronen im Monat für 15 Arbeiter. Im Geldwert von 1975 machte das 83–103 Kronen im Monat aus.)

Valleviken, die Zementproduktion wurde 1933 eingestellt, die Fabrik 1947 geschlossen. »Der Vorstand wünschte, daß die Angestellten und Arbeiter sich eigene Heime schaffen sollten. Deshalb waren für diesen Zweck schon Grundstücke abgesteckt worden. Aber die Planungen waren zum Zeitpunkt der Stillegung nur zu einem Teil verwirklicht. Im Zweiten Weltkrieg erwies sich das Unternehmen doch wieder als wirtschaftlich, und erst im Frühjahr 1947 wurde der Betrieb vollständig eingestellt.«

Lanna, stillgelegt 1966. »Es entstanden keinerlei soziale Probleme. Ein Teil der Beschäftigten, die in den Werkswohnungen wohnten, erhielten das Angebot, sie zu einem angemessenen Preis zu kaufen.«

Die Stillegung von Hällekis wurde 1975 beschlossen. Wie wird das wohl in der nächsten Jubiläumsschrift beschrieben werden? Limhamn, Köping und Stora Vika sind wohl als nächste an der Reihe. Wie werden wohl diese Schließungen von den Historikern des Unternehmens beschrieben werden?

Ich verlange keineswegs, daß alle Zementfabriken für immer und ewig da in Betrieb gehalten werden sollen, wo einmal einem Kapitalisten eingefallen ist, sie zu errichten. Ich behaupte, daß die Stillegungen Kosten verursacht haben, die nicht bloß von den Aktieneigentümern, sondern vor allen Dingen von den Arbeitern und der übrigen Ortsbevölkerung getragen werden mußten.

Ich hielt in Todarp, um ein wenig zu essen und mich nach dem Weg zu erkundigen. Da saß nun einer der Überlebenden der Zementfabrik von Maltesholm, einer von denen, die jetzt Volkspensionäre sind. Auch jetzt werden sie noch wütend, wenn sie hören, daß man von dem Unternehmen spricht, das nach ihrer Meinung die ganze Gegend auf dem Gewissen hat. Selbst nach einem halben Jahrhundert sind sie voller Haß gegen den Direktor, der ihrer Meinung nach die Fabrik an Skånska

Die Ruinen der Zementfabrik Maltesholm, stillgelegt 1928

Cement verraten hatte, während De la Gardie verreist war . . . »Aber der Judas kriegte seine Strafe. Er endete als Bettler. Ging nach Hälsingborg und soff. Hängte sich zum Schluß auf.« Erschoß sich, sagt ein anderer. Sie betrachten das als Gottes oder des Schicksals Art, Gerechtigkeit walten zu lassen. Auf wen hätten sie sonst hoffen sollen?

Denn die Fakten liegen doch so: Die alten Arbeiter in Maltesholm erhielten »eine gewisse jährliche Unterstützung«, die schon vor langer Zeit eingestellt wurde, so daß sie von der Volkspension leben müssen. Dagegen erhielten die Aktieneigentümer von Maltesholm 1,4 Millionen Kronen in Aktien von Skånska Cement, die 1970 durch sechs Fondsemissionen auf 5,4 Millionen Kronen angewachsen waren. Diese Aktien erhalten weiterhin die gleiche Gewinnausschüttung und haben den gleichen Einfluß wie alle übrigen Aktien bei Euroc.

Ist es nicht an der Zeit, den Aktieneigentümern auch »eine gewisse jährliche Unterstützung« zu geben und sie dann gehen zu lassen?

● Welche Unternehmen wurden an dem Ort, an dem Du wohnst, innerhalb des Konzerns, in dem Du angestellt bist, stillgelegt? Welche Folgen hatte das für die Eigentümer des stillgelegten Unternehmens, für die Arbeiter, für den Ort?

Hilfsmittel: Literaturangaben über Stillegungen und andere Probleme des Arbeitsmarktes findet man in »Svensk arbetsmarknad 1950–1968« (Schwedischer Arbeitsmarkt 1950–1968, eine Bibliographie über Forschungen und Debatten des Instituts für Arbeitsmarktfragen, Stockholm 1969).

Eine ausführliche Diskussion der Methoden und Ergebnisse verschiedener Problemgebiete enthalten zwei Bücher des Institutes für Sozialforschung. Leif Grahm »Svensk arbetsmarknadsforskning ur sociologisk synvinkel« (Schwedische Arbeitsmarktforschung aus soziologischer Sicht, Vänersborg 1973) und Harald Niklasson u. a. »Svensk arbetsmarknadsforskning ur samhällsekonomisk synvinkel« (Schwedische Arbeitsmarktforschung aus volkswirtschaftlicher Sicht, Falköping 1973).

Das sind zwei nützliche Bücher. Aber sie haben auch ihre Grenzen, die für die Einstellung der Forschung bezeichnend sind. Es wird nämlich bloß die aktuelle Forschung behandelt. Die historische Sichtweise fehlt vollständig. Niemand macht den Versuch, den direkt Betroffenen, also den Arbeitern selbst, zu erklären, worauf die Forschung hinaus will. Die Arbeiter werden bloß als Gegenstände der Forschung betrachtet. Es gibt kein Orts- oder Unternehmensregister für diejenigen, die herausfinden wollen, für welche Forschung sie selbst der Gegenstand gewesen sind. Aber dadurch wird nicht in Frage gestellt, daß die Arbeiter selbst die Forschung bewirken könnten oder an ihr teilhaben.

25. . . . im Haushalt

Bei Öland Cement AB in Degerhamn war auch der Schwerarbeiter Karl Malmkvist beschäftigt. Im Herbst 1932 war er 30 Jahre alt, verheiratet und hatte einen dreijährigen Sohn. Der Wintervorrat der Familie bestand aus 200 kg Kartoffeln, 12 kg Weißkohl, 2 Klafter Birkenholz, 3 Liter Marmelade und 4 Liter Saft – insgesamt im Wert von 55 Kronen. In der letzten Novemberwoche verdiente Karl Malmkvist 34 Kronen und 86 Öre.

Woher man das weiß? Die Familie Malmkvist war mit fünf anderen Arbeiterfamilien in der Zementfabrik Degerhamn an einer sogenannten Haushaltsbudgetuntersuchung beteiligt, die von der Sozialbehörde durchgeführt wurde. Das Ergebnis der Untersuchung wurde in »Levnadsvillkor och hushallsvanor i städer och industriorter omkring ar 1933« (Lebensverhältnisse und Haushaltsgewohnheiten in Städten und Industrieorten um das Jahr 1933) veröffentlicht (SOS, Socialstatistik, Stockholm 1938).

Anna Malmkvist führte das Haushaltsbuch der Familie. Hier liest sie nach 45 Jahren in einer Kopie des Buches.

Einzelne Arbeiter- und Angestelltenfamilien aus verschiedenen Teilen des Landes haben über ihre Einkommen und Ausgaben während mehrerer Monate Buch geführt. Diese Kassenbücher oder Haushaltsbücher, wie sie genannt werden, werden im Archiv des Statistischen Zentralbüros aufbewahrt. Da kann man nachsehen, daß die Ausgaben der Familie Malmkvist in der letzten Woche des November 1932 so aussahen:

Ware	*Menge*	*Kosten*
Milch	10,5 Liter	1,54
Butter	0,5 Liter	1,28
Margarine	1,0 kg	1,10
Eier	0,5 kg	1,00
Rindfleisch	1,5 kg	1,35
Gesalzenes Schweinefleisch	0,8 kg	1,04
Fleischwurst	0,9 kg	1,19
Mettwurst	0,3 kg	0,90
Hering	1,0 kg	0,38
Dorsch	1,0 kg	0,35
Weizenmehl	3,0 kg	0,99
Roggenbrot	2,6 kg	1,00
Zwieback	0,5 kg	0,50
Getrocknete Pflaumen	0,5 kg	0,45
Zucker	2,0 kg	0,90
Karamellen		0,15
Kaffee	0,5 kg	1,80
Kakao		0,45
Kräuter		0,21
Petroleum	3,0 Liter	0,74
Docht und Karbid		0,39
Handarbeitstuch		0,75
Milchschüssel		1,85
Regalpapier		0,10
Herrenunterhosen		2,00
Nähbedarf (Nadeln)		0,30
Seife		0,25
Waschpulver		1,29
Ratenzahlung Grammophon		15,00
Summe der Ausgaben		39,25
Einkommen		34,86
Fehlbetrag		4,39

Das war eine ganz normale Woche. Man brauchte anderthalb Liter Milch am Tag und drei Liter Petroleum in der Woche. Die Familie pflegte ein halbes Kilo Butter, ein halbes Kilo Kaffee und ein wenig

Zwieback, in den Kaffee zu tunken, einzukaufen. Die Ausgaben für Margarine, Weizenmehl und Zucker waren auch ungefähr die üblichen Ausgaben. Nur die monatlichen Raten für das Grammophon trieben die Ausgaben in dieser Woche über die Einnahmen. Das glich die Familie mit ihrem Sparguthaben aus und hatte trotzdem 70 Kronen übrig, als die Woche zu Ende war. Die wurden auch benötigt, denn Weihnachten näherte sich mit wachsenden Ausgaben. Zuerst wurde Weihnachtsbranntwein gekauft, zwei Liter reinen Schnaps zu 3,75 der Liter. In dieser Woche waren die Ausgaben bei 23 Kronen 16. In der Woche danach wurde der Weihnachtsschinken gekauft, er wog 2,6 Kilo und kostete 3 Kronen 38. Des weiteren anderthalb Kilo getrockneten Fisch für 1,20, ein halbes Dutzend Apfelsinen für 75 Öre, drei Pakete Waschpulver und ein halbes Kilo Seife für das Weihnachtsreinemachen und 2 1/2 Meter Flanell für ein Weihnachtsgeschenk für den Mann. Zusammen mit dem Gewerkschaftsbeitrag von 4,40 kletterten die Ausgaben auf 53,15.

In der Woche, die am 11. 12. begann, schlug man groß zu und kaufte anderthalb Kilo buttergemischte Margarine, fünf Kilogramm Weizenmehl, ein halbes Kilo Glanzzucker, ein Paket Feigen, 200 Gramm Weihnachtsbaumkonfekt; elf Meter Gardinenstoff kosteten 9,50, die Weihnachtskarten mit Umschlag und Porto 4,68, und als Weihnachtsgeschenk für die Hausfrau wurde ein Dutzend Löffel für 8,50 eingekauft. Alles in allem für 55,17.

In der letzten Woche vor Weihnachten wurde der Branntweinvorrat mit weiteren zwei Litern vervollständigt, eine Flasche Grog, anderthalb Dutzend Bier und eine Dose Anchovis. Weiter ein Kilogramm Reis für den Weihnachtsbrei, ein Kilo Äpfel, ein Dutzend Apfelsinen, ein halbes Kilo Rosinen und Nüsse sowie zwei Pakete Kerzen. Die Ausgaben standen bei 52,68.

Bis dahin hatte Karl Malmkvist wie gewöhnlich verdient – 35,27 in der einen Woche, 37,50 in der nächsten Woche, 36 Kronen in der dritten Woche. Aber zu Weihnachten wurde der Betrieb und damit das Einkommen eingestellt. In der letzten Woche verdiente er 30 Kronen, danach war er arbeitslos.

Aber die Ausgaben konnten so leicht nicht gestoppt werden. An den Tagen zwischen Weihnachten und Neujahr waren die Krankenkassenbeiträge zu bezahlen – 6,90. Das Zeitungsabonnement mußte erneuert werden – 5 Kronen. Der Junge brauchte ein Paar Schuhe, wenn man zum Fest gehen wollte – 4 Kronen. Gesamtausgaben von 27,50.

Das neue Jahr begann mit weiterer Arbeitslosigkeit. Am 3. Januar wurde Karl 30 Jahre alt. Sieben Personen zum Geburtstagsessen. Anna mußte 30 cm Rajalin und neue Wollstrümpfe für 2 Kronen kaufen. Ein Rinderbraten kostete 2,53, Zigarren eine Krone und Erfrischungsgetränke für das Kind 60 Öre. Aber im übrigen hielt man sich sehr zurück. Die Ausgaben in dieser Woche betrugen 23 Kronen und 43 Öre.

Ebensoviel hatte man verliehen und zurückbekommen. So hatte Karl während des Jahres für 5 Kronen am Abend beim Tanz im Volkshaus Wachdienst übernommen, und das Geld – 51 Kronen – kriegte er zu Weihnachten ausgezahlt. Das war ja nun auch so eine Art Spargeld. Zusammen hatten sie also 101 Kronen gespart. Er erhielt 15 Kronen als Geschenk und lieh sich 30 Kronen. Den Rest des ausgebliebenen Arbeitsverdienstes knapste man sich während des Januars vom Essen ab.

Aber auch in der folgenden Zeit war das Leben natürlich sehr mager. In der ersten Arbeitswoche lebte man von einem halben Kilo Gehackten und einem halben Kilo Fleischwurst. Ausgaben 15,31. In der zweiten Arbeitswoche drückte man die Ausgaben auf 11,98, davon eine Krone an die Parteiorganisation. So ging das mehrere Wochen, bis die Ökonomie wieder auf die Füße kam.

So ging das vor sich, als Karl Malmkvist und seine Familie Neujahr 1934 200 Kronen für die Aktieneigentümer von Ölands Cement AB zusammensparten.

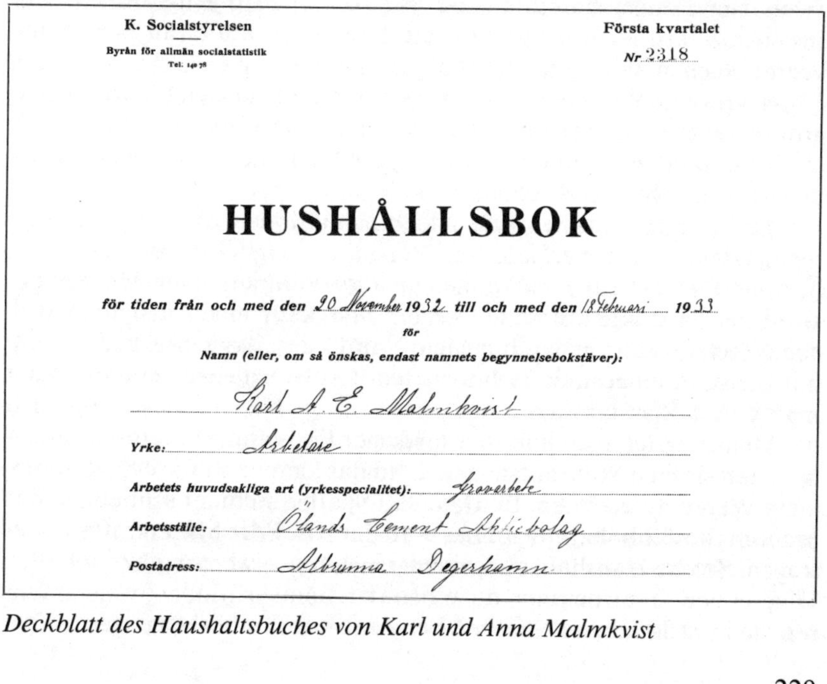
K. Socialstyrelsen

Byrån för allmän socialstatistik
Tel: 149 78

Första kvartalet

Nr 2318

HUSHÅLLSBOK

för tiden från och med den 20 November 1932 till och med den 18 Februari 1933

för

Namn (eller, om så önskas, endast namnets begynnelsebokstäver):

Karl A. E. Malmkvist

Yrke: Arbetare

Arbetets huvudsakliga art (yrkesspecialitet): Grovarbete

Arbetsställe: Ölands Cement Aktiebolag

Postadress: Albrunna Degerhamn

Deckblatt des Haushaltsbuches von Karl und Anna Malmkvist

Haushaltsuntersuchungen 1969

Die Haushaltsbücher geben ein sehr detailliertes und lebendiges Bild der Lebensverhältnisse in den schwedischen Familien zu unterschiedlichen Zeitpunkten. Die letzte Untersuchung dieser Art wurde 1969 durchgeführt. 3.000 zufällig ausgewählte Haushalte sollten Buch über ihre Ausgaben führen. Die Haushalte wurden aufgeteilt auf zehn verschiedene Gruppen, die unterste mit weniger als 9.000 Kronen Jahreseinkommen, die oberste mit über 60.000 Kronen. Der veröffentlichte Bericht »Hushållsbudgetundersökningen 1969« (Haushaltsbudgetuntersuchung 1969, Statistische Mitteilung P 1971:9) beschreibt, wie die Haushalte in diesen unterschiedlichen Gruppen ihren Verbrauch auf 999 verschiedene Waren und Dienstleistungen verteilten – er enthält alles, von Babyausrüstung bis zur Grabstelle auf dem Friedhof.

Es zeigt sich, daß der Verbrauch von Kartoffelmehl nur ganz unbedeutend von 1,66 auf 2,50 im Jahr ansteigt, wenn man von der Gruppe mit dem niedrigsten zu der mit dem höchsten Einkommen geht. Der Verbrauch von Cocktailzugaben verzehnfacht sich dagegen beim gleichen Vergleich. Die Ausgaben für alkoholfreie Getränke sind in den verschiedenen Einkommensschichten gleich. Aber der Verbrauch von Wein, Sprit und Zigaretten steigt kräftig mit dem Einkommen. Der Brennstoffverbrauch steigt um das Dreifache, die Transportkosten verzehnfachen sich, und die Ausgaben für das eigene Auto werden 23mal größer, wenn man die niedrigste mit der höchsten Einkommensgruppe vergleicht. In groben Zügen kann man aber auch den Verbrauch in Haushalten mit und ohne Kinder, für Menschen verschiedener Altersgruppen usw. vergleichen.

Die Untersuchung enthält alle Informationen darüber, wie sich mehr Gleichheit in verändertem Verbrauch darstellen läßt. Die Kronen und Öre der Tabellen können an allen Punkten in die Mengen bestimmter Produkte übersetzt werden. Man kann eine Aufstellung machen, aus der ganz genau die Menge an Cocktailkirschen hervorgeht, um die man einen durchschnittlichen Großverdiener beraubt, wenn man seinen Standard auf das nächst niedrige Niveau senkt, und auch die Menge, welche die Bezieher niedriger Einkommen dadurch gewinnen, daß sie eine Stufe aufsteigen. Und das kann man für 999 verschiedene Waren ausrechnen. In diese 999 Spalten mündet schließlich das Ergebnis des Lohnkampfes. Hier wird der Krieg der Marktkräfte ausgetragen. Solche Haushaltsbudgetuntersuchungen werden jetzt vor allen Dingen von Unternehmen dazu benutzt, herauszufinden, welche Waren sie künftig bereitstellen müssen, um Kaufkrafterhöhungen aufzusaugen. Aber die Untersuchungen könnten auch dazu verwandt werden, daß man die Folgen des Zuwachses für die Wohlfahrt verschiedener Menschen berechnet. Der ökonomische Zuwachs hat einen ganz anderen konkreten Inhalt, wenn er vor allen Dingen den kinderreichen Familien mit Niedriglohn zufließt, als wenn die gewachsene Kaufkraft den gut verdienenden Alleinstehenden zugute kommt. Welcher Inhalt? Ja, das steht in den Tabellen.

Wer steuert uns hierhin?

Die erste schwedische Haushaltsbudgetuntersuchung wurde in »Levnadskostnader i Sverige 1913–14« (Lebenskosten in Schweden 1913–14, 1–3 SOS, Sozialstatistik, Stockholm 1917–21) abgedruckt. Sie umfaßte lediglich Arbeiter und untere Beamte und bloß an die 100 Waren und Warengruppen. Aber sie gab Aufschluß über einzelne Familien mit all ihren individuellen und örtlichen Ungleichheiten. Wieviel Fleisch aß ein Schwerarbeiter in Malmö zu der Zeit? Wieviel Kaffee trank ein Briefträger in Västerås?

Auf solche Fragen gibt es veröffentlichte Antworten aus dem Jahre 1913 und außerdem noch (im Archiv des Statistischen Zentralbüros) Antworten aus den Jahren 1923, 1933, 1940–42, 1948, 1952, 1958 und 1969. Wenn man diese Tabellen studiert, fragt man sich vor allen Dingen: Warum wurde die wachsende Produktivkraft gerade auf diese Weise verwandt? Wer steuerte uns hierhin?

Das machten wir selbst, antworten die Ideologen der Marktwirtschaft. Die Unternehmen sind bloß die Diener ihrer Käufer. Den Markt kann man mit einer Volksbefragung vergleichen, die ständig stattfindet, in der die Konsumenten souverän und in jedem kleinsten Detail die Ausrichtung der Produktion bestimmen.

Gegen diese Behauptung kann man viel einwenden. Aber in einem gewissen Sinne ist sie auch richtig. In dem Augenblick jedenfalls, in dem sie kaufen, bestimmen die Konsumenten vielleicht zu viel.

Wenn Du dastehst mit einer Ware in jeder Hand und zwischen beiden auswählst, so bestimmst Du, in welchem Land Arbeit ausgeführt werden soll, ob das im Akkord- oder im Zeitlohn geschieht, wie das Arbeitsmilieu sein soll, welche Risiken die Arbeiter auf sich zu nehmen haben, welche Fabriken blühen sollen und welche geschlossen werden. Du bestimmst, welche begrenzten Ressourcen verbraucht werden, welcher Abfall daraus entsteht und wie der Verbrauch anderer Menschen beeinflußt wird. Kurz gesagt: Du bestimmst vollständig blindlings die gesamten gesellschaftlichen Konsequenzen von Produktion und Konsumtion. Das wird Marktwirtschaft genannt.

Marktwirtschaft gibt uns als Käufern eine Macht, die wir in unserer Eigenschaft als Arbeiter nicht haben. Es ist aber eine zweifelhafte Form der Macht, denn es ist fast unmöglich, sie auf vernünftige Weise zu gebrauchen.

Etwas besser könnte das sein, wenn wir nicht bloß vor die Alternativen gestellt wären, die die Produktentwickler und die Einkaufschefs der großen Einzelhandelsketten für uns ausgewählt haben. Gewählte Repräsentanten der Konsumenten sollten Einfluß darauf haben, welche Produkte entwickelt und verkauft werden sollen. Jedes Unternehmen sollte verpflichtet sein, öffentlich die Gründe dafür anzugeben, warum man sich entschieden hat, eine gewisse Ware anzufertigen und zu verkaufen.

Vage Hinweise auf das, »was das Volk haben will«, sollten nicht akzeptiert werden. Die Begründungen müßten eine ganz genaue Beschreibung des Konsumentenbedarfs beinhalten, der mit dem Produkt befriedigt werden soll, und die gesellschaftlichen Auswirkungen, die man voraussehen kann, sollten dargestellt werden. Die Begründungen sollten auch Angaben über die Produktionsbedingungen und den Rohstoffverbrauch anführen. Sie sollten Ausgangspunkt für öffentliche kritische Auseinandersetzungen über die Produktpolitik der Unternehmen sein.

Aber heute braucht man keinen anderen Grund für die Produktion, als daß sie gewinnbringend ist. Viele nützliche und notwendige Waren bringen keinen Gewinn, und deshalb werden sie aus dem Markt verdrängt. Oft bringt eine Ware mehr Gewinn, wenn sie unter widrigen und unwürdigen Verhältnissen hergestellt wird – und drängt dafür Waren aus dem Markt, die unter menschlicheren Bedingungen hergestellt werden. Wir selbst bewirken diese Verdrängung, indem wir kaufen oder nicht kaufen.

Die Marktwirtschaft gibt uns eine grausige Form der Macht, von der ich meine, daß wir sie nicht ausnutzen sollten. Denn die Kaufsituation ist eigentlich die schlimmste denkbare Situation, um über anderer Menschen Arbeitsbedingungen zu entscheiden.

● Hat jemand Deiner Vorgänger im Beruf oder am Arbeitsplatz an den Haushaltsuntersuchungen teilgenommen? Welches Bild geben diese Untersuchungen von den Lebensverhältnissen an Deinem Wohnort?

Hilfsmittel: An den ersten Untersuchungen waren Arbeiter aus 38 schwedischen Städten und so gut wie alle Arbeiterberufe vertreten. Die meisten Städte und Orte waren wiederholt beteiligt.

Die vollständigen Haushaltsbudgetuntersuchungen findet man im Statistischen Jahrbuch. Die Haushaltsbücher selbst findet man im Archiv des Statistischen Zentralbüros (siehe Kapitel 26).

● Wer kauft die Ware, die Du herstellst? Hat sie die gleiche Bedeutung für Bezieher hoher und niedriger Einkommen?

Hilfsmittel: Zement findet man nicht unter den 999 Waren und Warengruppen der Haushaltsbudgetuntersuchungen (oder nur zusammen mit anderem Material für Gebäudereparaturen). Aber für die meisten Waren kann man in der Untersuchung von 1969 nachsehen, wieviel die einzelnen Haushalte davon verbrauchen, als auch, wie der Gesamtverbrauch im Lande auf die verschiedenen Einkommensgruppen verteilt ist.

Um die Ausgaben in Kronen und Öre in Mengen bestimmter Waren zu übersetzen, braucht man Preisangaben. Die findet man seit 1913 in »Detaljpriser och indexberäkningar« (Detailpreise und Indexberechnungen, SOS) und seit 1931 in »Konsumentpriser och indexberäkningar« (Verbrauchspreise und Indexberechnungen, SOS).

● Nach den Gesetzen der Marktwirtschaft soll der Mensch als Käufer den Menschen als Arbeiter steuern. Auf welche Weise wirkt die Verbrauchernachfrage auf Deine Arbeit ein? Auf welche Weise bewirkst Du als Konsument die Situation anderer Arbeiter? Gibt es bessere Möglichkeiten?

Hilfsmittel: Håkan Lindhoff und Folke Ölander diskutieren den Einfluß der Konsumenten auf die Produktentwicklung der Unternehmen in dem Sammelband »Människor och företag i kommunikationsamhället« (Menschen und Unternehmen in der Kommunikationsgesellschaft, Lund 1971). Ihre Ideen sollten weiterentwickelt werden. Gegenwärtig spielen die Unternehmensleitungen die Wünsche der Verbraucher gegen die der Lohnabhängigen und die Wünsche der Lohnabhängigen gegen die der Verbraucher aus. Die Arbeiter, die Waren herstellen, sollten die Repräsentanten derjenigen treffen, die die gleichen Waren verbrauchen, um Produktentwicklungen zu planen und an die Unternehmensleitung gemeinsame Forderungen der Lohnabhängigen und der Verbraucher zu stellen.

26. . . . in der Produktion

Als Karl Malmkvist einen guten Monat lang arbeitslos war, wurde der Betrieb bei Ölands Cement AB wieder aufgenommen. Am 27. 1. 1933. In dem Jahr war die Fabrik 322 Tage in Betrieb. Man produzierte 29.393 Tonnen Zement im Gesamtwert von 855.855 Kronen. (Zement war also 29,12 Kronen pro Tonne wert.)

Die Belegschaft bestand aus dem Arbeitgeber, elf Personen in der Verwaltung und 98 Arbeitern, davon sechs Frauen, acht waren Männer unter 18 Jahren. Zusammen leisteten sie 217.763 Arbeitsstunden (oder 2.222 Stunden pro Arbeiter). (Karl Malmkvist und die anderen Zementarbeiter in Degerhamn produzierten also in dem Jahr jeder 299,9 Tonnen Zement. Sie produzierten 0,13 Tonnen pro Arbeitsstunde. Jeder Arbeiter produzierte Zement im Wert von 8.733 Kronen oder für 9,93 Kronen Zement pro Arbeitsstunde.)

Im gleichen Jahr wurden in der Zementfabrik in Degerhamn 2,9 Millionen Kilowattstunden Strom verbraucht. (Das waren 97,5 Kilowattstunden pro Tonne Zement und 13,2 Kilowattstunden pro Arbeitsstunde.) Als Brennmaterial verwandte man hauptsächlich Kohle, nämlich 6.527 Tonnen (und produzierte also 4,5 Tonnen Zement für jede Tonne Kohle). Der Kohleverbrauch betrug 66,6 Tonnen pro Arbeiter oder 30 Kilogramm pro Arbeitsstunde.

Woher weiß man das? Ja, das steht in den Primärangaben für die Industriestatistik. (Die Zahlen, die man auf der Grundlage der Industriestatistik selbst ausrechnen muß, habe ich in Klammern gesetzt.) Jedes Industrieunternehmen war und ist verpflichtet, solche Angaben auf besonderen Formularen abzuliefern. Die ausgefüllten Formulare von vor 1923 werden im Reichsarchiv aufbewahrt. Für die Zeit nach 1923 werden sie im Archiv des Statistischen Zentralbüros aufbewahrt. Die Industriestatistik ist alt. Das Kommerskollegium fing an, solche Angaben über Manukfaturen seit 1793 zu sammeln, und die Zusammenstellungen werden seit 1830 in den jährlichen Berichten gedruckt. Zement taucht in der Industriestatistik zum ersten Male 1874 auf. Seit 1890 wissen wir, wieviel Tonnen Zement jährlich in Schweden produziert wurden:

Jahr	Arbeiter	Produktion in tausend Tonnen	Produktion pro Arbeiter in Tonnen	Vermehrung (+) Verminderung (–) in Prozent
1890	1.150	35	30	–
1895	831	57	69	+ 130
1900	1.336	126	94	+ 36
1905	1.298	168	129	+ 28
1910	1.291	258	200	+ 55
1915	1.375	306	223	+ 12
1920	1.663	281	169	– 24
1925	1.525	446	293	+ 73
1930	1.418	611	431	+ 47
1935	1.174	740	630	+ 46
1940	1.185	701	592	– 6
1945	1.218	1.214	997	+ 68
1950	1.428	1.936	1.356	+ 36
1955	1.783	2.550	1.430	+ 5
1960	1.694	2.862	1.689	+ 17
1965	1.624	3.696	2.276	+ 35
1970*	1.595	3.998	2.510	+ 19
1975*	1.430	3.345	2.340	– 7

* nach Angaben von Cementa

Die Zahl der Arbeiter ist relativ unverändert geblieben. Die Produktion wurde verhundertfacht. 1890 produzierte ein Zementfabrikarbeiter 30 Tonnen Zement pro Jahr. 1975 produzierte er 2.340 Tonnen. Die Jahresproduktion je Arbeiter war 78mal größer als 1890. Das Wachstum war in verschiedenen Perioden verschieden groß. Zu bestimmten Zeiten ist die Produktion auch gesunken. Aber im Durchschnitt ist in jeder Fünfjahresperiode die Produktion je Arbeiter um 34 Prozent angestiegen.

● Wie hat die Produktion je Arbeiter in Deinem Beruf, an Deinem Arbeitsplatz zugenommen?

Hilfsmittel: Industriestatistiken als Beitrag zu Schwedens offizieller Statistik, SOS. Angaben über einzelne Unternehmen findet man in dem Primärmaterial für die Industriestatistik. Das Primärmaterial bis 1923 liegt im Reichsarchiv (siehe Kapitel 7), seit 1923 im Archiv des Statistischen Zentralarchivs, Karlavägen 100, Stockholm.

Zu Anfang dieses Jahrhunderts enthielten die Industriestatistiken auch Angaben über Arbeitsunfälle. Seit 1960 gibt es Angaben über gewisse Produktionskosten (aufgeteilt auf unterschiedliche Rohstoffe und Energietypen) und seit 1970 auch über den sogenannten Veredelungswert.

Löhne

Welcher Anteil dieser Produktionssteigerung fiel den Arbeitern zu? Welche Löhne hat die Zementindustrie im Laufe der Jahre bezahlt? Vereinzelte Beispiele haben wir in Kapitel 13 und 15 gesehen. Die grundlegende Untersuchung der Geschichte der schwedischen Arbeitslöhne gibt es leider nur auf Englisch, von G. Bagge u. a.: »Wages in Sweden. Wages, cost of living and national income in Sweden 1860–1930. Volume 2« (Löhne in Schweden. Löhne und Nationaleinkommen in Schweden 1860–1930, London 1933–35.) Die Forscher sind die alten Lohnlisten in einer großen Zahl von Unternehmen aus verschiedenen Branchen durchgegangen, darunter auch der Zementindustrie. Von der Zementindustrie Limhamn liegen folgende Ziffern für ausgebildete Arbeiter, d. h. den in der Regel am höchsten bezahlten Arbeitergruppen, vor. Die Produktionsziffern sind aus der Industriestatistik entnommen:

Jahr	Stundenlohn in Öre	Jahreslohn in Kronen	Jahresproduktion pro Arbeiter in Kronen	Jahreslohn in Prozent der Jahresproduktion
1890	24,9	858	1.600	54
1895	27,3	882	1.900	46
1900	32,7	1.000	3.100	32
1905	36,3	1.262	3.800	33
1910	43,1	1.361	6.600	21
1914	47,1	1.083	7.500	14

In den 25 Jahren zwischen 1890 und 1914 stieg der Produktionswert der Arbeiter um 370 Prozent. Der Jahreslohn eines gelernten Arbeiters wuchs um 26 Prozent. Zu Beginn der Periode erhielt er 54 Prozent des Produktionswertes an Lohn ausgezahlt, gegen Ende der Periode nur noch 14 Prozent.

Für eines dieser Jahre gibt es eine ausführliche Schilderung in »Arbets- och löneförhallanden för fabriksarbetare i Limhamn 1905« (Arbeits- und Lohnverhältnisse für Fabrikarbeiter in Limhamn 1905, Mitteilungen des Kommerzkollegiums, Abteilung für Arbeitsstatistik, 1906) mit einer sehr ausführlichen Beschreibung des Lohnniveaus und der Lohnverteilung.

Einkommen pro Stunde für Fabrikarbeiter in Limhamn, verteilt nach Tätigkeit und Alter (Zementfabriken)

Arbeiter zwischen 20 und 65 Jahren nach Tätigkeit	Anzahl der Arbeiter mit einem Einkommen pro Stunde von								Gesamtanzahl der Arbeiter	Einkommen pro Stunde		
	unter 20 Öre	20–25 Öre	25–30 Öre	30–35 Öre	35–40 Öre	40–45 Öre	45–50 Öre	50 Öre und mehr		Höchstes	Niedrigstes	Durchschnitt
Rohmaterialarbeiter	–	–	1	2	9	45	14	–	71	49	25	41
Ringofenarbeiter	–	–	–	3	9	14	–	–	26	43	34	39
Schachtofenarbeiter	–	–	–	1	4	29	7	–	41	47	32	42
Koksofenarbeiter	–	–	–	–	–	–	5	1	6	50	47	48
Zementmöller	–	–	–	–	2	11	9	–	22	48	36	43
Zementpacker	–	–	–	1	2	27	2	–	32	48	33	41
Kohlenfahrer	–	–	–	–	–	3	6	–	9	46	41	45
Be- und Entlader	–	–	–	–	–	2	9	–	11	49	42	46
Böttcher	–	–	2	9	13	9	1	–	34	45	26	37
Eisenarbeiter	–	–	2	4	8	4	–	1	19	51	26	35
Holzarbeiter	–	–	1	1	4	4	–	–	10	42	25	39
Maurer	–	–	3	2	3	–	–	–	8	38	28	32
Maschinenpersonal	–	–	–	1	2	10	1	–	14	47	33	40
Sonstige	2	2	5	6	7	3	2	1	28	52	10	33
Summe u. Mittelzahl	2	2	14	30	63	161	56	3	331	52	10	40
davon Vorarbeiter	–	–	–	1	–	4	2	4	11	58	33	47
Sämtliche Arbeiter ohne Vorarbeiter												
Unter 15 Jahre	14	–	–	–	–	–	–	–	14	12	8	11
15–20 Jahre	25	2	–	3	2	2	1	–	35	45	10	20
20–25 Jahre	–	–	3	6	6	13	5	–	33	47	26	38
25–30 Jahre	1	–	–	3	15	30	3	–	52	49	14	39
30–35 Jahre	–	–	1	1	6	36	8	1	53	52	26	41
35–40 Jahre	–	–	–	4	8	25	12	–	49	49	30	42
40–45 Jahre	–	–	1	5	7	22	12	–	47	48	29	41
45–50 Jahre	1	–	2	3	10	16	8	1	41	51	10	40
50–55 Jahre	–	1	2	5	8	10	7	1	34	50	24	39
55–60 Jahre	–	–	3	2	2	6	1	–	14	46	25	36
60–65 Jahre	–	1	2	1	1	3	–	–	8	44	20	34
65–70 Jahre	–	4	4	–	–	–	–	–	8	29	20	25
70 Jahre und darüber	1	2	1	–	–	–	–	–	4	28	17	22
Summe u. Durchschnittszahl	42	10	19	33	65	163	57	3	392	52	8	37

Jahreseinkommen der Fabrikarbeiter in Limhamn, nach Tätigkeit und Alter

Arbeiter zwischen 20 und 65 Jahren nach Tätigkeiten	Anzahl der Arbeiter, die mindestens 240 Tage gearbeitet haben mit einem Jahreseinkommen von											Durchschnittliches Jahreseinkommen mit einer Arbeitszeit von			
												240–270 Tg.		270 u. mehr Tg.	
	unter 400 Kr.	400–500 Kr.	500–600 Kr.	600–700 Kr.	700–800 Kr.	800–900 Kr.	900–1.000 Kr.	1.000–1.100 Kr.	1.100–1.200 Kr.	1.200 Kr. u. mehr	Gesamtzahl d. Arbeiter	Arbeiter	Kr.	Arbeiter	Kr.
Rohmaterialarbeiter	–	–	–	–	1	–	2	3	33	21	–	8	1.079	52	1.181
Ringofenarbeiter	–	–	–	–	–	–	–	4	9	11	24	1	1.123	23	1.187
Schachtofenarbeiter	–	–	–	–	–	–	1	1	15	19	36	1	1.078	35	1.237
Koksofenarbeiter	–	–	–	–	–	–	–	–	–	6	6	–	–	6	1.707
Zementmöller	–	–	–	–	–	–	–	5	2	11	18	3	1.033	15	1.227
Zementpacker	–	–	–	–	–	–	–	3	4	9	16	2	1.079	14	1.225
Kohlenfahrer	–	–	–	–	–	–	–	–	1	7	8	–	–	8	1.335
Be- und Entlader	–	–	–	–	–	–	–	–	1	10	11	1	1.165	10	1.371
Böttcher	–	–	–	–	2	1	3	7	7	4	24	2	901	22	1.081
Eisenarbeiter	–	–	–	–	1	1	1	4	3	5	15	2	831	13	1.162
Holzarbeiter	–	–	–	–	1	–	–	1	2	4	8	–	–	8	1.167
Maurer	–	–	–	1	1	2	–	1	2	–	7	2	729	5	1.032
Maschinenpersonal	–	–	–	–	–	–	1	2	4	7	14	3	1.112	11	1.231
Sonstige	1	1	–	1	4	2	3	4	3	3	22	3	956	19	930
Summe u. Durchschnittszahl	1	1	–	2	10	6	11	35	86	117	269	28	1.014	241	1.190
davon Vorarbeiter	–	–	–	–	–	–	1	–	–	10	11	1	1.460	10	1.386
Sämtliche Arbeiter ohne Vorarbeiter															
Unter 15 Jahre	–	–	–	–	–	–	–	–	–	–	–	–	–	–	–
15–20 Jahre	7	1	2	1	–	2	2	1	–	1	17	5	680	12	570
20–25 Jahre	–	–	–	1	2	–	–	7	2	7	19	8	920	11	1.202
25–30 Jahre	–	1	–	–	–	–	4	7	15	14	41	4	1.071	37	1.153
30–35 Jahre	–	–	–	–	1	–	1	2	18	23	45	1	1.105	44	1.203
35–40 Jahre	–	–	–	–	–	1	1	2	12	22	38	–	–	38	1.240
40–45 Jahre	–	–	–	–	–	2	1	6	15	17	41	3	1.086	38	1.199
45–50 Jahre	1	–	–	–	–	1	1	3	11	18	35	2	1.115	33	1.204
50–55 Jahre	–	–	–	–	3	–	3	2	10	13	31	4	994	27	1.214
55–60 Jahre	–	–	–	–	3	1	–	3	3	3	13	4	1.009	9	1.059
60–65 Jahre	–	–	–	1	1	1	–	3	–	–	6	2	1.066	4	823
65–70 Jahre	–	–	1	3	2	2	–	–	–	–	8	1	651	7	728
70 Jahre und darüber	–	–	1	1	–	1	–	–	–	–	3	–	–	3	688
Summe u. Durchschnittszahl	8	2	4	7	12	11	13	36	86	118	297	34	954	263	1.144

Die Zahlen des Kommerzkollegiums zeigen keine großen Unterschiede bei den verschiedenen Kategorien der Arbeiter im Stundenlohn. Dagegen haben die Löhne individuell entsprechend dem Alter und dem Arbeitsvermögen der Arbeiter sehr stark variiert. Nach den Jahreslöhnen haben bloß die Kohlenfahrer sich von den übrigen durch wesentlich höhere Löhne abgesetzt.

Als Vergleich kann man anführen, daß ihr Arbeitgeber, R. F. Berg, auf 25.784 Kronen Einkommen im Jahre 1905 taxiert war. Die höchstbezahlten Arbeiter verdienten 6,6 Prozent des Einkommens ihres Unternehmensführers.

»Wages in Sweden« stellte die Löhne in den Zementfabriken in Limhamn bis 1914 dar. Für die Periode von 1914–1920 werden die Löhne der Zementindustrie und einer Reihe anderer Branchen vom statistischen Büro des schwedischen Arbeitgeberverbandes SAF in »Arbetarnes löner inom ett antal svenska industrigrenar« (Arbeiterlöhne einiger schwedischer Industriezweige. Untersuchung für die Jahre 1914–1920, Stockholm 1916–1922) nachgewiesen. Die Statistik von SAF ist unter anderem deshalb interessant, weil sie einen sehr genauen Nachweis der verschiedenen Arbeitsaufgaben bei den damaligen Zementherstellungsbedingungen führt. SAF teilt die Arbeiter in den sieben Zementfabriken in folgende Kategorien:

Zementfabrikarbeiter
15 Schlammwerkswärter
4 Mehlsilowärter
52 Klinkerarbeiter
57 Drehrohrofenbrenner
74 Möller
12 Zerkleinerer
41 Anfeuchter
3 Aufzugsbediener
53 Trockner
4 Trockenturmheizer
133 Zementpacker
26 Zementausfahrer
6 Wagenburschen
25 Sackmesser
2 Mühlsteinschärfer

Zementfaßarbeiter
113 Böttcher
59 Faßfabrikarbeiter
24 Hilfsarbeiter
34 Jungen in der Fabrik

Maschinenpersonal
23 Maschinisten
31 Heizer
2 Motormechaniker
47 Kohlen- u. Torffahrer
40 Schmierer
3 Riemenwärter

Eisenbahnpersonal
1 Bahnmeister
20 Zugführer
12 Bremser
9 Weichenwärter
3 Bahnwärter
21 Schienenleger
12 Eisenbahnarbeiter
15 Lokomotivführer
6 Lokomotivheizer
3 Lokomotivputzer
1 Lokomotivspüler

Kalk- und Lehmbrucharbeiter
13 Baggerarbeiter
5 Steinsprenger
601 Kalksteinarbeiter
23 Steinfahrer
130 Kalkbrenner
16 Landwirtschaftskalkarbeiter
4 Kalklöscher
47 Kalkhüttenarbeiter
12 Kalkablader
103 Schachter
53 Lehmarbeiter
3 Schieferarbeiter
10 Kupplungsarbeiter
8 Feuersteinbearbeiter

Handwerker und gleichgestellte Arbeiter
10 Maschinenreparateure
9 Elektriker
67 Eisen- und Maschinenarbeiter
30 Schmiede
9 Klempner
58 Holzarbeiter
8 Maurer
38 Handlanger
1 Sattelmacher
7 Lehrlinge

Sonstige
28 Laboratoriumsarbeiter
98 Hafenarbeiter
12 Kutscher
3 Kutschjungen
6 Fabrikwächter
1 Pumper
1 Prahmbursche
266 sonstige Hilfsarbeiter
17 Vorarbeiter, welche auch arbeiteten

Diese Mannigfaltigkeit liegt sicher zum Teil auch darin begründet, daß verschiedene Fabriken unterschiedliche Namen für die gleiche Tätigkeit verwandt haben – z. B. »Zugführer« und »Lokomotivführer«. Auch haben einzelne Berufe im Kalkbruch mit der Zementherstellung nichts zu tun. Aber die Liste ist trotzdem eindrucksvoll. Die Zementherstellung in dieser Zeit war eine vielschichtige Welt mit verschiedenen Arbeitsaufgaben.

Für alle diese verschiedenen Arbeitstätigkeiten weist SAF jährlich die Stundenlöhne nach, aufgegliedert nach normaler Arbeitszeit und Überstunden, weiter nach Zeitlöhnen, Akkordlöhnen und Durchschnittslöhnen inklusive den höchsten, niedrigsten und durchschnittlichen Jahresverdiensten. Wir folgen hier den durchschnittlichen Stundenlöhnen und Jahreslöhnen für einen Drehrohrofenbrenner. Seit 1914 können wir auch die Geldwertveränderung verfolgen. Unter der Rubrik »Umgerechnet« habe ich die Löhne nach der gleichen Methode, die wir in Kapitel 13 angewandt haben, auf den Geldwert von 1975 umgerechnet.

Jahr	Stunden-lohn	umgerechneter Stundenlohn	Jahres-lohn	umgerechneter Jahreslohn
1914	0,48	4,26	985*	8.737
1915	0,46	3,55	1.487	11.465
1916	0,46	3,14	1.522	10.380
1917	0,52	2,81	1.763	9.538
1918	0,80	3,06	2.598	9.924
1919	1,19	3,94	3.211	10.628
1920	1,37	4,52	3.408	11.246

* im Jahre 1914 vier Monate außer Betrieb

Wie man sieht, fiel der Realwert des Stundenlohns während des Ersten Weltkrieges kräftig ab und hatte bis 1920 noch nicht wieder seinen Vorkriegsstand erreicht.

In Kapitel 13 haben wir das Einkommen von Ernst Wehtje im gleichen Zeitraum untersucht. Es ist interessant, den Jahreslohn eines Brenners mit dem Jahreseinkommen des geschäftsführenden Direktors zu vergleichen:

Jahr	Jahres-lohn eines Brenners	Versteuertes Einkommen des geschäftsführenden Direktors	Jahreslohn eines Brenners in % des versteuerten Jahreseinkommens des geschäftsführenden Direktors
1914	985	84.000	1,2
1915	1.487	101.000	1,5
1916	1.522	107.000	1,4
1917	1.763	132.000	1,3
1918	2.598	140.000	1,9
1919	3.211	152.000	2,1
1920	3.408	226.000	1,5

Nur in einem Jahr erreichte der Jahreslohn des Brenners zwei Prozent von Wehtjes Jahreseinkommen.

Seit 1929 wird jährlich die Lohnstatistik in Schwedens offizieller Statistik SOS, zunächst unter dem Titel »Lönestatistisk årsbok« (Lohnstatistisches Jahrbuch, 1929–1951) und dann unter dem Titel »Löner« (Löhne 1952 ff.) veröffentlicht. Der erste Jahrgang des Lohnstatistischen Jahrbuchs weist folgende Angaben für neun Zementfabriken aus. (Die Zahlen gelten für männliche Arbeiter):

Durchschnittszahl der Arbeiter während der Betriebszeit: 1.776
Durchschnittliche Arbeitsstunden pro Jahr und Arbeiter: 2.324
Davon im Akkord: 41,6 Prozent (Es ist interessant zu sehen, daß

der Anteil der Akkordarbeit bis 1940 ziemlich stetig gesunken ist und danach wieder anstieg.)
Durchschnittliches Jahreseinkommen in der normalen Arbeitszeit: 2.412
Einschließlich Überstunden, Naturalbezüge und dergleichen: 2.522
Durchschnittliche Tageseinnahmen: 9,05
Durchschnittlicher Stundenlohn in normaler Arbeitszeit, Zeitlohn: 0,92
Dito, Akkord: 1,26
Dito, im Durchschnitt: 1,07
Durchschnittlicher Stundenlohn einschließlich Überstunden, Naturalbezüge und dergleichen: 1,09

In der staatlichen Statistik können wir nicht mehr zwischen Brennern und anderen Berufskategorien unterscheiden, sondern müssen die Durchschnittslöhne für alle männlichen Arbeiter in einer Zementfabrik nehmen. Im folgenden wähle ich die durchschnittlichen Stundenlöhne und Jahreslöhne (einschließlich der Akkordumlagen und der Naturalbezüge) in jedem fünften Jahr seit 1930. Für die Jahre 1970 und 1975 enthalten die Zahlen auch die Kalkbrucharbeiter, und es ist schwieriger, den Jahreslohn auszurechnen. Die Löhne habe ich auch in den Geldwert von 1975 umgerechnet. Und in der letzten Spalte wird nachgewiesen, wieviel der durchschnittliche Jahreslohn eines Zementarbeiters in Prozent des versteuerten Jahreseinkommens des geschäftsführenden Direktors von Skånska Cement ausmacht.

Jahr	Stundenlohn	Umgerechnete Zeitstundenlöhne	Jahreslohn	Umgerechneter Jahreslohn	Arbeiterlohn in % des versteuerten Einkommens des geschäftsführenden Direktors
1930	1,80	5,81	2.442	13.138	0,7
1935	1,06	6,06	2.350	13.442	1,0
1940	1,33	6,21	2.764	12.908	0,8
1945	1,78	6,78	4.024	15.331	1,2
1950	2,54	8,69	6.075	20.776	1,8
1955	3,63	9,73	8.346	22.368	2,4
1960	6,12	13,34	15.564	33.927	7,0
1965	9,38	17,17	23.068	42.216	7,1
1970	13,78	20,06	25.200	–	–
1975	24,50	24,50	42.500	42.500	–

Die Arbeiterlöhne machten die ganze Zeit über nur einen Bruchteil des Direktorseinkommens aus. In den dreißiger und vierziger Jahren machten sie manchmal nur etwa 1 Prozent aus. 1960 und 1965, als Elam Tunhammar Wehtje folgte, standen die Einkommen ungefähr im gleichen Verhältnis wie zwischen Arbeitern und Direktor in den Zeiten von R. F. Berg. Das Unterschied liegt darin, daß seit 1940 die progressive staatliche Einkommenssteuer einen immer größeren Teil der höchsten Einkommen wegsteuerte. Das verändert das Ergebnis ganz bedeutend – aber vielleicht doch nicht so sehr, wie man glauben könnte. Ein Beispiel: Nach der Steuertabelle, wie sie im Steuerkalender von 1965 ausgewiesen ist, hatte ein durchschnittlicher Zementarbeiter in diesem Jahr nach Steuerabzug noch 17.850 Kronen zur Verfügung. Der geschäftsführende Direktor von Skånska Cement verfügte nach Steuerabzug über ein Einkommen von 106.000 Kronen. Nach Steuern machte der Arbeiterlohn also nur 17 Prozent des Direktoreinkommens aus – nicht mitgerechnet alle die Bezüge in Form von Zinsabzug und unbesteuerten Vermögenszuwächsen, bei denen der Direktor viel größere Möglichkeiten hatte, sie auch für sich auszunutzen.

Die Stundenlöhne der Zementarbeiter sind kräftig gestiegen, auch in festen Preisen. Im Geldwert von 1975 waren die Stundenlöhne des Jahres 1914 4 Kronen 26 wert. Sie stiegen auf 24,50 im Jahre 1975. Sie wurden also, mit anderen Worten, in 60 Jahren verfünffacht. Aber das brauchte seine Zeit. Die Stundenlöhne im Jahre 1930 lagen bloß 36 Prozent über denen des Jahres 1914. 1940 lagen die Stundenlöhne 46 Prozent höher als 1914. 1950 hatten sich die Stundenlöhne des Jahres 1914 verdoppelt. Diese Verdoppelung hatte 35 Jahre gedauert. Erst in den fünfziger und sechziger Jahren kam eine schnellere Entwicklung der Löhne zustande.

Die Produktion stieg bedeutend schneller als die Löhne:

Jahr	Produktion pro Arbeiter in Kronen	Veränderung in %	Jahreslöhne in Kronen	Veränderung in %	Jahreslohn in % der Jahresproduktion
1930	15.700		2.442		16
1935	17.500	11,5	2.350	– 3,8	13
1940	28.100	60,6	2.764	17,6	10
1945	45.100	60,5	4.024	45,6	9
1950	66.600	47,7	6.075	51,0	9
1955	85.900	29,0	8.346	37,4	10
1960	105.100	22,4	15.564	86,5	15
1965	152.000	44,6	23.068	48,2	15
1970*	200.600	32,0	25.200	9,2	13
1975*	342.700	70,8	42.500	68,7	12

* nach Angaben von Cementa

Die kräftige Steigerung der Produktion in den ersten 20 Jahren führte nicht zu einer gleich großen Lohnerhöhung. Jedenfalls nicht vor der zweiten Hälfte der fünfziger Jahre, als die Löhne um 86,5 Prozent stiegen, im Unterschied zur Produktion, die um 22,4 Prozent stieg. Davor hatten die Zementarbeiter ungefähr den gleichen Anteil am Produktionswert, den sie 1930 hatten – und 1914. Dieser Anteil ging danach allerdings wieder verloren.

Die gleichen Direktoren, die sich selbst fünfzig, ja hundertmal so hohe Einkommen bewilligten, als die Arbeiter hatten, taten alles, um die Arbeitskosten niedrig zu halten. Die Löhne in der Zementindustrie lagen die ganze Zeit unter (und lange sehr wesentlich unter) dem Durchschnitt der männlichen Industriearbeiter – trotz der schnellen Produktivitätsentwicklung der Branche. Warum? Ja, in der offiziellen Geschichte zum 100-Jahresjubiläum von Skånska Cement wird dieser Sachverhalt so erklärt:

»Die Zementarbeiter gehörten lange Zeit zu dem, was wir heute Niedriglohngruppen nennen. Als Grund dafür kann gelten, daß dem Baustoffverband auch eine so große Zahl Ziegeleien mit vergleichsweise niedriger Lohnhöhe angehörte, so daß die Zementgesellschaft, obwohl sie in dem Verband dominierte, aus Loyalität gegenüber diesen Verbandsmitgliedern daran mitwirkte, die Forderungen der Arbeiter nach besseren Lohnverhältnissen zurückzudrängen – ein ungünstiger Effekt der sogenannten Reichstarifverträge, dem man nun durch eigene Tarifverträge der verschiedenen Berufsgruppen beizukommen versuchte.«

Hier steht ganz genau, daß die Zementgesellschaft mit ihren vergleichsweise herausragenden Gewinnen durchaus die Möglichkeit gehabt hätte, die Forderungen der Arbeiter nach verbesserten Lohnverhältnissen zu befriedigen. Das Unternehmen entschied sich aber dafür, die Lohnforderungen der Arbeiter abzulehnen. Der Grund dafür war natürlich nicht etwa einfaches Gewinnstreben oder andere schreckliche Motive. Nein, die Niedriglohnpolitik war ganz einfach »ein ungünstiger Effekt« der Tatsache, daß die Tarifverträge für ganz Schweden ausgehandelt wurden. Die Loyalität mit den Verbandskameraden zwang das Unternehmen, die Arbeiterlöhne niedrig und auf dem gleichen Niveau wie bei den kleinen Ziegeleien zu halten . . .

Welch schamlose Heuchelei. Die Niedriglohnpolitik war ganz gewiß nicht »ungünstig« für Skånska Cement. Im Gegenteil verschuf sich das Unternehmen durch die Armut der Zementarbeiter große Gewinne. Man soll nicht über verschüttete Milch jammern, heißt es. Aber in diesem Fall ist die Milch nicht verschüttet. Das Geld gibt es ja noch. Ein Teil davon wurde ja in die technische Ausrüstung gesteckt, die erst die Produktionssteigerung möglich machte. Ein anderer Teil wurde in neue Unternehmen gesteckt. Alles zusammen macht nun das Kapital der Industrieaktiengesellschaft Euroc aus.

Eurocs Kapital ist ganz genau auf diese Weise eingesammelt worden – Krone für Krone, Tag für Tag, Jahrzehnt für Jahrzehnt hat die Unternehmensleitung das Kapital von den Zementarbeitern eingesammelt, indem sie niedrigere Löhne zahlte, als die Produktionssteigerungen zugelassen hätten.

So lebt die Geschichte im Kapital weiter. Eines Tages werden die Arbeiter des Landes sich ihre Geschichte zurückholen.

● Was verdienten Deine Vorgänger im Beruf, am Arbeitsplatz? Im Vergleich zu anderen Arbeitern? Im Vergleich zum Direktor des Unternehmens? Im Verhältnis zu den Produktionserhöhungen?

Hilfsmittel: Industriestatistiken, Lohnstatistiken und alle anderen schwedischen Statistiken findet man sehr bequem in den offenen Regalen der Bibliothek des Statistischen Zentralbüros, Karlavägen 100, Stockholm. Auch die größeren Stadtbibliotheken haben Statistiken. Wenn irgendetwas fehlt – einfach bestellen!

Die staatliche schwedische Statistik wird von 1860 bis 1910 vor allen Dingen in der Serie »Bidrag till Sveriges officiella statistik« (Beitrag zu Schwedens offizieller Statistik) und seit 1911 in Schwedens offizieller Statistik (SOS) veröffentlicht.

Besonders interessant sind Spezialuntersuchungen über einzelne Arbeitergruppen, z. B. Werkstattarbeiter.

Wie sucht man in diesen Statistiken? Wie sehr kann man sich darauf verlassen? Wie werden sie von den verschiedenen Forschern verwandt? Solche Fragen beantwortet, leider allzu kurz, Birgitta Odén in »Statistik för historiker« (Statistik für Historiker, Uppsala 1970). Eine neue, ausführlichere und stärker pädagogische Auflage dieses Buches mit vielen guten Beispielen würde noch besser zeigen, was alte Statistiken hergeben.

Mehr als 20.000 Seiten staatlicher Statistik erscheinen jährlich, nicht mitgerechnet diejenigen, die von den Kommunen, den Gewerkschaften und der Wirtschaft produziert werden. Eine Orientierungshilfe für die jetzigen Statistiken gibt Erland Hofsten in »Vägvisare i svensk statistik« (Wegweiser durch die schwedische Statistik, 7. Auflage 1971).

Offizielle Statistiken in Schweden sind oft so angelegt, als ob sie verhindern wollten, daß man unbequeme Schlußfolgerungen zieht. Die Lohnstatistik ist ein Beispiel. Um Vergleiche zwischen Arbeitern und Beamten zu vermeiden, werden deren Löhne in verschiedenen Bänden veröffentlicht. Für Arbeiter bloß Stundenlöhne, für Beamte bloß Monatslöhne. Man würde Vergleiche sehr erleichtern, wenn in beiden Fällen auch die Jahreslöhne angegeben würden. Um die Vergleiche zwischen dem, was Arbeiter produzieren und ihren Löhnen zu erschweren, werden Lohn- und Produktivitätsentwicklungen in verschiedenen Jahrbüchern abgedruckt. Man sollte aber im Gegenteil solche Vergleiche erleichtern.

27. ... in den Erfindungen

Die gewaltigen Produktionssteigerungen in der Zementindustrie sind das Resultat der Anstrengungen und des Erfindungsreichtums unzähliger Menschen. Vor allen Dingen muß man die beiden Engländer Joseph Aspdin (1779–1855) und Isaac Charles Johnson (1811–1911) nennen.

Joseph Aspdin war Maurer in Leeds. Er hat auf ganz praktische Weise herausgefunden, auf neue Art Zement zu machen. Er mischte den Straßenstaub englischer Kalksteinwege mit Lehm und Wasser zu einem Matsch. Diese Mischung ließ er zunächst trocknen. Als sie in einem Kalkofen gebrannt wurden, bis alle Kohlensäure ausgedünstet war, brachen sie in Stücke. Diese gebrannten Stücke wurden zu einem feinen Pulver gemahlen, das Aspdin »Portlandzement« nannte.

Um Portlandzement im modernen Sinne herzustellen, hätte Aspdin diese Masse so brennen müssen, daß sie geschmolzen wäre. Man nennt das »sintern«. Das passierte zwar manchmal versehentlich, aber solche Stücke hielt Aspdin für unbrauchbar und warf sie weg.

Mit seiner Methode konnte man damals den besten Zement herstellen, den es gab, und der Sohn William Aspdin betrieb eine kleine Zementfabrik in Rotherhithe außerhalb Londons, wo er eifersüchtig das Geheimnis des Vaters wahrte. Es wird erzählt, daß er eine geheimnisvolle Kiste in seinem Kontor aufbewahrte, um die Zubereitung vor den Arbeitern zu mystifizieren. Ab und zu nahm er eine Handvoll Mehl aus dieser Kiste und warf sie in den Ofen.

Isaac Johnson, der Sohn eines Zementfabrikarbeiters, nahm sich vor, das Geheimnis zu lüften. Er unternahm systematische Proben mit verschiedenen Verhältnissen von Kalk und Lehm und mit verschiedenen Brandtemperaturen. Er fand heraus, daß er dann, wenn er die Mischung so sehr erhitzte, daß sie schmolz, einen Zement mit noch besseren Eigenschaften erhielt als Aspdin.

1844 wurde der erste moderne Portlandzement auf den Markt gebracht. In Deutschland begann die Produktion 1850, in Rußland 1856 und in Dänemark 1868. 1869 unternahm der schwedische Ingenieur Otto Fahnehjelm eine Reise nach England und Frankreich, um verschiedene Zementsorten und deren Anwendung zu studieren. Seine

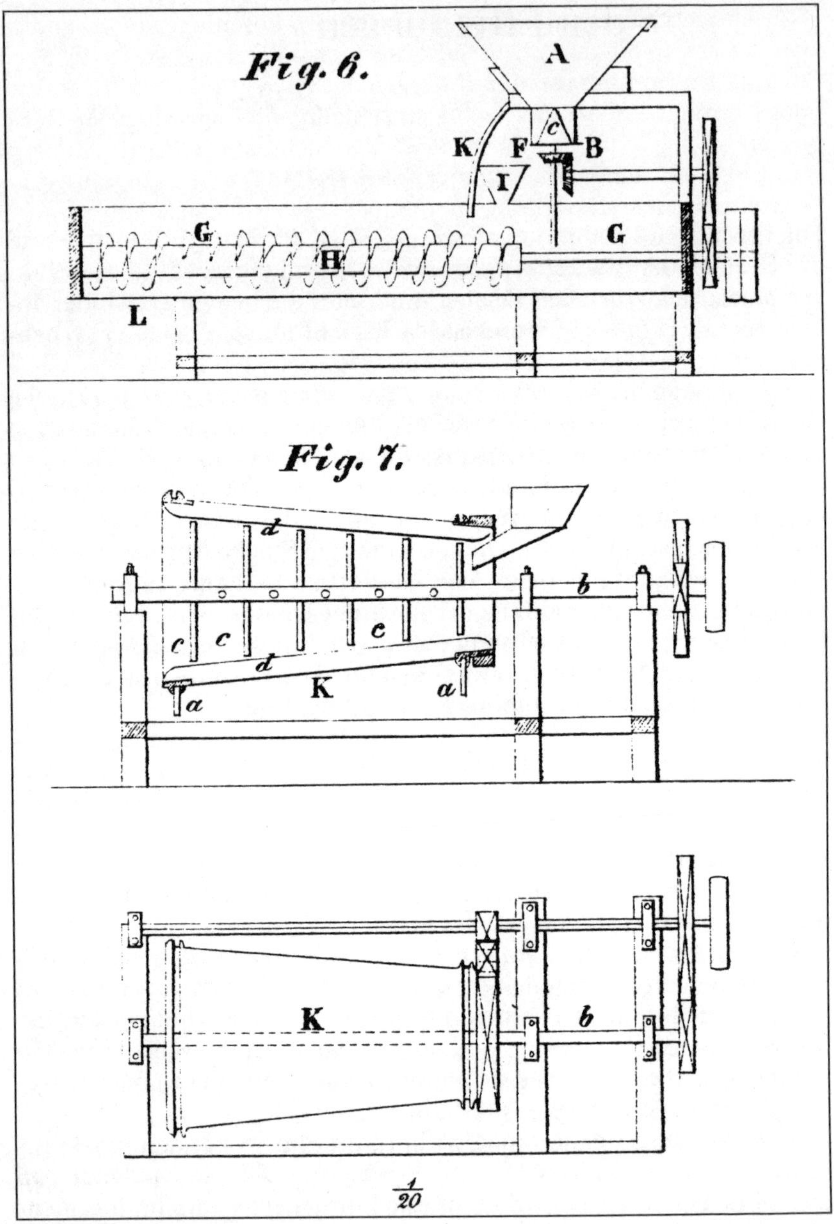

Frühere Betonmischmaschinen – Darstellungen aus den Reiseberichten des Ingenieurs Fahnehjelm 1870

Reiseberichte findet man in den »Ingeniörs-Föreningens Förhandlingar 1870« (Verhandlungen der Ingenieur-Vereinigung 1870) abgedruckt. Im Jahr darauf fuhr der Ingenieur A. W. Lundberg im Auftrag des Kommerskollegiums nach Deutschland und England. Seine Reisebeschreibung »Om beredning af Portlandcement« (Über die Zubereitung von Portlandzement, Stockholm 1871) gibt eine sorgfältige Beschreibung der Herstellungsmethoden von zwölf ausländischen Zementfabriken.

In dieser Zeit war Portlandzement in Schweden immer noch eine importierte Luxusware, die nur dort verwandt wurde, wo seine speziellen Eigenschaften ganz dringend gebraucht wurden, insbesondere bei Bauten unter Wasser. 1873–75 wurde in sechs Bänden in Stockholm »Uppfinningarnas bok, Öfversigt af det industriella arbetets utveckling på alla områden« (Das Buch der Erfindungen, eine Übersicht über die Entwicklung der industriellen Arbeit auf allen Gebieten) herausgegeben. Der vierte Band handelt von »der chemischen Behandlung der Rohstoffe«. Auf dem Titelblatt tritt uns die Göttin der Chemie entgegen, umschlängelt von Dämpfen aus Reagenzgläsern und Retorten. Der »schwedische Zement«, den sie mit ihrem Zauberstab herstellte, war nicht sonderlich gut. Er wurde aus Alaunschiefer hergestellt, der mit Wasser am Bauplatz »in einer gewöhnlichen Maurermühle« gemahlen wurde und dann sofort verwandt werden mußten, »ehe er in der Luft rasch antrocknete«. Aber es gab Hoffnung:

> »Eine Fabrik für die Zubereitung von schwedischem Zement, auf besserem Boden als bisher gegründet, wird gegenwärtig in Schweden errichtet, aber bislang wurden noch keine Produkte auf den Markt geschickt.«

Die Zubereitungsmethoden der neuen Fabrik wurden in der Diskussion der Ingenieurs-Vereinigung über Portlandzement am 23. Februar 1897 von R. F. Berg beschrieben. In Lomma wie in allen damaligen Zementfabriken baute man auf der Methode der Ziegelzubereitung auf. Man buk Steine aus Kalkmehl und Lehm, schichtete sie in einen Ofen, brannte sie und mahlte sie danach zu Pulver.

Aber eine neue Idee war schon geboren. Der Engländer Thomas Russel Crampton erhielt 1877 ein Patent für einen rotierenden Zementofen. Dieser Drehrohrofen wurde 1855 von einem anderen Engländer, Ransome, weiterentwickelt und erhielt zehn Jahre später seine moderne Form von Hurry und Seaman in den USA. Ohne die Ziegel zu backen oder sie aufzustapeln, ließ man einfach den Schlamm in einen Ofen laufen und führte von der anderen Seite brennendes Öl oder pulverisierte Kohle ein. Der Drehrohrofen kam 1898 nach Europa, als F. L. Smidth einen in Aalborg installierte. 1902 wurde die Zementfabrik in Klagshamn mit Schwedens ersten, 23 m langen, Drehrohröfen ausgerüstet. Die Technische Zeitschrift präsentierte diese revolutionäre Methode in zwei Artikeln 1903 und 1904:

»Wenn die Schlammkugeln die untere Brennzone erreichen, zerspringen sie und backen wieder zusammen zu kleinen Kugeln, die in der Größe zwischen Erbsen und Walnüssen schwanken. Darin zeigt sich die enorme Stärke dieser Methode: Das Rohmaterial formt sich selbst zu der Form und Größe, die für das Brennen und Mahlen erforderlich ist. Man vermeidet hierdurch die viele Arbeit, welche darin liegt, daß man Rohziegel formen, trocknen, in die Ofen einsetzen und dann alles niederreißen muß; außerdem gewinnt man dadurch einen großen Vorteil, der darin liegt, daß man gutes Material erhält, das gleichmäßiger durchgebrannt ist als mit ziegelgeformten je zu erreichen war. Die waren nämlich in den meisten Fällen außen zu stark und innen zu wenig gebrannt, was wiederum dazu beitrug, daß das Rohmaterial nicht so ausgenutzt wurde, als möglich gewesen wäre.«

Damit war für die Technik der modernen Zementindustrie die Grundlage gelegt. Diese Zubereitungsmethode wurde fünf Jahre lang nur in Klagshamn angewandt. Dann setzte sie sich in breiter Front durch. Zwischen 1907 und 1909 wurden Drehrohröfen in Limhamn, Hällekis, Maltesholm, Ifö und Visby errichtet.

Ungefähr zur gleichen Zeit erreichte die Armierungstechnik ihre Reife. Die Idee, Metall und Zement zu kombinieren, wurde fast gleichzeitig mit dem Zement geboren. Der Franzose Lambot stellte bei der Pariser Weltausstellung 1855 ein Ruderboot aus Beton vor, das er mit einem Eisenskelett verstärkt hatte. Danach blühte der Erfindungsreichtum auf. Der Gartenmeister Joseph Monier erhielt im Jahre 1867 ein Patent für einen Blumenkübel aus Eisendraht, der mit Beton umgossen war. Eine neue Möglichkeit war geboren: der armierte Beton.

Früher hatten neue Baumaterialien die anderen aus dem Felde geschlagen. Das Holz wurde vom Gußeisen verdrängt, das Gußeisen vom Schmiedeeisen, das Schmiedeeisen vom Stahl. Aber Eisen und Beton ergänzten einander – das Eisen besaß die Zugfestigkeit, die dem Beton fehlte, und der Beton besaß die Druckfestigkeit, die das Eisen nicht hatte. In der Kombination multiplizierten sie ihre besten Eigenschaften.

Heutzutage, da der Beton fast gleichbedeutend ist mit Brutalität

Die Göttin der Chemie hebt ihren Zauberstab – Titelblatt aus dem ›Buch der Erfindungen‹ von 1873.

oder jedenfalls mit Tristesse, sind die kühnen Träume schwer zu verstehen, für die der armierte Beton einmal Anlaß gab. Die Konstrukteure waren nicht mehr auf die dem Material innewohnenden Begrenzungen beschränkt – mit Betonarmierung konnte man selbst das Material schaffen, das die Konstruktionen verlangten. Das war eine berauschende Freiheit.

Als erster beherrschte theoretisch und praktisch der französisch-belgische Ingenieur Hennebique diese Freiheit. Er baute schwebende Wendeltreppen, vorstehende Balkone, hängende Gärten – Luftschlösser aus Zement. Bei ihm erhebt sich zum ersten Male der Beton mit Zauberkraft wie ein Geysir aus dem Boden.

Um die Jahrhundertwende gab es sowohl die technischen Methoden für die Massenherstellung von Zement wie die technischen Methoden zur Vereinigung von Metall und Zement zu Konstruktionen, die bis dahin unbekannt waren. Seither wurden die Zementöfen immer länger – 1914 75 Meter, 1938 145 Meter, 1967 170 Meter. Die Brückenlängen wuchsen auch – die Skurubrücke von 1914 ist 72 Meter lang, die Tranebergsbrücke war 1934 mit 181 Metern die längste der Welt, die Sandöbrücke war 1943 wiederum ein Weltrekord mit 269 Metern. Diese Großanlagen bauten auf den grundlegenden Prinzipien auf, die ihren Durchbruch um die Jahrhundertwende gehabt haben.

Wenn man im nachhinein diese Entwicklung betrachtet, so sieht das alles schnurgerade und selbstverständlich aus. Aber natürlich war der Entwicklungsprozeß voller Sackgassen. Es gibt keinen besseren Platz, um das zu sehen, als die Bibliothek des Patent- und Registrierwerkes in Stockholm. In dieser öffentlichen Bibliothek werden alle Beschreibungen schwedischer Patente seit 1885 aufbewahrt, seit ein kleines Patentbüro beim Kommerzkollegium eingerichtet wurde. Es gibt zwei Möglichkeiten, das zu finden, was man sucht.

Man kann in einem jährlichen Patentregister nachschlagen. Da findet man unter der Rubrik »Zement« und dann unter den Rubriken »Lehmziegel-, Zement- und Steinindustrie« kurze Beschreibungen der Patente aller Jahre auf diesen Gebieten und die Nummer mit der vollständigen Patentbeschreibung. Jeder Band enthält auch ein Namensregister, in dem man die Personen oder Unternehmen nachschlagen kann, die die Patentrechte erhalten haben. Alle bekannten schwedischen und ausländischen Unternehmensnamen passieren hier Revue, aber auch viele kleine unbekannte Kleinunternehmen tauchen auf.

Man kann auch in einem Verzeichnis nachsehen, zu welcher Klasse das Produkt, an dem man interessiert ist, gehört. Zement gehört zur Klasse 36 oder später zur Klasse 80. Wenn man das weiß, geht man direkt zu den vollständigen Patentbeschreibungen, die nach Klassen geordnet sind.

Hier entdeckt man, daß noch 40 Jahre nach der Entwicklung des Portlandzements viele meinten, daß sie jetzt den Zement erfunden hätten. Einige der ersten schwedischen Zementpatente sahen so aus:

Nummer/Kurzbeschreibung

357. Feuchter »slurry« und Brennmaterial, jedes für sich oder gemischt, wird nacheinander in den Zementofen an der Stelle, wo die Ladung am heftigsten brennt, eingeführt (W. Joy).

1439. Sogenannte Bleke, Lehm und eventuell Kieselsand werden in einem Lehmbruch unter Zusatz von Wasser gemischt. Diese Masse wird zu Ziegeln geformt, getrocknet, gebrannt und gemahlen. (O. Sundgren)

1634. Gebrannter und gelöschter Kalk wird mit gebranntem und pulverisiertem Schiefer gemischt, danach wird die Mischung hartgebrannt und pulverisiert. (C. J. Widmark)

1921. Zu einem Teil Kalk werden zwei Teile vierprozentiger Schwefelsäure oder entsprechende Quantitäten konzentrierter Sulfatlösungen mit oder ohne Eisenoxyd zugesetzt; die Mischung wird getrocknet, pulverisiert und mit der übrigen Zementmasse gemischt.

2009. Der Kalk wird zweimal für sich gebrannt ohne Zusatz und danach pulverisiert. (Widmark)

3038. Zu dem unter Sintertemperatur gebrannten und fein pulverisierten Zement wird fein gestoßener lehmreicher Stoff zugesetzt. (C. von Forell)

5348. Die Rohmischung wird vor dem Brennen mit granulierter und ungemahlener Ofenschlacke versetzt. (A. Stein)

Dieser Strauß ist aus den Blumen der ersten zehn Jahre gepflückt worden. Da ist überhaupt nicht leicht herauszufinden, was reine Grillen waren und was industrielle lebenskräftige Ideen darstellte. Insbesondere in Degerhamn wurden viele mißglückte Experimente durchgeführt. Man tastete sich voran. Bei diesem Tasten wurden Ideen geboren, die damals verworfen wurden, weil sie unter den damaligen Umständen oder zu den damaligen Preisen nicht funktionierten. Aber sie liegen noch in den Akten des Patentwerkes wie in einer Genbank. Einige werden vielleicht eines Tages in neuer Gestalt wieder auferstehen.

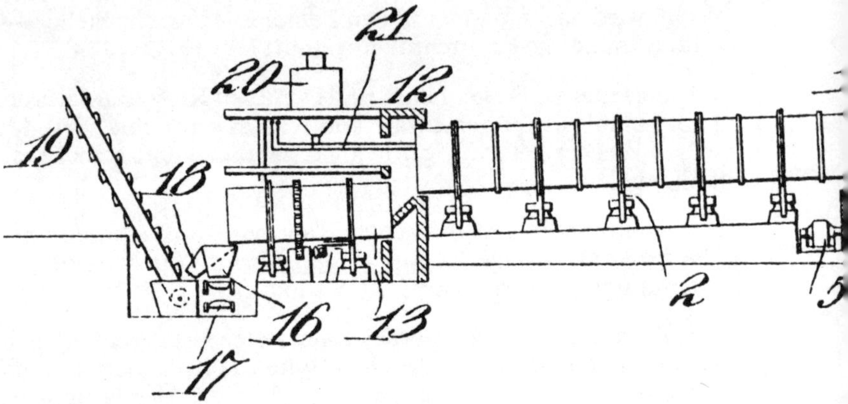

Überhaupt ist es spannend, sich die vielen tausend Richtungen anzusehen, die die Entwicklung hätte gehen können, aber nicht ging. Es ist eine phantastische Erfahrung, in eine Zeit zurückzugehen, in der unsere Alltagswaren kühne Eroberungen und Neuentdeckungen waren. Wenn man angefangen hat, in den Erfindungen des vorigen Jahrhunderts zu blättern, so entdeckt man alle möglichen eigentümlichen Maschinen, und die muß man sich dann auch mal ansehen. Es fällt einem deshalb sehr schwer, die Bibliothek des Patentwerkes wieder zu verlassen.

Wenn man die Patentbeschreibungen oder die technische Literatur über die Zementzubereitung aus dieser Zeit liest, stößt man fast überhaupt nicht auf Arbeiter. Für die Ingenieure ist es genug, wenn sie Tips und Empfehlungen anderer Ingenieure oder Wissenschaftler aufnehmen. Aber selten oder nie deuten sie auch nur an, daß sie etwas von denen gelernt haben, die die Arbeit praktisch ausführten. Heißt das, daß die Techniker gar nicht die Fähigkeit haben, sich die Erfahrungen der Arbeiter anzueignen, oder haben die Techniker in aller Stille die Entdeckungen der Arbeiter genommen und als ihre eigenen ausgegeben?

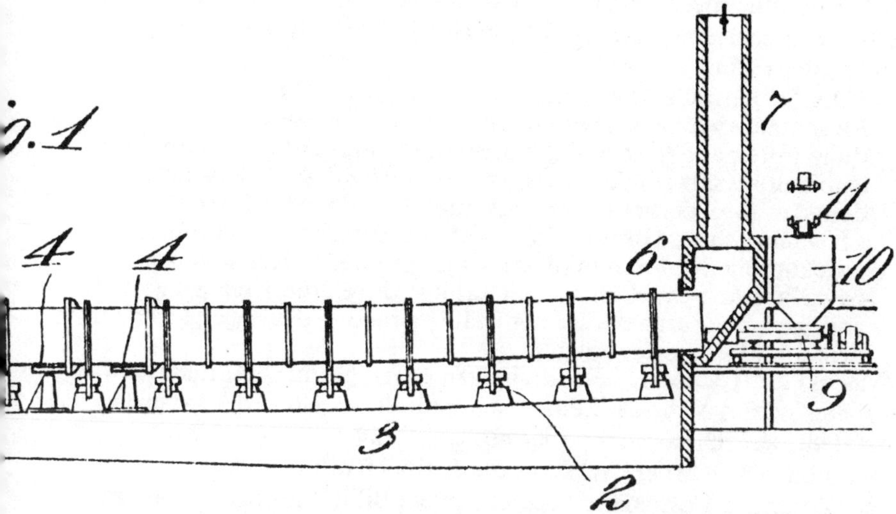

Darstellung aus dem Patent Nr. 20752 von Tomas Alva Edison für einen 45 Meter langen Drehrohrofen, der vier- bis fünfmal soviel Material wie frühere Öfen verarbeiten konnte, den Brennstoffverbrauch minderte und die Lebensdauer der Innenauskleidung der Öfen verlängerte.

Darauf weiß keiner eine Antwort – der Beitrag der Arbeiter an der technischen Entwicklung ist nach wie vor ein unerforschtes Gebiet.

Die Arbeiter kommen in der technischen Literatur nur anonym als »Arbeitskräfte« vor. Man erkennt das Bemühen, so wenig und so unqualifizierte Arbeitskraft wie möglich zu verwenden. In der Beschreibung eines neuen Herstellungsprozesses kann wie im Vorbeigehen aufschimmern, daß man ganz nebenbei auch einen neuen Beruf schafft, wie hier in der technischen Zeitschrift über Klagshamn:

> »Es steht nun in der Macht des Brenners, mit Hilfe verschiedener Kohle- und Luftzuführungen sowie mit regelbarem Zug im Ofen ein reduzierendes oder oxydierendes Feuer variierend in der Länge zwischen 2 und 20 Metern zu unterhalten. Da wir außerdem wissen, daß die Schlammzufuhr sehr leicht zu regeln ist (durch verschiedene Einlaufmundstücke), daß man jeden Augenblick den Ofen anhalten kann, ist auch leicht zu erkennen, daß es einem gewandten Brenner nicht die geringste Schwierigkeit verursacht, die Klinker genau so herzustellen, wie sie sein sollen.«

Die Arbeitsverhältnisse werden in diesen Beschreibungen fast gar nicht erwähnt, nur manchmal werden indirekt Angaben über die menschlichen Bedingungen gemacht, wenn die Arbeitsverhältnisse der Maschinen beschrieben werden. Ein Beispiel aus der letzten Auflage des Buchs der Erfindungen:

»Die Zementindustrie arbeitet mit einer großen Zahl verschiedener Maschinen, Mühlen, Ventilatoren usw., welche zum Teil in Verbindung miteinander vorteilhaft angewandt werden. Innerhalb dieser Zubereitungsart sind die Arbeitsverhältnisse deshalb besonders bedeutsam, weil der feine Zementstaub für den Bestand der Motorlager gefährlich ist. Hier erweist es sich oft genug als eigentümlich, daß abgekapselte Motoren in dieser Hinsicht ungünstiger sind, weil sie, bewirkt durch die geringere Belüftung, durch die Lagergänge Luft ansaugen, wodurch der Zementstaub gerade in die Lagergänge eindringt und sie verunreinigt.«

Was hat die Techniker eigentlich dazu gebracht, ihr Augenmerk zwar auf die Gefahren, die der Zementstaub für den Bestand der Motorlager darstellt, zu richten, nicht aber auf die Gefahren des Staubs für den menschlichen Körper? Was hat die Erfinder mit den tausenden und abertausenden Vorschlägen, die jetzt in der Bibliothek des Patentamtes ruhen, getrieben? Was eigentlich hat die Auswahl zwischen den verschiedenen Vorschlägen bewirkt?

Vor allen Dingen waren das die Gewinnchancen des Kapitals. Ausschließlich die Bereitschaft der Eigentümer, wo und wie sie ihr Kapital einsetzen wollten, entschied darüber, welche technischen Möglichkeiten die weitere Entwicklung bestimmten, und diese Bereitschaft bestimmte damit auch, welche der verschiedenen vorgelegten Vorschläge tatsächlich verwirklicht wurden. Die Technik veränderte die Arbeitsverhältnisse und schuf neue Arbeitsbedingungen. Aber nicht die Arbeiter, sondern die Eigentümer hatten darüber die Macht.

Heute sitzen die Repräsentanten der Zementarbeiter sowohl in den Schutzkomitees als auch in den Unternehmensvorständen. Neue Gesetze zwingen die Techniker dazu, einzusehen, daß Staub Menschenlungen genauso verunreinigen kann wie die Lagergänge der Motoren. Aber diese neuen Fakten dominieren in der Bibliothek des Patentamtes keineswegs. Und daran erkennt man, daß die grundlegende Situation trotz allem unverändert ist.

Das Kapital, das Krone für Krone von den Zementarbeitern des Landes (und von allen anderen Arbeitern) eingesammelt wurde, entscheidet auch weiterhin, ob bestimmte Techniken angewandt werden, und wird das auch weiterhin tun, bis die Arbeiter selbst die Macht über die Produktion übernommen haben.

● Wie wurde das Produkt, das Du herstellst, entwickelt, wie die Maschinen, an denen Du arbeitest? Welche Probleme waren dabei zu lösen, welche Alternativen gab es dafür?
● Wie wird Deine Arbeit und Dein Arbeitsplatz in den technischen Zeitschriften und Handbüchern beschrieben? Wie wird der Einsatz der Arbeiter in der technischen Entwicklung Deines Arbeitsplatzes beschrieben?

Hilfsmittel: Die Patentbeschreibungen und die zugehörigen Register sind gedruckt und können also wie alle anderen Bücher in die Stadtbibliothek bestellt werden.

»Uppfinningarnas bok«, das »Buch der Erfindungen« mit der Beschreibung der Herstellung der meisten Industrieprodukte, ist in verschiedenen Bearbeitungen herausgekommen. Es wurde ersetzt von »De tekniska ventenskaperna« (Die technischen Wissenschaften, Stockholm 1920–30) und vom »Handbok i kemisk teknologi« (Handbuch in chemischer Technologie, Stockholm 1948).

Den besten Einblick in die jeweiligen technischen Diskussionen kriegt man in den »Ingeniörs-Föreningens förhandlingar« (Verhandlungen der Ingenieurvereinigung, 1866–1890) und in »Teknisk tidskrift« (Technische Zeitschrift), die seit 1870 erscheint. In beiden findet man Industriebeschreibungen und am Anfang auch schwindelnd schöne Maschinenzeichnungen auf Ausklappblättern – Technik-Porno der Spitzenklasse.

Die meisten Industriezweige haben eigene Branchenverzeichnisse. Alte Zeitschriften findet man in Bernhard Lundstedts »Sveriges periodiska litteratur« (Schwedische periodische Literatur 1645–1899, Stockholm 1969), moderne in »Svensk tidskriftsförteckning« (Schwedens Zeitschriftenverzeichnis 1970–71, Stockholm 1971).

Ausländische Branchenzeitschriften enthalten manchmal Beschreibungen schwedischer Fabriken – Degerhamn wird zum Beispiel mit vielen Fotografien in der deutschen Wochenzeitung »Zement« 23. 7.–27. 8. 1925 vorgestellt. Eine Liste ausländischer Zementzeitschriften gibt es in »Betong« 1954, Nummer 2.

Interessante illustrierte Bücher über die Zementherstellung sind »Portland Zement« (London 1904), »Manufacture of Portland cement« (Die Herstellung von Portland Zement, Dublin 1922) und »A hundred years of Portland cement« (Hundert Jahre Portland Zement, London 1924), sämtlich von A. C. Davis. Die Vorgeschichte wird von P. E. Halstead beschrieben in »The early history of Portland cement« (Die frühe Geschichte des Portland Zements, The Newcomen society for the study of history of engineering and technology, Transactions, vol. 34, London 1963).Ein kommentiertes Verzeichnis alter Zementliteratur ist »Some writers on lime and cement« (Einige Schriftsteller über Lehm und Zement) von Charles Spackman (Cambridge 1929).

Eine Zusammenfassung ist »Cement och betong« (Zement und Beton, Stockholm 1940). Es wurde in die Technische Volksbibliothek aufgenommen, die in vielen Bänden die meisten Industriezweige beschreibt. Über die Anwendung von Zement schreibt Elias Cornell verführerisch in »Byggnadstekniken« (Bautechnik, 1970).

28. . . . in der Fabrikplanung

Wer plante Deinen Arbeitsplatz? Was hatten die Planer für eine Vorstellung von Deiner Arbeit?

Der Oberingenieur T. A. Bergen war Chef in der technischen Abteilung der Aktiengesellschaft Industriebüro. Er schrieb das erste schwedische Handbuch der Fabrikplanung: »Grunddragen för planering, konstruktion och uppförande av industribyggnader enligt rationella principer« (Grundzüge für die Planung, Konstruktion und Ausführung von Industriebauten entsprechend rationellen Prinzipien, Schwedens Industrieverbund, Stockholm 1918). Er ging davon aus, daß eine Fabrik so etwas wie eine große Maschine sein sollte:

> »Gebäude sollte man an und für sich als einen Teil einer einzigen großen industriellen Maschine ansehen, in der jeder einzelne der vielen Arbeiter und Werkzeuge ihre bestimmte Funktion erfüllen und deren Aufgabe eine möglichst intensive und harmonische Zusammenarbeit sein sollte, darauf ausgerichtet, die größte Effektivität mit den geringstmöglichen Kosten zu verbinden.«

T. A. Bergen hatte viele Nachfolger. Einer von ihnen, Stig Tolestam, schrieb »Industriell anläggningsteknik« (Industrielle Anlagentechnik, Lund 1969). Seinen Hauptgedanken formulierte Tolestam so:

> »Das Ziel bei Industrieplanungen ist, mit ökonomischen und rationellen Methoden eine Anlage zustande zu bringen, die im Hinblick auf Methode, Ausrüstung, Rohmaterial und Personal ein optimales ökonomisches Ergebnis hinsichtlich verfügbarer Zeit und verfügbarer Ressourcen bewirkt.«

In den 50 Jahren, die zwischen diesen beiden Aussagen liegen, wurde die schwedische Gesellschaft von Grund auf verändert. Wir haben politische Demokratie, Elektrizität, Autos und Pensionen erhalten. Das Nationalprodukt, der Lebensstandard und das Ausbildungsniveau ist vervielfacht worden. Aber der Motor dieser Entwicklung, die Fabrik, wurde merkwürdigerweise von all den Veränderungen rundherum unberührt gelassen. Fabriken werden weiter für Maschinen und Prozesse, nicht aber für Menschen gebaut. Bei Bergen wurden 1918 die Arbeiter

mit dem Werkzeug gleichgestellt. »Das Personal« wird bei Tolestam 1969 mit Ausrüstung und Rohmaterial gleichgestellt.
Mensch kann man, wenn man Lust hat, in seiner Freizeit sein. In der Fabrik dagegen zählt das Zustandekommen eines »optimalen ökonomischen Ergebnisses«.
Die ausführlichste Begründung für diese Sichtweise findet man in Stig Ödeens Einleitung zum »Handbok i industriell anläggningsteknik« (Handbuch der industriellen Anlagentechnik, Stockholm 1949).

Ödeen findet, daß die Fabriken ganz anders als andere Gebäude sind und daß sie das auch sein sollen. Fabriken sind nämlich Produktionsanlagen. Deren Hauptzweck ist es, durch die Ausnutzung der menschlichen Arbeitskraft und der materiellen Ressourcen Verbrauchsgüter und Produktionsmittel herzustellen. Alle anderen Gebäude – Wohnhäuser, Krankenhäuser, Schulen, Theater, Verkaufshäuser usw. – sind Konsumtionsanlagen. Deren Hauptziel ist die Zurverfügungstellung von Bedarfsmaterial. Darum müssen sie auch auf andere Weise konstruiert werden.

Diese Einstellung ist natürlich ein wenig schematisch, gibt Ödeen zu. Denn auch in Produktionsanlagen gehen gewisse Konsumtionsfunktionen ein, zum Beispiel wenn es darum geht, für die menschliche Arbeitskraft ein erträgliches Milieu zu schaffen.

> »Aber es ist zu merken, daß das nicht etwa geschieht, um gewisse menschliche Bedürfnisse zu befriedigen, sondern um bessere Arbeitsbedingungen zu schaffen und ein besseres Produktionsresultat zu ermöglichen.«

Oder, um es deutlicher auszudrücken: Konsumtionsanlagen funktionieren sozusagen »menschlicher«. In Produktionsanlagen dagegen

> »spielen die menschlichen Bedürfnisse keine andere Rolle als die technischen Produktionsmittel«.

Warum? Ja, weil die Produktion von Waren nie ein Selbstziel war.

> »In einem tieferen Sinne ist dieses Ziel immer ein technischer Ausdruck für die eigentliche Grundfunktion – die ökonomische.«

Um eine Produktionsanlage zu errichten und zu betreiben, ist Kapital erforderlich. Wer Kapital hat, strebt danach, es in Unternehmen mit dem höchsten Gewinn einzubringen. Die eigentliche Aufgabe der Produktionsanlagen ist es demzufolge, dem in das Unternehmen investierten Kapital einen so guten Gewinn wie möglich zu schaffen.

»Dieses Hauptziel darf bei der Planung und Ausführung einer Produktionsanlage niemals aus dem Blick verloren werden«, mahnte Stig Ödeen.

Beispiele dafür, wie diese Ideen sich Ausdruck in konkreten Gebäuden schufen, findet man vor allen Dingen in den Zeitschriften für Bauleute. In »Baumeister« 1932, Nummer 9, wird z. B. die jetzt gerade stillgelegte Zementfabrik in Hällekis als »die neue Zementfabrik in Hällekis, eine sorgfältig geplante und konstruierte Industrieanlage« vorgestellt. Der Plan wurde von den Ingenieuren von Skånska Cement in Zusammenarbeit mit der Schwestergesellschaft Skånska Cementgießerei und mit Maschinen von F. L. Smith in Kopenhagen erstellt. Für das Ofenhaus gab es zwei verschiedene Vorschläge. Der eine in armiertem Beton sollte 600 Kronen pro Meter Gebäude kosten. Der andere, der verwirklicht wurde, bestand aus einem Eisenskelett mit Ausfüllungen aus Ziegel und einer Kostenberechnung von 560 Kronen.

Bei der Detailentwicklung strebte man vor allen Dingen danach, sich von den Außenwänden unabhängig zu machen, so daß die auch später noch, wenn der Betrieb schon begonnen hatte, ohne daß die Gebäude fertig wären, errichtet werden konnten. In bezug auf das Material wollte man eine geringe Zahl verschiedener Typen, um die Kosten auf einem Minimum zu halten.

Und so weiter, seitenweise. Man kriegt ein sehr klares Bild davon, was die Konstrukteure als Problem begriffen haben und wie sie dieses Problem lösten. Die ganze Zeit über stehen zwei Prozesse – der Produktionsprozeß und der Bauprozeß – im Vordergrund. Nicht ein einziges Mal kamen die Planer auch nur ansatzweise auf den Gedanken, daß sie da einen Arbeitsplatz für Menschen bauen.

In der Mitte der dreißiger Jahre wurden zwei neue Öfen in Limhamn installiert. Die neuen Gebäude wurden von der gleichen Firma wie in Hällekis geplant. Die einzelnen Ofenteile wogen bis zu 40 Tonnen, und man baute einen eigenen Montagekran, um sie anzuheben. Im Inneren der Ofengebäude wurde zuerst eine 2.600 Meter lange Konstruktion entsprechend einem vertikalen System und eine von 1.765 Metern Länge entsprechend einem sogenannten amerikanischen System montiert. Das Ergebnis war nicht zufriedenstellend, so daß man das vertikale verringerte und das amerikanische System vergrößerte. Diese Veränderung führte offenbar zu einem besseren Resultat. Von den Öfen wurden die Klinker über eine Laufrinne zu einem Rost geführt und danach weiter mit einer Hundebahn zu Klinkersilos. »Hier sollte vielleicht erwähnt werden, daß die Hundegruben, die 8,50 Meter tief sind

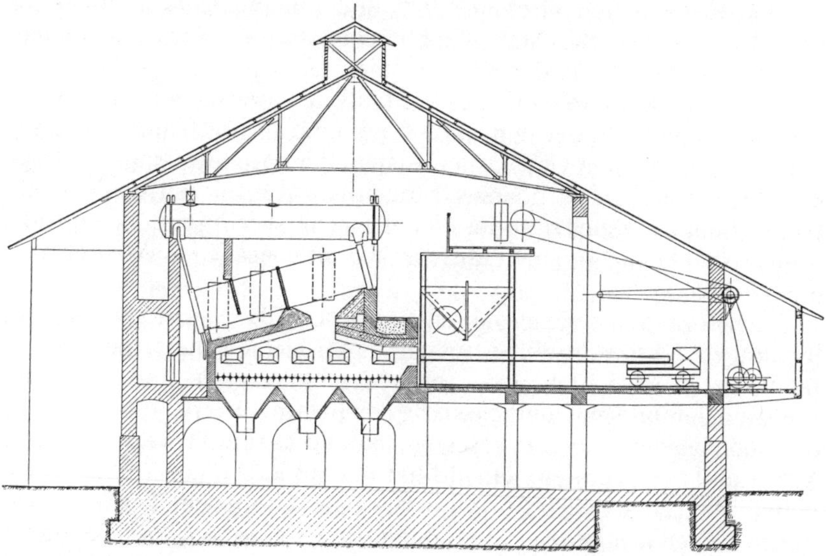

Kesselanlage in Degerhamn (aus der deutschen Zeitschrift ›Zement‹ 1925)

und bis 6 Meter unter die Wasseroberfläche der Ostsee reichen, mit Pansarzement ausgeführt sind und sich als vollkommen wasserdicht erwiesen haben.«

Aber wie sah es aus in dieser Hundegrube? Wie war das als Arbeitsplatz? Vielleicht ist es das gleiche kleine fensterlose Loch, »Scheißloch« genannt, das man auch heute noch in Limhamns Fabrik findet? Nicht ein mal wird mit einem einzigen Wort erwähnt, daß man daran gedacht hat, daß auch Menschen in der geplanten Fabrik arbeiten sollten.

Die Zementfabrik in Köping wird von den Ingenieuren Ivar Häggbom und Börje Lambert in einer besonderen Broschüre vorgestellt. »Skånska Cementaktiebolagets fabriksanläggningar i Köping och Forsby« (Fabrikanlagen der Skånska Cement-Aktiengesellschaft in Köping und Forsby). Hier war das Problem der Planer unter anderem, daß man auf losem Lehm unterschiedlicher Tiefe baute, so daß das Ofenhaus 20 bis 25 Meter tief mit langen Betonpfeilern abgestützt werden mußte. Im übrigen baute man mit ungefähr der gleichen Konstruktion aus Metall, Ziegel und Eternit, wie in Hällekis und Limhamn auch. Und ebensowenig findet man hier einen Gedanken an die Menschen, für die man baute.

Die umfassendste Darstellung der Planungsarbeiten für eine schwedische Zementfabrik, die ich finden konnte, bezieht sich auf Stora Vika (in den Zeitschriften »Beton« 1949 und »Baumeister« 1950). Hier spricht man zum ersten Male sogar von gewissen Personalräumen, wie Umkleideräumen, von der Kantine und einem Wohnungsgelände im Anschluß an das Fabrikgelände. Das Unternehmen hat auch einen Architekten angestellt, der dem Baukörper eine ansprechende Form geben sollte, und einen Gartenspezialisten, der besonders staubverträgliche Gewächse zum Anpflanzen rund um die Kantine und das Verwaltungsgebäude aussuchen sollte. In der Fabrik aber regiert der Produktionsprozeß genau so souverän wie überall sonst. Über Menschen – nicht ein Wort.

Jeden Tag in den vielen Jahren, seit Stora Vika errichtet wurde, hat jemand an der Grobmühle gesessen, in der kleinen Bude, bei der niemand daran gedacht hat, sie gegen Erschütterungen und Krach zu schützen, jemand ging und passierte das Feinmahlwerk, jemand hat in der Bude bei der Leinbahn gesessen, jemand hat die Traverse über den Materialvorrat gefahren, jemand hat in dem Krach der Mühlen gearbeitet. Menschen haben überall in der Fabrik an jedem Tag in all den vielen Jahren gearbeitet – aber in den Beschreibungen, die die Planer von ihren Plänen angefertigt haben, sind diese Menschen nicht einmal erwähnt.

Das ist Geschichte, lebendige Geschichte.

Sie lebt in dem »Scheißloch« in Limhamn und an allen übrigen Arbeitsplätzen, z. B. in Stora Vika, wo auch heute noch und hoffentlich auch zukünftig viele Jahre weiter gearbeitet wird.

Aber sogar wenn alle diese Fabriken eines Tages stillgelegt werden, wird die Geschichte in der Form des Kapitals weiterleben, das Skånska Cement angespart hat, als es ohne Rücksicht auf die Menschen baute. Man sparte einige Kronen an der kleinen Bude bei der Grobmühle, einige Kronen beim Feinmahlwerk, einige Kronen im Mühlenhaus. Man sparte einige Kronen an jedem Arbeitsplatz in der Fabrik. All dieses Geld ist nicht verschwunden. Es ist mit Zins und Zinseszins in den Jahren gewachsen und geht weiterhin in das Kapital der Industrieaktiengesellschaft Euroc ein.

Dieses Kapital kann man sich als unermeßlich groß vorstellen. Die Zeitschrift »Affärsvärlden« (Wirtschaftswelt) schätzte im September 1977 den Substanzwert des Unternehmens auf zwischen 110 bis 114 Millionen Kronen. Das ist alles auf diese Weise zusammengespart worden, Krone für Krone, an verschiedenen Arbeitsplätzen innerhalb und außerhalb des Unternehmens.

Natürlich ist es gut, daß es Kapital gibt. Die Frage ist bloß, wem es gehören soll.

Einige halten es für richtig, daß das Kapital den Aktieneigentümern zufällt, denn die gaben schließlich den Befehl zum Sparen. Das nennt man Kapitalismus. Andere meinen, daß das Kapital den Arbeitern gehören soll, weil auf deren Kosten das Gesparte zusammenkam. Das wird Sozialismus genannt. Wir leben weiterhin in einer kapitalistischen Gesellschaft.

● Wer plante Deinen Arbeitsplatz? Was meinten die Planer, worauf es dabei ankommen sollte? Welche Vorstellungen hatten sie von Deiner Arbeit?

Hilfsmittel: Erkunde, in welchem Jahr die Fabrik gebaut wurde und sieh in den Bau- und Branchenzeitschriften nach, ob die Fabrik darin vorgestellt wird. Den Jahrgang, um den es geht, kann man in der Stadtbibliothek bestellen, wenn er da nicht schon liegt. Die Beschreibungen in den Betriebszeitungen und in der Lokalpresse sind gewöhnlich weniger erhellend, sollten aber gesammelt werden. Die Zeichnungen und andere Akten der Planung für die Fabrik gibt es möglicherweise im Archiv des Unternehmens oder der Baufirma.

Eine kritische Diskussion der Gedanken von Stig Ödeen und anderen Planern findet man in meinem Buch »Arbetsbyte« (Arbeitsplatztausch, Stockholm 1975). Gemeinsam mit dem Architekten Jan Henriksson habe ich auch ein Handbuch der Fabrikplanung für Werkstattsarbeiter geschrieben: »Lägenheter på verkstadsgolvet« (Wohnungen auf dem Werkstattboden, Örebro 1977).

Durch das Mitbestimmungsgesetz und das Arbeitsmilieugesetz haben die Lohnempfänger in Schweden in den siebziger Jahren zum ersten Mal eine begrenzte Möglichkeit erhalten, sich an der Planung ihrer eigenen Arbeitsplätze zu beteiligen. Seither gibt es eine intensive Methodenentwicklung. Jesper Steens und Peter Ullmarks Methoden in »Hur kan de anställda förändra sin miljö« (Wie können die Beschäftigten ihre Arbeitsumgebung verändern?, Architekturabteilung der Technischen Hochschule in Stockholm 1976) ist das am meisten benutzte Buch, das es zur Zeit gibt.

Das grundlegende Handbuch über Fabrikplanung für Lohnarbeiter ist »Planering« (Planung), herausgegeben von der Arbeitsschutzbehörde und der Fernuniversität (Stockholm 1976). Ein öffentlicher Ausschuß hat untersucht, was man im Arbeitsmilieu der Stahlindustrie tun kann (»Stalindustrins arbetsmiljö«, SOU 1975:83). Fabrikplanung in einem Sägewerk wird in »Utveckling av såghus« (Entwicklung von Sägewerken) behandelt (Architekturabteilung der Technischen Hochschule Stockholm 1976), ein Buch, das u. a. auf der interdisziplinären Untersuchung »Arbetsmiljön i sågverk« (Das Arbeitsmilieu in Sägewerken, Bericht AM 101/75, Arbeiterschutzbehörde, Stockholm 1975) aufbaut. Praktische Handreichungen, die auch für Fabrikplanungen anderer Branchen genutzt werden können, können vom Komitee für Arbeitsmilieufragen der Sägewerksindustrie angefordert werden. Der Bedarf für weitere Untersuchungen ist in »Planering av den fysiska arbetsmiljön« (Planungen der körperlichen Arbeitsumgebung, Stockholm 1975) dargelegt.

29. . . . in der Psychologie

Die Fabrikplanung wird von den Experten für Technik und Ökonomie beherrscht. Aber es gibt ja auch Experten für Menschen und für das Zusammenwirken von Menschen. Was haben die in der Industrie ausgerichtet? Haben nicht die Psychologen ein Gegengewicht zu den Ingenieuren gebildet?

Nein, das haben sie ganz und gar nicht. Als die Psychologie gegen Ende der achtziger Jahre des vorigen Jahrhunderts eine selbständige Wissenschaft wurde, nahm man die Naturwissenschaften als Vorbild. Die Naturwissenschaftler hatten mit der Industrie zusammengearbeitet und eine neue Technik geschaffen. Die Psychologen träumten davon, den gleichen Weg zu gehen und eine Psychotechnik zu schaffen.

Psychotechnik wurde in Schweden von dem führenden amerikanischen Psychologen Hugo Münsterberg eingeführt. In seinem Buch »Psykologi och näringsliv« (Psychologie und Wirtschaft, Schwedens Industrieverband, Uppsala 1917) stellte er folgende Richtlinien auf:

> »Wir fragen uns zuerst: wie können wir die Menschen finden, deren psychische Eigenschaften sie als am besten geeignet machen für die Arbeit, die sie ausführen sollen?
>
> Zum zweiten: unter welchen psychologischen Verhältnissen können wir uns der am meisten zufriedenstellenden Arbeitsausbeute eines jeden Individuums versichern?
>
> Und schließlich: wie können wir am sichersten einen solchen Einfluß auf Menschen ausüben, der im Interesse eines bestimmten Wirtschaftszweiges wünschenswert ist?
>
> Oder mit anderen Worten: wir wollen den geeignetsten Menschen herausfinden, ihn so formen, daß er die bestmögliche Arbeit schafft, und wir wollen uns dabei der größtmöglichen Wirkung versichern.«

Münsterberg war ein weitsichtiger Mann. Wenn Psychologen sich später überhaupt für Arbeit und Wirtschaft interessiert haben, so vor allen Dingen, um diese Fragen zu beantworten und diese drei Ziele zu erreichen. Die Antwort auf Münsterbergs erst Frage wurde die Eignungsprüfung. Die Antwort auf die zweite Frage wurden die Produktivitätsuntersuchungen. Die Antwort auf die dritte Frage wurde die Verkaufspsychologie.

Eignungsprüfung

Der erste, der die Psychologie in den Dienst der Wirtschaft stellte, scheint der Vater der Arbeitsstudien, F. W. Taylor, gewesen zu sein. 1896 organisierte er die Arbeit in einer der größten Kugellagerfabriken der USA neu. 120 Mädchen waren 10,5 Stunden am Tag damit beschäftigt, Kugellagerkugeln zu überprüfen. Taylor erkannte, daß die Arbeit vor allen Dingen schnelles Reaktionsvermögen verlangte. Er wußte, daß die Psychologen gerade gelernt hatten, diese Eigenschaft zu messen.

Er stellte deshalb einen Psychologen an, der die Mädchen testen, die schnellen auswählen und diejenigen, welche »schwer von Begriff« waren, aussieben sollte. Leider bedeutete das auch, schreibt Taylor, »daß viele der intelligentesten, fleißigsten und anstelligsten unter den Mädchen aufhören mußten, weil sie keine hinreichend schnelle Auffassungsgabe und keine Entschlossenheit hatten«. Die neue Auswahlmethode führte zusammen mit anderen Maßnahmen dazu, daß 35 Mädchen, die 8,5 Stunden im rasenden Takt arbeiteten, die gleiche Arbeit ausführen konnten, mit der früher 120 Mädchen 10,5 Stunden beschäftigt waren. Die schnellste Arbeitskraft schaffte die Arbeit in weniger als einem Viertel der ursprünglichen Zeit.

Solche Ergebnisse lockten natürlich auch schwedische Arbeitgeber. Es scheint, daß das Eisenwerk in Sandviken das erste war, das die psychotechnischen Methoden importierte. Als man 1918 Zeitstudien einführte, konnte man große Unterschiede im Arbeitsvermögen verschiedener Arbeiter feststellen. Als 10 Arbeiter mit ungefähr dem gleichen Alter und gleichen Erfahrungen gleiche relativ einfache Arbeiten ausführten, brachte der langsamste 140 und der beste 340 Einheiten pro Stunde zustande. Wiederholte Messungen an verschiedenen Arbeitsplätzen bekräftigten, daß der beste Arbeiter zwei- bis dreimal so viel leistete wie der langsamste. Daraufhin verlangten die Unternehmensleitungen, daß nur die Besten eingestellt werden sollten. Aber um das tun zu können, bedurfte es eines Instrumentes, das das Leistungsvermögen eines zukünftigen Arbeiters voraussagen konnte.

1928 wurde Professor Poppelreuter und andere deutsche psychotechnische Experten nach Sandviken eingeladen. Sie konstruierten eine Serie sogenannter Eignungsprüfungen, welche darauf abzielten, folgende Eigenschaften zu untersuchen:

Sehvermögen, Farbsinn.	Mechanische Auffassung.
Kombinationsvermögen.	Konstruktivität.
Allgemeine Geschicklichkeit.	Praktische Auffassung.
Schnelligkeit, Reaktion.	Allgemeine Intelligenz.
Proportionssinn, Gleichgewichtssinn.	Allgemeine Körperkonstitution.
Exaktheit und Ordnungssinn.	Ausdauer und Zähigkeit.
	Anpassungsvermögen.

Man versuchte auch, die Arbeitsanforderungen zu präzisieren, die Anforderung also, die die Arbeitgeber an einen Arbeiter für die Erledigung einer bestimmten Aufgabe stellten. Die Anforderungen an einen Schwerarbeiter werden z. B. so beschrieben: »Die Arbeit ist nicht qualifiziert, kann aber eine gewisse Vielseitigkeit verlangen. Sie verlangt physische Ausdauer und Wachheit gegenüber Unfallgefahren.« Die Arbeitsbeschreibungen wurden in solche Eigenschaften übersetzt, die in Eignungsprüfungen zu messen waren. Um als Schwerarbeiter angestellt zu werden, mußte ein Arbeiter mindestens mittelgute Punkte für folgende Eigenschaften erreichen: Reaktion, Gleichgewichtssinn, praktische Auffassung, physische Ausdauer und allgemeine Körperkonstitution.

Zwischen 1928 und 1940 wurden über 2.500 Arbeiter und Arbeitsuchende bei Sandviken mit diesen Methoden überprüft. Das Testresultat wurde in vertraulichen Mitteilungen dem Anstellungskontor und der Arbeitsführung zugestellt. Die Berichte mündeten in Schlußbeurteilungen etwa folgender Art: »Deutlich über dem Mittel, schnell, exakt, ausdauernd, mechanisch, konstruktiv, geschickt, kräftig und intelligent. Ruhig, sicher, ehrgeizig. Hat das Zeug zum Vorarbeiter.« Oder, wenn die Probe weniger zufriedenstellend ausgefallen war: »Deutlich unter dem Durchschnittsvermögen, mit Schwierigkeiten, die Aufträge aufzufassen. Farbenblind. Nicht mechanisch oder konstruktiv. Kann möglicherweise für einfache Schwerarbeiten eingesetzt werden.«

1937 begann das Institut für Unternehmensführung der schwedischen Arbeitgebervereinigung, mit den Psychologen der Universität Uppsala zusammenzuarbeiten, um in größerem Stil Eignungsprüfungen für die Industrie zu entwickeln. Rudolf Anderberg und Gunnar Westerlund haben in den Veröffentlichungen des Industrieverbandes ausführlich berichtet, wie sie die Prüfungen für die Einstellung von Webern und Spinnern in der Textilindustrie (1938), von Schlußprüfern in der Porzellanindustrie (1940), von Kranmaschinisten und Arbeitsführern (1943), Straßenbahnführern und Schaffnern (1945) erarbeitet haben. Bei diesen Prüfungen maß man nicht so viele Eigenschaften wie in Sandviken. Man begnügte sich (z. B. in der Textilarbeiterstudie) damit, die Geprüften als bleibende A-Männer oder als B-Männer, teilweise als einstellbar oder als abzulehnen, zu charakterisieren.

1945 haben lediglich 10–15 schwedische Unternehmen regelmäßig psychologische Eignungstests angewandt. In diesem Jahre setzte die Ingenieurwissenschaftsakademie einen Ausschuß ein, um die Tests zu ordnen. 1952 wurde ein Personalberatungsrat (Personaladministrativa rådet) gebildet. Dieser PA-Rat versteht sich als »eine neutrale und unabhängige Institution«. Damit ist gemeint, daß er auf Initiative des schwedischen Arbeitgeberverbandes zustande gekommen ist, daß der Vorstand vom schwedischen Arbeitgeberverband ernannt wird und daß er jährliche ökonomische Unterstützung vom schwedischen Arbeitgeberverband erhält. Des weiteren ist der PA-Rat offensichtlich ökonomisch davon abhängig, seine Aufträge zur Zufriedenheit der Besteller zu erledigen. In den fünfziger und sechziger Jahren waren hauptsächlich Großunternehmen seine Kunden. Die Tätigkeit fand 1966 ihren Höhepunkt, da wurden unter der Regie des PA-Rates 14.000 Eignungsprüfungen durchgeführt. 39 davon wurden in der Zementfabrik in Limhamn vorgenommen, um die Arbeiter für die neuen Öfen auszuwählen.

Seit 1966 werden beim PA-Rat weniger Eignungsprüfungen durchgeführt. Statt dessen ist die Zahl der Veranlagungsprüfungen gestiegen. Die Unterscheidung kann schematisch ungefähr so beschrieben werden: Bei einer Eignungsprüfung geht der Psychologe von den Ansprüchen eines bestimmten Arbeitgebers an die Arbeitskraft aus und untersucht, welche der Arbeitsuchenden diesen Anforderungen gerecht werden. Bei einer Veranlagungsprüfung geht der Psychologe statt dessen von einem Anforderungsprofil des Arbeiters bei seiner Anstellung aus.

In beiden Fällen wird die Arbeitsstelle und deren Beschaffenheit als gegeben angesehen. Der Arbeiter wird getestet, um zu sehen, ob er gewisse Anforderungen, die ein bestimmter Arbeitgeber stellt, erfüllt (Eignungsprüfung) oder um zu sehen, welche Anforderungen eines Arbeitgebers er erfüllen kann (Veranlagungsprüfung).

Arbeitgeber und deren Arbeit werden nicht getestet.

● Gibt es Eignungstests für Deinen Beruf? Sind sie auf Deinen Arbeitsplatz angewandt worden? Mit welchem Ergebnis?

Hilfsmittel: Während der ersten zehn Jahre veröffentlichte der PA-Rat regelmäßig Listen der Berufe, für die Tests ausgearbeitet wurden. Die Liste des Jahres 1962 umfaßt 39 Arbeiterberufe vom Automateneinrichter bis zum Werkstattkontrolleur.

Seit 1962 wurden solche Listen nicht mehr publiziert. Die Informationsabteilung des PA-Rates in Stockholm gibt Auskunft darüber, ob es Eignungsprüfungen für gewisse Berufe gibt und ob in einem Unternehmen Eignungsprüfungen durchgeführt wurden oder nicht.

Wenn den Psychologen des PA-Rates die Arbeitsanforderungen beschrieben wurden, wurden manchmal auch Hinweise auf Mängel hinsichtlich Umweltfragen und der Arbeitsorganisation gegeben. In Limhamn wies man z. B. darauf hin, daß die Instrumententafel unübersichtlich war und daß die Weisungskompetenz zwischen den Brennern einerseits und den Vorarbeitern andererseits unklar war. In welchem Ausmaß solche Kritik vorkommt, können Außenstehende nicht erkennen, seit die Beratungsberichte des PA-Rates vertraulich sind. Aber die Möglichkeiten sind selbstverständlich begrenzt, weil die Kritik so beschaffen sein muß, daß das Unternehmen auch bereit ist, die erforderlichen Maßnahmen zu bezahlen.

Teste den Test!

»Wünschen Sie, es weniger leicht zu haben, um unruhig und gehetzt zu werden?«

Wenn Du diese Frage mit Ja beantwortest, wirst Du als weniger valid angesehen als wenn Du mit Nein antwortest. »Validität« ist ein erdachter Grad für den »Vorrat an Energie, der für den Nervenprozeß im Hirn erforderlich ist«. Ein Mensch mit geringem Vorrat an solcher Energie wird als still, vorsichtig, sorgfältig, fleißig und gespannt angesehen. Ein Mensch mit größerem Vorrat an solcher Energie wird statt dessen als sicher, frei, tüchtig und ruhig angesehen.

»Bevorzugen Sie Bücher mit farbiger Schilderung der Wirklichkeit gegenüber Büchern mit wohlformulierten Gedanken?«

Wenn Du auf diese Frage mit Ja antwortest, wirst Du als weniger stabil angesehen als wenn Du mit Nein antwortest. »Stabilität« ist nach der Theorie des Psychiaters Henrik Sjöbring die Fähigkeit eines Individuums, gewohnheitsgemäß zu handeln, kalt zu sein, bequem, abstrakt und geschickt.

»Wenn Sie gelangweilt werden, kommen Sie auf den Gedanken, einen spannenden Spaß anzustellen?«

Wenn Du auf eine Frage dieses Typs mit Ja antwortest, wirst Du als weniger solide angesehen als wenn Du mit Nein antwortest. »Solidität« hat mit Ausdauer des Engagements zu tun. Der wirklich Solide ist nach der Psychologie von Sjöbring umsichtig, reif, trocken und unbeeinflußbar.

Fragen dieser drei Typen wurden allen Bewerbern gestellt, die in Limhamn 1966 Brenner werden wollten. Versetz Dich in ihre Situation. Etwa 39 Männer suchen einen Ausbildungsplatz. 13 werden in die Ausbildung aufgenommen. Das Unternehmen hat mit Zustimmung der Gewerkschaft einen Psychologen beauftragt, diese Fragen zu stellen. Er weiß, warum er sie stellt. Du weißt es nicht. Er weiß, wie die Antworten zu deuten sind. Du weißt das nicht. Er weiß, welche Deiner Eigenschaften durch diese Fragen gemessen werden. Du weißt das nicht. Er kann zu den eigenartigen und zweifelhaften Theorien, auf denen die Fragen beruhen, Stellung beziehen. Du kannst das nicht. Du kannst nur mit Ja und Nein antworten, und Du weißt nicht, welche Antwort Dich vom Arbeitsplatz ausschließt.

Du bist auf Vermutungen angewiesen. Will der Arbeitgeber Leute haben, die sich für unruhig und hastig halten? Vermutlich nicht. Will der Arbeitgeber Leute haben, die Späße reißen, wenn sie gelangweilt werden? Vermutlich nicht. Will der Arbeitgeber Leute haben, die farbige Wirklichkeitsschilderungen vorziehen oder Leute, die wohlformulierte Gedanken gut finden? Das ist nicht ganz genau zu wissen. Es geht trotz allem ja immer noch darum, daß Du einen Arbeitsplatz in der Wirklichkeit ausfüllst. Wenn Du bloß wissen würdest, worauf der Psychologe aus ist, so könntest Du auch wissen, was Du antworten sollst. Aber der Punkt, auf den es ankommt, ist, daß Du nicht wissen sollst, worauf er aus ist. Der Punkt ist, daß er die Situation kontrollieren soll, nicht Du.

So richtig ausgeliefert muß man in Zukunft nicht unbedingt sein. Das Mitbestimmungsrecht gibt der Gewerkschaft Einfluß auf die Auswahl der Arbeitskameraden und Arbeitsführer. Deshalb ist die Frage, ob man sich darauf einlassen soll, daß mit Hilfe psychologischer Eignungstests eine Auswahl getroffen wird. Welche Aufschlüsse soll man vorher verlangen, damit man beurteilen kann, ob die Eignungstests auch geeignet sind? Wie testet man Tests?

Die Testpsychologen erklären ihre Methoden nur ungern. Der Grund für diese Heimlichtuerei mit den Tests liegt darin, daß sie nicht mehr anwendbar sind, wenn sie allgemein bekannt und diskutiert werden. Aber es gibt viele Momente und Aspekte in einer Eignungsprüfung, über die die Psychologen im vorhinein Auskunft geben können und sollen. Verlange schriftliche Auskünfte, die man auch überprüfen kann. Hier sind einige Fragen, die man stellen könnte:

1. Von welcher Arbeitsbeschreibung geht der Eignungstest aus?

In Limhamn gab es bloß eine skizzenhafte Arbeitsbeschreibung über einen Arbeitsplatz, der noch gar nicht existierte und für den man Leute suchte. Es ist wichtig, daß die Eignungsprüfung nicht einseitig von der Arbeitsbeschreibung ausgeht, die der Arbeitgeber anfertigt. Aus den Gesichtspunkten der Arbeiter kann ein ganz anderer Aspekt der Arbeit wichtig sein. Die Arbeitsbeschreibungen können auch in anderer Hinsicht falsch sein, z. B., weil sie veraltet sind oder nicht mit den Verhältnissen gerade Deines Arbeitsplatzes übereinstimmen.

Stimme niemals einer Eignungsprüfung zu, ohne zu kontrollieren, daß sie von einer korrekten Beschreibung der Arbeit ausgeht.

2. Wie wurden die Arbeitsbeschreibungen in Eigenschaften übersetzt?

In Limhamn vermuteten die Psychologen auf der Grundlage der skizzierten Arbeitsbeschreibung, daß ein Brenner folgende Eigenschaften haben müßte: Entscheidungsvermögen, Zahlensinn, Verständnis für Anweisungen, Aufmerksamkeit, gefühlsmäßige Stabilität, Energieressourcen, Selbstvertrauen, Ausdauer, Selbständigkeit, Sorgfalt, Kontaktfähigkeit und Arbeitsengagement.

Es ist gar nicht selbstverständlich, daß diese Eigenschaften in gerade dieser Rangfolge die wichtigsten für einen Brenner sind. Im nachhinein sahen im Gegenteil alle Beteiligten, daß die »Fähigkeit zur Zusammenarbeit« die Eigenschaft war, nach der man vor allem hätte suchen müssen.

Sag niemals Ja zu einer Eignungsprüfung, ohne zu kontrollieren, wie die Arbeitsplatzbeschreibungen in Eigenschaften übersetzt sind.

3. Mit welchen Methoden werden die Eigenschaften gemessen?

Die Kollegen, die sich in Limhamn um einen Brennerjob bewarben, wurden mit neun verschiedenen Tests, u. a. mit MP, EPPS und MNT, untersucht. Heute sieht man diese Tests als veraltet an, und andere Buchstabenkombinationen, z. B. EPF, sind aktuell. 1966 war es praktisch für die Getesteten unmöglich, auch nur im nachhinein herauszukriegen, wofür diese Buchstaben standen, warum die Fragen gestellt wurden und wie die Antworten gedeutet worden sind.

Solche Erläuterungen aber sollten die Gewerkschaften im vorhinein verlangen. Aber man kann keine Stellung zu den Prüfungen ausschließlich auf der Grundlage der Angaben des Testinstituts über ihren eigenen Test beziehen. Das Institut ist ja daran interessiert, seine Dienste zu verkaufen und aus natürlichen Gründen geneigt, seine Methoden überzubewerten. Die Gewerkschaftsorganisation sollte deshalb einen Psychologen einstellen, der unabhängig von den Testinstituten ein verständliches Handbuch schreibt, das die verschiedenen Tests, die auf dem Arbeitsmarkt angewandt werden, darlegt. Dieses Handbuch sollte auch die verschiedenen Tests vom Standpunkt eines Arbeitnehmers aus kritisch beurteilen.

Solange es solch ein Handbuch nicht gibt, sollte man verlangen, das Manual zu sehen, aus dem hervorgeht, wofür ein bestimmter Test angewandt werden kann. Gewiß ist ein Manual oft für einen Außenstehenden in einem nahezu unbegreiflichen Rotwelsch geschrieben. Aber diese Handbücher beinhalten in jedem Fall gewisse grundlegende Angaben.

Das Manual zu den Fragen am Anfang dieses Abschnittes heißt »Manual till MNT-Skala«. MNT ist eine Abkürzung für »Marke-Nyman Temperamentsskala«. Die Literaturliste weist auf einen Aufsatz in »Sozialmedizinische Zeitschrift« (Jahrgang 37, Seite 123–130) von G. E. Nyman und S. Marke und auf eine Schrift der gleichen Verfasser »Sjöbrings differentielle psykologi« (Sjöbrings differenzielle Psychologie, Lund 1961). Dort kann man über den Hintergrund dieser Tests mehr lesen.

Sage nie Ja zu einer Eignungsprüfung, ohne Dir darüber klar geworden zu sein, welche Methoden angewandt werden und auf welchen Theorien sie aufbaut. In gewissen Spezialfällen wird vielleicht auch eine Eignungsprüfung als sinnvoll erscheinen, nachdem man sie nach den hier dargestellten Punkten überprüft hat. Aber ich glaube, daß ein solcher Fall sehr selten vorkommt.

Produktivitätsuntersuchung

Wenden wir uns wieder Herrn Münsterberg und seinen drei Fragen zu. Auch die zweite Frage – »Unter welchen psychologischen Bedingungen können wir uns der am meisten zufriedenstellenden Arbeitsausbeute eines jeden Individuums versichern?« – war Anlaß für manche Untersuchung.

Am bekanntesten sind die sogenannten Hawtorne-Untersuchungen, die 1927–1932 unter der Führung von Elton Mayo durchgeführt wurden. Die Forscher fanden, daß Gruppenzusammenarbeit, Berufsstolz und Einfluß auf die eigene Arbeitssituation zu erhöhter Produktion führten. Die meisten Produktivitätsuntersuchungen sind aber inzwischen auf begrenztere Fragestellungen zugeschnitten. Wie wird die Ausbeutung eines Arbeiters während des Tagesablaufs verändert? Und wie durch Arbeitsperioden unterschiedlicher Länge? Wie durch Schichtarbeit? Man hat eingehend die Auswirkungen der Beleuchtung, der Ventilation und des Lärms auf die Produktivität der Arbeiter studiert.

Nehmen wir den Lärm, der in der Zementindustrie besonders aktuell ist. Ein in den sechziger Jahren weitverbreitetes und einflußreiches Lehrbuch – Edwin E. Ghisellis »Arbetspsykologi« (Arbeitspsychologie, Stockholm 1958) – belegt eine Reihe Untersuchungen mit widersprüchlichen Ergebnissen. Einige Studien deuten darauf hin, daß Lärm zu verringerter Produktion führt. Andere zeigen, daß Arbeiter, wenn sie sich nur ausreichend lange im Lärm aufhalten, sich daran anpassen, so daß sie ihr früheres Produktionsvermögen wiedergewinnen. Das einzig richtig sichere scheint zu sein, daß es oft an den Arbeitern selbst liege, ob sie durch Lärm gestört werden.

> »Müde, gelangweilte, schlecht angepaßte Arbeiter oder Arbeiter, die ihre Arbeit schwer oder uninteressant finden, klagen am meisten über störende Geräusche. In vielen Fällen sind diese Klagen nur als Rationalisierungen anzusehen. (Abwehrerklärung). Diese Arbeiter klagen über störende Faktoren ausschließlich deshalb, weil sie mangelhaften Erfolg in der Arbeit vor sich selbst und anderen verhehlen wollen. In einem Arbeitsmilieu ohne störende Geräusche würden sie schnell irgendwelche anderen Umstände entdecken, über die sie klagen würden (Seite 310).«

Wenn die künftigen Unternehmensleiter so etwas von den Wissenschaftlern lernen, dann gibt es keine Hoffnung, daß sie die Verschläge der Grobmühle schallisolieren lassen oder daß im Mühlenhaus Wände zwischen den Mühlen gezogen werden.

Ganz und gar zu wenig habe man von den Langzeitwirkungen des Lärms gewußt, erklärte Ghiseli. »Allgemein nimmt man an, daß bei Arbeitern, die lange an solch lärmenden Arbeitsplätzen, wie Stanzwerkstätten oder Webereien gearbeitet haben, Persönlichkeitsstörungen auftreten. Diese Schlußfolgerungen gründen sich aber bislang nur auf gelegentliche Beobachtungen und sollten deshalb nicht als endgültig angesehen werden.«

Nein wirklich nicht. Aber warum hat man dann so etwas nicht sorgfältiger untersucht? Ist das, was vom rein wissenschaftlichen Standpunkt aus als Störungen im Produktionsvermögen angesehen wird, etwa als Untersuchungsgegenstand wichtiger als die langfristigen Schadenswirkungen auf Arbeiter? Sicherlich nicht. Die Ausrichtung der Forschung spiegelt die Marktverhältnisse in der Gesellschaft wider.

Es ist für die Arbeitgeber wichtig, darüber Bescheid zu wissen, in welchem Umfang Lärm das Produktionsvermögen der Arbeiter herabsetzt. Es war aber unbequem für sie, darüber informiert zu werden, welche langfristigen Schäden der Lärm schafft. Und dieser Auswahl der Zielsetzungen hat sich die arbeitspsychologische Forschung längst angepaßt. Ganz selten hat man sich die Frage gestellt: Wie sollen die Arbeiten gestaltet sein, um denen zu passen, die arbeiten? Auf diesem Forschungsgebiet ist fast alles ungetan.

Einen ersten Überblick über dieses Gebiet gaben Edmund Dahlström und Bertil Gardell u. a. in »Teknisk förändring och arbetsanpassning« (Technische Veränderungen und Arbeitsanpassung, Stockholm 1966). Eines der wichtigsten Beispiele einer solchen Forschung ist Bertil Gardells »Produktionsteknik och arbetsglädje« (Produktionstechnik und Arbeitsfreude, Stockholm 1971). Die Untersuchung wurde bei den Olofströmwerken, den Mörrumswerken, der Hütte Gruvön und der Hütte Billerud durchgeführt. Die Hauptfrage ist folgende: Ist es richtig, daß eine freie und qualifizierte Arbeit dem Arbeiter größere Zufriedenheit gibt als eine abhängige und unqualifizierte?

Um diese Frage zu beantworten, teilte Gardell die Arbeitsaufgaben in verschiedene Klassen, je nach der Freiheit, die sie gaben, und nach den Anforderungen an Kenntnisse und Eigeninitiativen, die sie stellten. Sodann untersuchte er die Erfahrungen der Arbeiter mit diesen Arbeiten. Er maß ihr Engagement bei der Arbeit, die psychischen Belastungen, das Gefühl davon, daß sie Einfluß darauf hatten, wie die Arbeit ausgeführt wurde, die Gemeinschaft innerhalb der Arbeitsgruppen und den Kontakt unter den Arbeitskollegen.

Die Antwort auf die Hauptfrage der Untersuchung war: Ja. Die große Mehrheit der Arbeiter erlebt einförmige und abhängige Arbeiten als unzufriedenstellend. Und dieses Erlebnis wird immer ausgeprägter, je aufgesplitteter, einseitiger, zwangsgesteuerter die Aufgaben sachlich gesehen sind.

Gardells Schlußfolgerung ist, daß man Arbeitsplätze schaffen muß, die den Arbeitern die Möglichkeit für selbstbestimmte und qualifizierte Tätigkeiten geben. Die Veränderung bezieht sich auf die gesamte Arbeitssituation – sowohl die Arbeitsorganisation wie die Produktionstechnik. Das haben ja nun die Arbeiter schon lange selbst gewußt. Aber Gardells Forschung ist dennoch nicht bedeutungslos. So wie Amerika als unentdeckt galt, bevor der erste Europäer dorthin kam, so gelten auch die Mißstände im Arbeitsleben als nicht »entdeckt«, solange keine Forscher da waren.

In unserer Gesellschaft beschäftigen sich nämlich die Beschlußfassenden mehr damit, was ein Forscher darüber sagt, wie die Arbeiter ihre Arbeit erleben, als damit, welche Forderungen die Arbeiter selber stellen. Der Forscher kann die Erfahrungen der Arbeiter sammeln, und erst dadurch werden sie offenbar und gewichtig für die Entscheidungsträger. Das ist keine unwichtige Aufgabe.

● Wurden an Deinem Arbeitsplatz psychologische Untersuchungen durchgeführt? Was war der Grund? Was war das Resultat?

Hilfsmittel: Veröffentlichungen über arbeitspsychologische Untersuchungen werden seit 1954 im »Personaladministrativt index« verzeichnet, herausgegeben vom PA-Rat.

Die Antwort auf Münsterbergs dritte Frage – die Verkaufspsychologie – nehme ich in diesem Zusammenhang nicht noch einmal auf, sie ist in dem Kapitel »Was ist ökonomische Psychologie« in meinem Buch »Självklara saker« (Selbstverständliche Sache, Stockholm 1970) enthalten.

30. . . . in der wissenschaftlichen Forschung

Verliert die psychologische Wissenschaft nicht ihre Unparteilichkeit, wenn sie in den Dienst der Wirtschaft tritt?

Schon Münsterberg stellte diese Frage. Er antwortete, daß es darum gehe, zwischen Ziel und Mittel zu unterscheiden. Solange der Forscher nur mit den Mitteln zu Diensten wäre, solange bleibe er unparteiisch. Das Ziel anzugeben, sei demgegenüber Sache des Auftraggebers. Der unparteiische Forscher könne sich nicht auch noch die Wahl der Ziele auferlegen. Nicht einmal, wenn es darum ginge, an Foltern teilzunehmen, sollte der Forscher seine sachliche, nicht wertende Einstellung aufgeben:

> »Der Psychologe kann Methoden angeben, mit denen man von einem Angeklagten Bekenntnisse erzwingen kann, aber inwieweit es richtig ist, Bekenntnisse zu erzwingen, ist ein Problem, das nicht den Psychologen berührt.«

Im gleichen Sinne müßte der Psychologe vermeiden, zu den Zielen der Wirtschaft Stellung zu nehmen:

> »Der Psychotechniker kann gewissen Zielen der Wirtschaft dienen. Aber es ist nicht seine Sache, zu entscheiden, inwieweit diese Ziele die besten sind oder nicht – der Psychotechniker steht deshalb außerhalb der tagespolitischen Streitigkeiten. Es ist nicht seine Sache, zu entscheiden, inwieweit die Auffassungen des Unternehmens oder der Gewerkschaft (. . .) die idealen sind, wenn es darum geht, Arbeiter auszuwählen.
>
> Der Psychotechniker kann angeben, wie die Werbung für ein gewisses Produkt gestaltet sein soll. Aber es ist nicht seine Sache, zu entscheiden, wieweit es für die Gesellschaft als wünschenswert angesehen werden kann, daß der Verkauf dieses Produktes steigt. Wenn ein Soziologe die Auffassung vertreten sollte, daß es besser wäre, wenn nicht so viele unnütze Artikel verkauft würden und daß es ein besseres Ziel wäre, den Käufer zu schützen als dem Verkäufer zu helfen, so könnte der Psychotechniker dagegen nichts einzuwenden haben. Sein Interesse könne ausschließlich darauf gerichtet sein, die richtigen psychologischen Mittel herauszufinden, die zu diesem

zweiten Ziel führen würden. Er bezieht keine Partei, weder für den Verkäufer noch für den Kunden, weder für den Kapitalisten noch für den Arbeiter (. . .)«

Kurz gesagt: Münsterbergs Psychotechniker ist unparteiisch wie ein Heringsschlächter. Er steht in seinem wissenschaftlichen Krämerladen und bedient die Kunden der Reihe nach, egal ob es der Papst ist, die Türken oder der Satan, wenn sie nur für seine wissenschaftlichen Dienste bezahlen können. Und wer kann bezahlen?

In diesem Krämerladen hat die Arbeitspsychologie schon allzu lange gesessen. Selbstverständlich mit den allerbesten Absichten. Sogar Münsterberg meint es gut. Sein Buch schließt so:

»Man kann sich wohl kein größeres Ziel für die ökonomische Experimentalpsychologie denken als die Anpassung der Arbeiter an die psychologische Eigenart der Individuen, wodurch Unzufriedenheit mit der Arbeit, Niedergeschlagenheit und Mutlosigkeit durch reiche Zufriedenheit und innere Harmonie ersetzt werden.«

Gute Worte. Fast jeder Arbeitspsychologe seit Münsterbergs Zeit hat das gleiche gesagt. Aber die Arbeiter hatten nicht die Macht und nicht die Ressourcen, um den Forschern Aufträge zu geben. Und darum hat die zynische Dienstwilligkeit bei Münsterberg und nicht etwa seine illusorische Hoffnung das Verhältnis zwischen Psychologie und Wirtschaft fast ein halbes Jahrhundert geprägt.

Es wäre ungerecht, gerade die Psychologen herauszupicken. Die haben ja bloß von den Naturwissenschaftlern und Technikern, von den Erfindern und Ingenieuren gelernt. Bei unserer Untersuchung der Arbeitsplätze von Zementarbeitern haben wir gesehen, daß viele andere Spezialisten die gleiche Einstellung haben. Berufsberater und Lehrplanverfasser, Historiker, Museumsleute und Denkmalschützer, von den Fabrikplanern gar nicht zu reden – alle haben auf die eine oder andere Weise Münsterbergs Auffassung über die Neutralität der Forschung übernommen.

Sollte es nicht an der Zeit sein, das zu ändern? Sollte die Forschung nicht neue Auftraggeber nötig haben?

Forschungsmacht

Ich habe manchmal ein kleines Experiment vorgenommen, wenn ich an Seminaren schwedischer Universitäten teilnahm. Ich las dann aus einer schwarzen Broschüre des Kontaktsekretariats der Universität Uppsala folgendes vor:

»Kontaktsekretariat

Die moderne Gesellschaft beruht vollständig auf Wissenschaft. Es gibt fast keinen Gesellschaftssektor, der nicht von der Landgewinnung der Forschung und der Technik berührt ist. Das gilt in allerhöchstem Maß für die schwedische Arbeiterklasse.

Die wissenschaftliche Erneuerung geschieht oft in den Bibliotheken und Laboratorien. Ein gewisser Grad der Abgeschiedenheit und Ruhe ist Voraussetzung für die Erneuerung. Deshalb ist eine wichtige Aufgabe, die neuen Gedanken und Ideen auszuführen, sie in Handlungen umzusetzen. Wir müssen Kontakte und Zwischenglieder zwischen den Forschern und den Repräsentanten der Gesellschaft und der Arbeiter suchen. Und das Kommunikationsnetz, das wir schaffen wollen, muß in beiden Richtungen befahrbar sein. Wir müssen die Bedürfnisse der Arbeiterklasse kennen und die Arbeiterklasse unsere Ressourcen.

Diese doppelte Funktion will die Universität durch ihr Kontaktsekretariat zu erfüllen versuchen. Das ist ein Versuch, die Wege zwischen Universität und Gesellschaft offenzuhalten.
Torgny Segerstedt
Rektor der Universität Uppsala

Zusammenarbeit mit den Gewerkschaften

Die Gewerkschaften kennen die Bedürfnisse der Arbeiter am besten. Deshalb sieht das Kontaktsekretariat die Zusammenarbeit mit der Gewerkschaftsbewegung als ganz natürlich an. Aber irgend etwas hindert uns offensichtlich, daß einzelne Arbeiter oder Gruppen von Arbeitern direkten Kontakt mit dem Kontaktsekretariat aufnehmen.

Verschiedene Formen der Zusammenarbeit

»Auftragsforschung« beinhaltet, daß eine Gewerkschaftsgliederung oder eine Gewerkschaft einen Auftrag für eine Universitätsinstitution entwickelt. Wenn Arbeiter selbst in einem Institut forschen wollen, spricht man von ›Gastforschung‹. Der Vorteil ist dabei, daß die Arbeiter an den Aktivitäten des Instituts teilhaben können und Zugang zu qualifizierter Anleitung und zu den Apparaturen haben. Man kann auch ›Examensarbeiter‹ für kürzere oder längere Zeit engagieren. Schließlich hat das Kontaktsekretariat spezielle Mittel, um Voruntersuchungen durchzuführen, die dafür verwandt werden, weitere Forschungsmittel zu suchen. ›Auf diese Weise kann auch eine kleine Gewerkschaftsgruppe ohne eigene Ressourcen für Auftragsforschung durch die Vermittlung des Kontaktsekretariats ihren Forschungsbedarf zufriedenstellen.‹«

Das las ich also vor. Es war interessant, zu sehen, wie die Zuhörer reagierten. Ihr Erstaunen ging in Unglauben über. Sie hatten das sichere Gefühl, daß mit dem Text etwas falsch sein mußte, daß der Direktor der Universität Uppsala niemals in seinem Leben so etwas geschrieben haben könnte, daß das Dokument, aus dem ich vorgelesen hatte, eine Fälschung sein müßte . . .

Was hat dieses Mißtrauen geschaffen? Kontakte mit der Gewerkschaftsbewegung sind ja nun nichts Ungewöhnliches in der Forscherwelt. In einigen Wissenschaftszweigen gehört es fast zur Routine, daß die Forscher sich um die Unterstützung der Gewerkschaft bemühen, bevor sie ein Forschungsprojekt in Gang setzen, das das Arbeitsleben zumindest berührt. Es kommt auch vor, daß Gewerkschaftsrepräsentanten mit in der Beurteilungsgruppe für verschiedene Forschungsprojekte sitzen.

Aber im direkten Auftrag der Arbeiter zu forschen oder in Zusammenarbeit mit ihnen, das war eine völlig andere Sache. Da haben ja die Arbeiter die Initiative. Da wählen die ja den Vorstellungsrahmen und stellen die Probleme. Daß der Rektor der Universität Uppsala (der schließlich einen Teil seines Forschungsbemühens darauf gerichtet hatte, den Beweis zu führen, daß die Arbeiterklasse gar nicht existiert) seine Universität in den Dienst der Arbeiterklasse hätte stellen wollen – das war wirklich ungeheuerlich. Daß die Universität mit dem offenen Angebot zu den Arbeitern gehen sollte, ihre eigenen Forschungsressourcen zu deren Verfügung zu stellen, das war es schließlich, was meinen Zuhörern so unglaublich vorkam, daß die meisten schnell überzeugt waren, daß das Dokument, das ich vorgelesen hatte, gefälscht war.

Und das war es natürlich auch. Es gab zwar diese Broschüre, aber einige Worte hatte ich darin ausgetauscht.

Es fiel den Seminarteilnehmern im allgemeinen nicht schwer, zu sagen, welche Worte das waren. Sie brauchten nicht lange, um herauszufinden, was da ursprünglich gestanden haben mußte. Die meisten vermuteten, daß da, wo ich »Arbeiterklasse« gelesen hatte, in der Broschüre »Wirtschaft« stand (deren Existenz Torgny Segerstedt selbstverständlich nie zu verneinen versucht hatte), wo ich »Gewerkschaften« geschrieben hatte, stand »Unternehmervereinigung«, wo ich »Arbeiter« schrieb, stand »Unternehmen« und man meinte »Unternehmensleitung«. Sobald diese kleinen Richtigstellungen durchgeführt waren, erschien der Text nicht weiter eigentümlich oder beunruhigend, sondern war genau das, was man von einer schwedischen Universität erwartete.

In den weiteren Diskussionen stellte sich heraus, daß viele Forscher genauso unzufrieden damit waren wie ich. Viele wollten lieber Aufträge von der Arbeiterklasse übernehmen als von der Wirtschaft. Insbesondere im Zentrum für interdisziplinäre Forschung in Göteborg spürte ich ein starkes Gefühl des Interesses. Aber wie sollte das gehen?

Einige Meilen nördlich von Göteborg liegt ein Ort, der Surte heißt. Die Glashütte wurde 1862 gegründet und 1960 vom PLM-Konzern aufgekauft. Im Frühjahr und Sommer 1975 begannen die Beschäftigten zu ahnen, daß mit der Hütte nicht alles zum Besten stand. Sie schrieben an den PLM-Chef Ulf Laurin und fragten nach den Plänen für die zukünftige Glasproduktion.

Am 2. 10. 1975 trat der Unternehmensvorstand in der Glashütte Surte zusammen und beschloß, eine Beratungsgruppe mit Repräsentanten auch der übrigen PLM-Glashütten zusammenzustellen. Die Gruppe erhielt den Auftrag, die Arbeiten zwischen den drei Hütten zu verteilen.

Die Beratungsgruppe hielt zwei Tagessitzungen ab, am 8./9. 10. und am 13./14. 10. Die Unternehmensleitung präsentierte ein kompaktes und schwer durchdringliches Zahlenmaterial. Die Arbeitervertreter hatten keine Möglichkeit, sich mit ihrer Gewerkschaft oder mit außenstehenden Experten zu beratschlagen, da die Unternehmensleitung alle Teilnehmer zu strenger Geheimhaltung verpflichtet hatte.

Die Unternehmensleitung überging fast sofort die ursprüngliche Aufgabe der Beratergruppe, die Produktion unter den drei Hütten zu verteilen, und begann statt dessen zu diskutieren, welche der drei Hütten geschlossen werden sollte.

Es stellte sich schnell heraus, daß die Unternehmensführung sich für Surte entschieden hatte. Da wurde die Arbeitnehmerfront aufgespalten, und die Repräsentanten der beiden nicht betroffenen Hütten stellten sich hinter die Unternehmensleitung. Die Mehrheit der Beratergruppe empfahl, die Glashütte Surte zu schließen.

Der Beschluß wurde am 17. 10. vom Vorstand von PLM getroffen. Die Unternehmensleitung in Surte erhielt diese Mitteilung am 21. 10. Erst da waren die Teilnehmer der Beratergruppe von ihrer Schweigepflicht entbunden. Man setzte ein Arbeiterkomitee ein, um die Möglichkeiten zur Rettung der Hütte zu untersuchen.

Dieser Beschluß, dem sich die Arbeiter widersetzten, wurde auf der Grundlage umfangreicher Erhebungen innerhalb des PLM-Konzerns gefaßt. Die Arbeiter hatten demgegenüber keinerlei entsprechende Untersuchungskapazität zur Verfügung. Ihnen fehlte nicht nur das Recht, über ihre eigene Zukunft zu entscheiden, sondern auch alle möglichen Unterlagen, um ein eigenes Urteil über diesen Beschluß, den die Unternehmensleitung auf ihre Kosten gefaßt hatte, fällen zu können. Sie hatten viele Fragen und Verdächte, aber keinerlei Sachmaterial, das sie gegen den Konzern setzen konntne. Was sollten sie tun?

Hier standen also in einigen Meilen Abstand voneinander eine Gruppe Arbeiter, hoffnungslos mit einem Bedarf an Forschung und eine Gruppe Forscher, die neue Auftraggeber suchte. Sie trafen einander am 8. 12. Ursprünglich baten die Arbeiter bloß um Hilfe in bezug auf Umweltgesichtspunkte für Glas als Verpackungsmaterial. Aber als sie feststellten, daß das Centrum Experten hatte, die auch andere Fragen erhellen konnten, erweiterten sie den Auftrag. Zwölf Forscher des Centrums wurden an die Arbeit gesetzt.

Man nahm Fragen auf wie: War der Schließungsbeschluß notwendig? Was bedeutet er aus Umwelt- und Ressourcengesichtspunkten? Welche Folgen wird er für die Betroffenen haben? Welche Alternativen gibt es?

Die Antworten der Forschungsgruppe wurden in »Rapport om Surte« (Bericht über Surte, Januar 1976, Kungälv 1976) vorgelegt. Die Schlußfolgerung kann man so zusammenfassen:

Das Material, das PLM den Beschäftigten vorlegte, zeigt nicht, daß die Hütte zwangsläufig geschlossen werden muß. Im Gegenteil, es gibt Grund für den Verdacht, daß PLM andere, nicht aufgedeckte Absichten hat – z. B. die Produktion ins Ausland zu verlagern oder einen Übergang zu Blechdosen zu erzwingen. Aus einem Umweltschutz- und Ressourcengesichtspunkt ist Pfandglas klar dem Blech vorzuziehen. Die Folgen der Stillegung für die Beschäftigten, für den Ort und für die Gemeinde stehen im Gegensatz zu den erklärten Zielen der Beschäftigungs- und Regionalpolitik der Regierung. Es gibt eine realistische Alternative zur Schließung: die Verstaatlichung. Eine andere Alternative ist, daß die Gesellschaft die Ausbreitung des Blechs als Verpackungsmaterial bremst.

Dieser Bericht rettete die Hütte nicht. Wissenschaftlich gesehen war das Resultat keineswegs epochemachend – so wenig wie auch die meisten Forschungsergebnisse, die im Auftrage der Wirtschaft zustande kommen. Aber der Bericht beinhaltete einen neuen Ausgangspunkt, von dem ich meine, daß sich für ihn ungeheure Möglichkeiten öffnen.

Torgny Segerstedt spricht in der Broschüre des Kontaktsekretariates von der Notwendigkeit, die Wege zwischen Universität und Gesellschaft offenzuhalten. Aber »die Gesellschaft« besteht nicht bloß aus Wirtschaft und Behörden. Die Gesellschaft besteht auch aus Menschen, Gruppen und Klassen, die nicht bloß das Recht, über ihre eigene Zukunft zu entscheiden, vermissen, sondern denen auch die notwendigen Unterlagen fehlen, um die Beschlüsse zu beurteilen, welche andere über sie gefaßt haben.

In einer solchen Gesellschaft ist die Forschung, ob der einzelne Forscher das will oder nicht, ein Machtfaktor. Wie soll diese Forschungsmacht angewandt werden? Dafür, daß der Unterschied zwischen ökonomischer und politischer Macht weiter steigt oder vielleicht besser als Gegengewicht gegen andere Machtzentren in der Gesellschaft?

Auf diese Fragen gibt der Surte-Bericht eine beispielhafte Antwort.

● Hast Du und Deine Arbeitskameraden Probleme, für deren Lösung Ihr die Hilfe professioneller Forscher benötigt? Zielt das auf Beschäftigung, auf Technik, auf Arbeitsorganisation oder auf was? Habt Ihr Euch an eine Universität gewandt?

Hilfsmittel: Universitäten gibt es in Umeå, Uppsala, Stockholm, Linköping, Göteborg und Lund. Filialen dieser Universitäten gibt es auch an anderen Orten. Die Adressen stehen im Telefonbuch. Jede Universität gibt ein Verzeichnis mit Angaben über Institute, Forscher und Lehrer heraus.

An den meisten Universitätsinstituten gibt es inzwischen Forscher, die mit Freude Aufträge aus der Arbeiterklasse übernehmen würden. Das neugebildete Arbetslivscentrum vermittelt Kontakte.

Das Centrum für interdisziplinäre Forschung an der Universität Göteborg hat nach dem Surte-Rapport andere gleichartige Aufträge übernommen.

Eroberung der Unternehmen

Die Arbeiter der Glashütte in Surte begannen sich für Forschung zu interessieren, als die Krise schon akut war. Da war es zu spät. Forschung ist nicht vornehmlich defensiv, sondern sie ist eine Offensivwaffe. Sie eignet sich viel besser zur Eroberung als zur Verteidigung. In diesem Buch habe ich vor allen Dingen Vorschläge zur historischen Forschung gemacht. Das zentrale Thema des Buches ist, daß die Geschichte weiterlebt.

Wir haben viele Beispiele dafür gesehen. Wir haben z. B. die einförmige Wiederkunft des Todes studiert und die ständigen Überraschungen in den Berichten der Gewerbeaufsicht. Wir haben gesehen, wer immer die Risiken tragen mußte. Das Unternehmen verdiente daran. Und das Geld gibt es weiterhin.

Die Arbeiter in Hällekis lebten mit dem Staub auch noch 60 Jahre, nachdem der Elektrofilter erfunden war. Jedes Jahr verdiente das Unternehmen eine Stange Geld dadurch, daß es die Elektrofilter nicht einbaute. Dieses Geld gibt es noch.

Die Zementfabriken wurden ohne einen Gedanken an die, die darin arbeiten sollten, gebaut. An jedem Arbeitsplatz in diesen Fabriken sparte das Unternehmen eine Summe. Das Geld gibt es noch.

Die Unternehmensführer boten ihren Arbeitern ganz andere Wohnungen an als die, die sie sich selber gönnten. Das Unternehmen sparte dabei Geld. Das Geld gibt es weiterhin.

Die Arbeitsgerichte schützten das Recht der Arbeitgeber, Arbeit zuzuteilen und frei die Arbeiter zu entlassen. Jedesmal, wenn dieses Recht genutzt wurde, sparte das Unternehmen eine Stange Geld. Das Geld gibt es noch.

Wenn der Grubenarbeiter Karl Malmkvist nach der Saison in der Fabrik nicht mehr gebraucht wurde, wurde er nach Hause geschickt, um am Hungertuch zu nagen. Das Unternehmen verdiente eine Stange Geld daran. Das Geld gibt es noch. Wenn die Zeiten schlecht wurden, schickte man hunderte Arbeiter auf die Straße. An jedem von ihnen sparte das Unternehmen einige Tausend. Das Geld gibt es noch.

Wenn die Fabriken aufgekauft wurden und in Maltesholm und Klagshamn, in Visby, Valleviken, in Ifö und Lanna stillgelegt wurden, dann wurden die Kosten auf die Arbeiter abgewälzt. Das Unternehmen verdiente daran. Das Geld gibt es noch.

Aber nicht nur durch ihre Arbeitslosigkeit, sondern vor allem dadurch, daß sie Waren produzierten, haben die Arbeiter für das Unternehmen Geld verdient. Zeitstudien und Akkord trieben den Takt hoch. Das Unternehmen verdiente daran. Das Geld gibt es noch.

Neue Erfindungen vervielfachen die Produktion. Aber die Zementindustrie hielt die Löhne zum Schutz der kleinen, wenig einträglichen Ziegelfabriken niedrig. Das Unternehmen verdiente auf diese Weise in jeder Arbeitsstunde einige Öre extra an jedem einzelnen Arbeiter. Das Geld gibt es noch.

Genau genommen ist nicht mehr alles da. Wir haben gesehen, daß ein großer Teil dadurch draufging, daß die Eigentümer und Unternehmer sich einen Lebensstandard schufen, der turmhoch über dem der Fabrikarbeiter lag. Wir haben einen Teil des Geldes verschwinden sehen, als die Erben sich in der Schweiz oder an der französischen Riviera niederließen.

Aber das meiste des Geldes, das das Unternehmen auf Kosten der Arbeiter zusammengespart hat, gibt es weiterhin im Unternehmen und wird Kapital genannt. Die Geschichte lebt im Kapital weiter.

60 Jahre nach der Eroberung der politischen Demokratie steht die schwedische Arbeiterbewegung nun bereit, die ökonomische Demokratie zu erobern. Private Eigentümer sollen nicht länger anderer Menschen Arbeitsplätze kaufen und verkaufen können. Das Privateigentum soll auf sein eigenes Gebiet begrenzt werden: das Privatleben. Das Kapital, das im Laufe der Jahre und Jahrhunderte von Arbeitenden abgespart worden ist, soll nicht länger einer kleinen Zahl von Eigentümern die Macht über neue Generationen von Arbeitern geben.

Die die ökonomische Macht haben, haben bisher auch die Macht über die Forschung gehabt, die das Unternehmen betraf. So haben sie das Bild von sich selbst bestimmt. So haben sie das Bild des Unternehmens bestimmt.

Dafür kennen viele Arbeiter nichts über ihre eigenen Vorgänger. Sie wissen nichts über die Geschichte, die im Kapital weiterlebt. Zuerst muß die Geschichte ausgeforscht werden, konkret und lokal, Unternehmen für Unternehmen. Die das Unternehmen erobern werden, müssen auch das Bild des Unternehmens erobern. Es muß ein neues Bild geschaffen werden, ein Bild, das die Arbeit und die Arbeiter in den Mittelpunkt stellt.

In diesem Buch sind wir weit gewandert auf der Suche nach einem solchen Bild. In keiner Wissenschaft gibt es ein fertigs. Es muß durch das Zusammenwirken zwischen Arbeitern und Wissenschaftlern erst geschaffen werden. Es muß von den Arbeitern selbst geschaffen werden.

In 30 verschiedenen Gebieten haben wir Material und Methoden gefunden, die wer auch immer anwenden kann, um seine eigene Geschichte und die seiner Arbeitskollegen zu erforschen. Ich glaube, daß das Vergangene mehr wert ist, wenn es auf diese Weise hervortritt, als wenn es auf einem Tablett serviert würde. Was Du wirklich über Dich und Deine eigene Situation wissen willst – das kannst du selbst herausbekommen. Grabe, wo Du stehst!

Blick auf die Barfußforscher aus dem Jahre 2020

Man hört jetzt ständig, daß der Narkodat-Skandal von 1997 den Anlaß für die sogenannte Barfußforschung gegeben habe. Das ist eine falsche, zumindest aber eine allzu vereinfachte Annahme. Das Wort »Barfußforschung« findet man bereits seit 1978 belegt. In der Mitte und gegen Ende der siebziger Jahre müssen wir nach den Wurzeln der Barfußforschung suchen. Zuerst müssen wir da auf die ökonomische Krise achten, die in dieser Zeit über die kapitalistische Welt schwappte. Es war die erste große Krise nach dem Zweiten Weltkrieg. In Europa wurden Millionen Menschen arbeitslos. In Schweden zitterte der Boden sogar unter den größten und solidesten Unternehmen.

Diese neue Unsicherheit erschien vielen Menschen als ein Schock. Als der Arbeitsplatz unsicher wurde, wollte man wissen, warum. Als die Produktion aufhörte zu wachsen, wollte man wissen, wie das Ergebnis verteilt wird. Als die Macht nicht länger erfolgreich war, wurde sie in jeder Hinsicht in Frage gestellt. Es ist deshalb bezeichnend, daß die ersten Barfußgruppen gerade in den krisenbetroffenen Orten gebildet wurden.

Dafür gab es Voraussetzungen. Die Schule der siebziger Jahre war in hohem Grade autoritär und betonten das Lernen eines fertigen und vorausbestimmten Wissensstoffes. Aber an bestimmten Orten wurden die aktiven Wissenssuchenden geradezu ermuntert. Die Schüler lernten nicht nur zu antworten, sondern auch zu fragen. Die Gruppenarbeit begann, eine natürliche Arbeitsform zu werden.

Im Kulturleben konzentrierte sich die Aufmerksamkeit nun nicht länger auf die Leistungen einiger weniger Starartisten der Literatur, der Musik, des Theaters und der verschiedenen Gebiete der Kunst. Man hatte angefangen, einen neuen Kulturbegriff zu formulieren, der mehr die Selbsttätigkeit und die aktive Teilhabe als die Konsumtion betonte. Ausdruck für eine solche Kulturauffassung gibt es bereits in einer Denkschrift des sogenannten Kulturrates von 1972. Darin wird kein Wort über Forschung verloren. Von ihr setzt man voraus, daß sie eine Tätigkeit war, die ausschließlich Spezialisten vorbehalten wurde. Aber die Forschung konnte nicht lange unbeachtet bleiben.

Ein halbes Jahrhundert rapider Gesellschaftsveränderung hatte auch das fast Vergangene in einen unbekannten, spannenden Kontinent verwandelt. Für viele wurde das ein Anlaß für nostalgische Rückblicke. Jeder dritte schwedische Roman von 1975 behandelte einen historischen Gegenstand. So nahm das Vergangene Rache an der Zeit der Zukunftsforschung. Ein neues historisches Bewußtsein schickte sich an, sich auszubreiten. Der Vietnam-Krieg hatte eine ganze Generation gelehrt, daß man die Geschichte studieren muß, um die Gegenwart zu verstehen und die Zukunft zu gestalten. Für sie war das Vergangene nicht ein Zufluchtsort ohne Anforderungen des Jetzt. Sie wußten, daß die Geschichte Waffen trägt.

Heute kann man feststellen, daß fast keines der Zukunftsbilder der Prognostiker der siebziger Jahre eingetroffen ist. Die Einsicht, die sie dachten zu geben, war falsch. Aber das neue Bild des Vergangenen, das vor allem durch die Arbeit der Barfußforschergruppen wuchs, war sowohl wissenschaftlich wie politisch bedeutungsvoll.

Das Interesse für die Geschichte ging Hand in Hand mit dem Interesse für das Lokale. Viele sahen hierin bloß eine Gegenbewegung zum Interesse an den Entwicklungsländern in den sechziger Jahren, ein Einschrumpfen des Weltbewußtseins. Aber es war eher eine Reaktion auf die abstrakten Fragestellungen, die lange Zeit sowohl die Forschung wie die politische Debatte geprägt hatten. »Das Konkrete ist immer lokal«, lautet eines der typischen Schlagworte der Barfußbewegung.

Damit wandte man sich keineswegs von der Welt ab. Es ist auffällig, daß Probleme, die früher Barfußgruppen in Säffle oder in Sandviken aufnahmen, oft zuerst Aufmerksamkeit in den Entwicklungsländern gefunden hatten. Der Unterschied war, daß man in Säffle etwas tun konnte.

Der Narkodat-Skandal, der unzweifelhaft große Bedeutung für die Barfußbewegung hatte, hatte Vorgänger in der Dritten Welt. Man kann z. B. auf das sogenannte Camelot-Projekt Mitte der sechziger Jahre verweisen, in dem nordamerikanische Universitäten lateinamerikanische Helfer für eine großangelegte Untersuchung der Ursachen für »soziale Unruhe« suchten. Die Untersuchung war von der Kriegsmacht USA bestellt und bezahlt. Die lateinamerikanischen Forscher sollten in Wahrheit als Spione der USA gegen ihr eigenes Volk arbeiten.

Über dieses Projekt kam es in Lateinamerika zum Konflikt. Dadurch wuchs das Bewußtsein, daß Forschung Macht gibt und Abhängigkeit schafft. Viele Lateinamerikaner zogen die Schlußfolgerung: Wir müssen selbst lernen, die Forschung anderer zu kontrollieren, so daß wir wissen, was wir wissen müssen, nicht was die anderen wissen wollen, um uns zu kontrollieren. Und vor allen Dingen müssen wir selbst lernen, zu forschen. Wir müssen selbst die Methoden beherrschen, die unseren Gegnern einen Vorteil uns gegenüber verschaffen.

Der Narkodat-Skandal bewirkte ein ähnliches Aufwachen unter den schwedischen Arbeitern. Sie erkannten plötzlich, daß sie seit Jahrzehnten Gegenstand einer Forschung waren, um die sie nie gebeten hatten, von der sie nichts wußten, welche in einer Sprache vor sich ging, die nicht die ihre war, und die oft zu Ergebnissen führten, die im Streit mit ihren Interessen stand. Das war eine Forschung für Experten, Behörden und Unternehmensleitungen. Aber wenn die Arbeiter etwas von ihren Jobs wissen wollten, über die Produkte, die sie fertigstellten, über die Unternehmen, in denen sie beschäftigt waren – wohin sollten sie sich da wenden? Wenn Arbeiter Forschungen in Auftrag geben wollten – wie sollte das wohl gehen?

Der jüngste Einsatz der Barfußbewegung ist mit dem Kampf um die Macht über die Unternehmen während der neunziger Jahre verbunden. Es zeigt sich schnell, daß das Bild des Unternehmens, das in der kapitalistischen Epoche geschaffen wurde, trotz der Arbeitsrechtsreformen, der Vorstandsvertretungen und der Lohnempfängerfonds seine Leitkraft behalten hatte. Es mußte ein völlig neues Bild geschaffen werden. Auch in diesem Fall haben die historischen Fakten größte Sprengwirkung. Die Eroberung der Unternehmensarchive der neunziger Jahre durch die Barfußbewegung hat dem Kapitalismus in unserem Land den Todesstoß gegeben.

Im Lichte der späteren Erfolge ist es leicht, die Schwierigkeiten zu unterschätzen, auf die die ersten Barfußforscher gestoßen sind. Als sie in den Bibliotheken, Archiven und den wissenschaftlichen Instituten auftauchten, kamen sie oft zu zweit, um an einander in der ungewohnten Umgebung Unterstützung zu haben. Aufbewahrte Dokumente zeigen, wie sie versucht haben, ihr Selbstbewußtsein zu stärken.

»Glaub nicht, daß die, die eine höhere Ausbildung haben, alles wissen. Das meiste von dem, was wir herausbekommen haben, ist nicht bloß für Dich, sondern auch für die Studenten der Universität und deren Lehrer neu. Grundlegend, um sie zu verstehen, ist: Niemand kann alles, niemand weiß alles. Jeder ist ein Spezialist auf seinem Gebiet.

Wenn Du in Deinem Beruf gearbeitest hast, ähnlich lange wie wir in unserem, so hast Du Spezialkenntnisse, die kein anderer Forscher besitzt. Diese Kenntnisse sind eine Fundgrube, die Du auszunutzen lernen mußt. Wenn Du forschst, versuchst Du nicht, den Vorsprung einzuholen, den andere dadurch haben, daß sie gratis eine Ausbildung bekommen haben. Du rennst nicht hinter ihnen her – im Gegenteil: Du benutzt die Kenntnisse, die Du allein hast. Du kriegst heraus, was niemand anders weiß. Du verbindest Kenntnisse, von denen andere jeweils bloß kleine Stücke haben.

Um das zu verdeutlichen, braucht man konkrete Beispiele. Wir haben solche. Aber nur wenn Du selber angefangen hast, zu forschen, wirst Du wirklich verstehen, worüber wir reden.«

Heute können wir über diese eifrigen Versicherungen lächeln. Aber die Klassengesellschaft der siebziger Jahre war keine Spielstube. Daß ein schwedischer Arbeiter in ein wissenschaftliches Institut ging, war lange als ebenso undenkbar angesehen worden, wie daß ein Neger der Südstaaten in den USA seine Bürgerrechte anwenden könnte. Das verlangte Mut.

Die etablierte Forschung war am Anfang ausgesprochen argwöhnisch. Das Wort »Barfußforscher« gibt davon Zeugnis. Es war ursprünglich eine herabwürdigende Bezeichnung, die darauf anspielte, daß diese Forscher – auf gleicher Ebene mit den chinesischen »Barfußärzten« – keine akademischen Examen hatten. Auf diese Weise wollte man die Unterscheidung zwischen den Amateurforschungen und den Arbeiterforschungen, wie sie auch genannt wurden, und den richtigen Wissenschaften markieren.

Man kann nicht übersehen, daß die Forschungen der frühen Barfußforschungsgruppen in vielerlei Hinsicht mangelhaft waren. Das war auch gar nicht anders möglich. All die Handbuchliteratur, deren Umfang seither für viele Forschungsprobleme und -techniken in bezug auf die Materialsuche und die Materialbearbeitung wuchs, die den Neuanfängern den Weg ebneten und ihnen zeigten, wie Forschung angewandt werden kann, um konkrete Probleme in der politischen und gewerkschaftlichen Arbeit zu lösen – all das fehlte ja in der Kindheit der Barfußbewegung.

Obwohl sie die Mängel ihrer Arbeit kannten, widersetzten sich die Barfußforscher immer dem Anspruch der etablierten Wissenschaft auf ihr alleiniges Recht an dem Wort »Forschung«. In einem frühen Dokument wird dieser Standpunkt so begründet:

»›Studieren‹ heißt, Kenntnisse, die es schon gibt, sich einzuverleiben, z. B. wie ein Wort in der englischen Sprache ausgesprochen wird. Es ist noch nicht lange her, da glaubte man, daß bloß eine kleine Zahl von Menschen mit besonderer ›Lernbegabung‹ studieren könnte. Jetzt gehen die meisten 12 Jahre zur Schule.

›Forschen‹ heißt, einige bislang nicht bekannte Sachen herauszubekommen, oder vorher bekannte Sachen auf eine neue Weise so zu kombinieren, daß die Kenntnisse für diejenigen anwendbar sind, die sie brauchen. Daß dennoch bloß eine kleine Elite forschen kann, ist allerdings weiterhin allgemein verbreitet.

›Forschung‹ ist ein Wort mit Prestige. Menschen mit Macht und Einfluß versuchen es deshalb für das zu reservieren, womit sie selber beschäftigt sind. In einer Gesellschaft mit festgelegten Geschlechterrollen heißt es, daß *er* forscht, während *sie* ›versucht, ihr Examen zu schaffen‹ – selbst wenn beide mit der gleichen Sache befaßt sind. Die Marktexperten eines Unternehmens ›forschen über ein neues Produkt‹, wenn sie versuchen, eine Ware schick zu machen, die anfängt, schlecht zu gehen. Die Arbeiter dagegen ›haben einen kleinen Studienzirkel‹, wenn sie untersuchen, was das deutsche Arbeitsmilieugesetz für ihren Arbeitsplatz bedeutet.

Diese geschlechts- und klassengebundenen Ausdrucksweisen sagen etwas darüber aus, wie unsere Gesellschaft beschaffen ist. Aber in der Sache sind sie unbegründet.

Für uns bedeutet ›Forschung‹ ganz einfach ›Untersuchung‹. Verschiedene Menschen sind natürlich mehr oder weniger geschickt und erfahren, wenn es darum geht, unterschiedliche Sorten von Untersuchungen durchzuführen. Aber die Universitätsausbildung gibt kein Monopol auf diese Eigenschaften. Wer immer das mag, kann lernen, eine Sache zu untersuchen.«

Diese einfachen Wahrheiten wurden zuerst von den Stadtbibliotheken akzeptiert, die sich selbst zu den natürlichen Zentren der Barfußforschung machten.

Früher waren die Stadtbibliotheken nur Buchsammlungen fast ohne jeden politischen Service. Es erscheint heute gänzlich unbegreiflich, daß man in dem ersten halben Jahrhundert der Demokratie in unserem Lande diese Elitenherrschaft akzeptiert hat, in deren Folge bloß Bürokratie der Staatsverwaltung und der Wirtschaft die Ressourcen für Erhebungen hatten, die sie für die politischen Aktivitäten brauchten. Auf der Grundlage der Forderungen der Barfußbewegung wurden in den neunziger Jahren die ersten Informations- und Forschungsdienste in den Kommunalbibliotheken eingerichtet, die mit der Zeit auch dazu führten, daß die moderne Bibliothek Forschungsabteilungen hat.

Sogar für die Universitäten erlangte die Barfußforschung große Bedeutung. Ich beschränke mich hier darauf, einige Hauptpunkte zu benennen.

Die langentwickelte Arbeitsverteilung in der Industrie der achtziger Jahre hatte ihre Prägung auch der Wissenschaft aufgedrückt. Die Gesellschaftsforschung war beispielsweise in etwa 20 verschiedene Stoffgebiete aufgeteilt mit gleichermaßen unklaren wie eifersüchtig verteidigten Grenzen. Jeder neue technische Handgriff und jeder neue Forschungsgegenstand tendierte dazu, die Grundlage für ein neues »Gebiet« abzugeben, welches, sobald es erst einmal etabliert war, als eine Art lebenslängliches Gefängnis für die Forscher diente, die sich diesem Gegenstand gewidmet hatten.

Angenommen, ein 20jähriger war an einem bestimmten Buch von Vilhelm Ekelund interessiert. Er lernte literaturwissenschaftliche Methoden, um herauszufinden, was das Buch eigentlich bedeutete. Um als Forscher weiterzukommen, mußte er dann bereit sein, an exakt dem gleichen Platz auf dem laufenden Band der Wissenschaften sitzen zu bleiben und immer die gleichen Handgriffe zu ständig neuen Texten zu machen, die ihn möglicherweise gar nicht mehr interessierten, bis er das Pensionsalter erreichte.

Die Barfußforscher wollten Probleme lösen, statt Methoden zu beschirmen. Sie wanderten kreuz und quer über die Fachgrenzen und trugen dazu bei, sie abzureißen.

Sie brachten auch wertvolle Erfahrungen aus der Industrie mit. Eine Universität der achtziger Jahre konnte mit einer riesigen Fabrik verglichen werden, mit einer Masse Laufbänder, die sternförmig in verschiedene Ecken ausstrahlten. Jeder ließ seine wahren Kenntnisse irgendeines Gegenstandes in einem ungeheuren Materiallager in der Peripherie. Man setzte voraus, daß die Kunden herumstreiften und sich zwischen den Brocken das herausnahmen, was sie gebrauchen konnten, um selbst ein Auto oder eine Nähmaschine oder was immer sonst in Gang zu setzen.

Die Barfußforscher fingen auch damit an, solche sperrigen Stücke zusammenzusuchen. Aber sie sahen, daß das unpraktisch war. Sie wußten von ihren Arbeitsplätzen, daß die Spezialisierung Zusammenarbeit voraussetzt. Ihr Verlangen nach »Montageräumen« für Zulieferer aus den verschiedenen Gebieten schuf die Grundlage für das, was wir heute unter einer modernen Forschungsorganisation verstehen.

Für die Wissenschaftler bedeutet der Durchbruch der Barfußbewegung auch einen Wechsel der Auftraggeber. Vor 1975 war es außerordentlich selten, daß ein Forschungsinstitut einen Auftrag für einzelne Arbeiter oder Gruppen der Arbeiterklasse annahm. Die eindeutig dominierenden Auftraggeber waren Militär, Wirtschaft und öffentliche Behörden. Die Wissenschaftler, die ihre Forschung in den Dienst der Arbeiterklasse stellen wollten, haben im allgemeinen erraten müssen, welche Art Forschung die Arbeiter wohl gebrauchen könnten.

Die professionellen Spezialisten, die vor dem Anwachsen der Barfußforschung die einzigen waren, die Wissenschaft betrieben, lebten damals in einer fast vollständigen Isolierung von der Arbeitswelt. Die Gymnasiasten konnten Studenten werden und die Studenten Professoren – sogar in einer Gesellschaftswissenschaft –, ohne selbst eigene Erfahrungen der Gesellschaft außerhalb der Lehrinstitutionen zu erwerben.

Für viele Akademiker wurden die Barfußforscher die erste Gelegenheit zu einem wirklichen Kontakt mit Menschen aus einer anderen Gesellschaftsklasse. Diese Kontakte bereiteten den Weg für ein System mit dem regelmäßigen und obligatorischen Tausch der Arbeitsplätze zwischen Arbeitern und Intellektuellen, wie es an den schwedischen Universitäten inzwischen üblich ist.

Jetzt ist das Wort »Barfußforschung« längst dabei, aus der Sprache zu verschwinden. Nachdem die Gesellschaft den Beitrag der Bewegung zur Veränderung akzeptiert hat, wurde der Vorsatz »Barfuß-« immer seltener. Seit dem Jahr 2020 trifft man es fast nur noch in den historischen Schilderungen über das Aufkommen und die Entwicklung der Bewegung.

Vignette der Artikelserie in ›Dagens Nyheter‹

Manfred Dammeyer

Die Zukunft hat gestern begonnen

»Gräv där du står« – »Grabe, wo Du stehst« erschien vor zehn Jahren, 1978, in Schweden und hatte eine große Wirkung. Eine eigene Bewegung, die »Grävrörelse«, die Grabe-wo-Du-stehst-Bewegung, entstand. Das schwedische »Museum der Arbeit« in Norrköping, das selbst als ein Ergebnis der Grabe-wo-Du-stehst-Bewegung angesehen werden kann, hat nach einem Bericht in der Zeitung Dagens Nyheter errechnet, daß diese Bewegung bis heute 10.000 Studienzirkel mit mindestens fünfmal so vielen aktiven Teilnehmern umfaßt. Die Ergebnisse der Studiengruppen bestehen aus hunderten szenischer Darstellungen des Arbeiterlebens, unzähligen Ausstellungen, fast 600 örtlichen Museen der Arbeit und ungefähr 500 Büchern. Die Bewegung hat eine immense politische Wirkung. Indem die Menschen die früheren Formen ihrer Arbeit und die damalige Lebensweise erforschten, entwickelten sie selbstbewußtere Vorstellungen davon, wie ihr Leben, ihre Gesellschaft, ihre Arbeit jetzt und in Zukunft gestaltet werden sollten.

Allenthalben ist die Aufforderung »Grabe, wo Du stehst!« zugleich als Parole aufgenommen worden, derzufolge der traditionelle Bedeutungsrang von Forschungsgegenständen, ob sie nämlich historisches Interesse beanspruchen können oder nicht, nicht mehr gelten könne.

»Geschichte von unten«, »Alltagsgeschichte«, hat sich längst etabliert. Neben professionellen Historikern, die dieser Forschungsperspektive aufgeschlossen gegenüberstehen und sie für ihre wissenschaftliche Arbeit maßgeblich werden ließen, haben sich die »Geschichtswerkstätten« der Gewerkschaften, der Arbeiterparteien, der Nachbarschaften, der Volkshochschulen gesellt, die lokale Geschichte aufarbeiten, Zeitzeugen reden lassen, verlorene Erinnerungen aufspüren, vergessene Quellen freilegen. Das neu bzw. wieder erwachte historische Interesse folgt nicht den alten Pfaden der Geschichtsschreibung, sondern gräbt aus, was das eigene Milieu entstehen und entwickeln ließ, legt frei, wie sich dieses Milieu entwickelte und formuliert Forderungen für künftige Gestaltung – in eigenem Interesse.

Sven Lindqvist hat in Schweden die Sicht der Dinge verändert. Er hat der historisch orientierten Arbeiterbewegung dazu verholfen, Impulse für zukunftsorientiertes Handeln aus der Besinnung auf eigene historische Erfahrungen zu gewinnen: Die Zukunft hat gestern begonnen. Er hat mit seinen Erfahrungen aus langjährigen Auslandsaufenthalten in China, Indien, Lateinamerika, und in Reiseschilderungen aus Afghanistan und Afrika das Bild, das sich die Schweden von der Welt machen, geprägt und sie erfolgreich dazu bewegt, ihre eigenen Wurzeln in der Industriearbeit mit großer Sorgfalt zu beachten. Zugleich hat er damit die Generation seiner Schriftstellerkollegen beeinflußt. In der Kulturredaktion der einflußreichsten schwedischen Tageszeitung »Dagens Nyheter« wirkt er nachhaltig auf die aktuelle Diskussion seines Landes ein.

Im deutschen Sprachraum ist Lindqvists Buch nur unzreichend rezipiert worden. Die Aufforderung »Grabe, wo Du stehst!« schien Inhaltsbeschreibung genug. Daß oral-history, die Geschichtsschreibung auf der Grundlage mündlicher Überlieferungen von Zeitzeugen, von Lindqvist propagiert werde, wurde berichtet. Auch daß er die schwedische Zementindustrie untersucht habe, weil sein Großvater Zementarbeiter war, konnte man erfahren. Freilich ist damit nur ein verschwindend kleiner Teil der methodischen und inhaltlichen Forschungsansätze Lindqvists wahrgenommen worden. Tatsächlich bedient er sich vielfältiger Methoden praxisbezogener historischer Forschung mit politischem Erkenntnis- und Handlungsinteresse und zeigt, wie man sich unkonventioneller Methoden und der ungewöhnlichen und auf den ersten Blick unerreichbar scheinenden Quellen bedienen kann. Unnachgiebig fragt er nach Lücken in der Forschung, in den Archiven der Städte, der Unternehmen, der Behörden, in Bücherpräsentationen der Bibliotheken, in den Büchern und Akten. Er macht auf die weißen Flecken der Darstellungen aufmerksam. Aus dem, was dargestellt wird, verweist er auf das, das zugleich an Wesentlichem, an Interessantem alles nicht berichtet wird und woran die Leser ein Interesse haben müßten; die Leser jedenfalls, von denen er meint, daß sie endlich ihre Geschichte erobern sollten, damit sie ihre Zukunft gestalten können.

So wird aus der facettenreichen Darstellung der Berufsarbeit und des Alltagslebens in der Zementindustrie eine umfassende Darstellung der Geschichte der schwedischen Industrialisierung und der Industriegesellschaft dieses Landes.

Wie könnten wohl plastischer klassenspezifisch unterschiedliche Lebensweisen dargestellt werden, als in den Gegenüberstellungen? Etwa

- wie der Fabrikant residiert und wie die Wohnverhältnisse der Arbeiter beschaffen sind (Kapitel 16) und wo man so etwas nachlesen, ausgraben und aufstöbern kann;
- was Unternehmer und Arbeiter bei ihrem Tod hinterlassen (Kapitel 11) und welch vorzügliche Quelle die Nachlaßverzeichnisse sind;
- wie verschieden die Lebensläufe zweier gleichaltriger Menschen sind und wie unterschiedlich schwer es ist, ihrem Leben zu folgen, weil der eine beachtet ist und der andere kaum registriert wird (siehe Kapitel 15).

Aus der vielfältigen Arbeits- und Lebenswirklichkeit, wie sie Lindqvist präsentiert, ergeben sich unendlich viele Anregungen für eigene problemorientierte Untersuchungen. Dabei ist es überaus spannend, von der Zementindustrie, auf die sich Lindqvist exemplarisch bezieht und konzentriert, auf andere Sektoren überzugehen.

Die Verhältnisse in Schweden – und wir

Das Buch will kein theoriegeleitetes Lehrbuch, sondern vielmehr ein praxisbezogenes Handbuch für Leute sein, die selber in der beschriebenen Art Arbeit und(!) Forschung betreiben wollen. Bewußt habe ich viele Informationen und Hinweise, von denen deutsche oder österreichische Leser möglicherweise meinen, daß sie damit nicht viel anfangen könnten, in dem Buch gelassen. Denn man/frau kann daraus entnehmen, wie bestimmte Dinge in Schweden geregelt sind und sich fragen, warum dieses oder jenes hierzulande wohl anders organisiert wurde. Manche Textpassagen sind andererseits weggelassen und gestrafft worden, so zum Beispiel die Katalogbezeichnungen der schwedischen Stadtbibliotheken, Adressen, Kontaktpersonen, Telefonnummern, U-Bahnstationen, Wegbeschreibungen, die für deutschsprachige Leser nutzlos wären. Nur als Hinweis, daß man solche Angaben in deutschsprachige Handbücher aufnehmen kann, erwähne ich diese Auslassungen hier.

Lindqvist rechnet Preise in »heutigen« Geldwert um, und das ist bei ihm noch das Jahr 1975. Daß seinerzeit in den Geldwert von 1975 umgerechnet wurde, legt nahe, die Tabellen bis heute zu verlängern. Daß es sich um schwedische Preise handelt, provoziert Umrechnungen in unsere Währung und den Vergleich mit Lohnhöhe, Arbeitszeit, Lebenshaltungskosten bei uns, auch ohne daß von mir Kronen in Mark zum jeweiligen Wechselkurs umgerechnet wurden. Es erschien auch entbehrlich, darzustellen, wie weit etwa in Deutschland Angaben über Streiks, Betriebsgründungen, Lohnhöhen, Steuerzahlungen, Energieverbrauch und ähnliches zurückzuverfolgen sind. Wann die Gewerbeaufsicht eingerichtet wurde und wann sie einflußreich, wann ohnmächtig war, wie Berufsrisiken erfaßt, veröffentlicht oder verschleiert wurden, wo Gerichtsakten aufbewahrt werden und welche sachlichen und regionalen Zuständigkeiten es dafür gibt, wo Arbeitsstatistiken und Arbeitslosigkeitsstatistiken, Unfallstatistiken und Unfallschilderungen, Rentenbescheide und Wohnungsnachweise vorzufinden oder aufzuspüren sind, welche Methoden zum Knacken von Eignungstests es gibt – das und vieles anderes mehr werden die Anwender dieses Buches für den Gegenstand ihres Interesses und ihrer Forschung selbst ermitteln können.

Ich habe auch der Versuchung widerstanden, an jedes Kapitel Hinweise auf deutsche – gleichartige oder entgegengesetzte – Verhältnisse oder Adressen entsprechender Einrichtungen anzufügen, oder zu schreiben, daß es entsprechendes hier (noch) nicht gibt, z. B. bei Hinweisen auf Untersuchungen und Darstellungen in der Literatur.

Lindqvist berichtet von schwedischen Verhältnissen und wählt – wie gesagt – die schwedische Zementindustrie als Beispiel. Er stellt Fragen, die von schwedischen Arbeitern beantwortet werden sollen. Arbeiter/innen der Metallindustrie, der Papierfabriken und der Werften haben seine Methoden, seine Quellenhinweise auf ihre eigenen Arbeits- und Lebenszusammenhänge angewandt und entsprechend genutzt. Ist ein solcher Transfer in und für Deutschland oder Österreich oder die Schweiz oder andere Länder unmöglich oder uninteressant? Gerade weil hier über ein anderes Land berichtet wird, gerade wegen der Distanz zu Schweden und nicht zuletzt wegen einiger schwedischer Besonderheiten ist das Buch hervorragend geeignet, neue und unkonventionelle Fragen an die eigene gesellschaftliche Wirklichkeit zu stellen, an der man/frau sonst vielleicht achtlos vorbeiginge.

Das behördliche Handeln in Schweden mit der Öffentlichkeit der Behördendaten und der Dokumente (offentlig handling, s. Kapitel 7) hat hierzulande seine Entsprechung in der entgegengesetzten »Amtsverschwiegenheit«. Die Öffentlichkeit der Steuerkalender (s. Kapitel 13), in denen in Schweden jährlich die Einkünfte aller Steuerzahler veröffentlicht werden, so daß aus ihnen die Lokalzeitungen etwa die Millionäre der Region mit ihren exakten Einkünften porträtieren, hat in der Bundesrepublik seine Entsprechung im »Steuergeheimnis«. Wessen Verhältnisse soll(t)en dadurch eigentlich vor wem geschützt, verschwiegen, geheimgehalten werden? Was muß man hier tun, um entsprechende Daten zu erhalten? Die genannten und andere Unterschiede provozieren doch geradezu weiterführende Fragen: Warum ist dies oder jenes hier nicht auch so geregelt wie in Schweden? Warum haben die Schweden dies oder jenes nicht so gemacht, wie es hier gemacht wird? Welche Regelung ist denn besser? Welche ist besser für wen?

Wer ahnte denn, was die Qualität der Lotterien war, die von den schwedischen Gerichten geahndet wurden (s. Kapitel 23)? Gibt oder gab es ähnliche Praktiken auch hier? Wie halfen Heimarbeiter, Saisonarbeitslose, Stillegungsbetroffene einander? Und wie helfen sie einander heute? Welche arbeitsplatzbedingten »Straftaten« gab oder gibt es sonst noch?

Viele Zechenunternehmen, Hüttenbetriebe, Ziegeleien, Steinbrüche, Straßenbau- und Eisenbahnbaufirmen warben Arbeiter und ihre

Familien aus der Ferne an. Wer waren die angeworbenen Fremd- oder Gastarbeiter, oder Einwanderer? Wie lebten diese zugewanderten Arbeiter? Wohin gingen sie, wenn sie nicht mehr gebraucht wurden?

Viele Firmen boten ihren Abeitern auch Wohnungen in werkseigenen Siedlungen. Wie lebten die Familien dort? Was geschah, wenn der Vater entlassen wurde? Was wurde im Laufe der Zeit aus den Siedlungen? Wer wohnt heute dort? Wem gehören sie? Wie hoch war und ist in ihnen die Miete?

Die Familienforschung dürfte wie in Schweden wohl auch im deutschsprachigen Raum der am meisten entfaltete Sektor historischen Forschens von Amateuren sein, auch wenn er durch die Arier-Nachweise der nationalsozialistischen Zeit diskreditiert ist und zum Teil nur verschämt betrieben wird. Sicher ist er auch durch Kriegs- und Nachkriegswirren und den Verlust der Unterlagen einerseits erschwert, andererseits zur persönlichen Identitätsfindung mit hohem Reiz versehen.

Die Berufsausbildung ist in der Bundesrepublik Deutschland vor allem im Berufsbildungsgesetz (BBiG) vom 14. August 1969 geregelt. Im Laufe der Zeit hatten sich sehr unterschiedliche Zustände in den Lehrbetrieben herausgebildet. Schilderungen über die Arbeits- und sonstigen Anforderungen, denen Lehr- und Anlernjungen ausgeliefert waren, lassen diese Ausbildungssituationen vor allem als durch Zucht- und Abhängigkeitsverhältnisse bestimmte erscheinen. Ende der sechziger Jahre gab es eine recht eigenständige »Lehrlingsbewegung«, die mit der Parole »Ausbildung statt Ausbeutung« antrat. Zu dieser Zeit wurde mit dem BBiG die Berufsausbildung auf neue gesetzliche Grundlagen gestellt, die Eignung der Ausbilder mußte nachgewiesen werden (Ausbildereignungsverordnung), und die Vielzahl der Berufe wurde neu geordnet. So gibt es inzwischen nur noch etwa 400 Ausbildungsberufe. 1972 fiel so in der Bundesrepublik auch der Ausbildungsberuf »Kalk- und Zementwerker« fort. Freilich gibt es weiterhin den Beruf »Industriemeister/Industriemeisterin – Fachrichtung Zement«, der durch berufliche Weiterbildung und Umschulung erreicht werden kann. Für ihn ist die Industrie- und Handelskammer zu Düsseldorf zuständig.

Die Arbeitsämter unterhalten neben der Arbeitsvermittlung und der Berufsberatung mittlerweile auch »Informations- und Dokumentationsstellen zur beruflichen Bildung«, in denen Materialien über Ausbildungsanforderungen, Ausbildungsordnungen, Berufsperspektiven, Weiterbildungsmöglichkeiten, auch über Ausbildungsvergütung und Löhne und Gehälter des Berufes, über die Ausbildungsbetriebe und Berufsschulen gesammelt und angeboten werden. Allerdings liegen diese Informationen nicht in Form eines Handbuchs zusammengefaßt vor.

Das Bundesinstitut für Berufsbildung (BiBB), Fehrbelliner Platz 3, 1000 Berlin 31, Tel. 030/8683-280) veröffentlicht das »Verzeichnis der anerkannten Ausbildungsberufe«, in dem auch die Adressen der sogenannten »zuständigen Stellen« für die Berufsausbildung, die Handwerks- bzw. Industrie- und Handelskammern und die anderen Kammern aufgeführt sind. Das Bundesinstitut für Berufsbildung erarbeitet ferner jährlich den »Berufsbildungsbericht«, der von der Bundesregierung veröffentlicht wird und in dem die branchenspezifischen und regionalen Besonderheiten der Berufsbildung (wie Ausbildungsplatzmangel) aufgeführt sind. Auch einzelne Bundesländer wie Hamburg und Nordrhein-Westfalen veröffentlichen über diesen Sektor Berichte.

In Österreich gibt es das »Verzeichnis der Lehrberufe«, das bei allen Arbeitsämtern, aber auch bei den Kammern erhältlich ist. Auskünfte über Löhne und Gehälter bekommt man bei den Arbeiterkammern, den gesetzlichen Interessensvertretern der Arbeitnehmer in Österreich.

Viele Leser werden feststellen, daß manches, was sie über Schweden lesen, bei uns ganz genau so war oder ganz ähnlich auch heute noch ist. Und in anderen Ländern verhält es sich mit der Arbeit auch so oder doch sehr ähnlich.

Ja, und warum treffen sich dann nicht die Arbeiter/innen aus den verschiedenen Ländern, sprechen über ihre gleichen Arbeits- und Lebensverhältnisse und handeln künftig gemeinsam?

Wir leben zum Beispiel in der Europäischen Gemeinschaft, deren wichtigstes Ziel ein wirtschaftliches ist: der freie Austausch von Waren und Dienstleistungen über alle Ländergrenzen dieser Gemeinschaft hinweg. Ist dieses Europa ein Europa der europäischen Arbeiter/innen? Bestimmen die Arbeiter/innen, welche Waren frei gehandelt werden und für welche Waren welche Zölle erhoben werden? Bestimmen sie, welche Aus- und Einfuhrbeschränkungen gelten oder welche Waren von der EG aufgekauft werden, wenn davon zuviel hergestellt wird? Sind diese Fragen für landwirtschaftliche und für industrielle Produkte gleich geregelt? Entscheiden die Arbeiter/innen auch, welche Waren nicht aufgekauft werden? Kennen sie ihre Kollegen der gleichen Branche in anderen Ländern? Arbeiten ihre Gewerkschaftsführer zusammen? Ist das Unternehmen, in dem sie arbeiten, international verflochten? Gehört es einem ausländischen Konzern oder Aktienbesitzern? Hat es im Ausland Tochterunternehmen? Was geschieht in diesen Unternehmen? Wie arbeiten da die Arbeiter/innen zusammen?

Die Zementherstellung in der Bundesrepublik . . .

Als ich »Gräv där du står« las, fand ich es von Seite zu Seite spannender, weil sich eine Welt auftat, mit der ich mich genauer beschäftigen wollte: Einerseits wollte ich immer mehr über die Methoden wissen, mit denen man sich einem Gegenstand, der einen interessiert, nähern kann. Ich war immer wieder überrascht, wo überall Quellen für entsprechende Untersuchungen sprudeln: in Gerichts- und Versicherungsakten, in Patentämtern und bei Baubehörden, in Volkszählungsberichten, in der bunten Welt der Illustrierten – ganz abgesehen von traditionellen Quellen wie Landkarten, Archiven, Museen, Bibliotheken, Statistischen Ämtern und ihren Publikationen, von Fundorten wie Dachböden und Heizungskellern sowie nicht zuletzt in den authentischen Erinnerungen lebender Menschen.

Andererseits hatte ich selbst keine rechte Ahnung von Zement. Ich hatte wohl als Schüler auf dem Bau gearbeitet und auch den Speisvogel auf der Schulter steile Leitern hochgeschleppt, hatte auch tagelang eine Mischmaschine bedient und Etagendecken aus Beton gegossen. Ich hatte durchaus schon Kalkbrüche und graue Zementfabriken gesehen. Aber wie Zement genau hergestellt wird, wie Zementarbeiter arbeiten – davon hatte ich keine rechte Ahnung.

Immerhin wußte ich, daß in Erwitte, in der Gegend von Soest, Anfang der siebziger Jahre Zementarbeiter ihre Fabrik besetzt hatten, weil sie geschlossen werden sollte. Das war die erste Betriebsbesetzung im Nachkriegs-Deutschland. Aus jener Zeit stammt eine kleine Plastiktüte voll Zement, die noch heute am Pinnbrett über meinem Schreibtisch hängt: »Solidaritätsspende Betriebsbesetzung Seibel & Söhne, Erwitte 1975« steht darauf. Ich habe seinerzeit 30 Mark dafür bezahlt.

In der Gegend von Erwitte liegt ein grauweißer Schleier über der Landschaft. Solchen Staub fand ich auch in der Nähe der Hochofenanlagen in Oberhausen am hiesigen Zementwerk.

Aber wie geht das vor sich, Zement herzustellen? Da gibt es Kalkbrüche und Transportbänder, Loren, Schachtöfen, Ringöfen, Drehrohröfen, das Abpacken in Fässern, Säcken, mittlerweile in Silowagen.

. . . im Lexikon

Ich nahm mir ein Nachschlagewerk vor und sah nach in: »Der Große Brockhaus – Kompaktausgabe«. In 26 Bänden werden dort alle möglichen Sachverhalte erklärt.

Zement [mhd. zimente, zu lat. caementum ›Bruchstein‹], **1)** Anatomie: *das,* eine Hartsubstanz des →Zahnes.

⊳ **2)** Baustoffe: *der,* hydraul. Bindemittel, das nach dem Anmachen mit Wasser sowohl an der Luft als auch unter Wasser erhärtet und hart bleibt. Z. dient v. a. zur Herstellung von → Mörtel und → Beton. (BILD S. 280)

Arten und Herstellung. **Portland-Z. (PZ)** wird hergestellt durch Feinmahlen von Portlandzement-Klinker **(Z.-Klinker)** und →Gips (→Anhydrit). Portlandzement-Klinker wird aus einem Rohstoffgemisch, das v. a. Calciumoxid, Siliciumdioxid (Kieselsäure), Aluminiumoxid (Tonerde) und Eisenoxid enthält, durch Erhitzen bis zum Sintern hergestellt; hierbei bilden sich die **Klinkerphasen** Tricalciumsilicat, Dicalciumsilicat, Tricalciumaluminat und Calciumaluminatferrit. Die Klinkerphasen reagieren mit Wasser (Hydratation) und bilden dabei die für das Erstarren und Erhärten verantwortlichen **Hydratphasen,** v. a. Calciumsilicathydrate. Die Hydratation ist ein exothermer Vorgang, die frei werdende Wärmemenge wird Hydratationswärme genannt.

Spezielle PZ: Weißer PZ aus Z.-Klinker (ohne färbende Bestandteile), PZ mit hohem Sulfatwiderstand und/oder niedriger Hydratationswärme, hydrophobierter PZ, PZ mit niedrigem wirksamen Alkaligehalt. **Eisenportland-Z. (EPZ)** und **Hochofen-Z. (HOZ)** enthalten außer Z.-Klinker und Gips (Anhydrit) noch schnell gekühlte, glasig erstarrte Hochofenschlacke (Hüttensand). Spezielle HOZ mit hohem Schlackengehalt weisen niedrige Hydratationswärme, hohen Sulfatgehalt und niedrigen wirksamen Alkaligehalt auf. **Puzzolan-Z.** enthält außer Z.-Klinker und Gips (Anhydrit) noch natürl. oder künstl. Puzzolan, wie **Traß-Z., Ölschiefer-Z.** und **Flugasche-Z. Traßhochofen-Z.** enthält neben Traß noch Hochofenschlacke.

Neben diesen genormten (DIN 1164) und bauaufsichtlich zugelassenen Z. gibt es zahlreiche **Sonderzemente,** wie Tonerde-(schmelz-)Z., Sulfathütten-Z., Schnell-Z., Quell-Z.

Nach seiner Festigkeitsbildung wird Z. Festigkeitsklassen zugeordnet. Weitere bautechnisch wichtige Eigenschaften sind Erstarrungsverhalten, Mahlfeinheit, Raumbeständigkeit, Hydratationswärme, chem. Widerstandsfähigkeit, Farbe u. a.

Wirtschaft. Die Weltproduktion an Z. betrug (1979; in Mio. t) 705, die größten Produzenten waren die UdSSR (123,00), Japan (87,803), die USA (70,512), Italien (38,694), die Bundesrep. Dtl. (35,659), Frankreich (28,825).

In der Bundesrep. Dtl. wurden (1978) von 71 Betrieben (Umsatz: rd. 2,8 Mrd. DM, Beschäftigte: 13000) 33,9 Mio. t Z. (ohne Z.-Klinker) produziert. Importiert wurden 1,19 Mio. t (Wert: 97 Mio. DM) Z., exportiert 2,64 Mio. t (Wert: 232,4 Mio. DM). In der Dt. Dem. Rep. wurden (1978) 12,521 Mio. t Z. hergestellt, in Österreich (1978) 5,73 Mio. t, in der Schweiz (1977) 3,65 Mio. t. – Dachorganisation: Bundesverband der Dt. Zementindustrie e. V., Köln.

Geschichte. VITRUV berichtet 23 v. Chr. über die Verwendung von Kalk und Puzzolanerde als Z. Auch der Traß der Eifel diente in der Römerzeit und im MA. als Z. J. SMEATON erkannte 1756, daß sich die hydraul. Eigenschaften der Z. auf die Beimischung von Ton zum Kalk zurückführen lassen. J. PARKER stellte 1796 ein aus Kalkmergel mit hohem Tongehalt gebranntes hydraul. Bindemittel her, den ›Roman-Z.‹. 1824 bereitete J. ASPDIN einen brauchbaren künstlichen Z. durch Brennen einer Mischung von Ton mit Kalkstein; er nannte ihn ›Portland-Z.‹. Das erste dt. Portland-Zementwerk wurde 1855 in Züllchow bei Stettin gegründet. Die ersten Normen für Z. wurden 1878 eingeführt. (BILD S. 561)

O. LABAHN u. W. A. KAMINSKY: Ratgeber für Z.-Ingenieure ([5]1974); A. J. FRANKLIN: Cement and mortar additives (Park Ridge, N. J., [2]1976); L. LOES: Zementchemie für Bauingenieure ([3]1977); Verfahrenstechnik der Z.-Herstellung, hg. v. Verein Dt. Zementwerke (1979); Z.-Tb. (1979); KARIN WAGNER: Ein Modell der Preisbildung in der Zementindustrie (1979). – Vom Caementum zum Spannbeton, bearb. v. G. HAEGERMANN, G. HUBERTI u. a., 3 Bde. (1964/65); H. STRAUB: Die Gesch. der Bauingenieurkunst ([3]1975).

3) 🌐 chem. Ausfüllung des Porenraums von Sedimenten, die zur Verringerung des Porenraums führt.

Zement (Bd. 24). Die relativ geringe Festigkeit von Z. beruht v. a. auf der Porenbildung beim Härten (Abbinden). Dabei ist das gesamte Porenvolumen weniger von Bedeutung als das Vorhandensein von Makroporen (>1mm), von denen bei Belastung der Bruch im Z.-Gefüge ausgeht. Es wurde deshalb ein **makroporenfreier Z.** oder **MDF-Z.,** engl. **macro-defect-free cement** [m'ækrəu dɪf'ekt fri: sɪm'ent], entwickelt, dessen Festigkeit weit höher als die von normalem Portland-Z. ist (z. B. 10fache Biegefestigkeit). Das Porenvolumen liegt zwar wie bei normalem Z. bei 20% und darüber, jedoch ist keine Pore >0,09 mm.

Wirtschaftliches. Die Weltproduktion an Z. betrug (ohne VR China; 1980) 760 Mio. t; die größten Produzentenländer waren (in 1000 t): UdSSR (125000), Japan (87957), USA (65124), Italien (41333). – In der Bundesrep. Dtl., die den fünften Platz unter den größten Produzentenländern einnahm, wurden 34,55 Mio. t Z. hergestellt. Importiert wurden 1,36 Mio. t (Wert: 120 Mio. DM), exportiert 2,2 Mio. t Z. (Wert: 210,9 Mio. DM). – In der Dt. Dem. Rep. wurden 12,44 Mio. t Z. hergestellt, in Österreich 5,45 Mio. t und in der Schweiz 4,2 Mio. t.

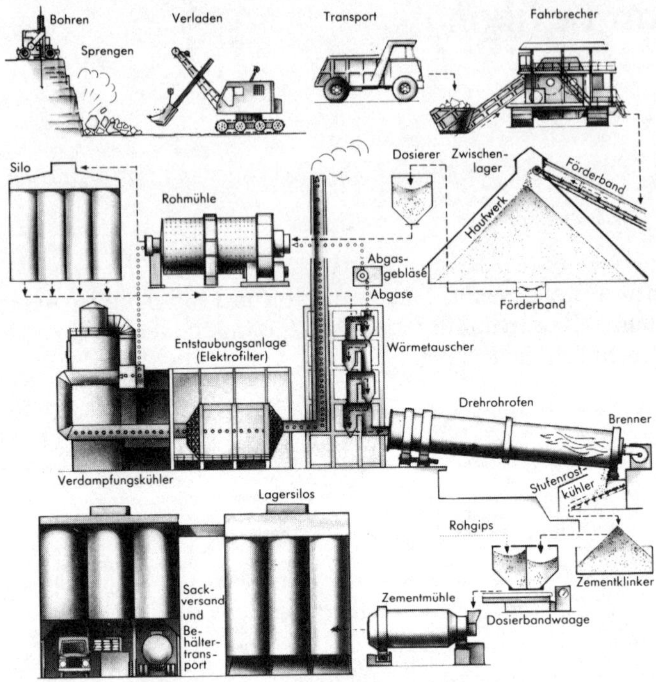

Zement 2): Schema der Zement-Herstellung

Ich erfuhr vieles, und ich entdeckte manche Informationslücken, insbesondere, als ich mehrere andere solcher Lexika unter dem Stichwort Zement nachschlug. Über die Arbeit bei der Zementherstellung war darin nichts zu erfahren.

Wir erfahren zwar vieles, was Ingenieure und Ökonomen interessiert. Ein Bild zeigt den Ablauf der Zementherstellung, chemische Prozesse und ihre Endprodukte werden beschrieben, auch, wie in der Vergangenheit Bindemittel für Bauwerke hergestellt wurden. Die Menge produzierten Zements in der Welt und bei uns wird mitgeteilt und auch, welchen Handelswert das Produzierte hat. Die Literaturangaben beziehen sich auf Kenntnisse, die sicher für Ingenieure wichtig sind. Von den Arbeitsbedingungen und den Löhnen in der Zementindustrie erfahren wir nichts. Immerhin haben die 13.000 Beschäftigten 1978 33,9 Millionen Tonnen Zement im Handelswert von 2,8 Milliarden DM hergestellt. Jeder Beschäftigte hat demnach 2.607 Tonnen produziert und einen Umsatz von 215.384,61 Mark bewirkt. Es gibt auch eine Dachorganisation: Ist das die Dachorganisation der Betriebe oder der Beschäftigten?

. . . aus der Sicht der Unternehmer

Der Bundesverband der Deutschen Zementindustrie, Pferdmengesstraße 7, Postfach 51 05 66, 5000 Köln 51, Telefon 02 21/37 10 26, Telex 08 881468, ist der Fachverband dieses Industriezweiges. Die Zementwerke haben einen weiteren Zusammenschluß, den Verein der Zementwerke, (Tannenstraße 2, 4000 Düsseldorf 30, Telefon 02 11/4 57 81) und unterhalten dort auch das »Forschungsinstitut der Zementindustrie«.

Im Bundesverband der Deutschen Zementindustrie haben sich die Zementfabrikanten zusammengeschlossen. Zunächst organisierten sich in ihm die Produzenten von Portlandzement, dann auch die von Hüttenzement. Der Verband beschäftigt sich auch mit dem Absatz von Zement. Die Zementproduktion wird im Geschäftsbericht dokumentiert, leider ohne Umsatz, Löhne und Beschäftigtenzahlen.

1880				1890				1900			
Jahr	Gesamtversand	Ausfuhr	Einfuhr	Jahr	Gesamtversand	Ausfuhr	Einfuhr	Jahr	Gesamtversand	Ausfuhr	Einfuhr
1880	530000	214460	30630	1890	1770000	341930	20900	1900	3650000	543990	77290
1881	580000	235030	28210	1891	1840000	333370	19050	1901	4230000	506650	86860
1882	630000	250180	25190	1892	2010000	372350	22680	1902	4050000	641440	51950
1883	680000	309820	35610	1893	2040000	372950	26740	1903	3870000	683570	49830
1884	730000	337630	43790	1894	2090000	361820	24810	1904	3960000	580200	60170
1885	780000	345630	40570	1895	2290000	424970	27280	1905	4170000	617890	148010
1886	940000	365910	34980	1896	2390000	427520	32350	1906	4510000	732620	234490
1887	1070000	398980	38430	1897	2530000	474650	42330	1907	4760000	693170	241420
1888	1320000	360520	45110	1898	2710000	497780	53480	1908	5020000	528850	168500
1889	1530000	374300	31150	1899	3190000	528680	62520	1909	5290000	611890	224180
1910				1920				1930			
Jahr	Gesamtversand	Ausfuhr	Einfuhr	Jahr	Gesamtversand	Ausfuhr	Einfuhr	Jahr	Gesamtversand	Ausfuhr	Einfuhr
1910	5970000	725260	242660	1920	2250500	117870	58820	1930	5509200	952043	122840
1911	5700000	725830	253670	1921	3909000	327230	8000	1931	3726300	576137	75360
1912	6400000	1064700	228950	1922	4696000	415002	132570	1932	2795700	311053	54140
1913	6868000	1129560	168540	1923	3482000	377637	13030	1933	3477700	237538	71760
1914	7148500	—	—	1924	4048200	399792	35620	1934	6541400	261397	111420
1915	5066000	—	—	1925	5811800	782438	72600	1935	8631500	510825	21250
1916	3000000	—	—	1926	5949800	968291	59730	1936	11530200	634165	24200
1917	3377000	—	—	1927	7342300	1176739	68570	1937	12470200	858165	17737
1918	1879000	—	—	1928	7576200	1061198	144210	1938	16091200	640929	86882
1919	1786500	—	—	1929	7039300	1070334	154650	1939	15709400	—	—
				1940				1950			
				1940	12493500	—	—	1950	10875900	1451900	8300
				1941	13333700	—	—	1951	12001500	1644200	2800
				1942	9863000	—	—	1952	12562600	1689400	1700
				1943	11528500	—	—	1953	15485500	1976800	21700
				1944	11018800	—	—	1954	15977600	1301000	34100
				1945				1955	18235300	1726600	125500
				1946	Bundesrepublik			1956	18629100	1340900	137000
				1947				1957	18632800	1415300	83700
in Tonnen				1948	5585100	406500	—	1958	19255200	891900	74300
einschließlich Klinkerexport				1949	8376700	1095400	—	1959	22642000	955700	158300

1960				**1970**				**1980**			
1960	24503900	874000	250200	1970	37332600	1190200	809000	1980	33049000	1763000	1234000
1961	26638300	905300	215500	1971	40013900	1115500	959000	1981	30011000	2110000	1365000
1962	28048800	763000	223100	1972	42308000	1280700	940700	1982	27838000	2159000	1419000
1963	28290300	684400	219500	1973	40823000	1963000	846000	1983	27891000	1712000	1533000
1964	32615000	916400	257400	1974	35856000	2535000	871000	1984	26273000	1623000	1520000
1965	33321000	1246400	290100	1975	32927000	1853000	728000	1985	22848000	1496000	1449000
1966	33880000	1030700	349800	1976	33635000	1900000	858000				
1967	30939000	1119000	570700	1977	31855000	1794000	952000				
1968	32617000	1162000	560000	1978	33131000	2168000	1044000				
1969	34305000	1255000	590000	1979	34647000	1936000	1162000				

Angaben der Jahre 1982 bis 1985 ergeben einen Überblick über die aktuelle Lage.

Die deutsche Zementindustrie	**1982**	**1983**	**1984**	**1985**
Zahl der Unternehmen	42	39	39	**38**
Zahl der Zementwerke	74	71	71	**71**
Zahl der Beschäftigten (Jahresdurchschnitt)	12764	12550	12363	**11846**
davon Arbeiter (Jahresdurchschnitt)	9446	9192	8944	**8526**
Gesamtumsatz (ohne Mehrwertsteuer), in Mio. DM	3481	3735	3555	**3197**
Zementproduktion[1]				
Gesamtproduktion einschl. Klinkerexport, in 1000 t	27771	27874	26224	**22945**
Gesamtabsatz, in 1000 t	27838	27891	26273	**22848**
davon Inlandsabsatz, in 1000 t	25679	26179	24650	**21352**
Export einschl. Klinker, in 1000 t	2159	1712	1623	**1496**
Zement-Import, in 1000 t	1415	1533	1520	**1449**
Verbrauch pro Kopf der Bevölkerung, in kg	440	452	428	**374**
Klinker-Erzeugung, in 1000 t	22820	23805	22298	**19637**
Gesamtabsatz nach Arten – in 1000 t –				
Portlandzement	20523	20670	19825	**16961**
Eisenportlandzement	2312	2163	1890	**1574**
Hochofenzement	4507	4427	3935	**3712**
Traßzement	125	123	134	**121**
Sonstiger Zement	139	508	472	**432**
Gesamt-Zementversand	27606	27891	26256	**22800**
ferner Klinker-Export	232	–	17	**48**

Kostenfaktoren	**1982**	**1983**	**1984**	**1985**
Lohnsumme, in 1000 DM	334818	336335	340210	**331276**
Gehaltssumme, in 1000 DM	182769	189728	196896	**199963**
Brennstoff- und Stromverbrauch: Kohle, in 1000 t SKE	2715	2961	2888	**2465**
Heizöl, schwer, in 1000 t	179	100	73	**53**
Gas, in 1000 m³	55799	57310	40275	**31042**
Strom, in Mio. kWh	3105	3238	3135	**2832**
Brennstoffverbrauch, in 1000 t SKE	3033	3171	3042	**2581**
davon Kohle, in %	90	94	95	**96**
Heizöl, in %	8	4	4	**3**
Gas, in %	2	2	1	**1**

Diese Angaben lassen sich ergänzen, indem man die Zahl der Angestellten aus der Differenz zwischen den Beschäftigten und den Arbeitern errechnet. Dann lassen sich auch die durchschnittlichen Angestelltengehälter pro Jahr und pro Monat (bei Umrechnung auf 12 Monate) und die Arbeiterlöhne sowie der Jahresumsatz pro Arbeiter und die Produktion pro Arbeiter ermitteln.

	1982	1983	1984	1985
Angestellte	3.318	3.358	3.419	3.320
Gehälter				
Durchschn. Jahr	55.084,086	56.500,297	57.588,768	60.299,818
Durchschn. Monat	4.590,34	4.708,36	4.799,06	5.019,15
Arbeiter				
Löhne				
Durchschn. Jahr	35.445,48	36.589,97	38.037,79	38.854,89
Durchschn. Monat	2.953,79	3.049,16	3.169,83	3.237,90
Umsatz je Arbeiter in DM	368.515,70	406.331,50	397.473,10	374.970,60
Produktion je Arbeiter in t	2.939,98	3.032,42	2.932,02	2.691,18
Jahreslohn je Arbeiter in v.H. des Umsatzes je Arbeiter	9,60	9,00	9,57	10,36

Vor allem ist genau zu erkennen, daß die Zahl der Arbeiter zurückgeht, während die Zahl der beschäftigten Angestellten gleich bleibt. Auch der Abstand zwischen Löhnen und Gehältern wird deutlich, obwohl in den Gehältern sowohl die schlechter bezahlten Schreibkräfte wie auch die gut bezahlten Vorstände enthalten sind. Und es ist auch zu erkennen, daß die Arbeiter stets den gleichen Anteil an dem von ihnen erarbeiteten Umsatz erhalten (vgl. Kapitel 26).

Was man/frau auf diese Weise aus den Jahresberichten der Zementindustrie errechnen muß, kann man zum Teil auch aus den Materialien des Statistischen Bundesamtes (Wiesbaden) ablesen. Sowohl im »Statistischen Jahrbuch« wie auch in »Fachreihen« und in der Zeitschrift »Wirtschaft und Statistik« kann man/frau Angaben über die Unternehmen, ihre Umsätze und Produktion, aber auch über die Beschäftigten erfahren. Auch die Bundesländer unterhalten statistische Landesämter (meist dem Innenminister zugeordnet) und veröffentlichen Jahrbücher. Statistische Jahrbücher gibt es auch für viele Behörden, Kreise, Städte, Unternehmen und ihre Verbände. Sie sind in Bibliotheken auszuleihen.

Das Statistische Bundesamt stellt die Ergebnisse der Industriegruppe »Herstellung von Zement« für die Jahre 1985 und 1986 wie folgt gegenüber:

Land: Bundesgebiet
Industriegruppe: Herstellung von Zement (2.531)

	Jan.–Dez. 1985	Jan.–Dez. 1986	Veränderung absolut	in v.H.
Betriebe	72	71	– 1	– 1,4
Beschäftigte	11.846	10.955	– 891	– 7,5
Arbeiter	8.526	7.739	– 787	– 9,7
Angestellte	3.319	3.216	– 103	– 3,1
Zahlenmäßiges Verhältnis Angestellte : Arbeiter	1 : 2,6	1 : 2,4	– 2	– 7,7
Geleistete Arbeitsstunden insgesamt in 1.000 Std.	14.123	12.985	– 1.138	– 8,1
Gel. Stunden je Arbeiter	1.656	1.678	22	1,3
Bruttolohnsumme in 1.000 DM	331.276	312.101	– 19.175	– 5,8
Durchschn. Bruttoverdienst in DM	3.238	3.361	123	3,8
Lohnkosten je geleistete Arbeiterstunde in DM	23,46	24,04	58	2,5
Bruttogehaltssumme in 1.000 DM	199.963	196.226	– 3.737	– 1,9
Durchschn. Bruttogehalt in DM	5.021	5.085	64	1,3
Gesamtumsatz in 1.000 DM	3.196.574	3.313.876	117.302	3,7
davon Auslandsumsatz in 1.000 DM	197.803	185.085	– 12.718	– 6,4
Anteil am Gesamtumsatz in v.H.	6,2	5,6	– 6	– 9,7
Umsatzanteil pro Beschäftigten in DM	269.844	302.499	32.655	12,1
Umsatzanteil je gel. Arb.-Std. in DM	226	255	29	12,8
Lohnkostenanteil am Umsatz in v.H.	10,4	9,4	– 1,0	– 9,6
Gehaltskostenanteil am Umsatz in v.H.	6,3	5,9	– 4	– 6,3
Lohn- und Gehaltskostenanteil am Umsatz in v.H.	16,6	15,3	– 1,3	– 7,8

Quelle: Statistisches Bundesamt, Fachserie 4, Reihe 4.1.1

Der Bundesverband der Deutschen Zementindustrie e. V. ist stolz darauf, daß in ihm »nahezu alle Zementhersteller der Bundesrepublik«, »nämlich 40 mit ihren über 70 Werken, zusammengeschlossen sind« und schreibt: »Unseres Wissens gibt es kein Museum, das Produktionsanlagen aus der Zementindustrie zeigt oder sich etwa den ›Arbeitsverhältnissen‹ widmet. Leider gibt es bei unseren Mitgliedern auch keine Bibliotheken und Archive, die öffentlich zugänglich wären.« Das Wort Arbeitsverhältnisse steht wirklich in Anführungszeichen.

Die Zementherstellerfirmen und ihre Werke sind:

- Alsen'sche Portland-Cement-Holding KG (GmbH & Co.),
  2000 Hamburg 11, Ost-West-Str. 69

- Alsen-Breitenburg Zement- und Kalkwerke GmbH,
  Hauptverwaltung: 2000 Hamburg 11, Ost-West-Str. 69
  Werke:
  Hansa, 2800 Bremen 21, Hüttenstraße,
  2219 Lägerdorf, Sandweg 7

- Anneliese Zementwerke Aktiengesellschaft,
  Hauptverwaltung: 4722 Ennigerloh, Postfach 65
  Werke:
  4722 Ennigerloh-Süd, Postfach 65
  4722 Ennigerloh-Nord, Postfach 65
  4787 Geseke, Postfach 87
  4790 Paderborn, Postfach 11 29

- Portland-Zementwerk Bosenberg Bücker-Flürenbrock
  GmbH & Co. KG,
  4730 Ahlen 5, Am Bosenberg 5, Postfach 47

- Breisgauer Portland-Cementfabrik Kleinkems GmbH,
  7859 Efringen-Kirchen, Alte Weinstr. 59
  Werke:
  7859 Efringen-Kirchen
  7716 Geisingen/Baden

- Breitenburger Portland-Cement-Fabrik Aktiengesellschaft,
  2000 Hamburg 11, Ost-West-Str. 69, Postfach 11 22 22

- Buderus Aktiengesellschaft,
  6330 Wetzlar, Sophienstr. 32–34, Postfach 12 20

- Andre Büechl, Kalk- und Portlandzementwerk,
  8400 Regensburg, Walhallastraße

- Portlandzementwerk Dotternhausen, Rudolf Rohrbach
  Kommanditgesellschaft,
  7466 Dotternhausen, Postfach

- Dyckerhoff Aktiengesellschaft,
  6200 Wiesbaden 1, Postfach 22 47
  Hauptverwaltung: Mainz-Amöneburg, Biebricher Str. 69

Werke:
6200 Wiesbaden 1, Postfach 22 47
6719 Göllheim, Postfach 6
5450 Neuwied/Rhein, Postfach 12 80
4040 Neuss-Hafen, Postfach 6 30
5300 Bonn 3, Postfach 32 01 80
4720 Neubeckum, Postfach 21 29
4787 Geseke, Postfach 6
4540 Lengerich, Postfach 12 40
4504 Georgsmarienhütte 1, Postfach 11 28

– Hannoversche Portland-Cementfabrik AG,
3000 Hannover 61, Anderter Str. 95, Postfach 61 02 09

– Heidelberger Zement Aktiengesellschaft
Hauptverwaltung: 6900 Heidelberg 1, Postfach 10 44 20
Werke:
7902 Blaubeuren, Postfach 11 64
6906 Leimen, Postfach 11 60
6954 Haßmersheim, Postfach 11 60 (Klinkerwerk)
8412 Burglengenfeld, Postfach 11 60
8205 Kiefersfelden, Postfach 40
8771 Triefenstein 1, Homburger Str. 41
8430 Neumarkt/Opf., Postfach 14 49
6500 Mainz-Weisenau, Wormser Str. 190

– Hellbach Zement Feldmann GmbH & Co KG,
4720 Beckum, Geißlerstr. 26, Postfach 16 49

– ZWI Zementwerk »Ilse« GmbH & Co.,
4790 Paderborn, Oberer Frankfurter Weg 190, Postfach 18 20

– Märker Zementwerk GmbH,
8856 Harburg/Schwaben, Oskar-Märker-Str. 24

– Hermann Milke KG GmbH & Co.
Hauptverwaltung: 4773 Möhnesee-Wippringen,
Delecker Weg 33,
Postanschrift: 4770 Soest, Postfach 404
Werk: 4787 Geseke, Bürener Str. 46

– E. Schwenk, Zementwerke KG
Hauptverwaltung: 7900 Ulm/Donau, Postfach 38 50
Werke:
7936 Allmendingen, Alb-Donau-Kreis
7920 Heidenheim-Mergelstetten
8782 Karlstadt/Main, Postfach 40

- Sebald Zement GmbH
  8561 Pommelsbrunn-Hartmannhof, Hunaser Str. 3
- Portland-Zementwerke Gebr. Seibel
  4782 Erwitte, Bundesstr. 55, Postfach 11 44
- Solnhofer Portland-Zementwerke GmbH
  8831 Solnhofen, Hummelberg 14
- Spenner Zement KG
  4782 Erwitte, Postfach 11 26
  Werke Diamant, Nordstern und Felsenfest
- Teutonia Zementwerk Aktiengesellschaft
  3000 Hannover 71, Lohweg 34, Postfach 20
- Thyssen Stahl Aktiengesellschaft
  4100 Duisburg 11, Postfach 11 05 61
  Werk: 4200 Oberhausen, Essener Str. 66
- Tubag, Trass-, Zement- und Steinwerke GmbH
  5473 Kruft üb. Andernach a. Rh., Postfach 11 80
- Westdeutsche Portland-Zement- und Kalkwerke
  Gebr. Gröne GmbH & Co. KG
  4787 Geseke, Brenker Str. 9, Postfach 68
- Südbayerisches Portland-Zementwerk
  Gebr. Wiesböck & Co. GmbH
  8201 Rohrdorf über Rosenheim
- Portlandzementwerk Wittekind, Hugo Miebach Söhne
  4782 Erwitte, Postfach 11 06
- Portland-Zementwerk Wössingen GmbH
  7519 Walzbachtal, Bruchsaler Straße 56, Postfach 11 20
- Portlandzementwerk »Wotan« H. Schneider KG
  5531 Üxheim 2 Ahütte
- Wülfrather Zement GmbH
  5603 Wülfrath, Wilhelmstr. 77, Postfach 13 80
  Werke:
  Flandersbach, 5603 Wülfrath
  Sötenich, 5370 Kall/Sötenich
  Schwelgern, 4100 Duisburg 11, Postfach 11 00 67
  C. Mersmann, 4720 Beckum, Postfach 14 29

Narjes + Bender, 4300 Essen 15, Postfach 15 03 02
Wellen, 5511 Wellen/Obermosel, Werkstr.

- ZEAG Zementwerk Lauffen – Elektrizitätswerk Heilbronn AG
  Hauptverwaltung: 7100 Heilbronn a. N., Postfach 16 24
  Werk: 7128 Lauffen a. N., Oskar-von-Miller-Str.
- Zementwerk Saar GmbH
  6620 Völklingen, Richardstr. 16
- Zementvertrieb Berlin GmbH & Co. KG
  1000 Berlin 65, Westhafenstr. 1
- Nordcement Aktiengesellschaft
  Hauptverwaltung: 3000 Hannover, Warmbüchenstr. 19, Postfach 45 40
  Werke:
  Höver-Alemannia, 3163 Sehnde 3 (OT Höver) Krs. Hannover
  3414 Hardegsen 1 Krs. Northeim
  3050 Wunstorf 1 Krs. Hannover
- Orion Baustoffhandelsgesellschaft mbH & Co.
  4600 Dortmund 1, Postfach 7 46
  Werk Orion mbH u. Co., 4782 Erwitte, Hüchtchenweg
- Phoenix Zementwerke Korgbeumker KG
  4720 Beckum, Stromberger Str. 201, Postfach 13 40
- Readymix Zementwerke GmbH & Co. KG
  4720 Beckum 1, Am Kollenbach 27, Postfach 18 65
- Readymix Hüttenzement GmbH
  4600 Dortmund 14, Im Karrenberg 36, Postfach 14 01 60
- Rheinische Kalksteinwerke GmbH
  5603 Wülfrath, Wilhelmstraße 77
- Saarländische Zementgesellschaft mbH
  6604 Güdingen, Am Zementwerk

In Österreich sind die größten Zementwerke die Perlmooser Zementwerke in Perlmoos, die auch Hauptaktionär der Vorarlberger Zementwerke Lorüm AG in Lorüm ist. Die Perlmooser Zement-AG gehört ihrerseits mehrheitlich der Creditanstalt-Bankverein, der größten verstaatlichten österreichischen Bank. In Wien und in Tirol gibt es noch kleinere Zementunternehmen.

In der DDR gibt es als Volkseigene Betriebe (VEB) die Baustoffkombinate in Bernburg, Karsdorf und vor allem in Rüdersdorf bei Berlin.

In Schweden hat ein Konzern alle Zementwerke übernommen und beherrscht monopolistisch den Markt. In der Bundesrepublik Deutschland werden die 70 Werke von 40 Unternehmen gehalten. Wem gehören diese Unternehmen? Wieviele Menschen sind dort beschäftigt? Wie arbeiten sie? Was verdienen sie? Wie leben ihre Familien? Wie lebten und arbeiteten ihre Vorgänger früher?

Ich habe mich beispielhaft mit der Unternehmensgruppe in der Nähe meines Wohnortes beschäftigt. In Wülfrath bei Düsseldorf gibt es große Kalkvorkommen, die seit dem Mittelalter abgebaut werden und seit der Jahrhundertwende besonders intensiv genutzt werden. Der Kalk wurde vor allem als Zuschlag für die Stahlerzeugung in den Hüttenwerken des nahen Ruhrgebietes benötigt. Deshalb sind die Wülfrather Werke eng mit den Firmen Thyssen und Krupp verbunden, die sich Kalkvorkommen und Geschäftsanteile teilen. Hier wird Kalk abgebaut und Zement hergestellt. Da bei der Stahlproduktion im Hüttenwerk nicht nur Kalk verwandt wird, sondern auch Kalkprodukte und Schlacken anfallen, die zu Ziegeln, Straßenbelägen und Zement verarbeitet werden konnten, gibt es auch an Stahlwerken eigene Zementfabriken, wie zum Beispiel die Zementfabrik in Oberhausen, die zusammen mit dem Stahlwerk vom Thyssen-Konzern aufgekauft wurde und jetzt stillgelegt wird.

Wie erfährt man etwas über das Eigentum an Unternehmen? Manchmal beschreiben Jubiläumsschriften die wechselvollen Eigentumsverhältnisse. Die Festschrift »50 Jahre Rheinische Kalksteinwerke Wülfrath 1903 bis 1953« singt das Hohe Lied des Ruhrindustriellen August Thyssen, der für seine Stahlwerke in Meiderich und Bruckhausen in Duisburg und für den Schalker Verein die Ländereien in und bei Wülfrath gleich gutshofsweise aufkaufen läßt. Und als die Firma Krupp »um diese Zeit die Friedrich-Alfred-Hütte, Rheinhausen, in großzügiger Weise ausbaut und dadurch an den Wülfrather Kalkvorkommen besonders interessiert« ist, bietet Thyssen der Firma Krupp Anteile an, und auf diese gemeinsame Nutzung kommen Krupp und Thyssen zurück, als nach dem Zweiten Weltkrieg die Konzerne von den Alliierten zunächst entflochten werden.

Über die Eigentumsverhältnisse in Unternehmen kann man in eigenen Nachschlagewerken nachlesen, zum Beispiel im »Handbuch der Großunternehmen«. Darmstadt, Harlem, Wien, Zürich: Verlag Hoppenstedt & Co. Die 34. Auflage erschien 1987 mit ca. 2.800 Seiten. Man kann sich auch an die Datenbank »Genios« der Zeitung »Handelsblatt« wenden.

Im Drei-Jahres-Rhythmus gibt die Commerzbank einen Unternehmensführer heraus, den man bei den Filialen dieser Bank erhalten kann: »Commerzbank: Wer gehört zu wem? Mutter- und Tochtergesellschaften von A–Z«. Im Teil 1 sind westdeutsche Unternehmen aufgeführt. Über einen Branchenschlüssel wird mitgeteilt, in welchem Sektor dieses Unternehmen arbeitet (z. B. 102: Gewinnung und Verarbeitung von Steinen und Erden, grob keramischen Erzeugnissen), wie groß das Grund- bzw. das Stammkapital ist, welche Person oder welches andere Unternehmen Großaktionär oder Gesellschafter ist und wie hoch der Anteil dieses Aktionärs am Unternehmen ist. Im zweiten Teil sind diese Eigentümer oder Gesellschafter alphabetisch aufgeführt, so daß man dort nachsehen kann, welche Unternehmen diesen Gesellschaftern außerdem noch gehören.

So kann man die Verflechtung der Eigentumsverhältnisse von Unternehmen herausarbeiten und gleichsam in Form eines Spinnennetzes darstellen. Dabei kann man die »horizontale« Verflechtung mit – eigentlich konkurrierenden – Unternehmen der gleichen Produktions- und Handelsebene und die »vertikale« Verflechtung im Zuge der Anlieferung von Rohmaterial, der Weiterverarbeitung, Veredelung und des Absatzes erkennen. Allerdings ist dies nur auf der Eigentums- oder Anteilsebene möglich, die realen Handelsbeziehungen haben andere Gewichte. Immerhin sind z. B. große Stahlunternehmen beteiligt. Ihr Interesse gründet sich auf vier Aspekte: 1. Sie benötigten Kalk als Zuschlag für die Stahlproduktion. 2. Aus den kalkhaltigen Neben- oder Abfallprodukten der Stahlherstellung ließen sich Zement, Steine und Beton herstellen. 3. Wer sowohl Stahl als auch Beton herstellt, verbindet die eigenen Produkte beim Verkauf als Stahlbeton. Und 4. waren Anteile im Zement- und Bausektor profitabel.

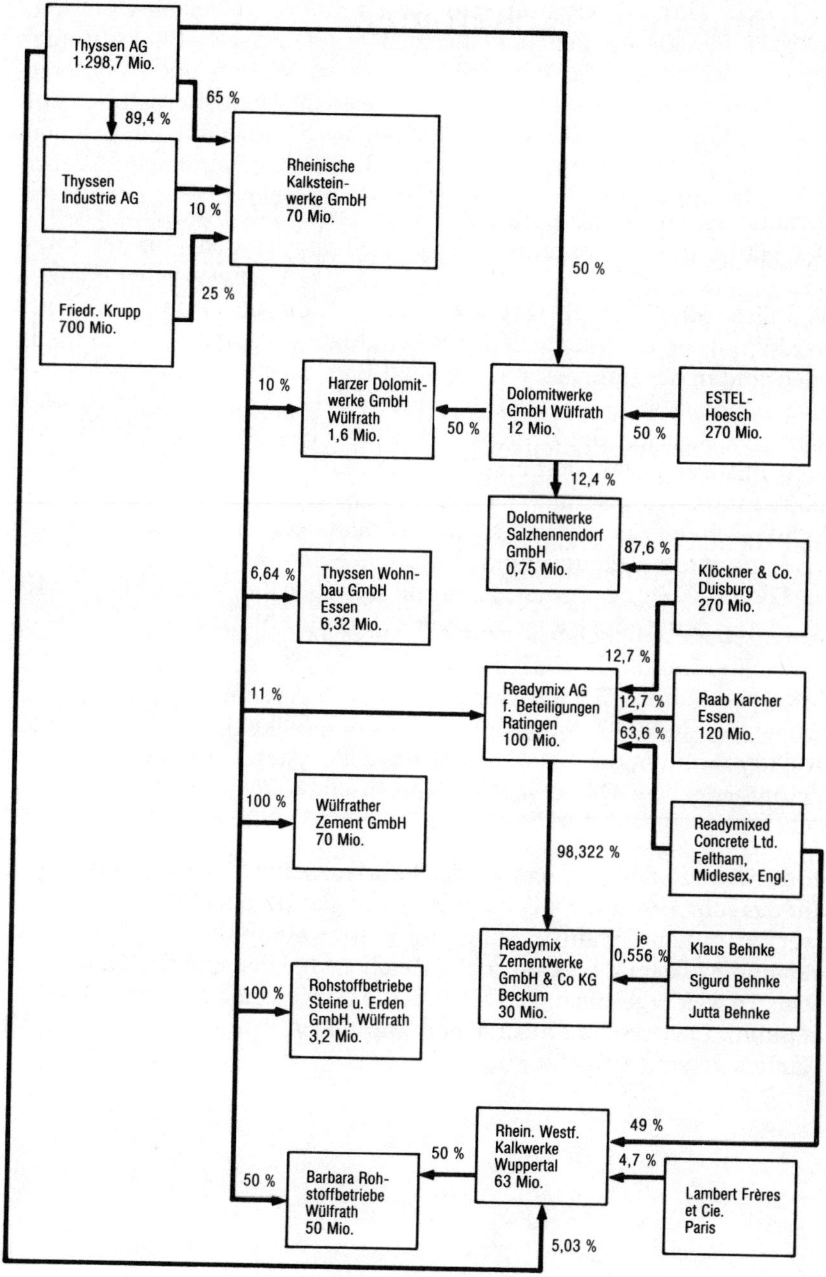
Thyssen AG
1.298,7 Mio.
65 %
89,4 %
Thyssen
Industrie AG
10 %
Rheinische
Kalkstein-
werke GmbH
70 Mio.
Friedr. Krupp
700 Mio.
25 %
50 %
10 %
Harzer Dolomit-
werke GmbH
Wülfrath
1,6 Mio.
50 %
Dolomitwerke
GmbH Wülfrath
12 Mio.
50 %
ESTEL-
Hoesch
270 Mio.
12,4 %
Dolomitwerke
Salzhennendorf
GmbH
0,75 Mio.
87,6 %
Klöckner & Co.
Duisburg
270 Mio.
6,64 %
Thyssen Wohn-
bau GmbH
Essen
6,32 Mio.
12,7 %
11 %
Readymix AG
f. Beteiligungen
Ratingen
100 Mio.
12,7 %
63,6 %
Raab Karcher
Essen
120 Mio.
100 %
Wülfrather
Zement GmbH
70 Mio.
98,322 %
Readymixed
Concrete Ltd.
Feltham,
Midlesex, Engl.
Readymix
Zementwerke
GmbH & Co KG
Beckum
30 Mio.
je
0,556 %
Klaus Behnke
Sigurd Behnke
Jutta Behnke
100 %
Rohstoffbetriebe
Steine u. Erden
GmbH, Wülfrath
3,2 Mio.
49 %
Rhein. Westf.
Kalkwerke
Wuppertal
63 Mio.
50 %
4,7 %
50 %
Barbara Roh-
stoffbetriebe
Wülfrath
50 Mio.
Lambert Frères
et Cie.
Paris
5,03 %

. . . und ihre Beschäftigten

Wo und wie sind die Beschäftigten organisiert? Die Beschäftigten etwa der Hälfte der Zementindustrieunternehmen werden von der Industriegewerkschaft Chemie, Papier, Keramik, Königsworther Platz 6, Postfach 30 47, 3000 Hannover 1, Telefon 05 11/7 63 10, Telex 9-22608 igche-d, vertreten. Die Beschäftigten der anderen Unternehmen sind in der Industriegewerkschaft Bau, Steine, Erden, Bockenheimer Landstraße 73–77, 6000 Frankfurt, Telefon 0 69/7 43 70, organisiert. Die Arbeiter des Zementwerkes der Thyssen AG in Oberhausen sind mit ihren Stahlwerkerkollegen in der IG Metall, Untermainkai, 6000 Frankfurt, Telefon 0 69/2 64 71, organisiert. Bis vor kurzem gab es noch mehr Zementwerke, die mit Stahlwerken verbunden waren und aus deren Nebenprodukten Hüttenzement herstellten.

Die IG Chemie, Papier, Keramik hat über ihre organisierten Mitglieder in dem Industriezweig Zement folgende Statistik veröffentlicht:

	1981	1982	1983	1984	1985	1986
Beschäftigte	6.060	6.322	5.932	5.613	5.481	4.866
Organisierte	4.424	4.268	4.143	4.022	3.790	3.551

Eine Statistik des »Verbandes der Fabrikarbeiter Deutschlands« weist für das Jahr 1925 die Zahlen der Betriebe, der Beschäftigten und der gewerkschaftlich Organisierten in der Betonwarenindustrie (Zementwaren und Kalkstein) im Deutschen Reich nach. Hier sind die Gaue 1 und 9 bis 16 wiedergegeben. Das umfaßt die Gebiete, die heute die Bundesrepublik Deutschland ausmachen. Sie zeigen, wie weit Zementwerke damals verstreut waren.

	Zahl der Betriebe	Zahl der Beschäftigten: männlich	weiblich	jugendlich	insgesamt	Zahl der Organisierten: im Fabrikarb.-Verband: männlich	weiblich	insgesamt	im christlichen Fabrikarb.-Verb.	im Gewerkverein Hirsch-Duncker	in andern freien Gewerkschaften	im Baugewerksbund	in and. gegn. Gewerksch.	insgesamt	Unorganisierte
Betonwaren-Industrie. (Zementwaren und Kunststein).															
Gau 1.															
Braunschweig	4	141	—	2	143	91	—	91	1	—	30	21	—	143	—
Hannover	5	153	—	—	153	95	—	95	—	—	26	15	—	136	17
Osnabrück	1	85	—	—	85	70	—	70	—	—	—	—	—	70	15
Stadthagen	1	6	—	—	6	4	—	4	—	—	—	—	—	4	2
Stadtoldendorf	1	14	—	2	16	6	—	6	3	—	—	1	—	10	6
	12	399	—	4	403	266	—	266	4	—	56	37	—	363	40
Gau 9.															
Aschaffenburg	1	21	—	—	21	1	—	1	—	—	—	—	—	1	20
Bayreuth	1	38	—	—	38	36	—	36	—	—	1	1	—	38	—
Erlangen	1	103	—	5	108	69	—	69	—	—	23	11	—	103	5
Forchheim	2	17	—	—	17	—	—	—	—	—	—	—	—	—	17
Freihung	2	80	6	12	98	65	—	65	—	—	3	—	—	68	30
Fürth	2	24	4	—	28	10	—	10	—	—	4	1	—	15	13
Hof	2	42	—	—	42	34	—	34	—	—	—	—	—	34	8
Schwabach	1	5	—	—	5	3	—	3	—	—	2	—	—	5	—
	12	330	10	17	357	218	—	218	—	—	33	13	—	264	93
Gau 10.															
Deggendorf	1	11	—	—	11	5	—	5	—	—	—	5	—	10	1
Landshut	1	30	4	—	34	25	4	29	—	—	—	5	—	34	—
München	3	85	10	12	107	54	7	61	—	—	9	5	—	75	32
Rosenheim	1	30	—	—	30	20	—	20	6	—	—	—	—	26	4
Schrobenhausen	1	10	—	—	10	—	—	—	—	—	—	—	—	—	10
	7	166	14	12	192	104	11	115	6	—	9	15	—	145	47
Gau 11.															
Göppingen	1	145	—	—	145	68	—	68	—	—	38	—	21	127	18
Heilbronn	1	60	7	4	71	60	7	67	—	—	2	—	—	69	2
Karlsruhe	1	12	—	—	12	—	—	—	—	—	—	12	—	12	—
Offenburg	4	126	—	—	126	—	—	—	—	—	89	15	—	104	22
Reutlingen	1	12	—	—	12	11	—	11	—	—	—	—	—	11	1
Singen	1	35	—	—	35	7	—	7	—	—	—	—	—	7	28
Stuttgart	1	49	—	—	49	5	—	5	—	—	—	31	—	36	18
Ulm	1	120	—	40	160	90	—	90	3	—	25	2	—	120	40
	11	559	7	44	610	241	7	248	3	—	154	60	21	486	124
Gau 12.															
Eisenberg	2	18	—	12	30	7	—	7	19	—	—	—	—	26	4
Speier	1	42	—	4	46	27	—	27	4	—	2	1	6	40	6
	3	60	—	16	76	34	—	34	23	—	2	1	6	66	10
Gau 13.															
Cassel	2	58	—	4	62	54	—	54	—	—	4	1	—	59	3
Darmstadt	2	22	—	—	22	8	—	8	—	—	—	6	—	14	8
Gießen	2	38	—	—	38	18	—	18	—	—	—	20	—	38	—
Offenbach	2	41	—	—	41	33	—	33	1	—	5	1	—	40	1
	8	159	—	4	163	113	—	113	1	—	9	28	—	151	12

	Zahl der Betriebe	Zahl der Beschäftigten: männlich	weiblich	jugendlich	insgesamt	Zahl der Organisierten: im Fabrikarb.-Verband: männlich	weiblich	insgesamt	im christlichen Fabrikarb.-Verb.	im Gewerkverein Hirsch-Duncker	in andern freien Gewerkschaften	im Baugewerksbund	in and. gegn. Gewerksch.	insgesamt	Unorganisierte
Gau 14.															
Andernach	2	74	—	10	84	15	—	15	12	—	15	—	—	42	42
Bonn	2	80	—	20	100	70	—	70	30	—	—	—	—	100	—
Düren	1	15	—	—	15	15	—	15	—	—	—	—	—	15	—
Köln	1	60	—	—	60	40	—	40	—	—	—	15	5	60	—
Neuwied	1	68	—	8	76	44	—	44	—	—	—	18	—	62	14
	7	297	—	38	335	184	—	184	42	—	15	33	5	279	56
Gau 15.															
Boizenburg	1	6	—	—	6	6	—	6	—	—	—	—	—	6	—
Lüneburg	1	44	10	—	54	35	6	41	—	—	3	—	—	44	10
	2	50	10	—	60	41	6	47	—	—	3	—	—	50	10
Gau 16.															
Bredelar	1	74	—	14	88	88	—	88	—	—	—	—	—	88	—
Burgsteinfurt	1	14	—	—	14	14	—	14	—	—	—	—	—	14	—
Dortmund	1	16	—	2	18	16	—	16	2	—	—	—	—	18	—
Duisburg	1	4	17	—	21	4	17	21	—	—	—	—	—	21	—
Emmerich	1	10	—	—	10	4	—	4	—	—	—	—	—	4	6
Essen	3	125	23	44	192	110	6	116	10	1	4	—	2	133	59
Hagen	3	62	—	3	65	—	—	—	18	—	—	—	—	18	47
Herdecke	1	8	—	—	8	—	—	—	—	—	—	—	—	—	8
Recklinghausen	1	30	8	12	50	16	2	18	—	—	—	—	—	18	32
	13	343	48	75	466	252	25	277	30	1	4	—	2	314	152

Über die Arbeiter kann man auch in den deutschen Jubiläumsschriften der Unternehmen ähnliches lesen wie in schwedischen, nämlich daß sie Gegenstand der Fürsorge und der Überlegungen des Unternehmens waren. So liest man in »50 Jahre Rheinische Kalksteinwerke Wülfrath«:

»Die Werksgemeinschaft. Die Zeiten, in denen Jahr für Jahr große Scharen von Fremdarbeitern nach Wülfrath kamen, liegt nun lange zurück – viel länger als die 50 Jahre, die seitdem vergangen sind; denn zwischen dem Damals und heute verwüsteten zwei Weltkriege Europa und veränderten das Leben so gründlich, daß jene Anfangszeiten in graue Ferne gerückt erscheinen. Am größten sind die sozialen Veränderungen. Vieles, was heute selbstverständlich ist, wie zum Beispiel der Acht-Stunden-Tag, war zu Anfang dieses Jahrhunderts noch heiß umstritten. Langsam setzte sich der Gedanke durch, daß ein Unternehmen nur gedeihen kann, wenn alle in ihm Beschäftigten sich dem Werk, seiner Entwicklung und auch seinen Sorgen verbunden fühlen. Für die Rheinischen Kalksteinwerke stand die ›soziale Frage‹ stets im Mittelpunkt aller Überlegungen. Die Verhältnisse, die sich durch den Einsatz von Fremdarbeitern herausgebildet hatten, konnten unmöglich von Dauer sein. Und doch waren sie nicht von einem Tag auf den anderen zu ändern. Nur allmählich gelang es, Arbeiter in Wülfrath seßhaft zu machen, die bereit waren, das Werken im Steinbruch auf sich zu nehmen. Neben der Mechanisierung des Betriebes, welche die Arbeit erleichterte, galt es, gute Wohnungen zu schaffen, in denen sich der Arbeiter wirklich zu Hause fühlen konnte . . .«

Immerhin ist der gleichen Jubiläumsschrift auch zu entnehmen:

»Die Arbeiterfrage aber war das schwierigste Problem für den jungen aufstrebenden Betrieb. Die Wülfrather arbeiteten in der Textil- und Eisenindustrie und lehnten eine Arbeit in den Brüchen entschieden ab. Deutsche Arbeitskräfte waren nur als Maschinenpersonal, als Schießmeister und für handwerkliche Tätigkeit zu gewinnen. Für die eigentlich sehr harte Arbeit im Bruch mußten italienische Wanderarbeiter, Kroaten und Polen herangezogen werden. Die besten Steinbrucharbeiter kamen aus Norditalien. Besonders die ›Tiroler‹ waren gesucht, da sie von den heimatlichen Steinbrüchen her die schwere Arbeit gewöhnt waren. Die von den ›Seelenverkäufern‹ angeworbenen ausländischen Arbeiter kamen mit dem frühen Frühling und kehrten größtenteils im Herbst in die Heimat zurück, um den Winter mit der Familie zu verbringen. So ergab sich ein ständiger ungewöhnlich starker Wechsel, der die Arbeit überall erschwerte. Viele der von den Rheinischen Kalksteinwerken Angeworbenen wanderten im übrigen zu anderen Unternehmen ab, weil sie sich dort leichtere Arbeit versprachen und fanden.

Das blieben nicht die einzigen Schwierigkeiten für die Leitung. In Zeiten der Konjunktur eine ausreichende Zahl von Arbeitern zu finden, erwies sich als unmöglich. Als die Anforderungen an Flandersbach wuchsen, ließen sie sich aus Arbeitermangel nicht befriedigen. Selbst Handwerker waren nur schwer aufzutreiben. Die Sorgen der Geschäftsführung auf diesem Gebiet endeten damals nie.

Dabei wurde die Arbeit ungewöhnlich gut bezahlt. Während ein deutscher Meister 4,50 M bis 5 M erhielt, gab es italienische Steinbrecher, die 12 große Loren am Tage luden und damit 10 bis 12 M verdienten. Immer zwei Arbeitern wurde eine Nummer zugeteilt, daß heißt eine bestimmte Strecke auf der Sohle, die sie nach eigenem Gutdünken zu bauen hatten. Sie mußten zusehen, wie sie ihre Arbeit am lohnendsten anpackten. Auch die Unkosten der Bohrungen hatten die Steinbrecher anfangs noch selbst zu tragen. Und bis 1926 blieb es üblich, daß sie das Dynamit persönlich bezahlten. Dadurch wurde der Verbrauch an Sprengstoff erheblich heruntergedrückt.«

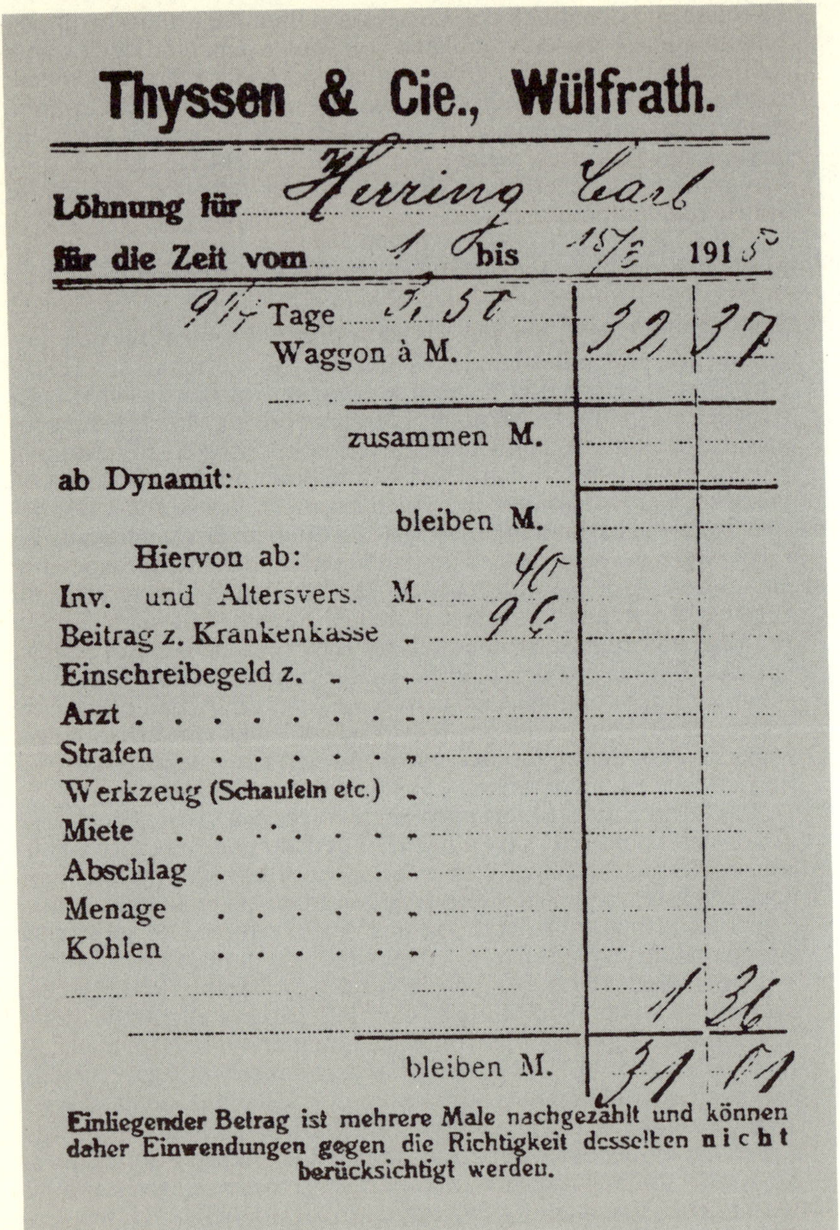

Thyssen & Cie., Wülfrath.

Löhnung für Herring Carl

für die Zeit vom 1/3 **bis** 15/3 **191**5

9¼ Tage à 3,50	32	37
Waggon à M.		
zusammen M.		
ab Dynamit:		
bleiben M.		
Hiervon ab:		
Inv. und Altersvers. M. 40		
Beitrag z. Krankenkasse „ 96		
Einschreibegeld z. „		
Arzt „		
Strafen „		
Werkzeug (Schaufeln etc.) „		
Miete „		
Abschlag „		
Menage „		
Kohlen „		
	1	36
bleiben M.	31	01

Einliegender Betrag ist mehrere Male nachgezählt und können daher Einwendungen gegen die Richtigkeit desselben nicht berücksichtigt werden.

Lohnzettel von Thyssen in Wülfrath 1915

Ob wohl außer der Geschäftsführung noch jemand nie endende Sorgen hatte? War diese Art der Beschäftigung das, was ältere Handwerker über ihre Lehr- und Wanderjahre in fremden Ländern berichten (siehe Kapitel 1)? Sind die italienischen und kroatischen Arbeiter nicht aus den gleichen Gründen im Winter in ihre Heimat zurückgekehrt, aus denen Karl Malmkvist seine Ersparnisse aufbrauchte (s. Kapitel 25)? Wollten die Saison-Wander-Arbeiter im Winter wirklich in ihre Heimat zurück, oder waren sie im Winter deshalb arbeitslos, weil der Betrieb eingestellt wurde? Gibt es an Deinem Wohnort, in Deiner Gegend auch Beispiele für Saison-Wander-Arbeiter? Welche Arbeiten führten sie aus? Wohin gingen sie oder woher kamen sie?

Hilfen für die Arbeit . . .

. . . in der Grabe-wo-Du-stehst-Bewegung

Wer heute mit dem Graben beginnt, kann viele Hilfen erhalten. Er/sie muß nicht alles neu erarbeiten oder gar erfinden. Dieses Buch ist ein wichtiges Hilfsmittel, und die Erfahrungen der vielfältigen Grabe-wo-Du-stehst-Bewegung sind ebenso hilfreich.

Wer über eine bestimmte Branche forschen möchte, kann mit Nutzen die Ergebnisse verwenden, die andere Forscher an ganz anderen Orten für die gleiche Branche erarbeitet haben. Und wer an einem bestimmten Ort Geschichte erforscht, kann mit dem Material und den Ergebnissen anderer Personen und Gruppen arbeiten, auch wenn diese ganz andere Schwerpunkte gesetzt haben als man selber setzen will. Die Berichte über Forschungen der Alltagsgeschichte können immer auch so gelesen werden, daß man/frau aus ihnen lernt, wie der Gegenstand des eigenen Interesses bearbeitet werden soll.

Es ist überaus aufschlußreich, wenn man etwa folgende Fragen überprüft:
Kann ich genau solches Material erhalten? Wo hat der/die andere das Material zusammengetragen? Finde ich auch solch eine Quelle? Welche Gesichtspunkte werden stark betont? Paßt das auch auf meinen Gegenstand? Was fehlt oder was wird (zu) kurz behandelt? Was ist mit einer Quelle belegt und was ist Meinung? Ist die Sicht der Dinge des/der anderen auch meine Sicht der Dinge?

Der Deutsche Gewerkschaftsbund (DGB) hat ein umfangreiches Projekt »Geschichte von unten« gestartet, in dem Beispiele für Betriebsgeschichte, die Geschichte der Verwaltungsstellen der Einzelgewerkschaften aufgearbeitet weren und in dem ein eigener Jugendschwerpunkt gebildet wurde. Rundbriefe des DGB-Projektes »Geschichte von unten« informieren über verschiedene Einzelprojekte und über Tagungen. Sie ermöglichen einen ersten Erfahrungsaustausch. (Kontaktadressen: DGB-Bundesvorstand, Abteilung Jugend, Hans-Böckler-Straße 39, 4000 Düsseldorf, Telefon 02 11/4 30 11, und DGB-Bundesschule Hattingen, Am Homberg 46–50, 4320 Hattingen, Telefon 0 23 23/2 24 21). Ein Handbuch faßt die Erfahrungen und Ergebnisse zusammen, es ist vom Leiter des DGB-Projektes zusammengestellt worden: Manfred Scharrer: Macht Geschichte von unten. Handbuch für gewerkschaftliche Geschichte vor Ort, (Köln 1988).

Der Österreichische Gewerkschaftsbund (ÖGB) nennt seine Geschichtswerkstätten-Bewegung »Grabe-wo-Du-stehst-Bewegung«. Ausführliche Projekt- und Ergebnisbeschreibungen können über die Kontaktadresse: ÖGB-Bildungsreferat, Volksgartenstraße 40, A-4020 Linz, angefordert werden.

In der SPD haben sich seit längerem Ortsvereine daran gemacht, ihre Geschichte zu erforschen: Die Jahrestage der Verfolgung im Kaiserreich unter den Sozialistengesetzen, die Machtergreifung der Nazis, die Jahrestage der Gründung der Ortsvereine und die 125jährige Geschichte der Partei waren dafür oftmals Anlaß. Über 700 Ortsvereine haben eine Geschichtsgruppe gebildet. Beim SPD-Parteivorstand wurde eine Historische Kommission gegründet. Sie hat Material aufgearbeitet, Kongresse veranstaltet und einen Leitfaden herausgegeben: »Historische Spurensuche in der politischen Praxis für Ortsvereine und Arbeitsgemeinschaften« (Kontaktadresse: SPD-Parteivorstand, Ollenhauerstraße 1, 5300 Bonn 1, Telefon 02 28/53 21).

Einen Überblick über Festschriften der Ortsvereine, Arbeitsgemeinschaften und anderer gibt Christoph Stamm: »Regionale Fest- und Gedenkschriften der deutschen Arbeiterbewegung, annotierte Bibliographie von Fest-, Gedenk- und ähnlichen Schriften regionaler und lokaler Organisationsgliederungen der deutschen Arbeiter- und Angestelltenbewegung bis 1985« (Bonn 1987).

Bei der historischen Einordnung (s. Kapitel 4) helfen auch folgende Bücher:

Susanne Miller/Heinrich Potthoff: Kleine Geschichte der SPD. Darstellung und Dokumentation 1848–1983. Bonn 1983.

Franz Osterroth/Dieter Schuster: Chronik der deutschen Sozialdemokratie. 3 Bände. Bonn 1975.

Programmatische Dokumente der deutschen Sozialdemokratie. Herausgegeben und eingeleitet von Dieter Dowe und Kurt Klotzbach. Bonn 1984.

Thomas Meyer u. a.: Lexikon des Sozialismus. Köln 1986.

Lern- und Arbeitsbuch deutsche Arbeiterbewegung. Darstellung – Chroniken – Dokumente. 4 Bände. Bonn 1988.

Hans Hautmann/Rudolf Kropf: Die österreichische Arbeiterbewegung vom Vormärz bis 1945. Sozialökonomische Ursprünge ihrer Ideologie und Politik. Wien 1978.

Bei der Friedrich-Ebert-Stiftung wird das »Archiv der sozialen Demokratie« (Godesberger Allee 149, 5300 Bonn 2, Telefon 02 28/88 31) unterhalten, dessen Hauptsammelgebiet die Geschichte der deutschen und internationalen Arbeiterbewegung ist. Hier gibt es auch eine Bibliographie lokaler und regionaler SPD-Festschriften in der Bibliothek des Archivs der sozialen Demokratie (Bibliothek der Friedrich-Ebert-Stiftung), bearbeitet von Hans-Paul Höpfner, 2. Auflage, Bonn 1984.

Das Dr.-Karl-Renner-Institut hat im Auftrage des Bundesbildungsausschusses der SPÖ Arbeitsmaterialien herausgegeben: »Heute für morgen lernen. ›Vorwärts und nicht vergessen . . .‹ Unsere Geschichte selber machen.« Kontaktadressen: Renner-Institut, Khleslplatz 12, A-1125 Wien, Telefon 02 29/84 65 01, und SPÖ-Parteivorstand, Bundesbildungssekretariat, Löwelstraße 87, Wien, Telefon 02 22/5 34 27. Das zentrale Archiv der SPÖ ist: Verein für Geschichte der Arbeiterbewegung, Albertgasse 23, 1080 Wien, Telefon 02 22/42 04 86.

In Recklinghausen ist das »Forschungsinstitut für Arbeiterbildung« (Kirchplatz 2, 4350 Recklinghausen, Telefon 0 23 61/5 70 34-35) im Rahmen eines Kooperationsvertrages zwischen der IG Metall und der Ruhr-Universität Bochum errichtet worden. Das Institut trägt historische Forschungen zusammen und kann auch bei der Beschaffung von Büchern und Materialien helfen.

Viele Professoren an den Universitäten haben Interesse an der Erforschung von Alltagsgeschichte. Oft schreiben sie nicht nur ihre eigenen Bücher, sondern helfen auch gern Studienzirkeln bei ihrer Arbeit. Man findet ihre Namen in den vielen Veröffentlichungen dieses Sektors. Man sollte sie einfach anschreiben, ihnen die eigenen Absichten vorstellen und um Unterstützung der eigenen Arbeit bitten.

Mittlerweile gibt es viele Projektberichte, aus denen die Schwierigkeiten beim Zusammentragen des Materials und die Erfolge bei der Präsentation eines neugewonnenen Bildes von der Wirklichkeit, die man neu entdecken mußte, abzulesen sind. Aus ihnen kann man die Vielfalt behandelter Themen ablesen, aber auch methodische Grenzen. Unter den vielen Büchern, die Projekte und die konkrete Arbeit von Geschichtswerkstätten in der Grabe-wo-Du-stehst-Bewegung vorstellen, sind hervorzuheben:

Hannes Heer, Volker Ullrich (Hrsg.): Geschichte entdecken – Erfahrungen und Projekte der neuen Geschichtsbewegung. Reinbek 1985.

und

Jürgen Kinter, Manfred Kock, Dieter Thiele: Spuren suchen – Leitfaden zur Erkundung der eigenen Geschichte. Hamburg 1985.

An dem Buch von Heer und Ullrich ist besonders bemerkenswert, wie offen die ersten erfolgreichen Autoren, Projektleiter, Projektbeteiligten unter den Chronisten einer sozial verpflichteten Geschichte von unten nicht nur über die neuen Methoden und Möglichkeiten, sondern zugleich über die Probleme und Schwierigkeiten, kurz: über die Tücken des Objekts berichten und darüber, was man aus ihnen lernen kann. Interessant ist auch, wie die Autoren das Verhältnis des darstellend Erzählten zu den historisch-politischen Einsichten, die daraus zu ziehen sind, sehen. Sie verweisen auch auf diese Berichte und Projekte – vom »Hochlarmarker Lesebuch: Kohle war nicht alles« (Oberhausen: Asso-Verlag 1981) über den »Schülerwettbewerb Deutsche Geschichte« (Kontaktadresse: Koerber-Stiftung, Postfach 80 06 60, 2050 Hamburg 80, Telefon 0 40/7213554) und die »Spurensicherung im Stadtteil Ottensen« bis zur Einordnung der alternativen Geschichtsforschung, den Ortserkundungen und der Frauengeschichte.

Das Buch von Kinter, Kock und Thiele enthält viele gute Hinweise für alle, die Interviews mit Film und Tonband machen wollen, und informiert darüber, wie man mit Tonbandgerät oder Cassettenrecorder, mit Fotoapparat und Videokamera arbeitet. Beide Bücher enthalten Listen von Geschichtswerkstätten und Kontaktpersonen.

Im Mai 1983 wurde die »Geschichtswerkstatt« e. V. gegründet. Sie ist der bundesweite Zusammenschluß von etwa 50 lokalen Geschichtswerkstätten und ähnlichen Gruppen sowie über 300 Einzelpersonen, Männern und Frauen, die zumeist als Historiker, Archivare, Journalisten, oder in der Erwachsenenbildung arbeiten, aber auch Arbeitslose und Studenten. Der Verein publiziert eine eigene Zeitschrift »Geschichtswerkstatt« (im ergebnisse-Verlag, Hamburg) und organisiert Geschichtsfeste. So bereits in Berlin, Hamburg, Dortmund, Hannover und Bonn (Kontaktadresse: Wilfried Busemann, Adolfstraße 57, 5300 Bonn 1, Telefon 02 28/63 24 21).

Das nordrhein-westfälische Landesinstitut für Schule und Weiterbildung (Paradieser Weg 64, 4770 Soest, Telefon 0 29 21/68 31, Telex 847320 lsw-so) gibt eine Auswahlbibliographie »Lernen vor Ort« für Mitarbeiter der Weiterbildung heraus, die vom Soester Verlagskontor (Jacobistraße 46, 4770 Soest) vertrieben wird. Diese Bibliographie erleichtert die Suche nach Aufsätzen und Berichten. Die Zahl der Berichte ist zu imposanter Länge angewachsen. Das Landesinstitut stellt auch unter dem Titel »Von der Lokalgeschichte zur Stadtteilkommunikation« aus den Angeboten der Volkshochschulen all jene Veranstaltungen zusammen, in denen »vor Ort« Geschichte und aktuelle soziale Erfahrungen aufgearbeitet werden. Damit liegt gleichsam ein Verzeichnis der in diesem Bereich engagierten Forschungsgruppen, Studienzirkel und Diskussionsgruppen der Volkshochschulen vor, die sich zum Teil auch als Geschichtswerkstätten verstehen.

Eine ausführliche Bibliographie ist vorgelegt worden von Frank Sygusch, Peter Engel, Marianne Peter, Hans-Jürgen Strack: Das Problem der sozialen Konstruktion historisch dokumentierter Wirklichkeit, Linden 1985. Hier werden über 800 Titel zu Biographieforschung, Ethnomethodologie und mündlicher Geschichtsschreibung dokumentiert. Erhältlich ist das Heft bei Frank Sygusch, Gießener Pforte 43, 6307 Linden.

Darüber hinaus ist die Erhebung von Bernd Parisius, Franz-Josef Brüggemeier, Lutz Niethammer, Ingrid Klare: Ergebnisse einer Erhebung über Bestände und laufende Projekte zur Oral History in der Bundesrepublik Deutschland, Hagen 1983, von Interesse. Sie listet die Ergebnisse einer Fragebogenaktion zu Beständen und Vorhaben der Erinnerungsarbeit aus. Die Aktion wandte sich an etwa 500 historische, politologische, sozialwissenschaftliche und volkskundliche Institute und Stadtarchive, größere Staats- und Werksarchive, Schallarchive der Rundfunkhäuser sowie einzelner Forscher. Geantwortet haben 120 Institutionen/Einzelpersonen.

... im Museum

Industriegeschichte hat in den letzten Jahren ihren Anspruch verstärkt, gleichberechtigt neben andere Sektoren der Geschichtsschreibung gesellschaftlicher Realität zu treten. In imposant gestalteten Ausstellungen haben deutsche Bundesländer in den siebziger Jahren ihre Geschichte mit den früheren Fürstenhäusern absichtsvoll verknüpft: Baden-Württemberg mit einer Ausstellung über die Stauffer, Bayern über die Wittelsbacher (gleich drei Ausstellungen auf einmal), Berlin mit Preußen bzw. dem Haus Hohenzollern. Mit dem Projekt eines »Deutschen Historischen Museums« in Berlin und einem »Haus der Geschichte der Bundesrepublik Deutschland« in Bonn betreibt die derzeitige Bundesregierung eine Fortsetzung entsprechend einseitiger konservativer Geschichtsdeutung und -vermittlung. »Wer die Geschichte hat, der hat die Zukunft«, reklamiert ihr Berater Michael Stürmer freimütig diese Art der Besetzung von Begriffen und Inhalten.

Immerhin haben jene Ausstellungen und Absichten einige (m. E. viel zu wenige!) Diskussionen provoziert, welche anderen Linien historischer Kontinuitität und auch welche Brüche besser beachtenswert sind.

Nach der Wittelsbach-Ausstellung in Bayern hat beispielsweise das Germanische Nationalmuseum in Nürnberg (Kartäusergasse 1, 8500 Nürnberg, Telefon 09 11/20 39 71) eine Ausstellung »Leben und Arbeiten im Industriezeitalter« durchgeführt. Das Nürnberger »Centrum Industriekultur« (Äußere Sulzbacher Str. 60, 8500 Nürnberg 20, Telefon 09 11/16 46 72) hat mehrere Ausstellungen zur Geschichte von Industrie und Arbeit veranstaltet und gibt eine eigene Schriftenreihe »Aufriss« (bisher 6 Hefte und zahlreiche Einzelpublikationen) zu diesen Themen heraus. Das Land Nordrhein-Westfalen verfolgte den Plan einer Landesausstellung zum Thema »Industrialisierung«, der aus Geldmangel (!) aufgegeben wurde.

Die Industriemuseen treten stärker hervor, verstehen sich auch nicht mehr allein als mögliche Technikmuseen, sondern auch als solche der Arbeit. Eigens der Arbeit gewidmete Ausstellungen und Museen sind zu besichtigen, etwa das »Museum der Arbeit« in Hamburg-Barmbek (Maurienstraße 19, 2000 Hamburg 60, Telefon

0 43/34 91 21). Das »Westfälische Freilichtmuseum« in 5800 Hagen und das »Rheinische Industriemuseum« mit seiner Zentrale in 4200 Oberhausen (Hansastraße 18, Telefon 02 08/2 50 11) und das »Westfälische Industriemuseum« in der Zeche Zollern in 4600 Dortmund-Bövinghausen unterhalten Außenstellen mit denkmalgeschützten industriellen Produktionsanlagen. Diese Museen sammeln Maschinen und Maschinenbauteile sowie Anschauungsmaterial zur Arbeits- und Lebenswelt der Industriearbeiter und ihrer Familien. Das »Ruhrland-Museum« der Stadt Essen (Goethestraße 41, 4300 Essen 1, Telefon 02 01/88 84 11) hat unter anderem auf der Sozialgeschichte der Industrialisierung des Ruhrgebietes einen Schwerpunkt. Das »Bergbaumuseum« in Bochum (Vödestraße 28, 4630 Bochum, Telefon 02 34/1 50 21-22) dokumentiert den Bergbau nicht nur des Ruhrreviers. Die Stadt Mannheim und das Land Baden-Württemberg wollen 1989 ein »Museum für Technik und Arbeit« eröffnen, das die Technik und die Sozialgeschichte des deutschen Südwestens ab etwa 1750 präsentieren soll. Das »Deutsche Museum von Meisterwerken der Naturwissenschaft und Technik« (Museumsinsel 1, Postfach 26 01 02, 8000 München 22, Telefon 0 89/2 17 91, Telex 05-24211) unterhält zu vielen Bereichen der technischen Entwicklung Ausstellungen, es hat aber »leider noch keine Ausstellung über Bautechnik und damit zusammenhängende Bereiche«. Das neu konzipierte »Museum für Verkehr und Technik« in Berlin (Trebbiner Str. 9, 1000 Berlin 61, Telefon 0 30/25 48 40) ist industrieller Technik, Produktion und Arbeit gewidmet und betont dabei die Bedeutung des Verkehrswesens. Das von der UNO ausgezeichnete Museum der Stadt Rüsselsheim (In der Festung, 6090 Rüsselsheim, Telefon 0 61 42/4 26 20) stellt, als Industriemuseum, die Industriegeschichte nicht als Technik-, sondern als Sozialgeschichte dar. In mehreren Städten gibt es Initiativen, um Museen der Arbeit einzurichten, so zum Beispiel in Hannover und Bremen. In Steyr/Ober-Österreich wurde 1988 die vorbildliche Landesausstellung »Arbeit, Mensch, Maschine – der Weg in die Industriegesellschaft« gezeigt. Als »Museum industrieller Arbeitswelt« (Wehrgraben, A-401 Steyr) soll diese Ausstellung bestehen bleiben. Zwei überaus eindrucksvolle Bände dokumentieren die Ausstellung und die ihr zugrunde liegenden Forschungsergebnisse zur Alltagsgeschichte.

. . . in Archiven

Zu den Mitarbeitern dieser Museen, aber auch zu denen vieler Archive unterhalten die in der Grabe-wo-Du-stehst-Bewegung Engagierten gute Kontakte. Sie helfen, Material zusammenzutragen, Quellen zu erschließen und auszuwerten, Ausstellungen zu gestalten. Das Ruhrland-Museum in Essen hat es sich sogar zur Aufgabe gemacht, lokale Initiativen der Grabe-wo-Du-stehst-Bewegung mit Know-how und Material (zum Beispiel mit Ausstellungssystemen) zu unterstützen.

Unter den Archiven sind die Stadt- und Kreisarchive diejenigen, die allgemein Archivalien von lokaler Bedeutung und insbesondere wirtschafts- und sozialgeschichtlich interessantes Material sammeln. In den Bundesländern gibt es 36 Staatsarchive mit unterschiedlicher regionaler Zuständigkeit.

Das Bundesarchiv in Koblenz (Potsdamer Straße 1, Postfach 320, 5400 Koblenz, Telefon 02 61/50 50, Telex 261852 BArchKO, Öffnungszeiten des Benutzersaals montags bis donnerstags 8.00 bis 20.45 und freitags von 8.00 bis 19.00 Uhr) ist Zentralarchiv der Bundesrepublik Deutschland. Es unterhält Außenstellen in 7800 Freiburg Breisgau (Wiesentalstraße 10, Telefon 07 61/4 20 06 (Militärarchiv), in 5100 Aachen-Konelimünster (Abteigarten 6, Telefon 0 24 08/30 31 32, Personalunterlagen), in 6000 Frankfurt (Seckhäcker Gasse 4, Telefon 0 69/2 12-52 20, Reichskammergericht, Nationalversammlung) und Rastatt als Erinnerungsstätte für die Freiheitsbewegungen in der deutschen Geschichte (Schloß, 7550 Rastatt, Telefon 0 72 22/3 94 75) und ein großes Filmarchiv in Koblenz mit umfangreichen Dokumentar- und Spielfilmbeständen.

Die Benutzung der Archivalien wird nicht jedermann ohne weiteres gestattet, ist beim Nachweis von wissenschaftlichen, journalistischen und »berechtigten« persönlichen Interessen aber möglich.

Aus dem geheimen Staatsarchiv des preußischen Staates sind viele Bestände im geheimen Staatsarchiv Preußischer Kulturbesitz (Archivstraße 12–14, 1000 Berlin 33, Telefon 0 30/83 20 31) vorhanden. Der größte Teil gelangte in das Deutschen Zentralarchiv, Zweigstelle Merseburg, DDR. Viele Materialien werden im Zentralen Staatsarchiv der DDR (Berliner Straße 98–101, DDR-15 Potsdam) verwaltet.

Die zentralen österreichischen Archive sind: Das Österreichische Staatsarchiv (Minoritenplatz 1, 1014 Wien, Telefon 02 22/66 15-0), das sich in verschiedene Sammlungen aufspaltet. Die wichtigsten Bestände für unsere Fragen befinden sich im Allgemeinen Verwaltungsarchiv, das jetzt ins Republikarchiv (Nottendorferg. 1030 Wien, Telefon 02 22/78 66 41) übersiedelt. Die einzelnen Landesarchive haben für eine Geschichte von unten ebenfalls wertvolle Bestände, vor allem das Behördenmaterial über die frühere Arbeiterbewegung. Dazu kommen Stadtarchive, Gemeindearchive etc. Die für die Arbeitergeschichte zentralen Sammlungen hat aber der Verein für Geschichte der Arbeiterbewegung (Albertgasse 2, 1080 Wien, Telefon 02 22/42 04 86). Für die Jahre 1934 bis 1945 ist das Dokumentationsarchiv des österreichischen Widerstandes (Wipplingerstr. 8, 1010 Wien, Telefon 02 22/53 4 36) die zentrale Sammlung.

Die evangelischen Kirchen unterhalten zentrale Archive in Nürnberg, Braunschweig, Hamburg, Hannover, Stuttgart, Berlin; die katholische Kirche entsprechende Einrichtungen in Aachen, Köln, Trier, Würzburg und München sowie regionale und lokale Archive bei den Dekanaten, Pfarreien und Superintendenturen.

Firmen und Werke unterhalten eigene Archive, gelegentlich gibt es Regionalarchive wie das Rheinisch-Westfälische Wirtschaftsarchiv e. V. (Unter Sachsenhausen 29–31, 5000 Köln 1) oder die Stiftung Westfälisches Wirtschaftsarchiv (Märkische Straße 120, 4600 Dortmund).

Auch die Gewerkschaften, Parteien, Kammern, Stiftungen, wissenschaftlichen Institute, Landesparlamente, Zeitungen, Rundfunkanstalten unterhalten Archive.

Viele Archive und Museen haben Verzeichnisse über ihre Bestände erstellt, die man im Buchhandel oder in Bibliotheken erhalten kann oder, wenn sie nicht allzu umfangreich sind, auf Anforderung zugeschickt bekommt, allerdings nicht immer kostenlos.

Wie Museen, Bibliotheken und Archive arbeiten, ist zusammengefaßt in Alheidis von Rohr: »Kulturgut. Erfassen. Erschließen. Erhalten.« (Göttingen 1977). Sie beklagt, »daß die Eigentümer der privaten Archive nur bei Arbeiten Zugang gewähren, bei denen sie ganz sicher sind, keine Schädigung ihres Namens befürchten zu müssen.« »Da sie jedoch häufig Material zu Kultur-, Gesellschafts- und Wirtschaftsgeschichte enthalten, das nicht in den staatlichen Archiven dokumentiert ist, besteht bei Historikern ein beträchtliches Interesse gerade an diesen Archiven.« Sie bestätigt, daß »die Hinwendung zu sozialhistorischen Fragen, das Bedürfnis für statistisches Material und das Interesse an

Bewegungen, die gegen die jeweiligen Regierungen gerichtet waren (Freiheitsbewegungen, Revolutionen, Arbeiterbewegung), deutlich gemacht (haben), welche Dokumente in den Archiven fehlen oder nicht genügend verzeichnet und ausgewertet sind. Wege, wie das historisch wichtige Material der Wirtschaftsbetriebe und der Medien heutzutage in den staatlichen Archiven ausreichend dokumentiert werden können, zeichnen sich bisher nicht ab.«

Der Verein deutscher Archivare veröffentlicht: »Archive und Archivare in der Bundesrepublik Deutschland, Österreich und der Schweiz« (München 1986). Eine spezielle Archivliste wurde zusammengestellt von Dieter Dowe: »Führer zu den Archiven, Bibliotheken und Forschungseinrichtungen zur Geschichte der europäischen Arbeiterbewegung« (Archiv für Sozialgeschichte, Beiheft 11, Bonn 1984).

Außer den Schriftstücken sind auch Foto-, Film- und Tondokumente interessant und wichtig, aber schwierig auszugraben und zu bearbeiten. Aber da vielfach aktuelle Verhältnisse auf Film oder Video oder in Foto- oder Ton-Reportagen festgehalten werden, ist es gleichfalls interessant, mit älterem dokumentarischem Material zu arbeiten. Alheidis von Rohr schreibt über Bildarchive:

> »In Bildarchiven (gewerbliche werden auch Bildagenturen oder Bilderdienste genannt) werden Fotos gesammelt, systematisch erfaßt, archiviert und für Interessenten bereitgehalten. Pressefotos und Fotoreproduktionen werden meist als Dokumente der Zeit, nicht als künstlerisches Erzeugnis gesammelt. In Forschungsinstituten begnügt man sich oft mit dem Angebot zur Präsenzbenutzung von Positiven mit Nachweis der Bestellmöglichkeit. Andere Bildarchive sehen ihre Aufgabe darin, Mittler zwischen der Quelle (Original, Sammlung, Spezialfotograf u. a.) und dem Verbraucher (Autor, Verlag, Presse, Fernsehen) zu sein. Diese Bildarchive fertigen auf Bestellung Fotografien von den vorhandenen Originalen (z. B. in Museen, Archiven, Bibliotheken) oder sie verwalten Fotobestände und die zugehörigen Bildrechte (Foto-Schutzrecht 25 Jahre; ein Kunstwerk ist dagegen noch 70 Jahre nach dem Tode des Autors geschützt).
>
> Zu den großen privaten Bildarchiven mit historischem Material (die Autotypie gibt es seit 1881) gehören der Süddeutsche Verlag in München (über 11 Mill. s/w-Fotos), Ullstein in Berlin, Keystone in München und das Archiv für Kunst und Geschichte in Berlin. Auch das Bildarchiv Preußischer Kulturbesitz in Berlin (Bildmaterial 2 Mill.) ist nach gewerblichen Grundsätzen geführt.
>
> Die Foto-Dokumentation des Bundesarchivs in Koblenz ist nach nationalen Kriterien ausgerichtet. Nach regionalen Gesichtspunk-

ten sammeln die 14 Landesbildstellen und die insgesamt 506 Kreis- und Stadtbildstellen, die den Landesbildstellen unterstehen. Ihr Ziel ist die pädagogische Arbeit; in den Bildarchiven werden landesbezogene Fotos und Filme produziert und verliehen. Die meisten Bildarchive haben lokale oder fachspezifische Bedeutung.«

Als die Westdeutschen Kurzfilmtage Oberhausen eine Retrospektive über Filme, die das Ruhrgebiet behandeln, durchführten, entdeckten wir überrascht, wie viele Filme es über diese Industrieregion gibt. Weit über 1.100 Filme wurden in einer zweibändigen Dokumentation erfaßt. Arbeit, Wohnverhältnisse, technische Entwicklungen, Architektur, Straßen, politischer Disput, die Selbstdarstellung von Städten und Unternehmen sind darin protokolliert: Roland Günter, Paul Hofmann, Janne Günter: »Das Ruhrgebiet im Film« (Oberhausen 1978). Paul Hofmann arbeitete im Auftrage der Kulturstiftung Ruhr weiter an einer Dokumentation der Filme der Arbeitswelt des Ruhrgebietes, um daraus ein eigenes Archiv entstehen zu lassen.

Erforscht Eure eigene Geschichte selbst

Die Grabe-wo-Du-stehst-Bewegung ist mittlerweile auch längst selbst zum Gegenstand intensiver Auseinandersetzung und Dispute geworden. Da gibt es zum einen den Streit über den Erkenntniswert und die Faktentreue der mündlichen Überlieferungen, zum anderen die Diskussion über die Konsequenzen, die aus den alltagsgeschichtlichen Schilderungen zu ziehen sind, weiterhin die Frage nach den historischen und politischen Einsichten, die bei der Auseinandersetzung mit den relativ beliebig auswählbaren Gegenständen gewonnen werden können.

Diese zugleich wissenschaftstheoretische wie auch politische Diskussion ist eine Folge davon, daß die Geschichtswerkstätten, die sich als eine »neue« oder eine »soziale« Bewegung begreifen, häufig professionell besetzt sind. Stellungslose Historiker, arbeitslose Lehrer sind oft – manchmal auch über quasi kommunale oder über staatliche »Beschäftigungs«-programme an diese Arbeit gekommen – die dominanten Persönlichkeiten der Gruppen und Projekte. Das bewirkt Zwänge zur Beschreibung und Rechtfertigung des eigenen Tuns in den Kategorien des traditionellen akademischen Disputs.

Ich empfinde es als Notwendigkeit, daß die Menschen, die die Bedingungen industriell bestimmter Arbeit selbst erleben, auch die Geschichte ihrer Arbeitsplätze und ihrer Lebensumstände selbst erforschen. Jedenfalls sollten sie nicht davor zurückschrecken, das selber zu tun. Es ist gut, wenn professionelle Forscher sich mit der Welt der Arbeiter beschäftigen, aber es ist mindestens so wichtig, daß die Arbeiter ihre Situation und ihre Geschichte selbst erarbeiten.

Daß der Verzicht auf eine Hierarchisierung der Gegenstände historischer Forschung Konsequenzen haben muß, ist weithin klar. Da die Geschichtsschreibung seit jeher aufgeteilt ist in solche Sektoren, denen traditionell große Aufmerksamkeit gewidmet wird, und in solche, die kaum beachtet oder die gar völlig übersehen wurden, mußte die Forderung nach einer neuen Sicht, nach »Geschichte von unten«, nach Beachtung »der Tränen der anderen« (Gustav Heinemann) Konsequenzen für die Be- und Auswertung haben. Für alle Bildungsprozesse gilt, daß man die Menschen »da abholen soll, wo sie stehen«, daß man bei ihren Erfahrungen anknüpfen, daß man ihren jeweiligen Kenntnisstand berücksichtigen soll. Aber sie müssen nicht da stehen bleiben, und sie werden nicht ihre oder anderer Menschen Erlebnisse folgenlos hin- und herwälzen. Im Gegenteil: wer aus eigener Betroffenheit seine und seinesgleichen Vergangenheit erforscht, will Konsequenzen ziehen, will aus der Geschichte lernen.

Die Aufforderung, dort zu graben, Erfahrungsschätze zu entdecken, zu forschen, Quellen offenzulegen versuchen, wo man gerade steht, birgt die Aufforderung in sich, aus der Geschichte, aus dem Vergangenen, Verflossenen gerade jene Elemente herauszuarbeiten, die die heutigen Verhältnisse gestaltet haben und die zukünftigen Verhältnisse gestalten: Wer diese Kräfte kennt, kann sich noch selbstbewußter an der wichtigen Aufgabe beteiligen, die Zukunft so zu gestalten, daß sie den eigenen Interessen und den Interessen entspricht, die man/frau gemeinsam mit den Arbeitskolleg(inn)en verfolgt. Die schwedische Grabe-wo-Du-stehst-Bewegung hat sich deshalb auch die Aufgabe gestellt: Suche nach Alternativen! Das zielt nicht nur auf Alternativen zu den traditionellen Schwerpunkten der Geschichtsschreibung des Vergangenen, sondern verlangt konkretes politisches Engagement für die Zukunft.

Die Zukunft hat gestern begonnen. Die Geschichte lebt weiter.

Der Autor

Sven Lindqvist, geb. 1932, der neben Jan Myrdal bekannteste und renommierteste Sachbuch-Autor Schwedens, hat seit 1955 zahlreiche Bücher veröffentlicht, in denen er über seine Reisen durch Indien, China und Lateinamerika, aber eben auch durch das eigene Land berichtet. Lindqvist lebt und arbeitet als freier Schriftsteller und Kulturredakteur für die größte und wichtigste Tageszeitung Schwedens, *Dagens Nyheter*, in Stockholm.

Der Übersetzer

Manfred Dammeyer, geb. 1939, Dr. paed., Politologe, ist SPD-Landtagsabgeordneter in Nordrhein-Westfalen und u. a. bildungspolitischer Sprecher seiner Fraktion.

CIP-Titelaufnahme der Deutschen Bibliothek

Lindqvist, Sven:
Grabe wo du stehst: Handbuch zur Erforschung der eigenen Geschichte / Sven Lindqvist. Aus d. Schwed. übers. u. hrsg. von Manfred Dammeyer. – Bonn: Dietz, 1989
Einheitssacht.: Gräv där du står ‹dt.›
ISBN 3-8012-0144-9